21世纪高等教育金融学精讲教程 （第四版）

The Essence of FINANCIAL MARKETING

金融营销学精讲

陆剑清 编著

东北财经大学出版社
Dongbei University of Finance & Economics Press
·大连·

图书在版编目（CIP）数据

金融营销学精讲 / 陆剑清编著. —4版. —大连：东北财经大学出版社，2020.12（2022.5重印）

（21世纪高等教育金融学精讲教程）

ISBN 978-7-5654-3967-4

Ⅰ.金… Ⅱ.陆… Ⅲ.金融市场-市场营销学-高等学校-教材 Ⅳ.F830.9

中国版本图书馆CIP数据核字（2020）第158808号

东北财经大学出版社出版

（大连市黑石礁尖山街217号　邮政编码　116025）

网　　址：http：//www.dufep.cn

读者信箱：dufep@dufe.edu.cn

大连雪莲彩印有限公司印刷　　东北财经大学出版社发行

幅面尺寸：170mm×240mm　字数：375千字　印张：20　插页：1

2020年12月第4版　　2022年5月第2次印刷

责任编辑：郭　洁　孙　越　　责任校对：耳　悦

封面设计：沈　冰　　版式设计：钟福建

定价：43.00元

教学支持　售后服务　联系电话：（0411）84710309

如有印装质量问题，请联系营销部：（0411）84710711

第四版前言

当前，新冠疫情突袭全球，“宅经济”盛行，促使近年来兴起的移动支付、微信支付、手机银行等移动金融业务加速进入了人们的视野，并在很大程度上改变了人们传统的消费方式和消费理念，互联网、人工智能和大数据等科学技术以及社会消费主力人群的发展，更是引发了客户行为和消费习惯的转变。伴随着物理网点的逐渐消减，绝大多数金融业务向手机等智能终端转移，业务办理则由“全天化”向“全面线上化”转变，而物理网点独有的存取款业务也终因“去现金化”的移动支付兴起而逐渐淡出客户视野。金融业务的核心亦从“能提供什么功能”向“客户需要什么功能”转变，这种转变不仅需要金融服务便捷化和网络化的提升，而且反映出金融营销已进入“再定位”“再转型”的新阶段。

2013年中国互联网金融元年伊始，多家互联网公司推出的金融产品受到广泛的关注，各大互联网公司纷纷布局，抢占移动端市场，移动金融所包含的服务内容也逐渐变得宽泛了。移动互联网的迅速发展使得许多传统行业的企业逐渐重视移动端的作用，开始在移动端上为客户提供服务。最初的移动金融主要是指金融机构借助移动通信技术为客户提供有关金融服务，它将金融服务与4G通信技术相结合，使人们享受金融服务时不再受到时间、空间的约束。具体业务包括移动银行、移动证券、移动保险、移动商务、移动增值业务等。因此，初期的移动金融就是传统金融服务的移动化。如今的移动互联网金融则是指在移动终端上实现金融服务的基础功能，包括账户管理、支付结算、投融资理财等。参与到移动金融中的不仅包括传统的银行、证券等金融企业，还包括电信运营商、第三方支付平台、移动平台制造商等。如今的移动金融正吸引着更多行业、用户参与其中，其未来前景也更为市场所看好。

可见，移动金融时代的来临是社会经济发展的必然趋势，移动互联网技术与金融服务的迅速融合正对互联网金融领域产生着深刻的影响，并带来巨大的变化和商机。互联网金融在持续发展的同时，伴随着5G通信技术的成熟，迅速进入随时、随地、随身的移动金融服务的新阶段。各个金融机构、银行卡转接清算机构、第三方支付机构以及运营商都属于移动金融的重要组成部分，它们发挥着自身的优势，彼此之间相互联结合作，促进了我国金融市场的稳定、健康发展，并给人们带来更趋多元化的金融选择和更为便捷的金融服务，进而促使金融营销呈现出向“移动金融”发展的新趋势。

为此，笔者在本书第三版内容的基础上，新增加了第十章“移动金融与营销新趋势”，充分体现了金融营销学科与时代发展紧密结合、与时俱进的特点。岁月如风，回首本书自2011年出版至今，十年光阴荏苒，转眼即逝，由于笔者以“凝练实用”为写作原则，充分体现了“经世致用，精益求精”的鲜明特色，因而本书一经面世，即受到广大读者的欢迎与喜爱，并几度再版，多次重印。

总之，本书既可作为高等学校金融投资、工商管理等专业的教材，亦可供广大经济、管理工作者自学时阅读、参考。同时，本书理论阐述深入浅出、案例分析生动鲜活，是广大金融企业与机构开展营销实务培训的良好教材。

本书第三版的作者之一黄溥君笑因工作繁忙未能参与第四版的修订工作，在此对于她在第三版写作中的工作与贡献予以肯定与感谢！

陆剑清

2020年5月·上海

其他各版次前言

第一版前言

随着中国经济日益融入全球市场，金融市场竞争态势日益加剧，金融消费者的需求成为各类金融企业与机构发展的动力之源。因此，深入研究金融消费者的需求，采取切实有效的营销策略，已成为推动我国金融业可持续发展的重要课题。本书从简明实用的角度出发，贯彻“理论性”与“实用性”相结合的原则，突出了“理论简明、内容扼要、结构精干、凝练实用”的写作特色。

本书各章内容安排如下：第一章“金融营销导论”、第二章“金融营销环境分析”、第三章“金融营销中的客户行为”、第四章“金融市场细分与定位”、第五章“金融营销计划、组织与战略”、第六章“金融市场调查与营销预测”、第七章“金融产品与营销策略”、第八章“金融营销与风险管理”。

同时，为了便于读者深入理解内容，本书还在各章前设置了“学习目标”，在各章中插入了“营销视界”“营销前沿”等阅读专栏，以期拓展广大读者的理论与实务视野，在各章结尾附以“经典案例评析”“本章小结”“关键概念”“复习思考题”，以供读者回顾与掌握，因而具有极强的学习指导性。

本书既可作为大专以上高等院校的金融经济、工商管理专业教材，亦可供广大经济、管理工作者阅读、参考；同时，本书理论阐述深入浅出，案例分析生动鲜活，亦是广大金融企业与机构开展营销实务培训的良好教材。

此外，本书的编著出版获得了东北财经大学出版社编辑郭洁老师的大力支持，在此深表谢意！

陆剑清

2011年5月·上海

目录

第一章 金融营销导论

学习目标

1. 掌握金融营销的基本含义
2. 掌握金融营销的基本任务和作用
3. 了解金融营销的演变历程

营销管理是社会经济生活中的一项重要活动，它是商品经济发展的产物，对于企业的生存与发展起着举足轻重的作用。金融企业在经营中也应该自觉运用营销管理的理论与方法。进入20世纪90年代后，金融业务范围不断扩大，机构数量大大增加，竞争日益激烈，客观上要求我国金融业必须不断调整经营策略，增强创新能力，为客户提供多样化的服务以满足不同的金融消费需求，力求在金融市场竞争中占据一席之地。因此，树立营销观念、加强营销管理已成为我国金融企业拓展业务、改善经营、提高效益的重要一环。

第一节　金融营销的基本含义

一、金融营销的基本概念

（一）市场营销的概念界定

“市场营销”这一概念最初是从英文marketing翻译而来，关于“市场营销”的定义，国内外不同的学者有不同的解释，其中最具代表性的有以下三种：

（1）美国市场营销学会（American Marketing Association，简称AMA）于1960年给出的定义是：“市场营销是指产品和服务由生产者流向消费者或用户的一场商务活动。”[①]

（2）美国著名市场营销学家菲利普·科特勒（P.Kotler）所做的定义是：“市场营销是个人和群体通过创造，并同他人交换产品和价值以获得其所需所欲之物的一种社会和管理过程。”[②]

（3）美国市场营销学者理查德·希斯（R.T.Hise）等人的定义是：“市场营销是确定市场需求并使提供的产品和服务能满足这些需求。”[③]

上述三种定义具有以下五方面的共同特点与内涵：一是强调任何现代企业所进行的市场营销活动必须以“顾客和市场”为导向，而非以产品、技术或者生产为导向；二是市场营销活动以最大限度地满足消费者的各种需求和欲望为目的，而非以赚取最大利润为目的，赚取利润仅仅是满足消费者需求的副产品，而非营销活动的唯一目的；三是强调通过组织内外的协调市场营销实现其目的，即市场营销活动不仅是企业中营销职能部门的职责，还是整个组织内部上下一致的自觉行为，企业在面向消费者进行促销活动之前，必须首先做好企业内部的营销工作，以雇用和培训员工为顾客提供优质服务；四是强调交换是市场营销的核心，只有通过交换才能实现双方的目的；五是强调市场营销不仅仅局限于营利性组织的经营管理活动，也包括非营利性组织的经营管理活动，诸如政府机构、医院、学校等。

总之，产品推销仅仅是市场营销的一项职能，而非市场营销最主要的职能。这正如美国著名管理学家彼得·德鲁克所言：“市场营销的目的在于使推销成为多余。”可见，市场营销绝不等同于营利性组织的产品推销活动。然而，上述定义的不足之处在于：其仅涉及组织与消费者之间的关系，而没有考虑“社会”这一很重要的因素，因为市场营销活动的过程与结果不仅涉及和影响组织与消费者本身，而且对整个社会也会产生非常重要的影响。例如，快餐业的发展在迎合了消费者的生活节奏日益加快的同时，也造成了严重的环境污染。换言之，如何正确处理好组织、消费者与社会这三者之间的关系，是营销理论与实践中必须认真考虑的一个基本问题。此外，上述定义缺乏辩证的动态发展观，因为市场营销活动是在动态的经营环境中产生和发展，而非在静态的经营环境中进行。

基于上述考虑，我们认为市场营销是以促进和保护消费者与社会的整体利益为目的，在动态的经营环境中所进行的最大限度地创造和满足顾客需求的社会交换过程。

---

① 美国市场营销学会定义委员会．市场营销定义（英文版）．1960．

② 科特勒 P．营销管理：分析、计划、执行和控制［M］．梅汝和，梅清豪，译．上海：上海人民出版社，1999．

③ 希斯 R，彼得吉利特，等．市场营销原理与决策［M］．韩佩璋，胡士廉，译．北京：机械工业出版社，1983．

（二）金融营销的概念界定

金融营销出现在工商企业市场营销之后，是市场营销在金融领域的发展。基本的市场营销活动通常由市场调查、产品开发、信息沟通、定价分销和售后服务等组成。贯穿于基本营销活动之中的是以顾客的需要和欲望为导向的经营哲学，它要求企业必须以顾客为中心，以满足顾客的需要和欲望为己任，以整体营销为手段来获得顾客对其产品和服务的认同、接纳和消费，通过优质服务赢得顾客的满意，从而实现企业的长远利益诉求。

在市场经济体系中，金融企业是一组专门为客户提供金融性服务以满足客户对金融产品消费需要的服务性企业（商业银行是这组服务性企业的主体），它的营销既与生产消费品、工业品等企业的营销有相似之处，同时又有其自身的特点和规律。金融企业的营销目的是借助精心设计的金融工具以及相关金融服务，来促销某种金融运作理念并获取一定的收益。为了实现这样的营销目的，金融企业在其经营过程中所采取的营销行为可以是多种多样的，一般可以概括为四个方面：一是产品，主要是开发和提供市场所需要的各种金融产品；二是价格，包括价格设定与调整；三是渠道，包括营销路径设计、网点设置和中间商选择等；四是促销，包括形象定位、广告宣传、公共关系等。上述营销行为并非是随意的，而是金融企业在所处经营环境下的自觉选择，故而企业应主动适应其所处的政治法律环境、经济技术环境、社会文化环境、国际市场环境、行业竞争环境以及自身资源与发展目标等要求，充分体现了把握机会、应对挑战、扬长避短、趋利避害、适应环境的经营取向。

不论营销者是否有清醒的认识，也不管其营销行为是否科学合理，其营销活动一般都有明确的指向，因为金融营销的核心是客户、产品、价格、渠道和促销等，营销活动的最终目标是能够满足客户的需要，正如彼得·德鲁克所言：企业的成功不是取决于生产者而是取决于消费者。金融营销的主要任务是要将客户的社会需要转化为盈利的机会，即金融营销是以适当的产品价格、适当的促销方式，通过适当的路径和网点，适时地把适当的产品和服务提供给适当的客户，并在适度满足顾客需要的同时，使企业自身获得盈利和发展。

可见，除了所经营的对象特殊之外，金融企业的运营与工商企业一样，既要面向社会广泛地分销其产品，又要应付激烈的市场竞争，并且都是以营利为目的。因此，在市场经济条件下，金融企业必须充分运用市场营销原理和方法，积极开展金融营销活动，其经营理念和营销手段应该与一般工商企业的营销相同。据此，我们认为，金融营销是指金融企业以市场需求为核心，通过采取整体营销行为，以金融产品和服务来满足客户的消费需要和欲望，从而为实现金融企业利益目标所进行的经营管理活动。

总之，传统的金融营销关注金融企业（机构）所提供金融产品及服务的过程；广义的金融营销则是以金融的视角去关注一切市场（包含实体产品与服务市场、虚拟的金融经济市场等）运行的内在规律。由于实体经济与虚拟经济的边界日趋模糊，两者之间相互融合，因而传统的金融营销正在逐渐消解。可见，金融营销是市场营销的终极形态，因此，尽管传统的市场营销与金融营销皆为“低阶营销”，两者之间并无交集，但广义的市场营销与金融营销作为“高阶营销”，两者之间彼此交融、殊途同归。所以，广义的市场营销与金融营销的主体不仅由工商企业扩展至金融机构以及相关领域，更是以金融思维逻辑来审视、分析市场现象及其内在的运行规律、盈利模式与心理机制。

二、金融营销的核心概念

在以客户需要为中心的金融营销概念的指导下，金融营销管理必须从客户的需要出发，科学、系统地安排金融企业的营销活动，而以下这些概念则是现代金融企业实施营销管理的基础。

（一）需要、欲望与需求

需要是个体缺乏或期望获得某种满足时所产生的一种主观状态，是客观需求的反映。人类的需要是多方面的，其客观对象既有物质的，也有精神的，既可能是显在的，也可能是潜在的。需要可以被刺激、诱发、引导和抑制，但不能被创造、出让、交易或消灭。

欲望是个体对满足需要的目标事物的心理渴求状态，即个体的内在需要在一定环境条件下因目标事物的刺激而形成的一种心理紧张与焦虑状态。需要能否转化为具体的欲望，必须满足两个基本条件：一是个体内心存有不足之感；二是个体有求足之愿，即当个体处于既感到缺乏、又期待满足的状态时，我们便称该个体具有欲望。需要是原始的、自然的、本能的、一般的，而欲望则是有条件的、有指向的、主观的、具体的。欲望具有以下四个特征：（1）无限性，如荀子所言“欲不可尽”“欲求不满”；（2）差异性，不同的个体对于满足相同的需要会有不同程度的欲望；（3）反复性，欲望不是一次性满足的，而是可以重复再生的；（4）竞争性，同一时间内不同欲望所具有的强弱程度不同，占据优势的欲望往往主导着人们的动机和行为。

需求是个体有能力满足的欲望。欲望是形成个体需求的前提，但个体仅有欲望还不能形成现实的需求，还必须具备满足这种欲望的相应能力。企业既要研究人们的需要与欲望，更要关心人们的需求，因为，只有需求才具有现实意义，也才是企业盈利的商机。可见，企业不仅要关心有多少人需要其产品与服务，而且要了解有多少人既需要且又有支付能力。

金融企业的经营同样应以客户的需要、欲望和需求为基础。人类拥有财富的欲望自古有之，而通过金融运作获取更多财富（或使财富保值）的欲望则是随着社会经济货币化进程的推进而日益增强的。金融运作方式的多样性和金融市场的风险性，又使人们的财富增值、保值欲望呈现出极大的差异性，因而使金融企业拥有巨大的市场开发潜力。同样，金融企业更加关心具有金融运作欲望的金融客户所拥有的货币财富量，尤其是其可任意支配的收入量和闲置资金量。

（二）投资与融资

投资是以获取一定的利润为目的的资本运作行为。狭义的投资概念强调，资金必须转化为资本，才会有一定的预期回报，这种传统的投资观念，把储蓄、借贷行为排除在外，仅限于入股（购买股票）或购买企业债券。而在发达的金融市场条件下，投资的概念则远远超出了这种区分方式的局限。事实上，所有以一定报偿为前提的资金投入方式都属于投资行为。其主要原因在于：（1）在市场经济条件下，对于投资者而言，所有闲置资金的运作都有一个共同的本质性特征，就是以获取收益为前提，所不同的是收益率不同、风险大小不同、有直接与间接之分；（2）无论是直接方式还是间接方式，投入金融市场中的资金都将运用于生产或流通领域；（3）与金融客户的需求相吻合；（4）在发达的金融市场中，各种不同的资金运作方式可以极为方便地相互转换，例如，股票可以在证券市场出售而转化为银行存款，银行存款亦可以用于购买股票和债券；（5）广义的投资概念有利于对不同的资金运作方式进行对比分析，便于金融企业摆脱观念束缚，优化营销方案；（6）在金融自由化浪潮的推动下，各国纷纷放松金融管制，鼓励金融企业依法竞争，金融企业相互渗透与混业经营现已成为一个重要的发展趋势（尽管我国由于市场经济起步较晚，金融市场尚不发达，因而还需要有一个加强管制、分业经营的发展过程，但这并不影响金融市场的总体发展趋势）。

融资通常是指资金使用者或融资中介商通过某种可信的方式和一定的回报承诺而受让资金使用权以筹集资金的行为。同样，广义的融资概念也包括传统的各种资金集中方式。投资与融资是一个事物的两个方面，是分别相对于金融市场上资金的供应者和需求者而言的。金融客户既可以是投资者，也可以是融资者，而金融企业则发挥着投融资中介服务作用。

（三）金融产品

产品通常是指企业针对消费者需求所提供的满足物。产品既可以是有形的，也可以是无形的，或者是有形与无形的某种组合。金融产品是金融运作理念、金融工具以及相关金融服务的有机体，是金融企业针对不同客户的不同金融需要而提供的。金融产品的形式多种多样，它既可以是某种财务安排或投资契约，也可以是某种承诺或信用保证，还可以是某种专门服务或市场运作委托代理。

金融产品的两个最基本属性是收益性和风险性。收益性是指一种金融产品可以向客户提供的预期收益大小；而风险性则指该产品所蕴含的风险高低。在市场经济条件下，金融产品的收益性与风险性总是相对应的，收益高风险则高，风险低收益亦低。现代金融市场发展迅猛，金融营销者总是不断地开发出不同收益与风险相组合的金融新产品，以满足金融客户的不同需要，尤其是各种金融衍生工具的出现，使得金融客户面临着更充分的选择。

根据收益的特征，金融产品具体可以划分为承诺收益的金融产品与不承诺收益的金融产品两大类。承诺收益的金融产品，诸如存款、债券等，它是金融营销者以事先明确单位收益为前提，并以一定的信用保证形式而获得的在一定时期内对客户资金的使用权所提供的金融产品，其风险主要由金融产品提供者（或相关营销者）承担。不承诺收益的金融产品，诸如股票、期货合约、黄金等，营销者只在这类金融产品的营销过程中提供一定的服务并收取一定的佣金，风险则主要由客户自身承担。

（四）机会、成本、风险、效用与满足

金融营销既有赖于金融企业所提供的金融产品和服务，又取决于金融客户的决策方式。机会、成本、风险、效用和满足，是与金融客户决策相关的几个重要因素。

机会是指金融市场的可选择性。在一个发达的金融市场，金融客户具有较大的选择权和较多的选择对象。由于客户资金的有限性，客户一般会根据自己的需要而做出有限的选择，或者以某种组合形式把有限的资金分散投资于多种金融产品，客户在履行这种选择权的同时，也必然会因此而放弃其他投资机会。

金融客户的成本不仅包括机会成本，还包括在选购不同金融产品过程中所发生的各种费用，诸如信息收集费用、时间耗费、交通费用、所付佣金等。客户最终做出何种选择，这不仅涉及机会损失和交易费用，还涉及不同金融产品的风险与效用的大小。

风险是指金融市场的不确定性。在市场经济条件下，任何金融产品的实际收益都存在不同程度的不确定性，即使是作为传统保值工具的黄金，其未来的收益也具有一定的风险，这不仅包括黄金购买者的机会成本，还包括受市场供求影响而发生黄金贬值的可能性。

效用是指某种产品满足消费者需求的能力，是消费者对产品所做的价值判断。

金融产品的效用是指该产品所提供的预期收益及其风险对客户需求的满足程度。金融客户的满足取决于现实结果与预期需求目标之间相吻合的程度。

金融营销者应当了解金融客户是如何做出投资选择的。假定某金融客户有一笔闲置资金需要运作，他可能要求增值，也可能要求保值，或者兼而有之。金融市场所提供的金融产品有银行储蓄、股票、国债和黄金四种，该金融客户究竟选择哪一种产品，完全取决于这些产品对于该客户的效用大小，或者说取决于金融客户对不同产品所做的价值判断。追求收益最大化的客户会选择投资股票，注重风险防范的客户则倾向于购买黄金或国债，而既怕承担较大风险又期望有较稳定收益的客户有可能把资金投向银行定期储蓄或购买国债。根据边际效用理论，客户的选择应使在每一种金融产品上最后一个单位的损失（机会成本和交易费用之和）所产生的效用相等。

（五）金融交易

货币经济的高度发达，不仅使人类的剩余产品可以运用货币这种一般等价物来表示，也使得人类的各种市场交易简便易行，更使得以货币符号表示的资金作为一种资源要素可以极其方便地投入生产与流通过程而产生增值。金融业是伴随着货币经济的发展而发展的，当货币增值日益成为社会性需求时，金融业也就日益发挥着经济中枢的重要作用。像产品买卖一样，金融业的运行仍然是以交换为基础，当然，与物质产品交换相比，金融交易更为复杂。因为物质产品的交易是对等的所有权交易，而在金融交易中，除股票是一种所有权凭证之外，金融产品本身的所有权并不重要，作为一种金融运作方式或者债权债务关系凭证，金融产品的购买者并非是为了获得该产品的所有权，所以金融交易大多是产品使用权交易。在金融企业作为资金供应者的金融交易中，金融企业通过出让资金的使用权而向客户索取一定的回报；在金融企业作为资金需求者的金融交易中，金融企业以某种资金运作理念、信用和一定的回报而受让客户的资金使用权；而仅作为金融交易中介的金融企业，则以一定的服务换取一定的佣金，对于资金的所有权与使用权都不涉及。

金融交易同样是等价交换，是自由、互利和公平的，需求者和供应者可以通过任何一种互信的形式进行若干次具体的交易而达成等价交换的目的。有交换的需要，且可以通过不同的交易形式和过程来实现交换的需要，这正是金融营销能发挥作用的重要原因。金融营销的目的也就是要通过各种努力不断促进金融交易的达成。

（六）金融市场

市场是人们进行交易的场所，诸如柜台、集市、商场、交易网络等。我国古代就有“日中为市，致天下之民，聚天下之货，交易而退，各得其所”的记载。在营销学中，市场被直接地表述为消费者的需要。金融市场是指具有特定金融需要、欲望以及金融交易能力，并愿意通过交易来满足其需要与欲望的一切可能的金融客户群。这一概念涉及客户量、金融交易能力、交易愿望、金融市场效率四个变量，它们是金融市场的四个基本要素。这一概念可以用以下这一公式直观地表述：

金融市场$=\sum$(客户量×金融交易能力×交易愿望×金融市场效率)

公式中，客户量是指期望获得某种金融产品与服务的客户数量，对于公众可以用人数来表示，对于企业、机构等则可以用户数来表示；金融交易能力是指可以用作金融交易的金融财富平均拥有量，金融财富包括可以任意支配的货币收入、闲置资金、各种有价证券、可以被出售抵押的各种不动产、黄金、珠宝、文物等；交易愿望是指金融客户愿意通过金融市场交易实现其金融需要；金融市场效率是指特定的金融市场存在着放大或抑制金融交易的特征，金融交易既可以因扩张而被若干倍地放大，也可以因限制而收缩到一定程度，影响金融市场效率的主要因素包括金融管制状况、宏观经济增长水平、金融市场价格水平、通货膨胀率、金融企业的运作能力、交易参与者的信心等。其中，客户量、金融交易能力、交易愿望是金融市场大小的基础，决定着金融市场的静态水平。不同的客户群因经济地位的差异、收入水平的不同而在金融财富的拥有量上存在着很大的差距。金融市场效率决定着金融市场交易的实际规模，也反映了金融市场的发达程度以及波动状况，不成熟的金融市场可以极大地推动泡沫的形成，并对金融市场的稳定和社会经济的发展产生明显的负面影响。

金融市场可以根据四个基本要素的差异而被划分为不同的类型，这对于金融企业决定营销方案、选择服务对象有着现实的指导意义。

（七）金融消费、金融消费者与营销者

经济的发展和活跃离不开人们的金融消费。当你获得了申请的贷款，或者购买了一个上市公司的股票，那么不管金额大小、数量多少，事实上，你已在进行金融消费了。然而，金融企业在描述金融服务对象时，很少提出“消费者”的概念，即使是在金融报刊上，对此也鲜有涉及，似乎金融企业的服务对象不是消费者。按照我国现行立法与原理及国际惯例来看，消费者是指为生活需要而购买、使用商品或接受服务的个人或单位。既然金融客户接受的是金融企业的各类金融服务，那么，他们当然就是不折不扣的消费者，并享有消费者应有的权利。但涉及储蓄、信贷、中间业务、投资和保险的金融消费者，又不同于普通消费者，金融消费的特殊性决定了他（她）除了享有消费者的一般权利外，还享有与金融业特点相适应的一些特殊权利。根据我国有关法律、法规的规定，并结合实践中已经出现的诉讼纠纷情况，金融消费者主要有以下七种权利：

（1）金融信息知情权。金融消费者在接受一系列金融服务的过程中，享有获得与金融相关的必要知识，包括金融服务以及其他相关信息的权利。金融单位负有为金融消费者提供真实知识或信息的义务。例如，银行要及时将国家法定利率标准和利息税税率等告知储户或贷款户；金融单位不得擅自隐瞒或降低、提高存贷款利率；遇到对转账、开户、汇票等结算和票据业务不懂的客户，金融单位有主动提供信息咨询的义务，金融消费者有权知道这些相关内容。

（2）金融消费选择权。金融消费者在不违反法律规定的前提下，可以根据其意愿自主选择金融单位、证券营业部和保险公司等。其消费方式、消费时间和消费地点均不受任何单位和个人的不合理干预。

（3）金融公平交易权。金融单位、证券营业部和保险公司等在与消费者签订合同或形成法律关系时，应当遵循公正、平等、诚实、信用的原则，不得强行向消费者提供服务，不得在合同或法律关系中制定规避义务和违反公平的条款。金融单位或机构在收取工本费、服务费等费用时，必须严格遵守价格政策和收费标准。

（4）金融资产保密权。在金融交易过程中，确保存款、信用卡和股票等资产的安全保密尤为重要。诸如储户存款被冒领、信用卡保密信息被泄露、贷款被挪用、股票被低价卖出等都是对金融消费者私人资产保密权的侵犯。在金融消费活动中，资产保密权不受侵犯是消费者最基本的权利。银行单位、证券机构和保险公司等有义务采取一切有效措施，包括按规章制度和操作程序办事，严防泄密事故发生，以保证提供安全、高效、优质的金融服务环境。

（5）金融消费求助权。金融消费者在消费活动中，如果发生私人财产被不法侵犯等事件，有权请求法律援助，有权聘请律师为自己代理诉讼，以维护消费者的合法权益。

（6）金融消费赔偿权。金融消费者在其合法权利受到侵犯时，有权依据合同规定事项（无合同的可依据有关法律）向对方要求赔偿，如得不到满足，则可向当地人民法院提起诉讼。

（7）金融服务享受权。金融消费者有权享受银行和信用社对破（损）币的无条件兑换服务，有权享受银行、证券和保险机构提供的休息、降温、保暖、茶水和咨询等文明优质的服务。

金融消费者的概念在国内金融业之所以鲜有提及，有以下三方面原因：其一，金融企业的官商意识尚未完全摆脱，商业化进程尚未完全到位；其二，金融从业人员的服务意识和服务水准都还未达到一个相当高的水平；其三，金融消费者本身的自我保护意识未能明显增强，对目前金融服务中存在的种种不足之处还没有形成强大的监督作用。

金融消费者在接受金融服务时没有被视作消费者，这对金融行业的自身发展极其不利。中国金融企业现在正面临着外资金融企业的严峻挑战，由于外资金融企业在服务方面技高一筹，因而中国金融企业不能仅是“临渊羡鱼”而应“退而结网”，抓紧时间练好内功，打出服务这张王牌，重新审视自我。另外，在银行业和保险业都普遍把金融零售作为新的效益增长点的情况下，金融企业所接触的客户比重中个人消费者的比例必将上升，这也需要国内金融业为金融消费者重新定位，真正站在消费者与营销者的关系角度，构筑和谐的信任与合作关系。

【营销视界】　　香港银行信用卡业务的营销策略①

在中国香港特别行政区，有“银行多过米铺”的说法，这并不夸张。香港作为仅次于纽约和伦敦的国际金融中心，在不足1 100平方公里的弹丸之地，云集了来自世界40个国家的数百家银行，其中包括全世界100个最好的银行中的80个国际性大银行，368个授权机构和地方银行代表以及近1 500家支行。香港11.6%的人口从事与金融有关的工作，每一个香港人的生活都与银行、金融密不可分。一张小小的信用卡就足以体现这种联系。信用卡被香港人普遍接受并广泛使用，在其生活中占有重要的地位，信用卡业务也自然成为商家必争之业务。香港信用卡市场潜力大但竞争者也多，为求得生存和发展，各银行积极展开促销手段，金融创新层出不穷。

汇丰银行是香港分支机构最多的银行之一，它拥有相当完善的硬件设施。持有汇丰银行的信用卡，可在遍布全球的420万家商户消费，在世界9 000部环球通自动柜员机及全球20万家特约服务机构提款。为了吸引更多的用户，汇丰银行的信用卡还附带了三种额外服务：第一，30天购物保障。使用信用卡所购之物如有损坏、失窃，可获高至3 000港元的赔偿。第二，全球旅游保险。持卡人在旅游期间享有高达200万港元的个人意外保险，包括行李遗失赔偿、法律支援、保障及意外医疗津贴。第三，全球紧急医疗支援。持卡人只要致电就近热线，即可获得医疗咨询和中介服务。同时，持有信用卡可享受租车优惠和多家名店消费的折扣优惠，还可通过积分计划换取香港多家名店和餐馆的现金礼券。所谓“积分计划”，是指每签账或透支现金1港元，对应某一分值，在银行规定的时间段中，凭累积的分数，可免费或以优惠价换取礼品、旅游或奖金。另外，汇丰银行还针对不同的消费群体以及各个时期的热点，采取不同的策略和不同的卡种。比如，为了争取学生这一消费群体，汇丰银行对大学生信用卡采取的策略是免缴首年年费，申请时赠送小礼品。在1998年世界杯足球赛期间，汇丰银行利用这项全球瞩目的体坛盛事，针对球迷推出了“世界杯万事达卡”。这张信用卡上印有世界杯足球赛的标志，并邀请球王贝利为其做广告宣传。另外，申请该卡可享受三种优惠：得到现金100元的体育用品名店购物券3张；凭卡在3家特约体育名店消费，享受九折优惠；获取最新的体育资讯。同时也享有30天购物保障，可参与积分计划等。所以，该卡一经推出，就受到广大球迷的欢迎。

东亚银行是汇丰银行的强劲对手。在香港地区，东亚银行推出“世界通”信用卡。持有“世界通”信用卡，可在全球有“Visa Interlink”标志的商户直接购物，手续费全免，还可方便地转

---

① 蒋丹凌. 香港银行信用卡业务的营销策略及借鉴［J］. 国际经济合作，1999（4）.

账给海外的亲友。而在香港大学校园内，东亚银行采取了与汇丰银行不同的营销策略。东亚银行推出专门针对香港大学生及教职工的信用卡业务——港大智能卡和香港大学信用卡。港大智能卡（HKU Smart Card）最特别的功能是：兼作大学学生证和教职员证。在智能卡上，印有持卡人的照片，在港大校园内及所有Visa Cash商户付账时，持卡人无须签名和输入密码；在校外的自动柜员机上也可方便地进行各种操作。东亚银行还针对学生价格弹性大的特点，对学生卡实行在校期间年费全免及积分优惠计划等鼓励措施。另外，东亚银行还与港大合作，为持卡学生提供数项与在港大生活、学习密切相关的优惠：持有东亚银行信用卡，可直接申请体育中心会员证，免缴大学学生会终身会籍会费800元；可在办理图书证时节省500元押金；申请港大某计算机中心的电脑网络服务年费时可获折扣优惠等。为表明银行与港大的相互支持，他们还声明将香港大学信用卡每月签账额的0.35%转赠港大“教研发展基金”，以后每年年费的50%亦拨入该基金。这样，东亚银行便树立起支持教育和与港大水乳交融的公众形象，赢得了港大师生员工的信赖。

香港的其他银行也采取各种措施来推销他们的信用卡。比如，花旗银行迎合香港人中“追星一族”对“四大天王”的崇拜心理，邀请郭富城推出系列广告。申请花旗银行信用卡，除免交首年年费外，持卡者还可获赠“98郭富城演唱会门票”2张以及“郭富城”腕表一只，这一促销活动自然得到了“郭富城迷”的热烈反应。而大通曼哈顿银行的信用卡则以优先订票（演唱会、体坛盛会、舞台表演）和复式积分（积分采用复式计算）及长达70天的免费还款期来吸引客户。

总之，在信用卡促销大战中，消费者们看到的是精美的卡片、诱人的优惠条件、丰厚的礼品和动人的广告词，然而隐藏在其后的却是高超的营销策略和巧妙的金融创新。

一、价格策略

价格策略即银行通过降低信用卡这种商品的价格来吸引顾客。顾客用于购买信用卡服务的价格构成包括发卡费、信用卡年费、转账手续费、透支利息、资金沉淀及挂失补卡费等。在激烈的市场竞争中，各银行都纷纷降低甚至免交各种手续费以争取客源，最典型的是免费办卡、豁免年费、免费转账等，因此，这部分收入在银行信用卡业务利润构成中的比例有减少的趋势。降低价格的策略成为最基本的信用卡营销策略。为鼓励消费者的长期消费行为，各银行又推出低透支利息和优惠积分计划等措施，以便获得长期稳定的利息收入。更重要的是，借此增加顾客在特约商户的消费，提高商户佣金这部分收入。这样，商户佣金在银行信用卡业务利润构成中的比重将会增大，成为银行信用卡业务的利润增长点。

二、服务策略

服务策略即银行通过完善信用卡基本服务和增加信用卡附加服务来打动顾客。信用卡的基本服务有透支便利、存取便利等特点。在信用卡大战的初期，银行往往在提高基本服务质量上下工夫，如提高ATM通存通兑的便利性，增加商户POS联网的范围，完善开销户、授权、挂失、补卡服务。但当竞争发展到一定程度后，服务策略就转向增加信用卡附加服务上来，如信用卡附带购物保障、旅游保险、全球医疗紧急支援、优先订票及诸多商户的打折优惠。完善信用卡的各种服务，不仅能使持卡人体会到方便快捷的消费，还能使持卡人获得信用卡带来的诸多优惠和安全保障，体现了银行对持卡人的全面照顾。这种富有人情味的服务创新，更能获得顾客的好感，受到市场的青睐。

三、产品策略

产品策略即银行通过开发针对细分市场的异样化产品，占领特定的细分市场。针对持卡人年龄、职业、收入、爱好等特点，可划分出不同的细分市场，推出具有特殊服务功能的卡种来赢得消费者。如为球迷推出世界杯足球卡，为某一大学的师生推出大学信用卡，为歌迷推出明星卡，这些产品创新都能更准确具体地满足细分市场中的消费者的特定需要，所以更能被这一市场的消费者接受。随着生活水平的提高，人们对商品的个性化要求会愈来愈高，因此，金融产品的设计也必须从面向诸多存在共性的消费者的大市场转而面向具有鲜明个性和特殊需要的少数甚至个别消费者的小市场，这是金融产品创新的必然趋势。

香港社会的经济发达程度远高于内地，其金融市场也因自由和法治的社会特质而得到充分竞争和全面发展，因此，香港金融业在世界上占据了一席之地。对内地而言，香港的回归带来了两地金融的交流与学习机会，借鉴香港银行业在金融创新上的成功经验显得更具有现实而积极的意义。

三、金融营销的主要特征

在市场经济条件下，金融企业是一组独特的服务性组织，通过提供金融产品作为基本交换手段，以满足各类客户对金融服务的需求，并在这一服务过程中，谋求合理的利润和长远的发展。

广义的金融企业是指提供金融产品（服务）的一切企业，是金融业中以经营为手段、以营利为目的的所有组织和机构，主要包括商业银行、保险公司、证券公司、投资银行、信托投资公司、企业财务公司、基金组织、金融期货公司、融资租赁公司、外汇经营企业以及与之相关的各种金融中介机构等。

从提供产品、通过交换而谋求企业的生存与发展这一过程来看，金融企业与其他工商企业一样，需要面对市场、参与竞争，确定明确的经营目标，寻求营销机会，通过提供适销对路的产品和服务满足金融客户的不同需求，并获得良好的经济和社会效益。与其他商品生产企业不同，金融企业具有自身独特的产品和服务提供方式。由于金融业属于服务性行业，是专门为满足人们的各种金融服务需求而设立的，因而金融企业所经营的产品，既不同于一般的消费品和工业品，也不同于其他服务行业所提供的服务，它既可以通过某种金融工具提供相应的服务，诸如存单、债券等，也可以仅提供无形的金融服务，例如证券经纪、金融咨询等。因此，金融营销具有以下基本特征：

（1）无形性。由于金融服务多是无形的，因而金融客户在获取金融企业所提供的服务之前，对其服务是难以用视觉、触觉、听觉、味觉和嗅觉感知的。例如，金融企业经常向客户提供某种投资建议、某种财务安排方案或灌输某种理财观念，这些服务一般难以通过形象、直观、逼真的方式向客户展示，而只能运用抽象的数字、计算、分析和推测表明其益处和功能，从而招徕客户。由于金融营销的无形性，金融企业的营销方式和渠道安排一般与消费品和工业品有着很大的不同，因而尽量多设营销网点或者上门推销便成为金融企业主要的营销方式。尽管如此，金融客户仍然可以通过地点、人员、设备、标识、符号、宣传材料等要素来了解和判别一个金融企业的营销质量。所以，金融企业要想将营销的无形性转变为有形性，就应当不断提供各种有说服力的证据，以使金融营销有形化。

（2）非歧视性。除金融需求差异外，金融客户的其他各种判别对于金融营销并没有特殊的要求。所以，金融营销可以一视同仁地提供给各类金融客户，而不会因客户的种族、肤色、性别、长幼或宗教信仰等不同而有所不同，这使得金融企业可以面向社会大众提供广泛的无差异性服务。

（3）不可分性。金融产品与服务的供应和消费是同时进行而难以截然分开的。由于金融产品与服务不能贮存而必须在一定时间场合下进行消费，并且会随着需求和供给状况的不同而发生变化，例如，对于需求者，错过一定的时间就可能不再需要，而对于供给者，错过一定的时间和场合就可能无法提供，因此，金融产品与服务提供的时间和场所是金融营销人员以及金融客户所共同关心的。当然，近年来获得广泛应用的信用卡则突破了这一约束，由于信用卡的提供与服务的分配出现了分离，因而金融客户也有了更多的消费选择。

（4）易模仿性。经营相同业务的不同金融企业，可以有不同的金融服务方式和程序，但由于内容大同小异，很难形成自身的特色。更由于金融业务无专利可言，新业务以及金融工具的开发，极易为其他金融企业所模仿，这就使得金融企业在广大客户心目中往往仅有规模和信用之别，而并无业务实质之分。以前，我国四大国有银行的主营业务有一定的专业分工，如中国工商银行主要为工商企业以及城镇居民提供金融服务，中国银行主要经营国际金融业务，中国农业银行的业务范围主要集中于广大农村，中国建设银行则主要负责国家基建项目的投融资。然而，改革开放后，金融业出现了“工行下乡、农行进城、中行上岸”的可喜变化，20世纪90年代更是提出了专业银行商业化的改革思路，打破了银行之间业务范围的界限，各银行都可经营不同的金融业务。这样，对于客户而言就有了较大的选择余地，对于银行而言则对其营销管理提出了更高的要求。因为较之其他企业，金融业务的易模仿性导致其产品的功能和特点并不突出，所以就更需要通过营销管理树立金融企业的整体形象。可见，易模仿性的存在使得金融业的竞争也更趋激烈，并在一定程度上决定了金融产品的趋同性，因而更要求金融企业在向顾客推销金融产品的过程中突出其自身鲜明的特色，以差异化营销来吸引顾客、开拓市场，以优质服务来维系顾客、占领市场，即金融企业必须注重提高从业人员素质，不断改进服务质量，并配以必要的形象宣传，以赢得更多客户的信赖。

（5）专业性。金融客户的需求往往在具有多样性的同时，更强调专业性。即要求金融营销人员具有广泛的专业知识，在营销服务过程中能够熟练处理各种问题，使客户满意，诸如解答客户的各种疑问，消除客户的种种顾虑，甚至充当客户的投资顾问，帮助客户分析、计算和谋划理财方案等。为了提高服务质量，增强竞争能力，金融企业需要雇用大量各种专家型人才。从一定意义上说，金融企业的竞争就是金融人才的竞争。

（6）风险性。金融市场的风险无时不在，不论是对金融企业，还是对金融客户而言，防范和化解金融市场风险，保持收益与风险的均衡是金融企业独具特色的重要任务之一。对于主要由金融企业承担风险的业务，金融企业应加强风险控制，以确保自身经营的安全性；对于主要由金融客户承担风险的业务，金融企业也应加强营销服务，以使客户所承担的风险与其所获得的收益相对称。

由于金融营销具有上述基本特征，因此它比一般工商企业营销更显复杂。金融营销人员既要以市场营销理论为指导，又要根据金融业自身的特点，积极开展营销管理活动。

第二节　金融营销的基本任务与作用

一、金融营销的基本任务

根据现代市场营销观念，金融企业不仅应当高度重视市场营销，而且应当系统地设计并安排好企业的营销职能，明确金融营销的任务。

产品供应者和产品需求者是市场营销活动的重要两端，因为交换活动主要是在这两者之间进行。从产品交换过程来看，产品供应者以一定的产品和服务换取一定的经济收益，即供应者提供产品与服务，需求者提供货币进行交换，双方的需求可以在一次或者若干次交易中获得满足，双方一旦达成交易，营销活动似乎也宣告结束。但是，供应者所提供的产品与服务是否一定能够在市场上得以交换？营销活动是否始于交易也终于交易？对这些问题的回答正体现了现代营销观念与传统销售观念的根本差异。

现代营销观念认为，企业的营销活动在产品开发之前就已开始，交易达成并不是营销活动的最终目的。这就使得营销活动从开展销售向前延伸到了生产过程、产前准备过程，甚至消费者的需求调查与分析过程等，同时，也从交易达成向后伸展到了对消费者的售后服务、用户信息反馈等。这样，市场营销就成为从研究消费者需求开始到以满足消费者需求为终结的一个循环往复过程，这一循环过程被称为“营销循环”（如图1–1所示）。这样，营销活动就不仅限于产品销售和交易达成，还包括市场信息收集、消费者需求分析、产品开发设计、渠道选择、价格制定、宣传沟通、售后服务、信息反馈等各项活动。总之，消费者的需求既是营销管理的起始，也是营销管理的归宿。

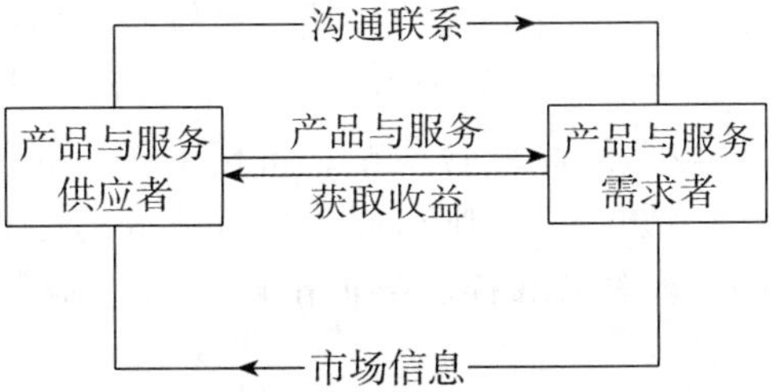

图1–1　营销循环示意图

从营销循环过程来看，市场营销的根本任务在于如何经济合理地满足消费者的需要。金融企业营销也不例外，金融营销也应当在发现市场、满足市场的同时，使金融企业获得盈利和发展。总体而言，金融营销管理的基本任务包括以下八个方面：

（1）金融信息管理。这是金融企业的一项基础工作。信息管理应为金融营销活动提供各种所需信息，包括客户信息、宏观经济信息、经济政策信息、法律信息、消费信息、产业发展信息、竞争者信息、国际金融市场信息、内部监管信息以及其他各种信息等。金融企业作为提供公众服务的组织，应重视信息的收集和管理，不断采用科学的手段，为营销工作提供快捷便利的服务。当今社会已步入信息时代，计算机管理、网络化服务已在各国的金融界得到广泛应用，这对于改进金融服务质量、提高金融营销效率发挥着极其重要的作用。我国金融企业也应适应时代的要求，加快金融信息管理现代化的步伐，不断提高企业竞争能力。

（2）客户需求分析。金融企业要不断研究各类客户的金融服务需求及其动态变化情况，从中把握商机，寻求企业盈利和发展的机会。这就要求金融企业不仅要掌握老客户的需求，而且要善于掌握大量潜在客户的金融需求。为了及时把握商机，金融企业必须随时了解不同客户群的收入状况、可支配资金的数量、闲置资金状况、消费特征、金融服务偏好、投资倾向、风险意识，并结合宏观经济状况的变化，分析其金融需求的动态变化情况。同时，也应关注同业竞争者的经营行为，了解其目标市场定位信息。当然，了解和掌握客户的金融需求并非易事，必须有大量的金融专业人士从事专门研究。

（3）开发金融产品。金融企业应在客户分析的基础上，针对不同目标市场的客户需求特征，开发出相应的金融产品以满足其需要。金融企业的产品可以多种多样，有些产品是长期提供的，有些产品是后继开发的。金融企业既要不断提高服务质量、拓展老产品的使用深度，也要根据市场需求的变化，适时开发新产品，发现新市场，开拓新业务。

（4）制定营销方略。为了确保金融营销的成功，金融企业必须根据自身的业务许可范围、自身资源状况以及所处的经营环境，系统制定营销方略，以达到扬长避短、趋利避害的目的。金融企业的营销方略具体包括目标定位战略、市场进入战略、形象战略、竞争战略以及产品组合策略、价格策略、促销策略、渠道与分销策略等，但对于不同类型的金融企业，则可以根据其业务的性质和特征，制定相应的营销方略，例如某些银行通常采取存款导向战略、大企业服务战略、批发业务战略等。

（5）提高服务质量。金融企业都是服务性机构，即使是某些有形的金融产品，也必须以大量的服务作为保证，因此，不断提高服务质量是金融营销的重要任务，也是维护金融企业信誉的基本方式。由于金融服务大多具有无差异性，因而客户在决定对某家金融企业认可的过程中，信誉往往发挥着主导作用。所以，金融企业要爱护自身的信誉和形象，树立“信誉至上”“信誉就是市场”“信誉就是企业生命”的观念。

（6）防范金融风险。金融市场的不确定性使得金融企业所经营的任何产品都存在不同程度的风险，因此金融企业应将风险防范作为营销管理的一项重要任务。不仅要将自身的经营风险控制在最低限度，以确保经营的安全性，同时，也要使客户所承担的风险与其所获得的收益相对称，降低客户不应有的损失。这要求企业在金融产品的开发环节就明确产品可能存在的风险、合理地安排收益与风险的匹配关系、制定必要的风险防范预案，并在营销过程的各个环节加强风险管理。同时，金融企业要加强对金融市场的风险预测，科学评估投资风险，扩展业务时必须量力而行，遵循金融市场的运行规律，防止因膨胀过快而形成资产泡沫，导致企业倒闭。对于开办离岸业务、从事跨国经营的金融企业，还必须密切防范汇率风险以及境外投资风险。

（7）提高经营效益。金融企业在向金融客户提供服务的过程中，还必须注重自身的盈利与发展，正确处理好社会效益与经济效益的关系。具体而言：①充分发挥自身的资源优势，提高资源利用效率，减少浪费；②合理设计产品的价格体系，确保适度的价格梯度；③注意降低营销成本，对于长期提供的一贯式产品可以实行目标成本管理，增加收益；④正确处理价量关系，以确保企业在保本点以上经营；⑤科学安排短期亏损和长期盈利的业务组合，提升企业的整体经济效益；

⑥依法建立呆坏账准备金，及时化解风险隐患。

（8）确保社会稳定。金融业是高风险性的特殊行业，其对国民经济影响的广度和深度是其他行业所无法比拟的，因而也是市场准入条件较高的行业。通常在市场经济国家中，金融业都扮演着极为重要的角色，发挥着特殊的作用，尤其表现在执行国家金融政策、发挥宏观调控作用方面。由于金融业影响面广、风险性强，因而各国政府对金融业的监管普遍十分重视。所以，金融企业必须认真执行国家的法律法规，接受金融监管机构的监督管理，同时还应加强与金融同业公会的合作，开展健康有序的市场竞争，本着对社会负责、对国家负责、对股东负责、对企业发展负责的精神，尊重金融市场的运行规律，共同维护社会经济的繁荣和稳定。

二、金融营销的主要作用

市场营销是市场经济条件下以满足市场需求为前提、以经营获利为目的的各类经济组织共同的社会行为，也是市场经济条件下社会经济运行和资源配置的重要环节和手段。市场营销作为企业管理的一项重要职能，其主要目的在于促进产品销售，是为了适应社会化大生产的需要而发展起来的，是社会分工和规模经济的必然产物，是市场经济条件下企业的基本行为之一。现代市场营销学科是在逐步总结企业营销经验、吸收相关学科理论的基础上逐步形成并日臻完善的。尤其是近年来，在以市场为导向、以消费者为中心的营销观念指导下，市场营销学不断吸收经济学、心理学、行为学、传播学以及管理学等学科的理论，成为一门综合性的应用学科，并对金融企业的经营发挥着越来越重要的指导作用，具体表现为以下四个方面：

（1）金融企业重视营销管理既是金融市场发展的客观要求，也是金融企业面对竞争环境提高自身生存和发展能力的实际需要。金融业开始树立营销观念、运用营销管理的时间晚于制造业，直至20世纪50年代末60年代初，随着零售银行业务的拓展，营销管理在金融业才开始被重视。自20世纪70年代以来，在金融自由化浪潮的推动下，金融业内部相互渗透、竞争加剧，各金融企业纷纷把工作重点转向市场，注重发挥优势、拓展业务、争夺客户，市场营销作为金融企业的一项管理职能也有了越来越重要的地位。与生产企业和其他服务性企业一样，金融企业也是以盈利为目的的经济组织，它也必须以满足消费者的需求为导向。尽管金融企业的营销方式与其他类型企业有很大的差异，但是两者在面对市场竞争，寻找目标市场，满足消费者需求，扩大市场占有率，获取盈利的营销观念、过程和模式上近乎完全相同。此外，金融业大多数产品的供给和消费几乎是同时进行的，这要求金融企业具有更高的营销效能。

（2）营销管理是金融企业管理的核心职能之一。相对于人事、财务、组织、会计、监控与综合管理等内部管理职能而言，营销更是现代金融企业管理的一项核心职能。一方面，随着金融业竞争的加剧，争取客户是金融企业开展业务的关键，因为不论是从事传统金融业务的企业还是那些新兴的金融企业（如投资银行等），其绝大部分工作都是直接面向市场展开的；另一方面，效益是企业经营的根本目的，金融企业最终能否取得好的经济效益，也主要取决于是否赢得了客户，提供了市场所需要的产品和服务。因此，市场既是金融营销管理的起点，也是其归宿。营销职能的发挥就是要在正确观念的引导下，合理运用企业的有限资源，采用科学的营销手段，在服务于市场的同时为企业赢得良好的经济效益。金融企业的营销管理职能主要包括市场调查分析、方案评估、产品开发与设计、营销网点与渠道选择、价格制定、广告宣传与沟通、柜台服务、公共关系、客户咨询、信息管理、市场开发与营销方略制定等。

（3）金融企业加强营销管理也是防范金融风险的需要。由于金融业是高风险性的特殊行业，易受经济政策、宏观经济波动、客户心理预期、国际收支状况、金融产品供求以及各种天灾人祸的影响，因而金融活动具有较大的不确定性。为了防范市场风险，金融企业必须强化营销管理职能，通过加强对市场的分析和研究，适时调整经营战略和营销策略，不断开发能够规避风险的各种金融新产品，以实现企业经营的安全性和稳定性。

（4）我国金融业面对新的国际形势必须重视营销管理。就国际经济形势而言，一是经济全球化进程加快，国际资本流动作为全球资源配置的重要形式，无论是在少数发达国家还是在广大发展中国家都受到了高度重视，而要想充分利用国内和国际两个市场、两种资源发展我国经济，国内金融业就必须抓住机遇，充分发挥中介作用，为我国经济建设服务。二是随着国际投资与贸易自由化的迅速发展，国际上要求我国开放金融市场、放松金融管制的呼声也越来越高，我国金融业正面临着越来越大的压力。三是国际资本尤其是国际短期资本的大规模流动，使得发展中国家脆弱的金融市场不可避免地会受到不同程度的影响甚至冲击，如果这些国家缺乏健全的金融体系抵御风险，就有可能发生金融动荡或者爆发金融危机，严重的甚至波及全球金融市场，从而影响世界经济与贸易的稳定增长。1997年发生的亚洲金融危机以及2008年的次贷危机便是典型的例证。就国内经济形势而言，一是国民经济已经持续多年高速增长，这就要求国内金融业能够适应形势发展的需要，不断提供高效稳健的金融服务。二是随着改革的进一步深化，以公有制为主体、多种所有制形式并存的经济格局已基本形成，经济主体与投资主体正趋多元化，资金的供给需求状况已经发生了根本性转变，这对投融资体制、金融企业的运作方式以及金融业的监管模式等都提出了新的要求。三是金融业内部结构的变化，使得传统金融业的垄断地位受到挑战，在效益机制的引导下，金融行业的内部竞争将日趋激烈。

综上可见，我国金融业正面临着与以往任何时候相比都更大的机遇和挑战，国内金融企业强化营销功能、提高管理水平的必要性和紧迫感也进一步增强。

第三节　金融营销的演变历程

一、市场营销的观念演变

市场营销是企业的一种有意识的行为过程，不同的营销方式以不同的营销思想为指导，而营销思想以不同的经营哲学和行为逻辑为基础，集中体现为不同的营销观念，且具有明显的时代特征，并随着社会经济的发展而发展，市场营销观念正是在不断的营销实践探索过程中逐步形成和日臻完善的。[①]

（一）生产观念

生产观念也称生产导向，是一种传统的、原始的经营理念。20世纪20年代以前它在发达的市场经济国家中占据着统治地位，这种观念强调以生产和效率为中心，其实质就是“以产定销”。它认为生产可以创造消费，消费者喜欢那些随处可以得到的价格低廉的产品，企业的主要任务是大量生产和广泛分销。它通常存在于两种情况之下：（1）市场供不应求；（2）产品市场广阔，但生产成本过高，需要通过提高效率降低成本以扩展市场。生产观念反映了供给不足的社会经济现实，而随着科学技术以及社会生产力的发展，市场供求形势的变化，尤其是市场竞争的加剧和买方市场的形成，其适用的范围越来越小。

（二）产品观念

产品观念也称产品导向，是一种与生产观念相类似的经营理念。它认为消费者总是喜欢优质的、有特色的产品，只要产品好，就不愁销不出去，即所谓“酒好不怕巷子深”。持有这种观念的经营者往往忽视消费者需求的多样性、变化性以及产品的可替代性，狭义片面地理解“产品”的含义，把主要精力都用于产品质量的提高上，盲目追求产品的改进与完美。产品观念一旦成为经营教条，必然会使企业陷入“营销近视症（marketing myopia）”的困境。例如，美国的铁路运输业曾盛极一时，但由于铁路公司仅看到自己所从事的是“铁路运输”，忽视了顾客所需要的是“运输服务”这一实质差异，将自己的经营业务局限于铁路运输这一特定的运输形式，过于注重争夺在铁路运输上的优势，而当运输市场情况发生变化，汽车、卡

① 唐汉良，等. 现代金融企业营销管理［M］. 北京：企业管理出版社，1998.

车、大型货车、飞机、管道等运输形式快速发展起来后，铁路公司就只能束手待毙了。

（三）推销观念

推销观念是一种注重销售尤其是推销的经营理念，它是生产观念的发展和延续。自20世纪20年代至1945年，这种观念在西方发达国家比较盛行，反映了这些国家中企业由“卖方市场”向“买方市场”过渡的经营特征，即当生产出现过剩时，市场竞争加剧，产品的销售便成为市场的突出问题。推销观念认为，当消费者面对大量的产品供应时往往会产生一定的购买惰性，从而不会主动地购买某一企业的产品，因此，销售业绩的优劣主要取决于经营者如何进行产品推销。企业需要运用强力推销（hard selling）的方法，通过大量的促销活动积极推销产品，即要相信铺天盖地的广告、口若悬河的宣传竞销以及灵活多样的促销方式的特殊作用。这一时期也是推销员备受青睐的时期，各种促销法、推销术获得了很大的发展。在现代市场中，尽管推销导向的营销观念已然过时，但诸多促销手段在企业营销和人员推销中仍有用武之地，特别是对一些非渴求产品，如保险、百科全书等，仍需要发挥强力推销的说服作用。

推销观念的主要不足在于，营销者只注重“推销企业所制造的产品”，而不是“制造市场所需要的产品”。强力推销并非灵丹妙药，因为这种营销方式存在如下风险：（1）并非所有的消费者都会被说服；（2）被暂时说服的购买者也可能会产生后悔情绪；（3）当时被说服的购买者事后会因不满而做出一些对所推销产品和企业不利的宣传。

（四）市场营销观念

彼得·德鲁克认为，市场营销的目的就是要使推销成为多余，营销的目的在于深刻地认识和了解顾客，使得产品或服务完全适合其需要从而形成自我推销。理想的营销过程就是如何便于顾客获得所需要的产品和服务。

以市场为导向的现代营销观念对上述以生产者为中心的传统营销观念提出了挑战。第二次世界大战后，特别是20世纪50年代中期以来，随着市场竞争的进一步加剧，这种全新的以消费者需求为中心的经营理念逐步形成，并为现代营销理论的发展奠定了重要基础。市场营销观念认为，实现组织目标的关键在于准确地把握目标市场的需要和欲望，并且比竞争对手更有效、更便利地满足目标市场的消费需求。营销观念强调企业应注重选择目标市场，发现目标市场中顾客的内在需要，并能运用整体营销手段在满足顾客需要的同时使企业盈利，因而目标市场、顾客需要、整体营销以及盈利是市场营销观念的四大支柱。由于受到资源、经营能力以及市场竞争环境所限，企业必须集中力量服务于某一个或若干个特定的需求市场，即企业应当明确自己的目标市场，这样才能确保企业的生存和发展，并不断地提高自身的竞争能力。市场营销的主要目的在于满足目标市场的消费者需要，并以顾客的所需所欲为中心，因而企业必须通过认真科学的调查分析，准确掌握所选择的特定目标市场上顾客的实际需要。满足消费者的需要、做好营销管理，绝不仅仅是企业中营销部门的事情，而是各个职能部门及其员工都应以市场和顾客需要作为自身工作的导向。为了克服各种阻碍和抵触情绪，应当增强企业内部其他部门员工为顾客服务的意识，加强各项工作以及各个环节的协调，实行整体营销，从而让全体员工都为使消费者满意而工作。这样，企业的盈利才能建立在可靠的基础之上。所以，营销人员在选定目标市场之前，必须分析任何潜在的营销机会可能带来的利润前景。

图1-2直观地表述了推销观念与市场营销观念的本质区别。可见，市场营销观念的实质是“以需定销，以销定产”。因此，“用户至上”“消费者是上帝”等广告宣传用语，都是市场营销观念的真实写照。

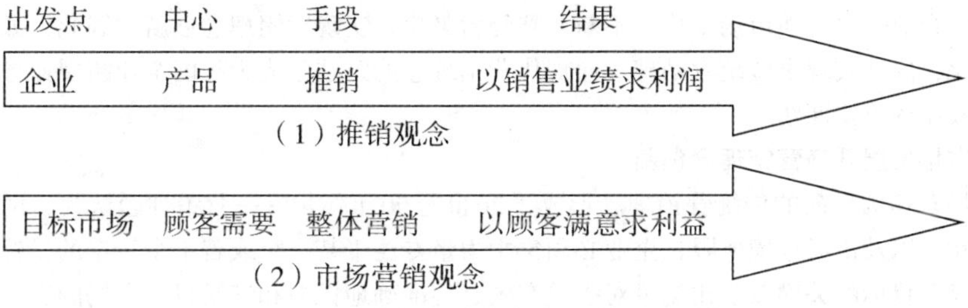

图1-2 市场营销观念与推销观念的本质区别

（五）社会营销观念

20世纪70年代以来，国际市场营销环境发生了急剧变化，尤其是对能源短缺、人口膨胀、环境污染以及消费者权益保护运动等问题的日益重视，使得市场营销观念也开始受到怀疑和指责，这主要表现在满足消费者个人需要与社会长远利益之间的矛盾性，诸如忽视社会伦理道德、资源浪费、环境污染等各种弊端。在这一时代背景下，某些学者提出了一些修正传统市场营销观念的思想，如绿色消费观念、社会经济可持续发展观念等，社会营销观念则是这些思想和观念在营销领域的综合反映。

社会营销观念要求企业将长期的社会福利问题放在重要的地位上加以考虑，正确处理好消费者利益、企业利益和社会利益三者之间的关系，做到统筹兼顾、和谐均衡。企业的营销业务是确定目标市场的需要、欲望和利益，并以保护和提高消费者的社会福利为目的，比竞争者更有效、更便利地向目标市场提供所期望得到的满足。

从市场营销观念的演变过程可见，不同营销观念的差异主要源于对企业、消费者与社会三方利益重视程度的不同，生产观念、产品观念和推销观念都是以生产者的需要和利益为中心，其本质是相同的。市场营销观念则是以消费者的满足为中心，它把生产者的利益与消费者的利益结合起来，但对社会利益未予以充分考虑。社会营销观念则是把生产者、消费者和社会三方的利益都结合起来，注重整体协调，是一种全新的综合营销理念。

从我国的实际情况来看，金融营销还处在较为初级的阶段，基本上是以金融企业的利益为中心，其局限性十分明显。我国金融企业的营销者应当认真总结上述市场营销观念的哲学内涵，认真处理好企业、客户和社会三者之间的利益关系，从而使金融营销立于不败之地。

【营销前沿】　　精准营销与理念创新

市场营销是现代经济生活中的一项重要活动，它是社会经济发展的产物，对于我国企业的生存与发展有着举足轻重的作用。进入21世纪的中国，市场日趋成熟，竞争日益激烈，这在客观上要求广大企业必须直面市场变化，不断调整经营策略，实现营销理念创新。因此，如何顺应市场发展变化，成功实现由传统营销理念向现代营销理念的跨越已成为我国企业拓展业务、改善经营、提高效益的重要课题。

一、市场发展呼唤营销理念创新

以市场营销为导向的传统营销理念形成于20世纪50年代。这一营销理念认为，由于营销资源、经营能力以及市场环境所限，企业必须集中力量专注于某一个或若干个特定的目标市场，即实现企业经营目标的关键在于比竞争对手更有效、更准确地把握和满足目标市场的客户需求，这样才能确保企业的生存和发展，并不断地提高自身的竞争能力。由于传统营销理念强调了企业应当明确自身的目标市场，及时发现目标市场中的客户需求，并能有效运用整合营销手段，在充分满足客户需求的同时使企业盈利，因而目标市场、客户需求、整合营销以及企业盈利是构成传统营销理念的四大要素。可见，传统营销理念是从目标市场出发，以满足客户需求为中心，以整合营销为手段来获得客户对其产品与服务的认同和接纳，最终赢得客户的满意消费，实现企业盈利，即传统营销理念的终极目标是发现并满足客户的现实需求。

然而进入21世纪后，首先，随着产品与服务的日趋丰富、市场竞争的日益激烈，企业仅仅依靠有限的目标市场细分，已不足以保证其产品与服务的独特性，无法避免产品与服务的雷同以及低水平的重复竞争，这也就是恶性价格战无休无止、此起彼伏的根源所在。其次，随着消费者个性需求的日益提高，消费者对产品与服务的创新性要求也不断上升，企业仅仅从发现并满足客户的现实需求着眼，已无法适应消费市场呼唤产品创新的新趋势。再者，随着现代信息技术的不断发展，各种各样成千上万的广告信息充斥着人们的生活，大大降低了广告信息的有效传播性，广大企业仅仅依靠平面营销手段，已不足以真正树立起牢固的客户关系，更无法为企业的发展奠定长久坚实的盈利基础。因此，伴随着市场的发展与成熟，一个呼唤营销理念创新的全新时代已然到来。

二、精准营销理念的悄然兴起

首先，从客户需求层面来看，随着消费者主体意识的日益成熟，消费者对于个性化产品的需求不断提高，企业已无法通过目标市场细分来精确涵盖其中每个消费者的个性需求。因此，广大企业不仅要从目标市场出发，更应从不同消费者的个性差异以及同一消费者各个阶段的需求差异着手，从讲求规模化的面形整体市场营销向凸显个性化的锥形立体营销转变，才能更好地满足目标客户需求。

其次，从产品创新层面来看，随着人民生活水平的不断提高，消费需求层次的不断跃升，广大消费者对于产品与服务的创新性要求也在不断提高。因此，企业不能仅停留在发现并满足消费者的现实需求这一初级阶段，而应着眼于激发并满足客户的潜在需求，并以此不断推动产品与服务创新，最终赢得自己的市场。

最后，从企业盈利层面来看，一方面随着市场逐渐成熟，竞争程度加剧，市场中的广告信息日趋饱和，其对于广大消费者的影响力迅速下降，广告衰减效应日益显著；另一方面，非理性的“广告冲动”促使企业无节制地追加营销费用，而同业之间非合作性博弈所引发的竞争压力则进一步加剧了这一增长趋势，从而极大地压缩了企业的盈利空间。这就迫使企业必须从以“求同”为主的大众营销思维中转变出来，通过形式多样的关系营销手段来更为有效地培育企业的目标受众，从而为企业摆脱困境、实现盈利创造机遇。

综上所述，正是在消费者、市场以及企业不断成熟与发展的内在冲动和外在压力下，更为注重个性化与创新性的精准营销理念悄然兴起。

三、精准营销理念的本质透析

被业界称颂为“营销传奇”的美国戴尔电脑公司大胆放弃了规模化批量生产电脑的传统经营模式，而在全球范围内率先推出了其独有的个人电脑定制模式，即根据客户的个体需求为其度身定制个性化的电脑产品，并据此建立起客户的数据信息，为其提供终身化的营销服务，从而在电脑产品竞争异常激烈的今天，赢得了骄人的业绩和独树一帜的企业品牌。这种企业通过有组织地搜集客户的综合数据以建立详尽的客户资料库，并在数据库管理的基础上准确及时地分析客户特征及产品需求，从而更好地完善自身的产品与营销策略，以赢得客户重复消费的营销过程就是精准营销理念的充分体现。由此可见，精准营销理念与传统营销理念相比，其直接关注客户的个体需求，并以此作为企业经营活动的根本依据；以人性化的个案营销贯穿客户需求的各个阶段；以建立稳固的客户关系作为企业盈利的中心；以创造性地激发并满足客户的潜在需求作为终极目标（如图1-3所示）。因此，精准营销理念并不是现代商业利润观的变革，而是在激烈的市场竞争中，企业经营理念由产品本位向客户本位的彻底转变。然而，传统营销理念与精准营销理念并无优劣之分，而只是市场发展各个阶段的产物，营销理念只有与市场发展相契合时才是最有效的。具体而言，低成熟度的市场适合传统营销理念，而高成熟度的市场则更适合精准营销理念。

总之，伴随着我国社会经济的飞速发展以及营销实践的不断深入，以客户关系为导向的精准营销理念作为市场营销变革与创新的一个时代里程碑，突出了市场营销的可持续性，真正体现出满足客户潜在需求的现代营销宗旨，必将有力地推动我国企业营销水平迈上一个新的台阶。

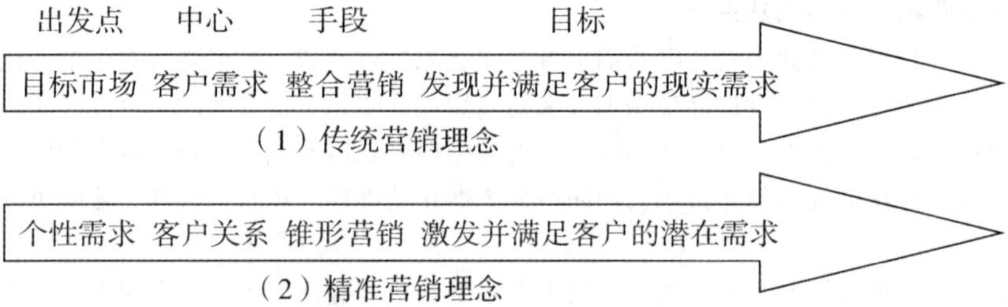

图1-3 精准营销理念与传统营销理念的本质区别

二、金融营销的发展过程

市场营销观念的产生有其深刻的历史背景，买方市场是营销观念产生和存在的必要条件之一，只有当产品供大于求时，企业才会以满足顾客需要作为自身经营活动的出发点。这就决定了市场营销活动首先产生于一般工商企业（尤其是生产消费品的制造商），而金融业的主要经营对象——资金，即使在西方发达国家，也始终是最稀缺的资源之一，这一情况使得金融业长期处于卖方市场，因而与一般工商企业相比，金融企业对营销的认识是比较晚的，银行等金融企业长期以来则一直处于“皇帝女儿不愁嫁”的市场优势地位。市场营销学家科特勒曾这样描述早年银行的经营活动：“主管贷款的银行高级职员面色呆板地把客户安排在大写字台前比自己低得多的凳子上，居高临下，颐指气使。阳光透过窗子照在孤立无援的贷款申请者身上，他正努力地诉说着自己借款的理由，而冰冷的银行大楼则宛如希腊神殿般让人不寒而栗。”直至20世纪50年代初期，营销观念还未能进入金融业，因为银行长期处于卖方市场，人们需要它们提供金融产品和服务，即使银行不主动去促销其存贷款与保管箱业务，顾客也会主动上门。这时金融业给人以冷峻的形象，从业人员很少微笑，直到50年代末期，银行之间吸收储蓄的竞争加剧，营销观念才开始被引入金融领域。

金融营销的发展可以分为七个阶段：（1）排斥阶段；（2）引入阶段；（3）广告与促销阶段；（4）友好服务阶段；（5）金融创新阶段；（6）服务定位阶段；（7）系统营销阶段。在各个阶段，人们对金融营销管理的理解、评价以及运用等都存在着明显的认识差异。

（一）排斥阶段

20世纪50年代中期以前，营销对于金融业而言还相当陌生。当时，客户需要银行为他们提供基本的金融服务，金融产品经常出现供不应求的情况，银行完全处于卖方市场，完全掌握着自己的经营与产品的供应，根本没有必要去推销产品，而客户为了使自己的融资需要获得满足就不得不向银行求助。因而在这一阶段，金融业完全排斥营销活动，无任何市场营销意识。

（二）引入阶段

进入20世纪50年代中后期，商业银行的市场优势地位发生了动摇。由于其他银行与非银行金融机构在储蓄业务领域展开了激烈竞争，极大地改变了原有的金融行业垄断格局。于是，一些有远见的金融从业人员开始寻找解决企业经营困境的途径，并逐渐意识到金融业也需要开展营销管理。许多金融企业便开始借鉴工商企业的做法，使用广告和促销手段，而竞争对手也紧随其后纷纷效仿，从而开始了金融企业注重广告和销售促进的新阶段。

1958年举行的美国银行家协会（American Bankers Association，简称ABA）会议第一次公开提出金融业应该树立市场营销观念。此次会议对金融业的发展具有非常重要的历史意义，它对当时的银行经营进行了客观分析，扭转了金融从业人员原先对营销观念的排斥态度，从而正式揭开了金融营销管理理论与实践的序幕。

（三）广告与促销阶段

20世纪50年代末，以商业银行为代表的金融企业开始注意在日常工作中运用营销管理改善经营业绩。但当时人们对于金融营销的认识还十分肤浅，在多数人眼中，金融营销只不过是广告和促销而已。随着60年代西方各国金融零售业务的迅速发展，储蓄客户竞争的不断加剧，一些银行吸取了消费品市场的营销经验，广泛运用广告与促销手段，并以此为营销活动的主要内容。有关人员的头衔也从“公共关系”改为“营销管理”，但他们的主要任务仍不过是做好广告宣传，吸引更多的客户到银行里来，以促进金融产品的销售。这种观念在当时具有很大的影响力，直到90年代仍有部分商业银行将金融营销等同于广告与促销。

广告与促销阶段是金融营销管理的起始阶段，这表明人们已开始将营销管理与企业经营相结合，但还没有充分认识到营销管理在金融活动中的重要作用。

（四）友好服务阶段

金融企业发现广告与促销所带来的优势并不长久，为了吸引忠诚的顾客，银行开始注意提高服务质量。例如，从业人员的职业培训获得了加强，银行柜台后出现了微笑，甚至银行内外部的装修设计也受到重视，从而形成了一种令顾客感到温馨的友善气氛，于是，银行进入了友好服务阶段。然而，此时银行对于“友好服务”的理解是比较片面的，仅仅认为职员的微笑与友善的气氛即是“友好服务”。

率先实施以上措施的银行在吸引顾客方面捷足先登，但很快便为竞争者所觉察，于是金融业兴起了友好服务培训和人性空间装饰的热潮，结果家家银行都开始变得亲切友好，客户则很难依据服务态度进行选择，即服务态度失去了原有的特殊性，不再成为客户选择时的首要考虑因素。当然，这一阶段整个金融行业的服务水平比以前有了大幅度的提升。

（五）金融创新阶段

由于金融行业服务态度普遍改善，互相之间的差别又难以区分，于是一些银行开始意识到必须寻找一种新的方法以区分自己和竞争者。由于认识到金融业务经营的本质是满足客户的需要，于是金融企业开始从创新的角度考虑向顾客提供新的、有价值的产品和服务。西方国家金融管制的放松以及各国间金融业发展水平的不平衡，使得商业银行绕过金融管制，提供新的金融产品和服务成为可能。为了获得差别优势、规避风险、寻求利润，金融企业开始在金融工具、金融市场以及金融服务项目方面进行创新，这就是近20年来所谓的金融创新（financial innovation）。

新的金融产品的出现，提高了金融企业的运作效率，节约了经营成本。例如，保险公司推出了五花八门的险种；商业银行则提供信用卡服务、上门贷款、共同基金、国际保理、包买票据（forfaiting）等产品和服务。在这一阶段，大额可转让定期存单（CD）、可转让支付命令（NOWS）、自动转账服务（ATS）、超级可转让支付命令（super-NOWS）、共同基金（MF）以及透支便利等各种新型金融工具纷纷出现，吸引了众多的个人储户与企业客户，扩大了银行的资金来源，提高了资金运作的灵活性。同时，商业银行还大量运用各种金融衍生工具（如期货、期权、远期、互换等）为客户服务，以提高客户资产收益率，增强流动性，降低风险。

此外，在金融保值创新手段方面，货币互换和利息互换是典型的例子。这一金融创新工具的核心思想是利用两个债务人在国际金融市场上的相对优势，通过金融中介服务，相互交换所借债务的货币种类和债务利率的种类。货币互换和利率互换以及其他互换方式组成了新的国际金融互换市场。许多商业银行通过金融创新，拓展其金融产品的深度和广度，以满足客户更深层次的金融服务需求。

（六）服务定位阶段

金融创新增强了商业银行的竞争力，扩大了银行的影响，并增加了银行的盈利。但金融产品不同于其他商品，它没有专利权。一项新型金融工具推出之后，很快就会被其他银行所模仿，开发新产品的银行便会失去原创优势。据西方银行界研究证实，一种新的金融产品推出后，竞争对手在6个月内就可以掌握，因而金融产品缺乏专利性。于是，银行开始认识到必须发展属于自己的独特优势，即提供有竞争力的、有别于他人的差异化服务。研究发现，没有一家银行会成为所有顾客心目中的最佳银行，能向全体顾客提供所需的金融服务；同样，也没有一家投资基金公司能满足所有投资者的盈利需求。因此，各金融企业应该有所选择，在本领域中寻找属于自己的最佳市场定位，将自己与竞争对手区别开来。

在这一阶段，许多银行纷纷确定自己的企业形象和服务对象。例如，有的银行选择大公司作为重点客户，有的银行的服务对象则仅限于中小企业；有的银行着重吸引有钱人，有的银行则以25～45岁的顾客群体为营销目标；有的银行偏重于稳健的投资银行业务，强调自己精通多种业务，有的银行则定位为大胆创新者，投资于风险大且收益高的产品；还有的银行利用高科技专门发展家庭银行（home banking），也有的银行把自己定位为金融超级市场（financial supermarket），这是因为所在国政府允许银行开展全面业务，这种全能银行除了可以向企业、商家和个人提供商业银行的传统业务之外，还可以提供保险、旅游、所得税筹划、投资、遗产托管、国际贸易、财产代理等各种金融业务，因此被称作“金融超市”。服务定位的目的在于帮助顾客了解相互竞争的各金融企业之间的差异，便于客户选择对他们最适宜的、能最大限度地满足其需求的金融企业。

（七）系统营销阶段

进入20世纪80年代，西方金融业的迅速发展进一步推动了金融营销管理的发展与变革。随着金融行业竞争的加剧，人们逐渐认识到营销管理不再是单个的广告、促销、创新或定位，而必须把它们视为一个整体来看待，即要使本企业的经营业务保持优势地位，获得持久的良好业绩，就必须加强对金融营销环境的调研和分析，制定适合本企业的战略目标和经营策略，制订中长期和短期的营销计划，也就是通过分析、计划、执行和控制，谋求建立和保持金融企业与目标客户之间互利的交换，以达到本企业的经营目标。换言之，为了充分了解市场并掌握客户需求，商业银行应对营销环境进行认真分析和有效预测；为使金融营销工作有条不紊地开展，银行应适时制定营销目标与营销战略，并编制出合理的营销计划，包括短期计划与中长期计划；有了营销战略与计划之后，银行应灵活运用产品、价格、促销与分销等组合策略实施该计划。

同时，由于市场的不确定性及营销工作人员的能力所限，营销计划在执行过程中难免会出现一些失误或差错。为了确保营销目标的实现，银行还必须对营销工作实施全面的控制。因为银行的规范管理对银行的生存与发展是生死攸关的，尤其是对一些历史悠久、资产雄厚的大银行而言，因此加强业务控制、保持管理的连续性尤为重要。例如，全球知名的花旗银行于1812年创立于美国，在全世界的100多个国家和地区设有3 400多家分行或办事处，为全球约2亿的客户提供金融服务。1993年，花旗银行重新回到中国大陆市场，并于1996年成为第一家获准在上海浦东新区经营人民币业务的美资银行。由于人们只知花旗银行的知名度，而对该行的全球网络、业务范围、管理传统等知之甚少，因此近年来要求兑现1949年前“存折”“存单”的事件已不下100起，2001年7月出现的所谓“12.2亿美元存单”事件更是达到了登峰造极的地步。事后，经国内司法机构以及媒体的调查，所谓的存单凭证均系伪造。而在这一事件中，花旗银行能在较短时间内做出正确判断，并提出一整套切合实际的处理程序，充分反映了花旗银行等国际大银行在管理上的严密性。也正是由于该银行内部控制规范、拒付理由充分，冒领者才无机可乘。总之，只有通过分析、计划、执行与控制等各个营销环节的紧密配合，金融企业的营销工作才能取得良好的绩效。表1-1总括表述了金融营销的发展过程。

表1-1 **金融营销的发展过程**

所处阶段	年代	主要观点
①排斥阶段	20世纪50年代中期以前	商业银行处于卖方市场，不需要开展营销活动
②引入阶段	1958年	美国银行家协会第一次将营销观念公开引入金融领域
③广告与促销阶段	20世纪60年代	片面地将金融营销等同于广告与促销
④友好服务阶段	20世纪60年代至70年代	偏重于营造友好、和谐的服务氛围
⑤金融创新阶段	20世纪70年代	不断开发金融新品种以满足客户需求
⑥服务定位阶段	20世纪80年代	把主要精力集中于某一细分市场以发挥比较优势
⑦系统营销阶段	20世纪80年代以后	营销是由分析、计划、执行、控制等各个环节构成的系统

综上所述可见，金融营销管理经历了一个由低到高、由浅入深、由零碎到系统的发展过程。

当前，我国的金融营销还停留在第三、第四阶段，仅有少数金融企业达到了第五、第六阶段。而若想在变化莫测、竞争激烈的营销环境中获得成功，就必须达到第七阶段，这就需要金融企业建立起一整套完善的营销系统，进行分析、计划、执行与控制。面对新的营销环境，金融管理部门必须采用系统思考的新方法、新观念。

三、金融营销的动因分析

任何事物的产生、发展、兴盛都有其深刻的内在动因。那么，是什么因素为金融营销管理的发展提供了强大的动力呢？我们认为主要有以下几个方面的因素：作为主体和卖方的银行，作为客体和买方的顾客，作为主客体联系纽带的物质技术媒介。即商业银行作为金融市场的主体，他们之间的竞争日趋激烈；顾客作为金融市场的客体，他们的需求日益多样化；而科技进步则为金融营销提供了物质条件。上述三个基本因素推动了金融营销管理的蓬勃发展。

（一）金融市场出现的激烈竞争成为金融企业推行营销管理的内在动力

1.银行同业之间的业务竞争

由于商业银行、专业银行、合作银行等各类银行机构的原有专业分工界限被打破，银行机构彼此业务交叉，新的综合性多功能银行出现，以及原有银行竞相扩张经营规模，银行同业之间在吸收存款，发放贷款，争夺市场份额，扩展经营地域范围、金融产品和服务种类以及提高服务质量等方面的竞争不断加剧。

2.银行与非银行金融机构之间的竞争

20世纪70年代之前，美国银行业、证券业、保险业基本上各行其是、各谋其利。进入70年代后，证券公司和保险公司等非银行金融机构不再受金融法规的限制，它们利用无须缴纳准备金、可以跨州经营业务等有利条件，竞相推出了一些新的金融产品，诸如货币共同基金（MMMF）、现金管理账户（CMA）等。这些金融创新产品的出现，促使广大储户把资金从银行定息账户中提出，重新投资于以市场浮动利率计息的金融新产品，从而使银行存款大量流失、信用收缩、盈利减少。同时，其他各种非银行金融机构纷纷涌现，它们直接或间接地夺走了不少银行业务。从表1-2、表1-3、表1-4（数据来源：PEZZULLO M A.Marketing for Bankers［M］. American Bankers Assn，Revised Edition，1982：14）中可见，第二次世界大战后美国商业银行的市场份额不断下降，增速放缓。

表1-2 美国金融机构接受存款份额比例

年份	商业银行（%）	储蓄银行、信用组合、储蓄贷款协会（%）
1949	79.6	20.4
1964	63.0	37.0
1979	59.4	40.6
1984	58.1	41.9

3.银行还受到非金融企业附属金融机构的挑战

以美国为例，美国三大汽车公司（通用、福特、克莱斯勒）均涉足金融业，分别成立了附属财务公司，为汽车消费者提供融资服务。美国最大的百货零售商之一——希尔斯公司，则把业务扩展到投资银行业、保险业等领域，建立了自己的

表1-3　　美国金融机构金融资产持有比例

年份	商业银行（%）	储蓄银行、信用组合、储蓄贷款协会（%）	其他金融机构（%）
1970	37.3	20.6	42.1
1979	34.8	23.8	41.3
1984	31.5	22.7	45.8

表1-4　　美国金融机构1979—1984年金融资产增长率

商业银行（%）	57
储蓄银行、信用组合、储蓄贷款协会（%）	65
非银行金融机构（%）	92

金融营销网络，使之与其所属的零售商店连接起来，向零售顾客提供多样化的金融服务，具体包括融资、保险、抵押以及各种经纪业务，因此希尔斯公司又有了“零售金融集团”之称。

4.金融业务的全球化趋势

20世纪70年代以后，随着西方各国经济发展、生产社会化程度的提高，各国之间在经济、技术、资金和人员上的联系不断加强，生产、经营和资本的全球化趋势显著。跨国公司开始兴盛，它们在全球范围内统一组织生产和销售，在投融资上也充分利用跨国经营的区位优势，哪个国家利率高就把资金投到哪里，哪个国家利率低，就从哪里融资。这一方面使得跨国大企业逐渐摆脱了对本国金融业的依赖，另一方面也促进了本国金融业向海外发展。由于外国银行或金融机构的进入双向、交叉经营金融业务得到发展，从而有效地促进了金融业务的全球化。1957—1982年在英国伦敦开设分支机构的外国银行及其存款数量增长情况如表1-5所示（数据来源：MEIDAN A.Bank Marketing Management［M］. Macmillan Education UK，1984：12）。

表1-5　　在英国伦敦开设分支机构的外国银行及其存款总量

年　份	外国银行数量	存款总量（百万英镑）
1957	80	130
1965	100	2 215
1970	150	9 759
1976	200	30 000
1982	400	

可见，竞争的加剧、非银行金融机构的介入，对银行的经营方式、经营技术以及经营作风都产生了深刻的影响，金融营销观念随之应运而生。那么，为什么金融业的经营模式会发生如此大的转变呢？与一般工商业一样，根本原因在于市场竞争导致利润下降或者停滞。例如，20世纪40年代以来，美国银行销售份额逐年减少，市场占有率下降。20世纪40年代末，商业银行存款业务占金融总储蓄业务的80%，到70年代末这一比例下降至59%，详见表1-6。

表1-6 **美国金融机构的市场占有率状况**

金融机构的存款总量		市场占有率（%）		
年份	存款总量（10亿美元）	商业银行	储蓄银行、储蓄贷款协会	放款联盟
1949	159.5	79.6	19.9	0.5
1964	429.9	63.0	35.1	1.9
1979	1 653.4	59.6	37.2	3.4

从表1-6可见，尽管商业银行业务稳定发展，但市场占有率一直在下降。为了夺回失去的顾客，银行必须从顾客需求出发，进行金融创新，开发新的业务品种，不断完善服务。这就要求金融企业积极推进营销管理，以保持利润收入的不断增长。

（二）顾客需求的多样化趋势是金融企业推行营销管理的外在动力

金融客户主要分为组织客户（如工商企业、事业机关、社会团体等）和个人客户两类，不同客户的需求存在着差异性。组织客户一般有行业、规模与所有制之分；而个人客户则有收入水平、职业身份、受教育程度和地区习俗之分。虽然所有客户对金融产品都有相同的基本要求（如安全、方便、收益等），但不同类型客户的行为方式往往是不同的，他们对金融产品的种类、服务形式以及手段的需求也往往存在着显著差异。

20世纪70年代以来，金融客户的需求出现了多样化的趋势，个人客户日趋成熟和理性。据统计，美国商业银行的个人客户中，受过大学教育的中青年所占比重逐年增加，现在约占40%以上。他们文化水平较高，经济比较富裕，更善于精算利率高低、收益多少，对通货膨胀和投资风险极为敏感，选择金融伙伴更是谨慎，通常要求银行提供兼具安全性、流动性和营利性的金融产品以及形式多样的优质服务。对组织客户而言，在融资渠道宽、有多种筹资方式可供选择以及安全性和便利性等同的条件下，工商企业和事业团体在选择金融伙伴时，更倾向于能提供一揽子、高质量金融服务的金融企业。例如，美国大型工商企业选择银行时，会依次考虑以下条件：（1）是否有全球性的金融服务分支机构；（2）对金融服务是否熟练；（3）能否提供较全面且有深度的金融服务；（4）金融产品和服务的定价是否合理；（5）是否熟悉世界各国的金融管制以及业务运用情况；（6）该金融企业在国内外的声誉。

另据统计，美国在1950年仅有23%的人年收入在5 000美元以上，至1965年则有20%的美国人年收入超过10 000美元，因而人们在满足消费之外出现了大量“可储蓄个人收入（disposable personal income）”，这为银行吸收更多资金提供了可能。

随着金融知识教育的不断普及，人们的文化素质日益提高，客户的金融意识日趋成熟，他们要求银行为其提供形式多样、灵活方便且能集安全性、流动性与营利性为一体的金融产品与服务。这种变化对金融企业的经营提出了更高的要求，金融企业必须掌握客户需求的变化，及时开发出适合的金融产品满足客户需求，并要努力拓展分销渠道、加强促销工作，以实现企业的经营目标。

可见，客户的需求与购买行为的多样化趋势已成为金融营销管理发展的外在动力。因为随着金融市场消费需求的多样化，客户对金融产品与服务的要求越来越高，这使得金融企业既面对挑战更面临机遇，它们不得不积极开展竞争，大力推进以满足客户需求为中心的营销工作。

（三）科技手段的进步为金融企业推行营销管理提供了物质条件

电子商务技术的迅速发展和广泛应用，为金融创新提供了物质保证，使得金融企业能够不断推出各种新的金融业务。现代科技极大地改变了金融企业传统的业务手段，增强了它们处理日常业务的能力，从而突破了原有的业务范围，实现了业务创新。

美国一些大型银行和证券公司从20世纪60年代开始装备电子计算机，用于企业内部财务管理、市场分析以及行情预测等；1969年开始应用自动取款机；1971年具有存取双重功能的自动柜员机出现。同时，少数大型银行更是率先实现了计算机联网，即在总行与分行之间、分行与分行之间实行计算机联网，对全行的存款、取款、买卖证券业务进行综合处理。至70年代，银行计算机联网又前进了一步，美国建立了“全美银行清算系统（CHIPS：Clearing House Interbank Payment System）”，各主要银行都通过该系统进行资金划拨、汇款和清算。而环球银行金融电讯协会（SWIFT）的诞生则实现了全球银行自动收发电报、联机处理业务，继而银行与客户联机，客户能在所有参加联机的银行之间实现通存通兑。部分银行还向客户提供计算机终端服务。进入90年代，商业银行开始在国际互联网上办理业务，网上虚拟银行纷纷建立，电子商务技术的广泛应用使得银行业务手段发生了划时代的变革，银行通过创造出更多、更新的金融产品和服务工具来满足客户的需求。例如，为个人客户带来便利的电子设备有电子借贷系统（信用卡）、智能卡（IC Card）、自动柜员机（ATM）、电话通知支付机（DTBP）、销售终端（POS）等。针对工商企业、机关团体推出以下业务项目：电脑账务处理（如工资账单、填发账单、支票存款调整、应收应付账务处理）、交易服务（如为客户处理电子转账业务、信用证业务、证券交易业务）以及决策咨询（如市场预测、风险分析）等。

综上可见，市场竞争的加剧、消费需求的多样化以及科技手段的进步成为推动金融营销管理发展的三大动因。总之，金融业发展到今天以满足顾客需要作为经营宗旨，这一变革是由多方面因素的合力造成的。金融企业作为一种特殊的企业，为了在市场中求生存并实现自身利润的最大化，终有一天必须具备营销观念，以顾客为"上帝"。所以，有远见的中国金融企业，应走在时代的前列，从现在开始积极推进营销管理，从而在现在及未来的商战中立于不败之地。

此外，我们分析金融企业经营观念的转变，目光不能仅局限于金融企业自身，而应运用系统思维进行综合考虑，因为金融企业的发展受制于整个宏观经济环境。研究表明，西方国家宏观经济环境的变化是金融企业推行营销管理的重要因素，其中最重要的有以下两点：

其一，经济不景气，增长速度减缓。

第二次世界大战之后，西方许多国家的经济出现了一段时间的高速增长，当时年均增长率达到7%～10%，而日本等少数国家的国民生产总值年增长速度更是高达14%。但从20世纪60年代末开始，这种高速增长的势头减弱，从1970年到1980年的10年间，西方主要资本主义国家的经济年平均增长率美国为3.1%、英国为1.8%、联邦德国为2.5%、日本为4.7%，能源危机更是造成了各国经济的大幅衰退与产品的大量积压，这一不景气状况减少了工商企业对于金融资金的需求。另外，许多企业因经营不善而纷纷亏损或倒闭，银行贷款中呆账、坏账的比例不断上升，这对于银行的经营是一种巨大的压力，迫使银行转变"朝南坐"的传统观念，改"坐商"为"行商"，不坐等客户上门，而是主动拓展市场，并针对客户的行为积极开展调查研究以满足其需求，在不利的经营环境中谋求生存与发展。

其二，金融管制放松，活动空间增大。

20世纪60年代之前，许多国家制定了严格的法律对金融业实行监管。例如，美国于1933年颁布的《格拉斯-斯蒂格尔法》（Glass-Steagall Act）将商业银行与投资银行的业务分离，并且规定商业银行的投资业务仅限于投资代理、经营指定的政府债券以及运用自有资金有限制地购买股票与债券等。此外，各国政府还规定了银行的存贷款利率、最低准备金比率、资产负债比率等，并对商业银行分支机构的设置进行限制。金融管制固然有利于保持金融业的稳定，但同时也使得金融机构的业务经营受到了极大约束。70年代之后，在西方国家爆发了一场“金融革命”，各国纷纷放松了对金融业的管制。例如，英国于1971年废除了对银行利率及信用的管制，商业银行开始有权自定利率；美国于1983年废除了限制存款利率的《Q条例》，实现了存款利率自由化，并于1984年允许银行涉足保险业；日本于1982年开始实施新的银行法，允许银行从事证券业务……这一切都为金融企业广泛开设分支机构、开拓业务经营范围、开发灵活多样的金融产品以及全方位开展营销管理奠定了法治基础。

尽管从长远看，中国经济不可能长久保持高速增长，经济增速会趋缓，国内的金融管制也会逐渐有所松动，但短期而言，我国经济增长显著减缓也并非确定事件，所以金融管制虽会有所松动，但步伐不会很大。因此，近期我国的宏观经济环境与西方金融业所处的宏观经济环境不具有可比性，即在短期内宏观经济因素不会成为我国推进金融营销管理的主要动因。另外，经过多年的经济体制改革，我国已形成了以中央银行为领导、国有商业银行为主体、国家政策性银行和其他商业银行分工协作的金融体系。信贷管理计划手段比重降低，开始实行资产负债比例管理，中央银行开始利用准备金率调节信贷规模，各商业银行信贷自主权增大。同时，银行扩大了金融产品种类和业务项目，相继推出了金融债券、本票和信用卡等新的金融产品，存款种类增多；还开展了咨询、评估和租赁等业务项目。1981年，我国恢复商业汇票承兑贴现业务，贴现市场开始形成；1986年，银行同业拆借市场建立；1984年，北京天桥商场公开向社会募股；1986年，沈阳信托投资公司开办债券买卖转让业务；此后，深圳证券交易所、上海证券交易所相继建立，股票市场正式形成。1985年，深圳开办了我国第一家外汇调剂中心，建立了有限度的外汇市场；1994年，外汇体制改革成功，全国外汇市场建立并按照国际惯例运作；1997年，国际收支经常项目实现了自由兑换。1998年，债券发行系统启用，当年支持国家开发银行以招标方式发行金融债券410亿元，政策性银行金融债券由此从派购发行向市场化发行转变。2002年，中国人民银行开始使用央行票据充实公开市场操作工具。2003年，中国境内第一只通过招标发行的外币债券发行成功。2007年，上海银行间同业拆放利率正式发布。2013年8月，中国（上海）自由贸易试验区正式被批准设立，相隔一年多，广东自由贸易试验区、天津自由贸易试验区和福建自由贸易试验区在2016年4月21日正式挂牌。

综上可见，中国金融市场竞争将会逐渐加剧。具体表现为：银行之间、银行与非银行金融机构之间在吸收存款、发放贷款等一系列业务上展开竞争，同时，部分金融业务对外开放，外国金融企业逐步加入中国市场的竞争，而我国金融客户则日趋成熟和理性，差异化需求越来越显著，对金融产品与服务的要求越来越高。伴随着电子商务技术的日趋成熟和完善，中国的信用卡、自动柜员机等业务也在迅速发展。因此，西方发达国家推动金融营销管理发展的动因在我国同样存在，诸如金融市场竞争的加剧、客户需求的多样化以及连接买卖双方的科技媒介手段的提高等因素终将形成一股强大的动力，推动我国金融业经营观念的转变。因此，认清发展形势，顺应历史潮流，及时转变经营观念和思路，以消费者需求为出发点，以顾客满意为经营目标，实施具有前瞻性的金融营销管理，是中国金融界不可回避的战略任务之一。

第四节　金融营销在我国的兴起

我国的金融营销是随着金融体制改革的深入以及市场化的推进而逐步确立和发展起来的。在1979年以前，我国金融业有三个基本特点：一是金融企业缺乏独立的市场地位。例如，银行隶属于财政，仅发挥着金库、货币发行局以及资金调拨机构的作用。二是金融需求受到高度抑制，根本没有金融市场可言。三是中国人民银行一统天下，没有真正意义上的金融企业。1979年以后，随着市场经济体制改革的深入，这种状况才逐步得到改变。各类金融机构从无到有，蓬勃发展；社会经济的货币化进程加快，金融市场不断扩大；各类金融中介机构迅速成长，金融法治意识不断增强，金融监管也日显重要。就金融机构的设置而言，中国人民银行获得了相对独立的地位，并逐渐发展成为中央银行，发挥着制定货币政策以及实施金融监管的重要作用；工商银行、农业银行、中国银行、建设银行四大国有商业银行的建立，股份制银行和一些地方银行的设立以及邮政储蓄业务的开展，打破了中国人民银行一统天下的传统格局，也使得国内银行的商业化架构初具规模。

具体而言，金融营销大约是在20世纪90年代中期进入国内银行领域的。当时，国有专业银行开始向国有商业银行转轨，各银行对储户的激烈争夺，致使存款市场份额竞争不断升级，一些银行开始在营业网点门前拉横幅广告，在营业大厅摆放印刷精美的金融产品宣传折页，设置大堂导储员、大堂经理等；随后，又陆续在广播、报刊、电视等大众传媒上做广告宣传；部分银行的分支行则开始设置与市场营销相关的机构，诸如市场拓展部、客户公关部等，各商业银行开展的市场营销活动日渐增多。到2013年，中国工商银行、中国农业银行、中国银行、中国建设银行、交通银行、民生银行、中信银行、招商银行等，就已先后在中央电视台第一套节目黄金时段播出各种营销广告。

此外，保险公司、信托投资公司、金融租赁公司、证券公司、企业财务公司等机构的建立，促使各类金融企业分业经营的市场格局逐步形成，为满足不同客户的金融需求创造了有利条件。从发展趋势来看，我国的金融市场需求不断扩大，各种融资方式相继产生，在坚持间接融资为主的同时，直接融资方式也获得了较快的发展。1981年，我国政府开始发行国库券；1983年，少数企业开始发行债券，而具有股票特征的证券也开始出现；1985年，中国工商银行、中国农业银行开始发行金融债券；1986年，各类证券的流通与转让获得允许，同时，银行同业拆借市场逐步发展起来；1989年银行的票据承兑和贴现市场亦获得迅速发展，政府在实施外汇留成制度的同时，又适时开放了外汇调剂市场；1990年11月和1991年4月，深圳、上海两地先后成立了证券交易所，股票、债券的发行量和交易量迅速增长；1994年外汇体制并轨，全国外汇交易中心成立，实现了单一的管理浮动汇率制；2005年5月，股权分置改革开始试点，促进了我国股票市场的发展，揭开了证券市场发展的新篇章。从金融中介机构的发展来看，诸如证券经纪人、证券承销人、外汇经纪人、金融证券律师事务所、会计师事务所、审计事务所、专业报刊、专栏节目、咨询节目、咨询公司、评估公司、担保公司等以获取佣金为目的，为金融交易提供中介服务、信息咨询或相关综合服务的各类金融中介机构也得到了迅猛发展。从我国金融市场的规范运作来看，各种金融法规相继出台，中国人民银行、中国证监会、中国银保监会的金融监管职能不断加强，国家宏观金融政策调控方式也日益改进并日趋科学化。上述情况表明，我国金融业正全面摆脱计划经济的桎梏，向着市场经济所要求的现代金融体系方向稳步迈进，这一发展态势也使得各类金融企业具有了市场意识，树立了营销观念。目前，诸如企业宣传、公共关系、价格竞争、产品组合等营销手段已为相当多的金融企业所熟练掌握和运用。

我们应当看到，即便时至今日，由于传统计划经济的长期影响，中国特色社会主义市场经济体制还未完全形成，各种体制性的约束大量存在，国民经济的货币化程度仍需提高，传统金融业还具有高度垄断性等，我国的金融营销管理水平参差不齐，总体上尚处于初级阶段。这主要表现在以下六个方面：

一是营销服务观念不强。尤其是一些大型金融企业，受传统卖方市场理念的影响，不注意及时转变观念，摆正自己的位置，官商意识浓厚，经营方式消极被动。

二是风险防范意识薄弱。许多金融企业好大喜功，忽视资本金约束和成本因素，脱离资金和管理能力，盲目拓展业务，乱铺摊子，资产增长过快，不良资产比例过高，风险加大。

三是不重视市场研发。金融营销应以市场为中心，不断分析和研究客户的消费心理与行为，掌握营销管理的主动权，不断开发新的金融产品，更新金融服务以满足市场的需求。市场研究与开发尚未成为我国大多数金融企业的自觉行为。一些金融企业既不善于发现市场，也不注重发挥自身的特色和优势，而是盲目地模仿竞争对手，致使金融营销方式趋同。

四是缺乏整体营销理念。现代营销观念应以整体营销思维为核心，充分发挥各职能部门在产品、价格、渠道和促销等方面的整体协调功能，以取得综合经济效益。尽管我国不少金融企业重视营销观念，但各部门之间条块分割、相互竞争的情况十分普遍。例如，银行内部的储蓄部门与信用卡部门之间相互竞争吸储的现象就较为典型。

五是管理决策简单化。一些金融企业运用单一指标或不科学的业绩考核办法开展经营，甚至把营销策略简单等同于价格竞争，致使恶性竞争事件时有发生。例如，高息揽储现象在金融系统就尤为突出，在某一时期甚至愈演愈烈，结果是自食恶果。

六是投机意识太强。在金融领域中，投资和投机往往难以从行为本身加以界定，同时，我国金融体制和金融市场还不完善，一些金融企业有法不依、有规不循，不注重扎实经营，只关心政策动向，把经营的主要精力放在搜寻投机炒作题材上，违规拆借炒作现象时有发生，严重扰乱了正常的市场秩序。

【经典案例评析】　　招商银行与“财富立方”①

“财富立方”是继“点金理财”之后，招商银行于2008年4月24日推出的又一对公理财品牌体系。

据招商银行介绍，“财富立方”拥有领先的财富理念，“智者乐水、活水为财。”“财富立方”是多维、多面、多彩的立方，它充分运用“周期、投资回报率、风险、币种、投资对象、资金规模”这六个维度的客户基本需求，提供稳健、平衡、成长、避险、点金池、单一理财六个平面的不同立方结构。

同时，通过透视企业本质，为企业提供量体裁衣的财富顾问式服务，这是建立在N对1的单一理财服务模式基础上，由专属的公司理财产品经理和投资团队，在了解客户的风险偏好、风险认知能力和承受能力，评估客户财务状况的基础上，通过提出专业的财务分析与规划、投资建议、IPO设计、全面组合等不同的理财计划、基金、国债、证券和配置相应的投资份额等方式，提供的专业化、组合式的专属财富顾问服务。招商银行实现了从简单的理财产品组合到顾问式服务的全面提升。

同为个性化理财领域，“财富立方”点金公司理财产品与基金专户理财相比，在投资对象、服务对象等方面有更鲜明的特点，特别是可以通过向监管机构报告的方式提供保收益的承诺，在提供科学、准确的测算依据和测算方式的基础上可以预测收益率，而基金专户理财不得进行保底保收益承诺，不得预测收益率。此外，银行的公司理财产品的投资对象更广阔，不仅可以投资于

---

① 根据新浪财经公开的资料整理。

资本市场，还可以投资专户理财无法涉足的信贷市场、PE市场等；服务对象更专一，专心服务于机构客户。此外，与基金专户最低5 000万的门槛相比，“财富立方”的门槛则低很多，最低的投资额仅为50万元。

“财富立方”公司理财代表了招商银行点金公司理财业务的整体品牌形象，同时宣告该行公司财富管理由简单的产品服务向顾问式综合服务全面迈进。它从资金规模、风险、投资回报率、周期、投资对象、币种等更多维度进行财富思考，为企业设计真正适合的个性理财计划，帮助企业实现财富的立方式增值。

“财富立方”的成功经验如下：

（一）坚持以客户为中心的营销理念

作为国内银行业中首家推出公司理财业务品牌的银行，从初期的“点金”品牌到逐渐成熟的“点金公司金融”品牌，再到成熟的“财富立方”品牌，招商银行全面整合了银行对公理财业务所有的产品和营销行为，突出了以客户为中心的理念，并将其贯穿于品牌营销的全过程。招商银行在进行广泛市场调研的基础上，归纳总结了国内对公客户对银行理财服务的主要需求，并以此为出发点，有针对性地设计了产品线分类、营销口号、宣传诉求和营销体系，率先实现银行服务由传统的关系营销、产品营销上升到品牌营销和系统营销的阶段。在公司理财业务的起步、探索、成长和发展过程中，招商银行根据客户需求，及时充实点金公司理财的品牌内涵，梳理产品体系，提升品牌品质，从粗放营销积极转向知识营销、品牌营销，这充分体现了招商银行以客户为中心的营销理念。

（二）聚焦优质客户

对公业务是所有商业银行的生存之本，招商银行自2006年开始就重新定位。招商银行较早进行了事业部改革，对公业务有八大部门，总行又有一个直属的对公业务部负责协调和管理。无论是各业务部门的客户经理，还是各分行的对公客户经理，背后都有总行产品设计部门在进行个性化的产品设计，内部的流程已成熟。招商银行对公业务的根本性变革原因在于整个市场已发生变化，资本约束限制了贷款利差收入的增长持续性、社会融资体系由间接融资向直接融资变化、利率市场化进程加快使未来利差空间收窄，这些都迫使商业银行寻找新的利润增长点，从过去以存贷利差收入为主转变为利差收入和财富管理等中间业务收入并重。自2007年下半年起，招商银行对公业务发生转型，并开始了一系列动作。招商银行先将客户对象做了细分，根据客户规模分为国有大型企业、上市公司、民营企业、中小企业；从行业上锁定电力、交通、电信、汽车、石油、纺织、进出口贸易等行业；变全面出击为集中优势兵力，聚焦优质行业客户。按照中国宏观经济发展趋势和国家产业发展政策，以支持优质行业发展为导向，选择重点行业进行集中开发，同时继续加大交通、能源、通信、装备制造和外向型企业的开发力度。招商银行充分发挥了其财资管理平台产品的优势，营销范围涵盖全国性行业大客户。

（三）突出卖点，强化优势

对于公司理财的理解，许多企业还基于对公司资金的流动性要求和安全性要求而没有有效地利用银行资源，或抱着无所谓的态度，因而实际上相当一部分企业对其所有的资金只停留在“财务管理”阶段，基本没有利用闲置阶段或沉淀下来的资金进行投资理财。而招商银行在对公理财方面的卖点主要集中在现金管理、投资增值和跨国境金融服务等方面，这可使企业通过加强对流动资金的管理实现有效的增值，使银企双方实现双赢。与此同时，招商银行又强化了其对公业务的相对优势之处，如离岸业务、中小企业服务、金融租赁业务。招商银行创新了离在岸联动的一体化金融服务模式，实现了离岸金融服务和在岸金融服务的无缝对接。同时还推出了针对具体行业的服务品牌、流程和个性化的产品，如推出物流金融，从供应链融资上推动公司业务；在账户管理和现金管理上推动中型企业业务拓展；对于中小型企业则推出针对性明确的"点金中小企业金融""点金成长计划""点金成长版网上银行""点金网上供应链融资""三兑融资产品"等一系列产品服务，同时还提供IPO和PE的融资与咨询服务。由于招商银行的对公业务已经拥有了一个综合的金融平台，这就为对公理财业务的拓展提供了条件。

（四）丰富财富管理的内涵

招商银行在对公理财业务的流程梳理和产品服务上植入了顾问式服务的财富管理内涵。"财富立方"品牌的推出宣告了招商银行公司财富管理由简单的产品服务向顾问式综合服务全面迈进。相比个人客户，公司客户资金量大，需求更加个性化，更需要专门的产品设计和服务，公司理财业务具有和存款业务、贷款业务、国际业务同等重要的地位。如果说公司理财是招商银行对公业务转型的核心发动机，流动性管理则是招商银行公司理财的发力点。公司客户对企业资金的诉求首先是能保持很好的流动性，其次是能保持稳健性的投资增值。该行客户对理财期限的选择多为3个月，所以对于短平快并且风险性低的对公理财计划，招商银行把发力点定位在"流动性管理"上。

（五）变革营销体系

以客户为中心的"财富立方"营销模式需要全新的公司银行业务营销体系来支持，为此，招商银行以客户需求为中心，按客户细分战略要求开始结合对公银行体制变革，建立起对客户实行精准营销和分类营销的全新营销体系。招商银行改单一式开发为链条式开发，聚焦供应链客户。基于对企业客户供应链的理解，招商银行改变了单一客户开发的模式，利用招商银行电子服务的一体化解决方案，与企业管理系统相结合，围绕核心大型客户，开发其上下游中小企业。利用自身在电子服务领域的优势，深入供应链体系，开发汽车、家电、电子产品等消费品生产等供应链行业客户的对公理财业务。

总之，"财富立方"作为招商银行对公理财业务的整体品牌形象，宣告了该行公司财富管理由简单的产品服务向顾问式综合服务的全面迈进。

【案例讨论】结合本案例及相关资料分析现代金融企业是如何实施营销管理的？

【情境案例解析】　　银行的香卡营销①

晓君是一位大二女生。她追逐时尚，家里的经济条件也能够支持她的光鲜衣着和生活品质。同时，与她同寝室的三个姑娘也"臭味相投"，并没有谁看不惯谁的问题。所以，大学生活就变成了四个青春少女的时尚岁月。

作为时尚女孩，每月的"血拼"成了寝室几个人的"必修课"。她们都办了信用卡，以免去

① 根据豆丁网公开的资料整理。

在购物中使用现金的麻烦。一开始，她们只是选择了能够提供较多优惠的信用卡，不过，这样的情况却悄然发生了改变。

一天，同寝室的欣怡告诉大家："我换了信用卡，很好很好的哦。"

"哎哟，瞧你嘚瑟的。换成什么样的了？"别的女孩子问她。

"先不告诉你们，反正你们见到也会很想要的。我爸说最近就能拿到了。"欣怡的父亲在某银行工作，看这个样子应该是最近有新款信用卡推出，她提前尝鲜了。

"这么神秘，我倒要看看什么东西这么好。"晓君说。

几天后，欣怡把她的信用卡带过来了。"大家快过来看，我就是换了这种信用卡。"一到寝室，她就开始呼朋唤友。

晓君她们围了上来，顿时闻到一股馨香。"这是信用卡么，怎么这么香啊？"

"这就是我爸银行最近推出的香卡，专门是针对时尚女性客户的。"欣怡得意道："怎么样，很不错吧？"

"真的哎，真的好香啊。"大家对于这一点倒是十分认同。

"不过……"有人提出了异议，"我看优惠条款倒没有我们以前用的信用卡来得多哎！"

"真的吗？我看看。"于是大家又来研究其优惠条款，可惜的是，条款确实不如以前的那款信用卡来得多。大家都踌躇了，尽管这个卡这么香，但却不是很优惠。

"可是这卡毕竟很香哎！……"终于，有人忍不住说了一句。"对对对，就算是没有优惠，但是很香啊，这就很好了。"又有人帮腔。

于是，大家都下了决心，换成这款香卡。

不久，校园里面又多了一道馨香的时尚风景。

【案例讨论】

1.针对年轻女性推出香卡，体现了什么样的营销思维？

2.据你了解，市场上还有其他针对女性的信用卡吗？和中信香卡有哪些区别？

3.查阅资料，中信香卡在推广过程中，针对老客户和新客户有什么区别？

4.对于案例中提到的中信香卡的不足，你有什么建议？

本章小结

1.金融营销是以适当的产品价格、适当的促销方式，通过适当的路径和网点，适时地把适当的产品和服务提供给适当的客户，并在适度地满足顾客需要的同时，使金融企业自身获得盈利和发展。

2.金融营销具有无形性、非歧视性、不可分性、易模仿性、专业性、风险性等特征。

3.金融营销管理的基本任务是金融信息管理、客户需求分析、开发金融产品、制定营销方略、提高服务质量、防范金融风险、提高经营效益、确保社会稳定。

4.金融营销的发展可以分为七个阶段：（1）排斥阶段；（2）引入阶段；（3）广告与促销阶段；（4）友好服务阶段；（5）金融创新阶段；（6）服务定位阶段；（7）系统营销阶段。

关键概念

市场营销　金融营销　金融企业

思考与应用

1.什么是金融营销?
2.现代金融企业实施营销管理的基础有哪些?
3.金融消费者主要具有哪些权利?
4.金融营销的主要特征有哪些?
5.金融营销管理的基本任务包括哪些方面?
6.金融营销的主要作用有哪些?
7.金融营销的发展过程可以分为哪几个阶段?
8.金融营销的动因有哪些?

第二章 金融营销环境分析

学习目标

1. 了解金融营销环境的定义，掌握金融营销环境分析的特征和过程
2. 掌握金融营销的宏观环境分析、中观环境分析和微观环境分析
3. 熟悉金融企业对环境机会和威胁的评估与对策

金融企业与其他企业一样，都是在一定的营销环境下开展营销活动，以求得生存和发展。金融营销环境影响着金融企业的经营决策、营销方略及其结果。它既会给企业的营销活动带来制约和威胁，也能为企业的发展创造机会。金融企业的营销计划能否适应客观环境的要求，以成功地避开威胁、有效地把握和利用商机，对其发展而言是至关重要的。因此，认真分析研究金融营销环境，既是金融企业制定营销方略的前提条件，也是金融营销管理的基础性工作。本章将从宏观、中观与微观三个层面对金融营销环境进行具体分析。

第一节　金融营销环境分析概述

一、金融营销环境的定义

什么是金融营销环境？广义上是指所有能影响金融企业实现其经营目标的一切因素的总和。美国著名营销学家菲利普·科特勒将营销环境定义为：“企业的营销环境是由企业营销管理职能外部的因素和力量组成的，这些因素和力量影响营销管理者成功地保持与其目标市场顾客交换的能力。”即营销环境是指与企业营销活动相关的所有外部因素与力量之和。这一定义对于金融企业也同样适用，因此，金融营销环境是指金融企业生存和发展所需的、独立于企业之外的、对企业营销绩效起

着潜在影响并约束其行为的各种外部因素或力量的总和。

金融营销环境是极为复杂的，政治、法律、经济、科技、人口、文化、风俗习惯等，都可以直接或间接地影响金融企业的营销活动，因此都是金融营销环境的构成要素。金融企业的营销活动就是在多种环境因素联系互动的条件下运行的。人们在分析研究中从不同的角度出发对金融营销环境进行划分，其目的是分析这些环境因素对金融企业营销活动的影响，以及金融企业如何谋求其营销方略与客观环境之间的动态平衡。金融企业对营销环境的分析，应在全面了解的基础上把握重点，抓住那些对企业营销活动影响大且直接的环境因素，进行重点深入的分析，从而提高营销环境分析的科学性、经济性和实用性。

由于影响金融企业营销环境的各种因素是不断发展变化的，而这些变化会对企业的营销活动产生不同程度的影响，因此，金融企业应当高度重视对营销环境的研究，并且组建精干的专业机构，对金融营销环境及其变化进行有效监测和动态分析，以顺应市场环境的变化，及时制定和调整营销方略，变不利因素为有利因素，实现自己的经营目标。

二、金融营销环境分析的特征

金融营销环境分析的基本内容涉及金融企业经营与管理的各个方面，它具有以下几个特征：

1.层次性。依据与营销方略的相关程度，金融营销环境从层次上可以划分为宏观环境、中观环境和微观环境三大类。

2.整体性。尽管金融营销环境可以划分为不同的层次，但事实上不同层次的营销环境是相互影响、相互制约而难以截然分开的。

3.变化性。金融营销环境永远处于动态变化之中，尤其是宏观环境的变化，更是频繁。金融营销环境一方面具有变异性、随机性、不可控制性，另一方面也具有一定的规律性。

4.复杂性。金融企业营销环境不同于工商企业营销环境，其宏观环境的涉及面广泛，既受国民经济宏观因素的制约，也受地方经济发展水平的限制，还受到各种经济、行政法规的约束。

三、金融营销环境分析的过程

金融营销环境分析是一个动态过程，包括环境因素调查、环境因素评价和环境因素预测三个循序渐进的阶段。

1.环境因素调查。环境因素调查就是指了解金融营销环境的宏观因素、中观因素和微观因素的过去与现实状况，它是金融营销环境分析的起点。

2.环境因素评价。环境因素评价是对所收集的有关环境因素资料进行归纳、整理和分析，以判断哪些因素对金融营销具有影响以及影响作用的程度如何，这是金融营销环境分析的关键。

3.环境因素预测。环境因素预测是对营销方略实施期间营销环境因素可能发生的变化和发展趋势做出估计，它是金融企业制定营销方略的主要依据之一。

金融营销环境因素调查、评价和预测的过程，也就是金融企业对营销环境由浅入深、由表及里、逐步深化的认识过程。

第二节 金融营销的宏观环境分析

一、金融营销的政治法律环境分析

政治法律环境对金融企业的营销活动具有重要影响。政治法律环境主要包括社会安定程度、政府对经济的干预状况、政府的施政纲领以及相关政策、各级政府的运行情况、政府部门的办事作风、社会团体利益的协调方式、法制建设状况、各种法律法规体系以及司法程序等。政治法律环境既包括国内的，也包括国外的。国外政治法律环境既包括国际政治法律状况，诸如国际形势及其发展趋势、国际通用的法律法规或国际惯例等，又包括各个不同国家和地区以及国家集团的政治法律状况。上述国内外政治法律因素，都会不同程度地影响金融企业的经营活动，其中有些因素对金融营销的影响更直接、更经常，影响的程度也更大，如有关金融业的政策、法律、法规等。安定的政治形势和健全的法律制度是金融营销成功的保障因素。例如，银行所遭受的违约风险和挤兑风险，一般总是与政治动乱或突发事变等法律秩序受到破坏的情况相关。因此，金融企业开展营销活动时，应细心观察、分析国内外政治法律环境的状况及其变化，以便及时采取相应的经营防范措施。

（一）国内政治法律环境

我国金融企业的营销活动主要是在国内开展，现在也开始逐渐迈入国际市场，因此首先应对国内政治法律环境进行清晰的了解和细致的分析。

近年来，我国在改革开放和现代化建设方面取得了举世瞩目的巨大成就，社会政治稳定，经济持续快速地健康发展，人民生活水平有了很大提高，法制建设也在逐步健全和完善。这些发展变化对我国金融企业的营销活动产生了重大影响。

当前，随着我国由计划经济体制向社会主义市场经济体制转轨的深入以及现代企业制度的构建，金融企业都已逐步转变为面向市场、独立营销、自负盈亏的经济实体。自1994年起，我国金融机构除中央银行外均开始实行商业化管理，从而使金融机构拥有经营自主权，能面向市场独立开展经营活动，使得金融产品和服务趋于市场化。在这种形势下，金融企业要想获得营销成功，使自身得以生存和发展，除了要认真分析市场动态以外，还必须密切关注国家宏观调控政策及其对金融营销活动的影响。国家宏观调控政策主要包括：人口政策、产业政策、外贸政策、物价政策、财政税收政策、金融货币政策等。这些政策会直接或间接、短期或长期地对金融市场产生影响，因此，金融企业必须对上述政策及其影响进行深入细致的分析研究，并据此制定或调整自己的营销方略。

近年来，随着经济体制改革的不断深入和现代化建设的迅速发展，我国政府已经相继颁布实施了一系列用以规范市场，保护生产者、经营者与消费者权益的法律法规，如公司法、劳动法、专利法、商标法、广告法、反不正当竞争法、投资基金管理办法、物价管理条例等。这些法律法规一方面规范了企业的营销活动，另一方面也为企业的正常营销提供了法律保障，赢得了商机。随着金融体制改革的推进，近年来国家也陆续颁布实施了一些有关金融方面的法律法规，其中以银行、债券以及保险方面的法律法规为主，如中央银行法、商业银行法、证券法、票据法、担保法、贷款通则等，尽管我国的金融法律法规体系尚不够健全，但相信随着改革的深入和经济的发展，终将逐步趋于完善。

由于国家的法律法规对金融营销活动有重大影响，因此金融企业应当对法律法规进行研究分析，以便凭借法律武器维护自己的正当权益，积极开展营销活动。例如，证券公司在作股票发行业务时，就应聘请法律顾问进行咨询，或由本公司的法律人员对有关股票发行、上市、销售等法律法规进行深入细致的分析研究，以确保其业务活动符合法律程序的要求。

（二）国际政治法律环境

金融企业无论是在国内市场从事营销活动，还是进入国际市场开展跨国营销，都需要既了解国内政治法律环境，又了解国际政治法律环境，因为两者相互联系、相互作用，并且都影响和制约着金融企业的市场营销活动。金融企业对于国际政治法律环境的研究应着眼于以下两个方面：

首先是整个国际政治形势及其变化趋势。国际政治形势动荡不安，或者发生世界性或局部性战争，都会给金融企业的国际市场营销带来严重影响；反之，国际政治形势和平稳定，国际经济交流与合作顺利发展，则会给金融企业的国际市场营销提供有利条件。在前一种情况下，金融企业的国际市场营销虽然也会有一定的机会，但无疑会存在较大风险。在后一种情况下，尽管金融企业开展国际市场营销业务较为有利，但亦需要根据实际情况审慎做出营销战略与策略的选择。因此，在上述两种情况下，金融企业都应对国际政治形势及其变化趋势进行认真分析。

其次是国际法以及国际经济惯例。在金融业务的国际市场营销中，虽然没有一个统一的法律来规范，也没有一个国际强制机构来执行，但是已存在着一些公认的国际经济惯例以及由某些国家相互签订的多边协定。例如，世界贸易组织制定了许多有关贸易和金融方面的运行规则，为其成员方所共同遵守；北美自由贸易区、东盟各国也都制定了一些国际经贸准则，这些规则已部分地成为国际上普遍遵循的惯例。除了多边协定外，还有两国之间的双边协定，它们规定了双方在经贸往来中所应共同遵循的原则以及权利和义务。上述协定和惯例，对于国际金融活动都有着直接或间接的影响，因此，所有已经进入或准备进入国际市场开展营销活动的金融企业，都应对此进行认真分析和仔细研究。

随着我国改革开放和经济建设的进一步发展，国内金融企业已逐步进入国际市场并开展营销活动。由于我国金融企业在这方面仍缺乏经验，因此更应及早着手对国际政治法律环境进行全面深入的研究，以便为开展金融营销活动创造有利条件。

二、金融营销的经济技术环境分析

经济技术环境是指影响金融企业营销活动的各种经济技术条件的总和。由于经济技术环境是不断发展变化的，因而不同的经济技术环境因素在不同时期对金融企业营销活动的影响也不相同。

当前，我国金融企业的目标市场主要还是立足于国内，因而首先应分析国内经济环境。国内经济环境分析主要包括以下三个方面：

其一，产业经济结构分析。产业经济结构是指国民经济各部门之间的比例关系。多年来，我国产业经济结构在行业和地区分布上长期处于不平衡状态，这主要表现为：与轻工业、机械工业等行业相比，农业、交通运输、能源、原材料、通信等基础产业和基础设施相对落后，甚至成为国民经济发展的“瓶颈”；与东部沿海地区相比，我国中西部以及老、少、边、贫地区经济相对落后；在行业和地区内部也存在着产业经济结构失衡的问题。产业经济结构失衡必然使得政府实行产业扶持政策，通过增加资金投入以促进薄弱产业和落后地区的发展，这就会影响政府投资和银行贷款的资金流向。因此，金融企业必须在这方面进行市场研究分析，并做出相应的营销计划安排。

其二，经济发展速度分析。经济发展速度对金融企业的营销活动也有着直接影响。在经济高速增长阶段，企业生产和商品流通规模扩大，对货币资金的需求量增加，金融业务量随之增加，利息率会上扬；反之，当经济增长速度趋缓或处于停滞状态时，企业生产和商品流通规模缩小，对货币资金的需求量减少，则金融业务量亦随之减少，利息率会下降。因此，金融企业面对经济增长速度不同的情况时，应在冷静分析客观环境的基础上采取适当的营销方略。

其三，经济发展水平分析。经济发展水平也是金融企业在营销活动中应当考虑的重要因素之一。经济发展水平高、市场繁荣，社会购买力会大大增强，银行贷款和储蓄都会增加，金融业务量会不断扩大；反之，经济发展水平低、市场萧条、社会购买力不足，则会导致金融业务量的萎缩。此外，不同产业的发展周期会有很大差异，这对资金需求会有很大影响，从而影响金融企业的营销状况，因而对此必须认真加以分析。

同时，还应分析国际经济环境。当今世界各国经济联系既广泛又密切，国际经济环境对本国的金融市场营销有着重要影响，尤其是当金融企业开展跨国营销时情况更是如此。目前国际经济环境十分复杂，金融营销中所涉及的因素多且不断变化，主要的因素有各国的经济结构和经济发展阶段、人口结构与收入水平、国际资本流动、国际债券市场以及国际经济组织等。这些因素对金融营销决策都具有不同程度的影响。

具体而言，一方面，不同国家和地区的产业经济结构不同，对进出口商品的结构和资金性质的需求就不同，对金融企业所提供的金融产品与服务的需求也就不同。另一方面，不同国家和地区所处的经济发展阶段不同，对进出口商品的结构、档次、数量的需求就会不同，对金融产品与服务的结构、档次、数量的需求也会不同。例如，发展中国家的主要经济部门是农业，因而对生产资料的需求相对较少，但它们需要发展工业，而本身又缺乏机械设备，所以需要进口一些技术性能较低、档次不高但具有耐用性的工业品，金融企业应针对这种情况向其提供生产所需的资金和各种进出口金融业务；广大发展中国家对投资品和消费品的需求正在不断增长，因而其对资金的需求也日益增长，资金流动也在增加，这必然导致对金融业务需求的增加；部分发展中国家也有一些发展程度较高的工业部门或地区，对金融产品和服务的需求很大，具有发达国家的经济特征；而发达国家中城市人口多、农业人口少，国民文化程度、工资收入和消费水平普遍较高，金融服务业发达，金融产品种类繁多，金融机构之间竞争激烈，对金融营销质量的要求也越来越高。因此，金融企业对这些情况应进行全面的研究分析，并据此制定相应的营销方略以保持和扩大市场占有率，尤其是通过金融产品的不断创新开辟新的市场。总之，金融企业应当认真分析不同国家和地区的经济结构和经济发展阶段的情况，制定相应的营销战略和策略。

此外，国际资本流动也是影响金融企业营销活动的重要因素之一。所谓国际资本流动是指资本在各国、各地区以及各金融组织之间的转移。国际资本通过各种形式（如投资、贸易、贷款、援助等）在各国、各地区、各金融组织之间流动，必然会影响各国的经济结构、发展水平和收入水平等，而这些因素的变化又会对金融营销产生不同程度的影响，因此，金融营销人员必须对此加以密切关注和认真分析。

再者，还应分析科学技术环境。近几十年来，科学技术突飞猛进，科技革命对社会经济的发展产生了巨大而深刻的影响，新的科学技术一旦与社会生产密切结合起来，就将直接或间接地促成各产业之间的变化交替。新兴产业会不断出现，传统产业将被改造，落后产业则被淘汰，产业结构内部也会发生重大变化。新技术的出现、新装备的采用以及新行业的兴起，极大地改变了企业生产经营的内部因素和外部环境，这就为企业既带来了竞争压力，也提供了市场机会，迫使企业改变经营决策，并对金融市场产生深刻影响，从而促使金融企业不断调整其营销方略。这具体表现为以下四个方面：

1.科学技术的迅速发展对金融产品和服务不断提出新的要求。随着科学技术的飞速进步，市场竞争日益加剧，人们的需求也在不断发生变化，这就迫使企业必须不断增加对新产品研究开发的投入，以保证其在市场竞争中立于不败之地。我国在今后较长一段时期内，会有大批老企业需要进行技术改造和产品更新，为此急需加紧研究开发新技术，引进先进的技术设备，这就会导致资金需求的增长以及对金融产品和服务需求的变化。金融机构必须筹集足够的资金，提供适当的金融产品和服务，以满足企业的发展需要。

2.科学技术的迅速发展使得人们的消费观念和生活方式也发生了变化，从而也不断对金融产品和服务提出新的要求。例如，电子商务技术的迅速采用，信用卡的日益普及等，对金融产品和服务都产生了直接影响。

3.科学技术的迅速发展促使金融企业降低营销成本、提高工作效率。采用新技术、新材料、新工具等，不仅使金融企业在建筑、设备、通信、信息等方面的成本大大降低，而且促使办公自动化，从而节省大量的人力、物力，改善企业营销管理，提高工作效率和服务质量，以取得更好的经济效益。

4.科学技术的迅速发展迫使金融企业不断调整促销策略，转变服务方式。随着传播媒体的多样化，广告宣传方式也日益复杂，广告促销的作用大大增强，而人员促销的作用则相对弱化，这就迫使金融企业充分利用高新科技成果，注重信息沟通的效率和促销组合的效果，并及时采用新的广告手段等。同时，由于高新技术的开发应用，消费者也不断追求新的金融产品，从而促使金融企业的服务方式发生变革。

可见，金融企业必须认真学习、研究和掌握科技发展的动态，抓住科技革命所带来的各种商机，充分利用高新科技成果，搞好市场营销，促进自身发展。

总之，经济技术环境是影响金融营销管理的重要外部因素，它会影响金融企业的发展方略、营销规模、资产结构、技术装备、网点布局、业务种类、人力资源等许多方面，因而需要金融企业主动进行营销环境预测，分析经济技术环境变量。

三、金融营销的社会文化环境分析

社会文化环境对金融企业营销活动也具有重要影响。社会文化环境主要包括人口分布和构成、社会阶层和相关群体的结构以及文化传统、教育水平、价值观念、社会思潮、风俗习惯、道德信仰、语言文字、生活方式等诸多因素，这些因素对金融产品和服务的需求特点及消费模式均具有不同程度的影响。因此，金融营销人员也需要对社会文化环境进行研究分析，为金融营销提供决策依据。

（一）人口分布和构成分析

在分析金融企业营销环境时，不能不考虑人口因素，因为市场是由有购买欲望且有购买能力的个体构成。人口的数量决定着市场的规模和潜量，一般而言，人口愈多，购买力愈强，市场规模就愈大，反之则相反。人口的年龄结构、地理分布、婚姻家庭状况、出生率、死亡率、增长率、人口密度、流动性、文化教育程度、种族、职业等特征，都会对市场需求格局产生深刻影响。不同人口特征的群体具有不同的金融意识，其内在需求、购买能力、储蓄观念、对投资风险的心理承受力各不相同，因而对金融企业所提供的金融产品和服务的需求偏好也有所差别。这些差别会直接影响金融企业所提供的金融产品和服务的数量结构以及网点设置、服务方式、分销特点等。因此，金融企业应注意了解分析上述人口特征及其发展动向，以便制定或调整营销方略，有效利用人口特征及其变动所提供的市场机会，避免可能导致的不利影响，从而更好地实现营销目标。金融企业进行跨国营销时，同样也应注意研究分析所在国家或地区乃至世界范围内的人口特征及其变化趋势，它更具有多样性和复杂性。

（二）社会阶层和参照群体分析

社会阶层是指按照一定的标准（如经济、文化、职业等）将社会成员划分为若干等级层次。不同的社会阶层会因社会传统、经济水平以及文化程度等差别而具有不同特征。在我国，一般可按职业分成工人、农民和知识分子三大社会阶层，此外，还有近来逐渐形成的企业家阶层。各社会阶层在对金融产品和服务的需求、兴趣、偏好和购买行为上均有各自的特征。

1.工人阶层包括产业工人、公司职员等，是我国城镇中的一个最大阶层，其生活水平在全社会中居中等水平，是中档消费品的主要购买群体。由于其经济来源主要依靠固定的工资收入，因而与金融相关的活动主要是将闲置资金用于银行储蓄或购买债券，以备今后生活中的不时之需。近年来，部分国有企业实行股份制改造，其中少数企业实行内部职工持股，但总体上，数量较少，并且其性质与股票交易有着根本不同。

2.农民阶层占我国总人口的70%以上，其经济收入普遍不高且购买力低下，除少数经济发达地区和城镇郊区外，大多数农民刚刚解决温饱问题，尚有部分贫困落后地区农民的温饱问题还未解决。农民阶层的有限购买力主要用于基本的日用消费品、建筑材料、农用生产资料等方面。其金融意识淡薄，与金融机构的联系很少，平时仅限于小额储蓄，至多是少量的生活和农副业生产贷款。然而，随着近年来党和政府一再强调大力发展农业，扩大对农业的投入，必然要求金融机构对农业发展和农村建设承担越来越多的责任。

3.知识分子阶层的收入水平一般中等偏上，他们较为注重精神生活，对物质生活的要求不太高，是文化用品、图书报刊等体现职业特点的商品的消费群体。近年来，随着宏观经济环境的变化，知识分子的需求动机、生活方式与购买行为等与工人阶层有日益接近的趋势。其金融活动与工人阶层大致相同，仅有极少数文化知识界的名人，诸如影视明星、科技专利发明者等有很高收入，因此不仅享有优越的物质文化生活，而且还或多或少地从事股票、债券买卖等金融交易活动，以获取更丰厚的收益，但这对于整个金融市场而言，其影响是微不足道的。

4.企业家阶层是随着社会主义市场经济的迅速发展和改革开放的不断深化而日益成长壮大起来的，该社会阶层对社会经济生活的影响和作用正愈来愈大。他们多以法人代表身份与金融机构保持密切联系，既是金融资金的需求者，又是金融资金的供给者，其中有些人还参与投融资活动，并且代表本企业参与各种保险。他们本人的经济收入较高，享有较高的生活水平，并大多从事证券投资活动。对新兴企业家阶层的情况进行分析研究，对于金融企业搞好市场营销具有重要意义。

参照群体是指与购买者具有社会联系的个人或团体。参照群体一般分为主要群体与次要群体两种类型。

主要群体是指与消费者有直接联系，对其购买行为有直接影响的群体，如家庭、亲戚朋友、同事、邻居等。这种群体不仅对消费者的生活消费行为，而且对其金融消费行为都有着直接影响，如参加某种保险，购买某种股票、债券等。

次要群体是指与消费者相关的各种群众团体和组织，如社会团体、学术团体等。消费者作为该群体中的一员，其金融消费行为受该群体的间接影响。

参照群体影响着消费者的道德规范、消费意识和生活方式，进而影响其对金融产品和服务的购买行为。金融企业必须注意研究参照群体对消费者的多种影响，以便做出相应的营销决策，提供适当的金融产品和服务，卓有成效地开展金融营销活动。金融企业实施跨国营销拓展金融业务时，也应考察分析国外不同社会阶层和参照群体的状况及其对金融产品和服务购买行为的影响。

（三）文化环境分析

文化是指在一定社会结构中人们所共有的价值观念和社会规范的综合体，即人们生活方式的总和。文化环境通常包括文化传统、教育程度、价值观念、道德伦理、风俗习惯、宗教信仰、语言文字、生活方式等多方面内容。文化环境表面上似乎对金融企业营销没有直接影响，但实际上对金融企业的战略规划、经营策略和工作方式却有着深刻的潜在影响。另外，文化环境直接影响金融从业人员的思想观念和服务态度，因而间接影响着金融企业的经营绩效。金融企业必须对文化环境有广泛而深刻的了解，才能做出适当的决策，以避免在营销中陷于困境。

在不同的文化环境中，人们的价值观念、风俗习惯等有着很大差别。价值观念是指人们对社会生活中各种事物所持有的态度和看法。不同的价值观念会影响消费者对于金融产品和服务的认知和需求，因而其购买行为也就不同。例如，有的消费者追求变革，喜欢猎奇，富有冒险精神，会对新的金融产品和服务产生偏好；有的消费者思想保守，对风险较高的金融产品则不敢问津。风俗习惯也是影响金融营销的重要因素。例如，在崇尚节俭的地区，储蓄存款易于增加；而在崇尚奢华的地区，铺张浪费成风，储蓄存款自然减少。另外，价值观念和风俗习惯的不同使得人们在金融产品的需求种类和迫切程度上也形成很大差异。例如，我国证券市场刚开始发行股票时，由于人们长期对股票不了解，甚至把它看成是资本主义的产物，因此很少有人购买，市场一片沉寂。但当少数人因购买股票而大发横财、股票成为社会舆论热点时，人们又对股票产生了过度需求，致使证券市场一派兴旺，甚至出现了“股疯”现象。

此外，语言文字对金融营销活动也有影响。一国内部不同地区、不同民族往往使用不同的语言文字，而在世界范围内不同国家和地区使用的语言文字更是多种多样，同时还伴有语言文字的禁忌、歧义等，这些都会对金融市场营销产生不同的要求。因此，金融企业要想在国内或国际金融市场上顺利开展营销业务，必须对各种语言文字环境进行分析研究，即要研究目标市场上各种语言文字的使用范围以及可能产生的禁忌或歧视对金融营销的影响和对营销双方所造成的沟通障碍，从而在金融营销活动中选用消费者乐于接受的语言文字，慎重对待语言禁忌和语言歧义等，以避免可能造成的不良后果和经营损失。

第三节　金融营销的中观环境分析

一、市场环境分析

金融市场环境对金融企业的营销活动具有更直接、更深切的影响。

首先是资金供求和利率状况。资金供求双方在总体和局部、时间和空间上，都经常产生矛盾冲突。工商企业对资金的需求会有周期性高潮、季节性起伏以及临时性追加，而构成资金供给主要来源的公众储蓄，也经常波动起伏，并且与资金需求的波动往往不同步，资金供求的矛盾则导致银行利率的涨落升降。通货膨胀率、物价水平的变动对银行利率也有直接影响，金融企业更注重的是扣除通货膨胀率之后的实际利率。因此，既要分析工商企业资金需求的变化，又要分析居民储蓄和消费信贷以及物价与利率的变化。

其次是各级政府、中央银行和上级银行的计划以及政策干预状况。在不同的宏观经济环境下，计划的规模、银根的松紧和管制的宽严程度通常是交替变化的。即在不同的政策导向下，金融营销的政策环境条件会迥然不同。即使同一种政策导向，对于不同的金融企业，也意味着不同的政策环境。同时，政府、央行和总行之间，在政策的具体执行上也经常会有分歧，并可能因领导人变更而在决策程序、执行风格和政策导向上发生变化，这些都会对金融企业营销产生不同的影响。因此，必须注意分析研究，采取积极的应对策略。

近年来，我国金融体制经过一系列的改革，已初步建立起了较完善的金融体系，国内金融市场环境呈现出以下特点：

1.金融结构处于调整过程之中。这主要表现为：

（1）在以金融机构为中介的间接融资方式居主导地位的同时，以金融市场为中介的直接融资方式有了长足发展。

（2）经过金融秩序整顿，商业银行超额贷款以及违章拆借资金的情况有所好转。

（3）不少企业依赖银行贷款维持经营，个别企业超借严重甚至资不抵债，致使银行信贷资金运转迟滞，出现了大量呆账、坏账。

（4）金融资产结构性失衡，即一方面生产建设部门投资不足，另一方面银行储蓄部门有大量储蓄资金没有适时转化为投资，同时，各部门、地区之间金融资产结构性失衡状况也较严重。

2.金融工具日益多样化。除了传统的银行业务以外，近年来出现了不少新的存贷款形式，开办了信用卡、消费信贷等业务，还发行了多种股票、债券、投资基金等。

3.初步建成由政府、企业、金融机构以及个人参与的金融市场。例如，同业拆借市场、有价证券发行转让市场、外汇市场等渐趋成熟；同时，上海、深圳两地证券交易所正迅速发展并趋于规范。

4.完善了金融架构。目前初步形成了以中国人民银行为领导，国家政策性银行、国有商业银行为主体，各类金融机构并存的金融体系。此外，国外金融机构已在我国一些大中城市设立办事处或分支机构，与我国金融机构展开竞争。

5.金融管理政策发生了新的变化。中国人民银行由过去通过信贷计划管理国民经济转变为通过金融市场对国民经济实行宏观调控等。

综上可见，我国金融市场环境的新变化，对金融企业营销提出了新的要求和新的任务。

二、客户环境分析

金融企业面对的客户主要是工商企业和城乡居民，他们既是资金的主要供应者，也是资金的主要需求者。企业客户有不同行业、不同规模、不同所有制、不同营销状况的差异，居民客户则有不同收入水平、不同职业、不同消费观念之分。金融企业是为了满足客户需求而存在的，不同客户对金融企业所提供的金融产品和服务的需求既有一致性，也有差异性。差异性反映了金融营销所面临的客户环境因素的不确定性，同时也为金融企业改善经营、重视营销、提高竞争力、推动自身发展提供了原动力。随着改革的深化、经济的发展、生活水平的提高，工商企业和居民客户对金融产品和服务都提出了新的要求。

自从党的十五大报告提出了公有制的多种实现形式，并强调指出“非公有制经济是社会主义市场经济的重要组成部分”，我国出现了多种类型的企业客户，诸如股份制企业、股份合作制企业、中外合资合作企业以及其他非公有制企业等，这必然影响到金融企业的网点设置、新的客户群培育以及新产品的研究和开发等。而国有企业改革，尤其是企业间大量的联合、兼并和收购，要求商业银行在信贷资金支持上能推出贷款新品种，用于解决企业兼并、收购的需要。商业银行为满足国有企业改革的需要，应提供多功能、全方位的金融服务，大规模地开展信息咨询、财务顾问、保险代理等各类业务，建立起新型的银企关系。

随着经济稳步增长，居民收入逐年提高，金融需求和购买行为呈现多元化趋势。改革开放以来，我国经济迅速增长，国民收入分配格局发生很大变化，城乡居民收入逐年提高，如表2-1、表2-2所示。[①]

① 中华人民共和国国家统计局. 中国统计年鉴2014［M］. 北京：中国统计出版社，2015.

表2-1　　国内生产总值的构成（本表按当年价格计算）

年　份	国内生产总值	第一产业（%）	第二产业（%）	工　业（%）	建筑业（%）	第三产业（%）
1981	100.0	31.9	46.1	41.9	4.2	22.0
1982	100.0	33.4	44.8	40.6	4.1	21.8
1983	100.0	33.2	44.4	39.9	4.5	22.4
1984	100.0	32.1	43.1	38.7	4.4	24.8
1985	100.0	28.4	42.9	38.3	4.6	28.7
1986	100.0	27.2	43.7	38.6	5.1	29.1
1987	100.0	26.8	43.6	38.0	5.5	29.6
1988	100.0	25.7	43.8	38.4	5.4	30.5
1989	100.0	25.1	42.8	38.2	4.7	32.1
1990	100.0	27.1	41.3	36.7	4.6	31.6
1991	100.0	24.5	41.8	37.1	4.7	33.7
1992	100.0	21.8	43.4	38.2	5.3	34.8
1993	100.0	19.7	46.6	40.2	6.4	33.7
1994	100.0	19.8	46.6	40.4	6.2	33.6
1995	100.0	19.9	47.2	41.0	6.1	32.9
1996	100.0	19.7	47.5	41.4	6.2	32.8
1997	100.0	18.3	47.5	41.7	5.9	34.2
1998	100.0	17.6	46.2	40.3	5.9	36.2
1999	100.0	16.5	45.8	40.0	5.8	37.7
2000	100.0	15.1	45.9	40.4	5.6	39.0
2001	100.0	14.4	45.1	39.7	5.4	40.5
2002	100.0	13.7	44.8	39.4	5.4	41.5
2003	100.0	12.8	46.0	40.5	5.5	41.2
2004	100.0	13.4	46.2	40.8	5.4	40.4

续表

年份	国内生产总值	第一产业	第二产业	工业	建筑业	第三产业
2005	100.0	12.2	47.7	42.2	5.5	40.1
2006	100.0	11.3	48.7	43.1	5.6	40.0
2007	100.0	11.1	48.5	43.0	5.5	40.4
2008	100.0	11.3	48.6	42.9	5.7	40.1
2009	100.0	10.3	46.2	39.7	6.6	43.4
2010	100.0	10.1	46.7	40.0	6.6	43.2
2011	100.0	10.0	46.6	39.9	6.8	43.4
2012	100.0	10.1	45.3	38.4	6.8	44.6
2013	100.0	10.0	43.9	37.0	6.9	46.1
2014	100.0	9.2	42.7	35.9	7.0	48.1

表2-2 **城乡居民家庭人均收入及恩格尔系数**

年份	城镇居民家庭人均可支配收入		农村居民家庭人均纯收入		城镇居民家庭	农村居民家庭
	绝对数（元）	指数（1978=100）	绝对数（元）	指数（1978=100）	恩格尔系数（%）	恩格尔系数（%）
1991	1 700.6	212.4	708.6	317.4	53.8	57.6
1992	2 026.6	232.9	784.0	336.2	53.0	57.6
1993	2 577.4	255.1	921.6	346.9	50.3	58.1
1994	3 496.2	276.8	1 221.0	364.3	50.0	58.9
1995	4 283.0	290.3	1 577.7	383.6	50.1	58.6
1996	4 838.9	301.6	1 926.1	418.1	48.8	56.3
1997	5 160.3	311.9	2 090.1	437.3	46.6	55.1
1998	5 425.1	329.9	2 162.0	456.1	44.7	53.4
1999	5 854.0	360.6	2 210.3	473.5	42.1	52.6

续表

年份	城镇居民家庭人均可支配收入		农村居民家庭人均纯收入		城镇居民家庭	农村居民家庭
	绝对数（元）	指数（1978=100）	绝对数（元）	指数（1978=100）	恩格尔系数（%）	恩格尔系数（%）
2000	6 280.0	383.7	2 253.4	483.4	39.4	49.1
2001	6 859.6	416.3	2 366.4	503.7	38.2	47.7
2002	7 702.8	472.1	2 475.6	527.9	37.7	46.2
2003	8 472.2	514.6	2 622.2	550.6	37.1	45.6
2004	9 421.6	554.2	2 936.4	588.0	37.7	47.2
2005	10 493.0	607.4	3 254.9	624.5	36.7	45.5
2006	11 759.5	670.7	3 587.0	670.7	35.8	43.0
2007	13 785.8	752.5	4 140.4	734.4	36.3	43.1
2008	15 780.8	815.7	4 760.6	793.2	37.9	43.7
2009	17 174.7	895.4	5 153.2	860.6	36.5	41.0
2010	19 109.4	965.2	5 919.0	954.4	35.7	41.1
2011	21 809.8	1 046.3	6 977.3	1 063.2	36.3	40.4
2012	24 564.7	1 146.7	7 916.6	1 176.9	36.2	39.3
2013	26 955.1	1 227.0	8 895.9	1 286.4	35.0	37.7

至2013年，我国农村居民人均纯收入已达8 894元，城镇居民人均可支配收入达26 955元，居民收入水平逐年提高。2013年，城镇和农村居民人均收入扣除物价上涨因素，实际增长率分别为9.3%和11.5%。在除日常消费支出外可用于金融投资的收入越来越多的情况下，受我国投资形式少的制约和银行储蓄安全、可靠、收益稳定的影响，储蓄仍是我国城乡居民金融投资的主要形式。据统计，截至2013年底，我国城镇居民人均消费性支出为22 880元，农村居民人均生活消费支出为6 626元，人均储蓄存款余额为32 719元。然而，随着居民收入日益增加，银行利率降低，其他投资渠道增多，尤其是股票、债券市场的发展，目前我国居民的投资结构已发生了根本性变化。可见，面对居民投资的多元化，金融企业应不断设

计出满足广大中小投资者理财需要的金融新产品，以吸引社会闲置资金。

三、竞争环境分析

随着社会主义市场经济的发展，金融企业之间的竞争是不可避免的。竞争是一种压力，更是一种动力，要促使压力转化为动力，关键在于全面深入地了解和掌握竞争对手的情况，尤其是其经营目标和发展方向，这样才能更好地发挥自身的优势，及时抓住市场空隙，获得更多的市场机会。具体可以采取以下三种方式开展竞争环境分析：

1.竞争者总体数量分析

我国已形成一个开放度大、竞争性强、多种金融机构并存的多元化金融市场格局。截至2015年底，我国银行业金融机构包括政策性银行及国家开发银行3家，国有商业银行5家，股份制商业银行12家，城市商业银行132家，邮政储蓄银行1家，农村商业银行137家，农村合作银行20家，农村信用社70家，三类新型农村金融机构，包括村镇银行、贷款公司以及农村资金互助社在内共计374家，外资银行46家，信托公司68家，企业集团财务公司187家，金融租赁公司27家，货币经纪公司5家，汽车金融公司19家，消费金融公司6家。我国银行业金融机构共有法人机构4 091家，营业网点22.4万个，从业人员376万人。同时，全国共有125家证券公司，比2014年增加5家。全国保险法人公司合计160家，较2014年末增加1家。经过多年的对外开放，到2015年，中国证监会共批准了289家外资机构的QFII资格。更加重视引进境外长期资金，放开合格境外机构投资者（QFII）投资额度上限，新增额度为300.68亿美元；新增人民币合格境外机构投资者（RQFII）投资额度1 338.25亿元人民币。在中国证监会鼓励境外长期资金入市政策的引导下，长期投资机构家数占QFII总数的比例继续上升。2012年，我国批准了来自23个国家和地区的158家境外机构的QFII资格，其中包括资产管理公司82家，保险公司11家，主权基金、养老金、捐赠基金等机构29家，商业银行23家，证券公司13家。其中129家QFII累计获批投资额度245.5亿美元。截至2014年，QFII账户总资产规模达到474亿美元，其中股票占比约为7成、债券类约占1成，银行存款、基金和其他类合计占比约为2成。截至2014年末，外国银行在华设立41家外资法人银行（下设292家分行及附属机构）、97家外国银行分行和182家代表处。与加入WTO前相比，外资银行分行数增加220家。外资金融机构的进入，既带来了资金，也带来了先进的营销技术、融资工具和管理手段，同时也强化了金融行业竞争，这就要求国内金融企业积极参与竞争，通过加强营销管理、改善服务质量、降低经营成本，促进国内金融业的国际化进程。

2.竞争者市场份额分析

衡量市场份额多少的主要指标是市场占有率，我国大型国有商业银行和中小型商业银行的业务量及市场占有率已发生较大变化。从2014—2015年贷款结构变化中可见，国有商业银行的贷款增长率已落后于中小型商业银行（见表2-3）。[①]

表2-3　**各金融机构贷款及增长率状况**　金额单位：亿元

机构 \ 年份	2014	2015	增长率（%）
中资全国性中小型银行	224 986.97	382 245.56	69.9
中资全国性四家大型银行	318 188.91	360 260.06	13.22

中国工商银行、中国建设银行、中国银行、中国农业银行这四家国有商业银行各项人民币存贷款比已由1995年末的84.8%下降至2013年的61.6%。由表2-4可见，虽然国有商业银行盈利状况仍排在前列，但其他商业银行的盈利水平在逐年增加且增幅较大，如兴业银行2015年的实现利润比2014年增长了36.1%。

表2-4　**2015年部分商业银行净利润增长率（%）**

1.中国银行	1.2	6.中信银行	0.4
2.中国工商银行	0.5	7.民生银行	3.1
3.交通银行	1.2	8.上海浦东发展银行	7.6
4.中国建设银行	0.3	9.兴业银行	6.7
5.招商银行	3.5	10.平安银行	10.6

3.竞争者营销方略分析

这种分析主要是对竞争者的营销方略进行分析，即具体研究竞争对手的产品策略、定价策略、促销策略以及网点布局策略，诸如竞争对手采用何种价格竞争方式，所提供产品或服务的数量与种类，具体运用何种促销手段，通过何种渠道与网点设置方法进入市场，以及竞争者在客户中的形象和信誉等。总之，只有在对竞争者的营销活动进行全面分析的基础上，根据企业自身的特点和优势选择和实施营销方略，才能获得经营上的成功。

① 数据来源于中国人民银行网站公布的资料。中资全国性四家大型银行包括中国工商银行、中国建设银行、中国银行、中国农业银行。中资全国性中小型银行指本外币资产总量小于2万亿元且跨省经营的银行。

第四节　金融营销的微观环境分析

金融营销环境及其变化给每个金融企业都提供了各种各样的营销机会，同时，也给它们带来了各种各样的环境威胁。对金融企业而言，抓住机会、积极进取、规避威胁、减少损失是其营销成功的关键，而要真正做到这一点，则有赖于对金融企业市场营销的外部环境（包括宏观环境与中观环境）和内部环境（微观环境）做出综合深入的科学分析，并在此基础上准确了解和把握微观环境中的机会和威胁。金融企业要想准确地把握微观环境中的机会和威胁，就必须重视收集市场信息，了解外部和内部各种环境因素的发展变化及其相互关系。由于机会和威胁多种多样，有大有小、有急有缓，因而必须进行具体分析和评价，然后制定相应的营销对策。

金融企业要把营销机会转变为对本企业有利的商机，首先应了解现有的营销机会是否符合本企业的经营目标，一旦符合本企业的经营目标，还要考虑本企业是否有足够的条件（如资金、人员、技术等）来利用这种营销机会。如果条件不具备，就应放弃这种机会或者创造条件后再加以利用。例如，广大城镇居民对购房贷款有很大需求，这一市场正日渐广阔，对金融企业而言是一个很好的营销机会，但并非所有的金融机构都能胜任，只有少数有条件的金融企业才可以开展该项业务，其他企业尤其是规模较小、实力较弱的金融企业，则因条件所限（如资金缺乏、人员不足或政策不允许等），尚不能经营该项业务。

此外，对于不同的金融企业并非所有的营销机会都具有同样的吸引力，也并非所有的环境威胁都具有相同的破坏力。企业还需要进一步分析哪些机会最具吸引力、哪些威胁破坏力最大，以作为营销决策的依据。如果把机会和威胁的不同情况与企业的实际状况结合起来展开分析，则会出现四种不同情况：①高机会和低威胁，这是理想的市场环境状态；②高机会与高威胁，市场具有较高的风险性；③低机会和低威胁，市场比较稳定成熟；④低机会和高威胁，营销处境艰难。金融企业应根据上述不同情况，采取相应的营销对策。具体可以采取以下两方面的措施：

其一是要善于发现、创造并适时地利用营销机会。

营销环境的发展变化会带来许多机会，企业应当善于发现、创造和利用这些机会。当企业面对最好的营销机会时，首先要认真分析、仔细评估，一旦确认市场对某种金融产品和服务具有有效需求，而企业也具备营销能力时，就应积极创造和适时利用营销机会，即果断迅速地采取营销行动，不宜犹豫迟疑，因为商机稍纵即逝。例如，某地要快速建设一项体育工程，因时间紧迫而急需向银行贷款，某银行闻讯后主动与有关单位联系协商贷款事宜，当即达成协议，赢得先机。此外，金融企业还可以利用某些影响较大的政治事件和社会时尚创造营销机会，推出新的金融产品和服务，以开拓市场。

其二是对于环境威胁应适时采取营销对策。

金融企业对于环境威胁一般可选择的营销对策主要有以下三种：

一是干预策略，即试图限制或扭转不利因素的发展势头；二是改变策略，即金融企业通过改变营销方略，以减轻环境威胁的程度；三是转移策略，即将金融产品和服务转移到其他市场或盈利更多的金融部门，开展多元化经营。这在下文中再具体阐述。

第五节　金融企业对环境机会和威胁的评估与对策

金融企业对环境机会和威胁的分析是一个动态过程，包括环境因素调查、评价和预测三个循序渐进的阶段。环境因素调查是了解金融营销环境的宏观因素和微观因素的过去与现实状况，它是金融营销环境分析的起始。环境因素评价是对所收集的有关环境因素资料进行归纳、整理和分析，以判断哪些因素是金融营销的机会，哪些是对金融营销的威胁，它们分别对金融营销的影响程度如何等，这是金融营销环境分析的关键。环境因素预测是对营销方略实施期间营销环境因素可能发生的有利和不利变化及发展趋势做出估计，它是金融企业制定营销方略的主要依据之一。金融营销环境因素调查、评价和预测的过程，也是金融企业对营销环境由浅入深、由表及里、逐步深化的认识过程。由于金融营销环境中存在的机会和威胁多种多样，有大有小、有急有缓，因而必须进行具体分析和评价，然后制定相应的营销对策。

一、环境机会和威胁的评估

环境是金融企业营销活动的约束条件。市场营销环境的发展变化，既可以给金融企业带来市场机会，也可能给金融企业造成威胁。随着生产力水平的不断提高以及科技水平的不断发展，当代金融企业的外部环境变化速度远远超过了企业内部因素的变化。金融企业的生存和发展越来越决定于其适应外部环境变化的能力。虽然营销的宏观环境具有不可抗性，但这并不意味着金融企业对环境无能为力或束手无策，只能消极被动地适应。金融企业可以通过各种办法，如公共关系手段、广告手段等影响和改变环境中的某些因素，使其向有利于金融企业营销的方向转化，从而创造一个良好的外部环境条件。在分析环境和改变环境的过程中，金融企业可以寻找新的机会，避免来自环境的威胁。

所谓环境机会，是指金融企业能取得竞争优势和差别利益的营销机会，如人们收入水平提高、现有市场缺口、未满足的市场需求等。环境威胁是指在营销环境中对金融企业不利的趋势，如一些外国保险公司进军中国市场、国内保险公司竞争激烈、人们的保险意识较薄弱、市场竞争不规范等。值得注意的是，在金融营销实践中，威胁有时可以转化为机会，在一定的时期内，威胁只是伪装下的机会。例如，人们的保险意识比较弱，这对保险公司来说是一个很大的威胁。然而，一旦人们的保险意识增强，这一巨大的潜在市场将变成非常吸引人的现实市场。金融企业营销管理者必须善于辨别，抓住机会，化解威胁，把市场机会转化为企业机会。虽然市场机会对每个企业都是公平的，但是，并不是每个企业都能将市场机会转化为企业机会。只有优秀的企业才善于抓住市场机会，开发企业机会。一般来说，金融企业在将市场机会转化为企业机会时，需要考虑两个条件：一是机会的大小，二是相对于这个机会企业有什么样的资源或技术优势。按照这两个条件，企业将面临四种可能性：第一种，市场机会很大，企业在此也有很大的优势。这是企业能够将市场机会转化为企业机会的最佳领域。企业应不遗余力地抓住这一机会，努力争取获得最大的市场占有率。第二种，市场机会很大，但企业在此不存在优势，企业不得不做出如下选择：或者是忍痛放弃这一市场机会；或者是想办法变企业劣势为企业优势，争取利用已有的市场机会。第三种，市场机会很小，但企业在此有一定的优势，这时，企业可以采取两种方式：一种是积极的、主动的方式，即通过寻找、挖掘甚至是创造市场机会，来充分发挥自己的优势，变不利的市场环境为有利的市场环境；另一种是消极、被动的方式，即顺应市场环境，等待市场机会的到来。第四种，市场机会很小，企业在此也无优势，这时，最好的办法是回避。

二、环境威胁的应对策略

一般来说，金融企业对环境威胁可选择的对策主要有以下三种：

1.干预策略，即试图限制或扭转不利因素的发展势头。例如，某企业经营不善，亏损日益严重，拖欠银行贷款无力偿还，面临破产危险。放款银行面对这一情况，应尽快采取措施，力争多索回一些贷款，或争取该企业破产时能多获得一些资产作为抵偿，从而减轻银行的经济损失；或者放款银行经过慎重分析，再追加一些对该企业的贷款，使其能更新设备，开发新产品，改善经营管理，从而扭亏为盈，最终能如数偿还银行贷款本息，使银行获得更多的经济效益。金融企业在某种情况下，还可以通过各种方式督促政府颁布法令或达成某种协议或制定某项政策以改变环境威胁，这在国际金融营销中往往能发挥重大作用。

2.改变策略，即通过金融企业改变营销方略，以减轻环境威胁的程度。例如，推出新的金融产品、调整目标市场、改善营销组合、变更营销渠道、加强广告宣传等。营销方略的改变，一般既可以减轻环境威胁的程度，又能将环境威胁转变为有利的商机，其关键在于方略运用是否及时恰当。例如，近几年，工商企业的经济效益普遍不好，行政事业单位的经费也较为紧张。受此影响，原来保险公司的人身险业务主要向企事业单位“分散业务集中做”的方法已行不通了。于是，保险公司把人身险业务拓展的重点转移到千千万万个家庭上来，结果，业务量不但没有减少，还使散户成为公司业务拓展的主战场，蛋糕越做越大。

3.转移策略，即将金融产品和服务转移到其他市场或盈利更多的金融部门，开展多元化经营。例如，将银行资金抽出一部分转移到保险、信托投资、证券交易等部门，这样就可以分散或转移风险，以得补失、变害为利。

可见，重视环境变化、善于环境分析、把握营销机会、减少环境威胁，是金融企业开展营销活动的基础性工作，也是其在竞争中取胜的关键。

【经典案例评析】 荷兰合作银行进驻中国市场①

一、荷兰合作银行简介

荷兰合作银行（RaboBank），又称拉博银行，是由荷兰数家农村信用社于1973年合并而成，是荷兰农民自己的合作银行，主要从事农业、农业机械和食品工业等行业的金融交易，是荷兰的第二大银行。荷兰合作银行在世界各大银行中居第31位，2009年在世界500强排行中居第147位，其具有两大特点，一是资产质量高，二是运作模式是合作制。

荷兰合作银行连续20多年获得标准普尔（自1984年）及穆迪（自1985年）的AAA评级。2005年的资产总额达5 060亿欧元，纯利润约为21亿欧元，核心资本比率11.6%，股本回报率9.1%。集团在全球37个国家设有1 516个分支机构，员工达51 000人，私人及企业客户达900万名，在荷兰拥有150万名会员。

荷兰合作银行自2001年连续被全球金融杂志评为全球十大最安全的银行之一。根据2005年瑞士资产管理调查，荷兰合作银行被评为欧洲最具持续发展力的银行，并在环球金融机构中名列第二。荷兰合作银行能够取得这样的业绩，其中合作制的制度安排、精选业务领域、低风险的资产组合和强有力的资本基础、注重自身内部的成长等因素，确实发挥了非常大的作用。

荷兰合作银行是较早进入中国的外资银行之一。基于其独到的经营特点，荷兰合作银行建立了由专家组成的农业项目信贷部来推动有关的国际业务。自1994年起，该部已向中国地区提供了2 000多万美元有限追索权的项目贷款及顾问服务，涉及食品、畜牧及木材加工等。除食品及农业项目贷款外，荷兰合作银行还积极活跃于出口信贷等其他领域。它与中国银行及中国进出口银行签署了总额为3亿荷兰盾的出口信贷总协议，已支持了十多个出口信贷项目。另外，它亦为许多中资及中外合资企业提供贷款，其中包括中国南方航空公司、中国有色金属工业总公司、中国粮油进出口总公司、中国化工进出口总公司、上海AT&T通信设备有限公司、广东蓝带啤酒有限公司、飞利浦半导体有限公司等。贷款地区除北京及上海等各大沿海城市外，亦多涉及内地城市，如重庆、四川乐山、甘肃银川及江西南昌等。

---

① 根据百度文库公开资料整理。

现在，荷兰合作银行在北京设有办事处，并已在上海成立荷兰合作银行中国有限公司，旨在以上海为中心，将业务扩展到全国各地，继续为中国的金融及经济发展做出贡献。

二、荷兰合作银行进入中国的模式

外资金融机构看好的中国农村金融市场一直被认为是“难啃”的骨头。中国金融市场监管程度比较高，尤其是对外资银行的进入限制较多。最开始中国只有北京、上海等地的金融业务市场是对外开放的，其他地区都是后来逐步开放的，但限制仍较多，所以外资银行进入中国是相当困难的。但是，根据央行调查，在中国农村很多农村信用社的不良贷款在50%左右，有些农村信用社的不良贷款甚至达到80%以上。由于中国农户的贷款需求分散，单一贷款需求少，所以四大国有商业银行和其他股份制银行都不愿意在农村有太多的投入，而这恰恰给了外资银行更多的机会。银行做一个农户的贷款往往需要几个工作人员去跟踪，有些程序性的东西甚至需要反复讲解农户们才能明白，而且一个农户的贷款需求也比较少。大银行做农村金融是很花成本的，有些只是为了响应国家的号召而已。虽然农村金融零散而且单笔利润微薄，但是在国外却具有广泛的市场。例如，亚洲开发银行在非常贫困的贵州地区开展业务，农户养几头猪、养一群羊，回报率都能够达到50%以上；河南农村农户的贷款回报率也高达40%以上。所以，对于金融机构来说，农村并不是没有投资机会或是回报率低于城市。

（一）外资银行进入时的背景

1.中资银行对农村金融市场重视不够，与外资银行的态度形成鲜明对比

农村金融市场是中国金融市场的重要组成部分，农村金融市场面广量大，具有广阔的发展空间，是中国金融发展壮大的重要源泉，发展潜力突出。但是，中资银行并没有充分认识到这一点。自20世纪90年代后期起，工、农、中、建四大国有商业银行开始大规模从农村撤退，急剧收缩乡村机构网点，这种趋势甚至到现在仍在继续。在中资银行看来，农村金融单笔业务量小、成本高、利润微薄，与其商业化改革的目标存在差距。再者，国有大银行进行股份制改造并上市时，需要改善报表，尽量剥离不盈利的业务，农村业务自然首当其冲被砍掉（国有银行仅在县城保留极少数机构网点用于吸收存款）。而外资银行则认为，中国农村金融市场蕴藏着巨大的发展潜力，“三农”政策将促进中国农村经济加速发展，中国农村金融市场必将产生新的深刻变化，抓住契机，积极到中国农村金融市场拓展业务，将大有可为。同时，外资银行认为，尽管开办村镇银行、从事小额农贷业务存在额度小、笔数多、成本不低、附加收益也不高等问题，但从长远看，这样做一定会获得较高的回报。与外资银行相比，中资银行撤离农村金融市场的决策显然太过短视。

2.中资银行一统天下被打破，农村金融市场步入中外竞争格局

在2006年底中国向外资银行开放人民币业务之前，中国农村金融市场由中资银行一统天下，工、农、中、建四大国有商业银行和农村信用社垄断经营，其地位无人撼动。相互之间虽有业务竞争，但毕竟属于“内部竞争”，并不妨碍大局。但外资银行进军农村金融市场，无疑打破了中资银行一统天下的局面，形成了中外竞争的新格局。据报道，一些外资银行在上海、杭州、天津等发达地区的农村展开调研，为设立村镇银行做准备，而这些地区正是中国“新农村建设运动”的先进地区。另据报道，汇丰银行曾在中国选定36个农村进行缜密调研，最后敲定在盛产蘑菇

并远销海外的湖北随州设立首家网点，为其村镇银行战略选定第一个理想的“根据地”。相信随着外资银行大量进入中国农村金融市场，这种中外竞争的格局将会表现得更加充分和激烈。

3. 中资银行产权机制、管理和经营方式尚处于改革过程之中，与外资银行相比存在较大的差距

中资银行特别是工、农、中、建四大国有商业银行虽然已经进行了产权机制、管理和经营方式改革，也已取得了一定的成效，但实事求是地评价，中资银行的改革仍有待深入，因为产权机制不完善、管理能力欠缺、经营方式单一，依然是制约国有商业银行竞争力和效益进一步提高的障碍。农村信用社先天不足，更是存在上述问题，并表现得更加严重。而外资银行则产权机制清晰、管理先进、混业经营，表现出十分鲜明的先进性。外资银行早已实现了产权结构多元化、银行资本社会化，权责分明、各司其职。在管理方面，他们都实施资本约束、风险管理、会计成本控制等先进方式。在经营理念上，他们混业经营，把服务当成产品来经营。凡此种种，无不彰显外资银行的先进和优势。在行将到来的中国农村金融市场的争夺战中，中资银行在上述方面的落后状况，必将严重制约其竞争力的提高和业务的拓展。

4. 中资银行金融创新能力和科技创新水平有限，不利于同外资银行竞争

当今世界银行业的发展日新月异，金融创新和科技创新已成为商业银行增强盈利能力、实现可持续发展的关键。有关数据表明，发达国家商业银行利润的50%～60%来源于中间业务的收入和科技创新。近年来，虽然中资银行看到了金融创新和科技创新给银行业带来的效益和利润，也在着力地进行这两方面的创新，但同外资银行相比仍存在较大的差距，其规模、占比、发展水平等指标均大大落后于外资银行。中资银行中间业务创新收入占总收入的比重一般在15%～20%以内（农村信用社约5%～7%），科技创新的收入则非常低下；而在华外资银行中间业务的收入占总收入的比重一般在50%左右，科技创新的收入占比也约达5%。毋庸置疑，随着今后外资银行深入中国农村金融市场，其针对农村金融市场的金融创新和科技创新将会不断推出，成为其竞争的“利器”和利润的重要来源。

（二）绿色领域进入

1. 首先设立代表处

在当时中国对金融机构监管较严的背景下，荷兰合作银行首先设立代表处来挖掘市场机会。它不能办理银行业务，主要职能是开展公关活动，向驻地的政府机构、贸易商和官方人员提供本国企业家的信用分析和经济、政治信息；同时为本国客户探寻新的业务前景、寻找新的贸易机会等。虽然其业务范围非常有限，但可以作为在这种年轻而充满风险的市场上的一种尝试。它首先选择了开放程度较高的中国边境城市香港，而后又进入经济相对发达的上海和北京，这些地方具有一定的人力资源基础，进入相对容易且价值高，与当地政府、监管当局的沟通顺畅，这样，其经营乡村银行的胜算较大。

2. 设立分行

分行完全隶属于总行，在法律上并不是一个独立的实体，它面临着来自母国和东道国的双重监管。其优势是能面向当地客户，可以经营当地政府允许的各种银行业务，还能根据总行的资本决定信贷限额。中国是新的经济大国而且有相同的竞争环境，外资银行也倾向于不断设立分行。

荷兰合作银行选择在经济比较发达的地区上海设立分行，因为上海的经济发展已经具有相当规模，其现金流巨大、成本低、利润高，这对其发展非常有利。

（三）参股农村信用合作社

这是荷兰合作银行不同于其他银行的一大特点。不同于其他金融巨头，在华设立分公司后，进一步建立独立子公司或者入股中国大型商业银行，荷兰合作银行选择的是专注其一贯业务领域，和国际金融公司联合入股杭州联合银行，出资近1亿元人民币分别购买杭州联合银行10%和5%的股份，这是外资首度入股国内的农村合作金融机构。杭州联合银行和荷兰合作银行的技术合作协议包括风险管理、IT系统、人力资源等9个模块。另外，作为双方合作协议的一项重要内容，荷兰合作银行方面派一人出任该行副行长。

杭州联合银行成立于2005年6月8日，是由杭州市区（不含萧山、余杭区）辖内的农民、农村工商户和企业法人及其他经济组织入股组建的股份合作制社区性地方金融机构，注册资本5亿元人民币，总行设在浙江省省会杭州。

荷兰合作银行植根于农业，19世纪末开始从小型农村银行起家，已经成长为世界最大的金融集团之一。荷兰合作银行的组织结构和公司治理结构，与我国部分省区市深化农村信用社改革的方向和目标极其相似，即属两级法人组织结构。荷兰合作银行是地方成员行和中央合作银行两级组织结构，地方成员行自下而上控股中央合作银行；而在中国，农村信用社采取县级联社和省级联社两级组织结构，县级联社自下而上入股省级联社。所以，坚持主营农业贷款、谨慎信贷、提足拨备等都是荷兰合作银行成功的原因。

荷兰合作银行认为，"三农"是中国政府重点扶持的领域，为"三农"提供金融服务将不再是亏本的买卖。他们的做法是先参股某试点省份的农村合作银行，长远目标是通过联合，使其具备规模效益，以同其他同业竞争，然后再把成功的经验扩大到中国更多地区，他们看中的正是农村金融市场的巨大潜力。从大范围看，荷兰合作银行的目标就是农村信用社，机制偏向于合作制，这样才能够体现出他们的核心价值。

【案例讨论】结合本案例，查阅相关资料，分析讨论荷兰合作银行进驻中国时所面临的营销环境，这样的环境对荷兰合作银行的利弊之处在哪里？

【情境案例解析】　私人银行的独特滋味①

一、引子

夕阳西下，夜幕降临，王经理离开了自己的办公室，驱车前往慈善晚宴的会场。相对于每天工作到晚八点而言，这天真是享受了难得的休闲时光。

慈善晚宴的参加者是各行各业的董事长与总裁们，王经理到达会场就与与会者们闲聊，谈论各种话题。交谈中，大家提及最多的就是自身财富的管理、子女的教育以及个人健康养生等问题，显然，此类问题普遍存在，却没有什么好的解决办法。王经理觉得，如果银行可以为个人客户量身定制各种计划，或许既能解决这些问题，也可以给银行带来商机。晚宴结束后的次日，王经理决定把自己的这个想法付诸实施。于是，一系列活动随之展开了……

① 根据搜狐财经公开资料整理。

二、“圈子”营销模式

2011年开始，A银行力推“针对圈子核心人物突破式营销”，进而以口碑效应影响客户所在的“整个圈子”的营销方式，打造其特有的“圈子”客户文化。

介于第一代和一代半之间的中国富人阶层，在30年间依靠着自主经营完成了原始财富积累，他们的愿望可不仅仅是跑赢CPI，而是要赚更多的钱，同时也要享受生活。当然，在中国这样的事情会时常发生：张三今天身家两亿，明天突然破产。私人银行在进入中国四年之后，中资私人银行掌舵者们已然明白，需要对传统客户的营销方式进行中国式改造：

第一步，脱胎于财富管理，与理财产品、销售关系很紧密，然后逐步变成小批量的定制和销售。

第二步，过渡到真正意义上的财富管理，这可以视为动态财富管理。

第三步，则是全权委托的资产管理和交易。

三、从“富一代”到“富二代”，一个都不能少

不仅如此，A银行私人银行发挥自身在金融界的资源优势，为顶级客户的适龄子女量身定制“财富继承人培训计划”，组织参与者赴中国香港及新加坡、瑞士等国家的国际化金融中心城市接受为期两天的金融知识培训，让客户子女在亲身感受世界经济脉动、从小具有开阔的国际视野的同时，养成新时代的财富观。

2010年6月，A银行私人银行正式对外推出“未来领袖俱乐部”，旨在通过亲子互动、国学夏令营、财智启迪之旅等，培养可以“指点江山”的未来领袖。针对11岁到22岁的青少年，推出了覆盖亲子沟通、国学教育、意志力提升、财智启迪等多个层面的特色活动，并与学校教育相区别。孩子们在丰富多彩的夏令营和冬令营活动中，建立起成长期乃至人生更长阶段的友谊。

2010年8月，A银行私人银行又精心组织了“齐鲁大地学孔孟”活动。在8天的游学中，孩子们与山东大学儒学院的专家一起回到“百家争鸣”的春秋战国，研习《千字文》《三字经》《弟子规》，感悟中国孝道，游览墨子故里，了解历史，领悟中国传统文化的精髓。

四、五大俱乐部全面开花

大量调研结果显示，客户家庭之间的互动是决定客户选择私人银行非常重要的一个原因，而诸如养生、子女教育也是大多数客户所关注的问题。

2010年1月，A银行私人银行“健康养生俱乐部”成立。这一俱乐部旨在为客户的8位家庭成员提供全方位的健康管理服务，当然，不同级别的客户所享受到的服务也不尽相同。A银行将客户从低到高依次分为尊睿级、尊雅级、尊悦级、尊逸级四级。其中，资产规模亿元以上的尊逸级客户不仅可享受尊悦级会员的所有服务，每季度还有一次机会与中央领导的保健医生或国内顶级医学专家进行现场一对一咨询。

2010年5月，A银行私人银行的“投资者俱乐部”成立，开创了私人银行与对公业务部门联动的合作模式。通过项目推介等活动，该俱乐部被定位为客户寻找投资项目和寻求融资渠道的投融资顾问和交易平台。同年6月，未来领袖俱乐部登台，在接下来的100天内，艺术鉴赏俱乐部和高尔夫俱乐部也相继走到前台。

在此基础上，A银行进一步提出构建系统的俱乐部会员式营销服务模式，然后配之以私人银行特色定制化的增值服务和专属投资产品。五大俱乐部全面开花，构建起了一个系统的俱乐部生物圈。

五、尾声

2011年开始，A银行力推“针对圈子核心人物突破式营销”，进而以口碑效应影响客户所在的“整个圈子”的营销方式，打造其特有的“圈子”客户文化。通过实现顶级金融服务与非金融增值服务的完美结合，围绕投资融资、健康养生、子女教育、艺术鉴赏和高尔夫等主题为私人银行贵宾构建五大俱乐部增值服务，致力成为高端精英人士“尊逸生活”的忠诚伙伴。

【案例讨论】

1.试述该银行“圈子”的定位是怎样的，其目标客户具有怎样的特征。

2.试结合自身所学知识，分析一下私人银行业务在中国的发展前景。

本章小结

1.金融营销环境是指所有能影响金融企业实现其经营目标的一切因素的总和。

2.金融营销可以从宏观环境、中观环境、微观环境方面来具体分析。

3.金融营销可以从四个方面来进行环境机会和威胁的评估。

4.金融企业对环境威胁可选择的对策主要有干预策略、改变策略和转移策略。

关键概念

金融营销环境　宏观环境　中观环境　微观环境　环境机会　环境威胁

思考与应用

1.什么是金融营销环境？其分析特征和过程是什么？

2.对于金融营销的宏观环境，具体可以从哪些方面来分析？

3.对于金融营销的中观环境，具体可以从哪些方面来分析？

4.对于金融营销的微观环境，具体可以从哪些方面来分析？

5.怎样对金融营销的环境机会和环境威胁进行评估？

6.金融营销环境威胁的应对策略有哪些？具体怎样实施？

第三章 金融营销中的客户行为

学习目标

1. 了解金融客户的含义和分类
2. 了解金融客户行为的影响因素
3. 熟悉金融客户行为的决策过程
4. 掌握金融客户行为的模式与特征

在现代市场经济条件下，金融企业要想有效地提供市场所需要的金融产品与服务，就必须研究金融市场中的客户，分析其消费行为，从而为金融企业开发金融产品、改进金融服务、发展客户关系、制定营销方略、决定营销渠道以及加强促销宣传提供基本的理论依据。

第一节 金融客户的含义与分类

一、金融客户的含义

金融客户是指使用金融企业所提供的金融产品与服务的个人或组织，即金融企业的服务对象。无论是在货币市场还是在资本市场，参与各种金融交易的主体或中介，甚至某些金融机构本身，在不同的时间、场合以及不同的交易过程中，都有可能成为金融客户。

二、金融客户的分类

（一）按金融交易主体划分

1.个人或家庭

个人或家庭是金融市场中的基本客户。从整个社会各部门的资金供需状况来看，由于个人或家庭的收入一般大于支出，因而个人或家庭通常是社会资金的盈余部门。尽管个人或家庭也会成为金融市场的资金需求者，如购买住房、开办企业或因短期资金需求而在二级市场抛售证券等，但就总体而言，个人或家庭大多是金融市场的资金供给者和长期投资者。个人或家庭参与金融交易的动机是多种多样的，如准备学费、婚丧嫁娶、生老病死等，而其投资活动的领域也相当广泛，既有短期投资，也有长期投资，既涉足货币市场，也光顾资本市场。由于个人或家庭的可运作资金量较小，投资活动在金融市场上受到很大限制，如某些金融交易限制最低成交单位金额等，这就使得相当多的个人或家庭只能从事间接投资，因而成为银行和机构投资者的资金供给者。

2.工商企业

工商企业主要包括生产性企业、流通性企业和非金融服务性企业。在现代市场经济中，工商企业是金融服务的主要对象。作为金融企业的客户，工商企业既可能是资金的供给者，也可能是资金的需求者。在资本市场上，除了极少数企业外，多数企业以一定的方式筹集所需要的资本金，如股份有限公司的资本金可以通过资本市场以公募或私募等方式筹集，这时企业是资金的需求者。同时，企业也可以通过产权交易、投资或持有其他企业股票、债券等形式而成为资本市场的资金供给者。在货币市场上，企业的金融需要主要与以融通为目的的资金余缺密切相关。当企业有闲置资金时，为了充分利用资源，它可以通过存入银行或购买有价证券等形式而成为资金的供给者；当企业缺乏周转资金时，则可以通过向金融企业短期借款等形式融通资金，这时企业就成为资金的需求者。

3.政府

政府通常是金融市场的大宗客户，它虽然可以作为金融市场的资金供给者，但更主要的是作为资金需求者。作为资金供给者，政府部门的预算收入和各种经费在短期内所形成的闲置资金一般需要存入金融机构，从而成为金融机构进行短期运作的资金来源；作为资金需求者，中央或地方政府为了弥补财政赤字或开展基础建设，经常通过发行政府公债的方式募集所需资金。政府的资金募集活动主要在一级市场进行，而无论是在货币市场还是在资本市场，政府都是重要的发行主体。

在国内金融市场上，政府一般具有双重身份，它不仅是金融市场的客户，而且是金融市场的调控者。为了规范金融市场交易，引导市场资金的流向，除了直接颁布某些限制性的政策法令外，政府还可以通过一定的产业政策以及财税政策，尤其是通过发行政府公债的方式，影响资金分配结构，同时，还可通过中央银行的货币政策以及公开市场业务调节市场货币的供应量。在国际金融市场上，政府的金融交易身份有所不同，它既可能是主要的资金需求者，也可能是主要的资金供给者。一些国家的政府之间还通过相互合作、签订各种协定等方式制定国际金融市场的行为准则和权利义务关系，这也是政府双重身份的重要体现。

4.金融企业与机构投资者

由于金融企业大多在金融市场发挥中介作用，而金融企业之间交易十分频繁，并且金融业务也相互涉及，因而一些金融企业也常会是另一些金融企业的客户。金融企业主要包括银行和非银行金融机构，诸如商业银行、专业银行（如储蓄银行、外汇银行等）、政策性银行、保险公司、信托投资公司、证券公司、投资银行、金融租赁公司、财务公司以及各种金融合作机构（如信用社）等。这些金融机构中有些是在间接融资领域从事经营，有些则是在直接融资领域开展业务，或者两者兼而有之。除了少量从事自营业务的金融机构以外，金融企业主要是发挥中介作用，即既不是资金的初始供给者，也不是资金的最终需求者。金融企业的主要资金来源为实收资本和储蓄资金，此外，同业拆借、发行金融债券、向中央银行再贷款或再贴现等都是扩大资金来源的重要渠道。而从事间接融资业务的金融机构，则既是资金的供给者，也是资金的需求者，其主要发挥将储蓄转化为投资的传导作用，以使社会资金从盈余部门转向短缺部门。当然，资金的这一转移也可以不通过金融机构，而是以直接融资的方式进行。从事直接融资业务的金融机构如证券公司、投资银行等，通常是在资金余缺双方之间发挥牵线搭桥的作用。

机构投资者主要是在资本市场从事大宗投资交易的金融机构，如保险公司、信托投资公司、财务公司、投资基金、养老基金以及其他各种允许在金融市场运作以实现保值增值目的的基金等。机构投资者参与金融交易的资金数额较大，对金融市场的影响也较大，其投资对象主要是公司股票、企业债券和政府公债。

5.事业单位与社会团体

事业单位与社会团体是指诸如研究机构、医院、学校、党群组织以及具有活动经费的各种社会团体等。由于上述组织一般是社会资金的盈余部门，因而会把闲置资金用于银行储蓄，或在证券市场购买股票，或委托信托投资公司参与中长期投资。

（二）按金融交易需求划分

1.头寸需求者：主要指实行存款准备金制度的金融机构，如商业银行等。货币头寸是银行同业拆借市场的主要交易工具。当商业银行实际存款准备超过法定准备时，便形成“多准备金头寸”，银行可以借出这多余的头寸，以增加利息收入；反之，当其实际存款准备少于法定准备时，则出现“少准备金头寸”，需要拆入头寸以补足法定准备额度，避免受中央银行处罚。

2.筹资者：指通过金融机构在金融市场筹资的资金使用者，主要包括生产与流通企业、其他非金融性服务企业、政府等，也包括某些机构投资者、急需资金的社团组织和个人等。

3.投资者：指金融市场上以一定报偿为前提而出让资金使用权的资金供给者，包括各类存单持有人、政府公债持有人、企业债券持有人、信托或基金受益凭证持有人等。尽管投资回报率不同，所承担的风险程度也不同，但都是以获取一定收益为目的的出资人。

4.套利者：指金融市场上的投机者，一级市场与二级市场都有，并以二级市场最常见。在发达的金融市场尤其是二级市场上，投资者与投机者只是动机不同，其金融行为一般难以分辨，并且受各种因素的影响，相互之间还会转化。金融市场上的投机难以避免，但如果超过一定程度而出现过度投机则不利于市场的健康发展，金融监管部门应主要依靠完善法治、提高管理水平来抑制过度投机。

5.保值者：指因担心金融资产贬值而持有具有保值性质的金融产品的客户，如参与保值储蓄者、黄金珠宝购买者等。

6.信用中介者：指在投资者与筹资者之间发挥信用保证作用的机构。投资者为了能够在约定期限内收回投资资金和回报收益，一般要求筹资者以有效可信的形式提供保证，于是第三者采取抵押担保便成为一种重要的信用保证方式。信用中介者往往是具有良好信誉或较强担保偿付能力的机构，如银行、大企业、专业的担保公司等。

7.投保者：指保险公司的客户或保险受益凭证的持有人。在与保险公司签订保险合约后，投保者通过承担依约交纳保费的义务，就有权要求保险公司按保险凭证约定对其保险标的（如财产、人寿等）履行保险责任。

8.经纪者：指在金融交易中以获取佣金为目的的客户，主要指发挥代理、承销、经纪、咨询等作用的金融中介机构，如货币经纪人、证券经纪人、证券承销商、外汇经纪商、金融咨询公司等。

（三）按金融交易量划分

1.大户：指交易相对集中、交易量较大的客户，其既可能是大宗资金的需求者，也可能是大宗资金的供给者，如企业、政府、金融机构、机构投资者等。由于大户交易集中、交易量大，易于管理且收益可观，因而成为金融企业竞相争取的对象，但同时大户对于金融企业所提供的服务质量要求也较高。

2.散户：指交易量小、交易相对分散、交易次数频繁的客户，主要为社会公众。尽管散户人群中既有资金供给者，也有资金需求者，但从总体而言，散户大多为资金供给者，是社会中的一般投资人。由于散户人群量大面广，需要金融企业广设网点，并且不断增加服务人员，因而营销成本较高。然而只要金融企业积极开发散户人群所需要的金融产品与服务，善于经营管理，还是可以达到“薄利多销”的效果，获得营销成功。

第二节 金融客户行为的影响因素

金融客户行为的影响因素分析是金融营销管理的一项重要任务，是金融企业开发金融产品、改进金融服务的基础性工作。金融客户参与金融市场交易的行为具有一定的内在规律，并受到诸多外部因素的影响。下面论及的是影响金融客户行为的主要因素。

一、需求与动机

（一）金融客户的需求模式

市场营销心理学认为，个体的消费行为是个体与其所处环境交互作用的结果，个体自身的某些内在心理特性（即内因）是其行为的主导力量，而环境因素则是外因。在一定的环境条件下，个体的行为受其动机的支配，这种动机体现了个体内心的某种紧张、焦虑状态，并形成欲望。由于欲望来源于个体未获满足的需要，因而个体行为的最直接动力是个体的动机，而最原始的动力则是个体的需要，尤其是未获满足且强烈期待满足的需要。在动机的支配下，个体的行为总是指向某一特定的目标，只有达到了目标、需求获得了满足，个体内心的紧张和焦虑状态才会消失。图3-1是个体金融行为的需求模式，它反映了在一定条件下个体行为的因果关系。个体行为正是处于一个不断循环往复的过程之中。一种需要获得满足，另一种需要就上升为主要力量，从而产生新的欲望和动机，并促使个体采取新的行为去追求新的目标，直至获得新的满足。我们可用图3-1的需求模式来分析金融客户的行为。

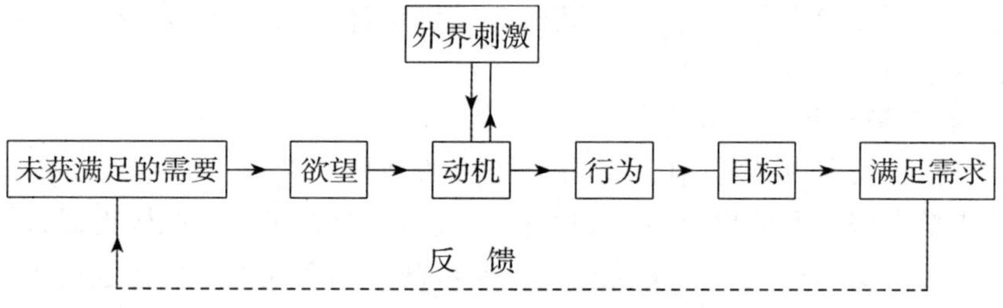

图3-1 个体金融行为的需求模式

（二）金融客户的需求特征

金融客户的需求通常分为以下三种：一是作为资金供给者，期望投资获利、保值增值、保险、套利等；二是作为资金需求者，期望以低成本获取资金的使用权；三是作为交易中介人，期望促成交易、获取佣金等。金融客户的需求具有如下特征：

1.理智性。金融客户的需求并非是随意、感性、冲动的，而是理智性的。与购买生活消费品不同，金融客户决定参与某种金融交易是有明确目的的，并且是在认真对比、分析、计算的基础上选择最优方案，力求趋利避害。

2.衍生性。金融客户的需求一般是由其他各种复杂的需要衍生而来，或者是为了满足不同的需要。例如，投资者购买国债以求保值增值，其真实的需要可能是为了积攒孩子未来的教育费用；政府发行公债筹集资金既可能是为了投资国家基础设施建设，也可能是为了弥补财政赤字。

3.诱导性。对于拥有一定金融资产或具有开发潜力的客户，一方面，其金融需求可以被唤起；另一方面，在一定外界条件的刺激下，一种需求可以转化为另一种需求，如在高回报率的诱导下，客户会将银行存款提现以购买某种债券。

4.替代性。金融客户的需求多种多样，除了参与金融交易获利外，还存在其他的需求，并且某些需求可以彼此替代。金融营销者应当看到，消费需求往往是金融需求的重要替代力量。当人们收入较低时，消费支出通常占他们收入的绝大部分，这时金融需要欲望和能力都会很低。即使人们的收入普遍增长较快，安排基本生活消费之后可支配的收入（闲置资金）也较多，但不一定会投向金融市场，因为受消费品广告的影响，人们也可能会追求高档的生活消费，如购买住房、汽车等物质消费或用于教育、旅游等精神消费。除消费因素外，直接融资与间接融资之间也存在着一定程度的替代关系。

5.波动性。受外界因素的影响，人们的金融需求既可以被成倍地放大，也可以被成倍地缩小。国家宏观经济金融政策的变动、人们对经济金融形势的预期、政局的演变、战争的爆发、自然灾害的出现等，都会对人们的金融需求有显著的影响。由于金融需求的波动性，金融交易呈现出较大的弹性，因而容易滋生泡沫，从而潜伏着极大的风险。由此所引发的金融动荡，不仅会影响一国经济的健康发展，更可能诱发金融危机乃至经济危机。

（三）金融客户的行为动机

动机是行为的直接推动力，其不仅引发行为、支配行为，而且决定行为的方向，并使行为获得强化。金融客户的动机就是为了满足自己的特定需要而在金融市场采取某种行动的思想。在金融市场上，通常较少探究人们从事金融交易的动机，因为在市场经济条件下，投资获利应受到鼓励，同时，人们在金融市场的行为主要是由相关的法律法规来界定，违法乱纪者依法受到惩处，至于通过合法的金融交易所获得的收益主要用于何种目的通常不予考虑。当然，为了成功做好金融营销工作，金融营销人员仍需要分析和研究金融客户参与金融交易的目的，即探究隐藏在金融客户需求背后的深层次需要。

二、认知

认知（perception）是指个体通过其感官对外界刺激和被认知对象形成整体印象的过程。个体对外部环境的反应取决于其对周围环境所形成的态度，而态度的形成又直接依赖于其对外部事物的认知。个体所认知的外部世界不一定就是真实的现实世界，即真实的现实世界往往被人的知觉所选择、折射甚至歪曲，因此，才会有不同个体对同一事物的迥异态度。

个体对客观事物的认知并非消极被动，而是积极能动的。这种积极性和能动性表现为在个体心理因素的主导下对外部事物的某些特征进行筛选、整理、综合与解释。在同一时刻，当许多客观事物共同作用于人的感觉器官，个体不可能同时认知这些事物，而只是对其中的某部分有清晰的知觉，这表明了个体知觉的选择性。面对纷繁的事物，个体会在已有经验与心理因素的作用下，运用格式塔心理学（gestalt psychology）所揭示的完形法则，对其所认知到的信息进行某些逻辑性、结构性或系统性的整理，以助于形成完整印象。此外，在分析人们的认知结果时，还要考虑认知者的性别、年龄、性格、兴趣、习惯等因素的影响，尤其不能忽视人类认知中共有的某些心理现象，诸如心理定式、晕轮效应、近因效应、投射效应等。

金融企业的营销者不仅应了解客户对本企业营销状况的认知效果，而且应运用人类所掌握的认知规律做好营销工作，其中要注意以下几个方面：

1.形象认知

形象认知指金融客户对金融企业形象的认知效果。金融企业的形象认知对于金融企业营销有着十分重要的作用。金融企业应根据其所从事的业务范围、发展战略、服务对象，认真设计和塑造自己的形象，努力做好广告宣传与交流沟通工作。同时，营销者应密切关注企业所期望的形象、实际塑造的形象与客户所认知的形象之间的差异，并采取措施，及时加以弥合与矫正。

2.信誉认知

信誉认知指客户对金融企业服务质量和交易信誉的认知效果。对金融企业而言，信誉就是生命。我国金融业的总体信誉良好，如银行系统等，但也有一些金融机构难以赢得公众的信任，如个别的信托投资公司、证券公司以及合作金融机构等。即使是银行系统，我们也应清醒地认识到，客户之所以信任是因为我国的银行大多为国有银行。由于信誉是在长期的服务过程中建立起来的，因而为了维护信誉，金融企业应搞好每一项服务，履行好每一项承诺，处理好每一个客户意见，解决好每一桩交易纠纷。

3.产品认知

产品认知指客户对金融企业所提供产品的可投资性（或可交易性）的认知效果。产品认知通常建立在对提供者有关情况（如企业形象、历史、信誉等）的认知基础上，具体涉及金融产品的收益性、风险性、时间性以及成本等诸多因素。金融企业要提高客户对产品可投资性的认知，就必须对客户清楚阐明他们所关心的问题，认真做好沟通、宣传、咨询和服务工作，消除客户的种种疑虑，以确保金融营销的成功。

4.风险认知

风险是客户参与金融交易过程中极其重要的认知对象。风险认知反映了金融客户对金融交易过程中不确定性的知觉。客户认知的风险类型包括：（1）信息风险，即有关交易获益信息的完整性、及时性、权威性和可靠性；（2）信用风险，主要体现为能否到期收回资金本息的风险；（3）市场风险，主要指投资期限内因市场波动而造成损失的风险；（4）时间风险，指对入市时机、运作期限把握的风险；（5）机会风险，指因有限资源的运作而导致失去更好投资机会的风险；（6）结算风险，指能否到期履行合约、无条件收回本息的风险；（7）设备风险，指在交易过程中因设备故障而影响交易的风险；（8）汇率风险，指在涉外投融资过程中因汇率波动而导致损失的风险。由于上述风险的存在，客户会主动寻求防范措施，以使风险降到最低限度。具体采取的措施包括：增加信息获取的渠道；采取跟风投资策略，如跟随大多数投资者尤其是跟随大户行动；要求提供可靠的信用保证；等待时机，伺机而动；改选其他投资品种；选择有良好信誉的交易对象等。对金融企业而言，为了减少客户风险，也应当采取一些有效的防范措施，诸如明确承诺、提供担保、参与保险、改善服务、改进形象以及提供赔偿等。

【营销前沿】　金融决策中的“框定偏差”与情境效应

认知心理学研究表明，由于消费者普遍存在对于风险的认知偏差，在进行决策时会反映出许多决策失误的特征。例如，金融消费者对保险成本即保费的认知显著影响着他们的保险决策。认知心理学研究结果进一步表明，消费者对成本费用的认知普遍存在偏差，主要受到信息呈示方式的影响。同样的，成本信息用不同的方式表述出来，就能让消费者产生不同的认知，这就是“框定偏差”。

“每天只要支付几分钱！”我们常常在一些保险的推介广告中看到诸如此类的广告语。保险人通常认为，要让他们的保险产品更加具有吸引力，对产品保费的描述方式十分重要。比如，对于消费者来说，一个比较直观的感受是，诸如“每天支付几分钱”的广告语显然要比“每年支付几十美金”显得更具有冲击力和吸引力，即便两者在价值上是等效的。

认知心理学研究结果还显示，消费者的行为和偏好并不是一成不变的，对事物描述方法的不同会导致消费者对事物本身的认知产生微妙的变化，而环境因素能够影响人们对于刺激的反应。同一事物放在不同的环境下，人们对其的认知会产生偏差，这种偏差的产生就被称为情境效应（context effect）。我们可以通过简单的图片（如图3-2）识别案例来阐释情境效应。

图3-2

如果你将图中的单词辨识为“THE CAT”，那么你的认知就受到了情境效应的影响，因为在前后两个单词中出现了同样的形如“H”的字母，但是由于情境的影响，我们在前一个单词中倾向于将其认知为字母“H”，而在后者中则将其认知为字母“A”。

情境效应在风险决策中的应用被Kahneman和Tversky命名为框定效应（framing effect）。[①]他们在研究中发现，当损失被描述为“为了保全（大局）而需要付出的代价”而不是“无法挽回的损失”时，人们的行为反应就会显得更加积极。

情境或者说呈现和描述事物的方式是会影响我们的判断的，简单地说，这就是背景依赖（context dependence）。一幅画作放在不同的画框（frame）中，会让我们感觉它属于不同的地方。背景依赖认为，消费者并不是孤立地知觉和记忆，他们往往会从事物的各个方面综合考量，依赖过去的经验以及素材发生的背景来解释信息。在一种背景下，一个刺激物以一种方式被感知，而在另一种背景下，对同样的刺激物产生的感知可能会发生变化。具体来讲，背景包括不同方案的比较、事情发生前人们的想法、对问题的描述方式、信息的呈现顺序以及方式等。

Tversky和Kahneman总结出，框定的产生主要由两个因素导致[②]：

1. 对参照点的依赖（reference dependence）。即人们对于事物的评价总是相对于一定的参照点（reference point）来进行的，参照点高低设置的不同会导致人们对同一事物的价值评判发生偏离。所以，如果在对事物描述的过程中操纵参照点的高低，就可以改变人们对事物的评价。

2. 损失厌恶（loss aversion）。即遭遇损失给消费者带来的痛苦要比获得同样程度的利益带来的快乐更大，这也是Tversky和Kahneman在期望理论（prospect theory）中的核心论点之一。也就是说，如果对一个事件的描述是从“损失多少”的角度而不是从“获得多少”的角度出发，更容易激起人们的不舒适感。

三、职业

从事不同职业的人，由于在兴趣爱好、思维方式、生活方式、消费习惯等方面存在着一定的差异，因而对参与金融运作的愿望、产品信息的了解、经营风险的认知也有所不同。金融营销者应当明确自己的产品所主要针对的目标客户群的职业特点，掌握其职业习惯、生活方式、消费方式以及所接触的传媒类型等，以使营销工

① KAHNEMAN D，TVERSKY A. Choices，Values and Frames［J］. American Psychologist，1984（39）：341-350.

② TVERSKY A，KAHNEMAN D. Loss Aversion and Riskless Choices：A Reference Dependence Model［J］. Quarterly Journal of Economics，1991（106）：1039-1061.

作有的放矢。

客户的收入水平与其职业相关，收入是金融需求的重要决定因素。金融营销者应详细了解所服务的目标客户群的收入水平和消费结构，研究其投资与储蓄倾向，特别是闲置资金量及其使用意向，从而充分挖掘营销潜力。

四、年龄

不同年龄的个体参与金融交易的意向与能力也会有所不同，金融企业可以把金融营销与目标客户的年龄和收入状况相结合。就学生而言，由于个体在长大成人、正式就业之前，其生活和学习费用都需要依靠家庭或社会提供，缺乏金融投资能力，因而是消费品（如玩具、营养食品、服装鞋帽、学习用品等）营销的主要对象。金融企业中除保险公司、某些信贷机构（如提供教育信贷的机构）外，一般不把注意力集中在这一年龄段的消费者。金融企业主要关注有稳定收入来源且有一定闲置资金的成年人。退休或丧失劳动能力的老年人，由于固定收入较低，主要靠养老保险、社会救济、自身积蓄或子女提供的赡养费生活，经济承受能力不高，并且医疗保健消费多，因而参与金融交易的欲望和能力相对较低。

五、文化与亚文化

个体行为是建立在一定文化基础之上的，因为人的绝大部分行为是后天习得的，金融行为亦不例外。文化是人类社会历史实践过程中所创造的物质财富和精神财富的总和，也是人类不断创造的共有的生活方式。除了人类所创造的各种物质财富外，语言、文字、历史、哲学、艺术、信仰、风俗、习惯等都是精神文化的重要组成部分，这些因素对人们的世界观、价值观、思维方式、认知方式、生活方式等都有着极其深刻的影响。在不同的文化氛围中，企业必须了解并适应这种文化。在同一文化中，还存在着亚文化。亚文化反映了同一社会中各种人群的不同特征，它以地理区域、血缘关系、社会交际、工作职业、宗教信仰、兴趣爱好等因素为基础，为群体成员提供更具体的认同感，是同一文化层面中较小的文化群落，如民族有民族文化，宗教有宗教文化，职业有职业文化，地域有地域文化，甚至家族、企业、社团等都有自己的文化。亚文化对个体行为的影响更为深刻、具体和直接。金融企业营销者应重视文化与亚文化，因为文化因素对人们的生活方式、消费观念、储蓄倾向、投资行为等都有着深刻影响。

六、社会阶层

社会阶层是指由于价值观、信仰、学识、职业、收入、权力与地位等因素的差别所形成的社会等级。在不同社会中文化的差异使得社会阶层的划分方法和标准也各不相同，社会阶层一般难以用单一的指标进行划分。在现代社会中，收入、职业和受教育程度是划分社会阶层的重要因素。金融营销者重视社会阶层因素，是因为人们的生活态度、消费行为、投资方式等与其所处的社会阶层密切相关，并表现为同一社会阶层的相似性和不同社会阶层的差异性。美国社会学者将社会阶层划分为七类，并分析了不同阶层的消费行为特征：

1. 上上阶层（upper uppers）。占比不到1%，往往出身豪门世家、名门望族，主要靠继承遗产过着奢华的生活，喜好社交应酬、珍宝古玩，多购置豪宅、游艇等。

2. 次上阶层（lower uppers）。占比约2%，靠专业知识和特殊才干获得高薪收入，主要是影视体育明星、高新技术企业主等，有仿效上上阶层生活方式的倾向。

3. 中上阶层（upper middles）。占比约12%，主要是优秀的专业人才，如经理、律师、会计师、医生和学者等，重视文化生活，喜欢购买一些高档消费品。

4. 中等阶层（middle class）。占比约32%，大多数为白领人士，如公司职员、小企业主等，重视子女教育，倾向于消费中档商品。

5. 劳动阶层（working class）。占比约38%，主要为具有社会平均工资水平的蓝领工人，倾向于消费中低档商品。

6. 次下阶层（upper lowers）。占比约9%，为较贫困阶层，文化教育水平低，倾向于消费低档商品。

7. 下下阶层（lower lowers）。占比约7%，处于社会底层，一般是非熟练工人，所受文化教育少，收入水平低，经常面临失业威胁，生活贫困，急需社会救助。

七、参照群体

个体是社会基本的组成单元，归属于社会中的各种群体。其行为既受所属群体成员的直接影响，也受与其相关群体的间接影响，因此，那些对金融客户行为有直接或间接影响的群体统称为参照群体。参照群体或是与金融客户有着广泛联系，或是被金融客户心向神往，或是在社会生活中具有影响力。参照群体一般分为：

1. 主要群体，指与金融客户在生活和感情上联系比较密切的群体，如家庭、朋友、同事和邻居等。主要群体成员的态度、行为、习惯、准则往往对客户有着直接、深刻、强烈的影响，攀比、跟风、从众等心理现象通常发生在主要群体中。

2. 次要群体，指金融客户可能接触和参与的各种社会组织，如党派、学会、社会团体、工作单位等，一般属于正式团体。次要群体的凝聚力较小，感情联系不如主要群体密切，对金融客户行为的影响也比较间接，次要群体的影响力主要与地位、尊严、社交等因素相关。

对金融客户而言，主要群体成员通常是其金融交易决策的直接参与者或建议者，次要群体则会在金融信息方面发挥重要影响。

八、社会角色

个体所处环境场合、参照群体不同，其所扮演的社会角色就不同，其所承担的社会责任也就不同，因而其行为方式必须随之做相应调整。正是因为人们在不同群体、不同场合中的社会角色不同，所以人们要不断进行"角色转换"，以适应社会生活的变化。

金融营销者研究社会角色时主要应考虑角色的分工，即在金融交易决策过程中有哪些主要参与者，他们都发挥何种作用，谁是最终决定者。研究发现，社会角色存在着分工现象。例如，在家庭生活中，父亲通常给孩子购买工具性、手段性的产品，而母亲则更倾向于给孩子购买表达情感的产品。金融营销者应把工作重点放在对参与金融交易有最终决定权的角色身上，同时也不可忽视对金融交易行为有实际影响的角色。金融营销者要善于说服决策者，减少他们所面临的角色压力和冲突。

九、家庭

家庭是最基本的参照群体。个体一出生就生活在家庭环境中，家庭是个体在其社会化过程中最初、最基本且最重要的环节，其兴趣爱好、价值观、审美观和生活习惯都是最先在家庭生活中逐步形成的。同时，家庭也是社会中最基本的消费和投资单位，金融营销者应研究家庭金融消费与投资的倾向和特征，诸如家庭的人口、家庭的收入水平、家庭的消费结构、家庭的金融资产与投资意愿、家庭金融投资的动机、家庭消费和投资的决策者等，这些都是金融营销者应当分析研究的重要内容。

根据家庭结构的不同，家庭可以划分为：传统家庭与现代家庭。传统家庭一般包括老人、夫妻和子女，三代同堂。随着社会的发展，现代家庭则大多数由夫妻及其未成年子女组成。不论是何种类型的家庭，通常具有较高经济收入的个体对家庭的消费和投资拥有较大的决策权。

西方学者研究发现，消费者的年龄、人生阶段与其消费能力和消费特征有着密切相关性，因而提出了"家庭生命周期"概念。家庭生命周期通常可划分为以下几个阶段：单身期（单身独居阶段）、新婚期（新婚且无子女）、满巢期（与未成年子女同住）、空巢期（子女成年自立离开家庭）和鳏寡期（丧偶独居）。一般而言，新婚期和满巢前期家庭（子女尚幼小）消费支出所占比重较大，金融投资能力较低，而满巢后期和空巢期家庭则有较多可支配资金，有利于金融营销工作的开展。

此外，根据对金融投资决策影响力的大小，我们可以将家庭分为：丈夫主导型、妻子主导型、共同决定型和各自决定型，而是否以及如何参与金融投资或信贷消费则是家庭中的重大决策事项，一般由夫妻共同做出决策。

【营销前沿】 **金融服务绩效的客户认知**[①]

1.引言

随着我国金融业的迅猛发展，外资银行的纷纷涌入以及人民币零售业务向外资银行的全面开放，中国金融业赖以生存的环境正在发生深刻的变化，国内商业银行的垄断竞争优势更是消失殆尽，而银行窗口排长队现象已成为金融服务的“顽症”。因此，深入研究开放环境下金融消费者的认知评估模型及其心理影响因素，从而提升金融服务绩效水平，最大限度地满足客户需求，已成为金融营销学中一个具有重要现实意义的理论课题。

2.相关研究

关于金融服务绩效的相关研究主要包括下面的内容：

（1）芬兰心理学者Christian Gronroos（1982）提出了顾客感知服务质量的概念，他认为，服务绩效本质上是一种感知，它由顾客的服务期望和实际服务经历的比较确定，服务绩效高低取决于顾客的感知，服务绩效的最终评价者是顾客而不是银行。在此基础上，研究者不断修正和扩大服务质量概念的外延。

（2）美国心理学者A.Parasuranman、Valarie A.Zeithaml、Leonard L.Berry（PZB，1988）经过大量调查研究指出，顾客主要根据可靠、可感知、反应、保证、移情等五类服务属性评估服务绩效。他们依据这五类属性的内涵提出了SERVQUAL模型，这一模型通过顾客的预期与实际感知之间的差别进行服务绩效的评价，是金融服务绩效测评中最通用的方法之一。之后，他们又提出了差距分析模型（gap analysis model），并分析了在金融服务的整个过程中可能产生差距的五个方面。该模型专门用来分析金融服务质量问题的根源，可以发现金融服务提供者与顾客在服务观念上存在的差距，基于金融机构的角度提出了金融服务应遵循的质量标准。绩效管理被看成是金融机构获取和维持竞争优势的主要途径之一。

（3）Woodruff（1997）研究认为，顾客价值就是顾客对金融产品的某些属性、属性的性能以及在具体的情形下有助于或有碍于达到其目标与意图的产品的使用结果的偏好与评价。

（4）Zeithaml（1988）认为，金融机构在为顾客设计、创造、提供价值时应该从顾客导向出发，把顾客对价值的判断作为决定因素。顾客价值是由顾客而不是由金融机构决定的。

3.研究意义

本研究将在学术界已有研究成果的基础上，基于我国金融业所处市场环境迅速开放的条件，提出金融服务绩效的消费者认知评估模型，深入分析金融服务绩效的心理影响因素，从而为国内商业银行了解金融消费者需求、进行服务绩效评估、提升服务绩效水平提供理论基础和决策依据。因此，本研究既有实际意义，又有理论意义。

4.研究模型

目前，国外关于金融服务绩效评估的研究理论和方法较为成熟，我们应在充分吸收国外相关

① 陆剑清，汪竞．金融服务绩效的消费者认知评估研究［J］．心理科学，2009（1）．

研究成果的基础上结合我国国情，建立具有中国特色的金融服务绩效认知评估模型。SERVQUAL测评模型是一个简要的多项目评价方法，该模型通过对金融消费者的期望和感知的调查，可以帮助商业银行准确地把握金融消费者对其服务绩效的真实看法，从而为其提供更多有价值的反馈信息。另外，采用SERVQUAL测评模型可以更好地了解金融消费者的服务期望和认知，这对于起步阶段的我国商业银行更具有现实意义。由于国内商业银行已经与国际标准接轨，其服务传递与服务流程系统都存在着再造的可能性，因而准确把握顾客期望便成为服务传递与服务流程系统再造成功的关键。

基于上述分析，本文决定以SERVQUAL测评模型的理论和方法为研究基础，并在模型中引入属性权重这一变量，权重的具体数值不是通过调查问卷得出的，而是通过对各项指标的服务绩效得分和总体服务绩效得分进行回归分析后获得的，即不在模型中直接测量金融消费者的期望和感知，而是直接测量顾客的期望和感知之间的差值，这样便能有效地反映出金融消费者的真实态度。具体可用公式表示如下：

$$AVSQ=\sum_{j=1}^{n} w_j \frac{\sum_{i=1}^{R} D_i}{R}$$

式中：n——属性的个数；

w_j——第j个属性的权重；

R——每个属性的指标个数；

D_i——顾客对第i个指标的期望与感知之间的差值。

5.问卷编制

本研究首先采取开放式描述性问卷的方式随机抽取了华东师范大学金融与统计学院研究生课程班学员98人，共撰写出100多条关于金融服务绩效的消费者认知评估影响因素条目，然后经筛选、合并后制定出关于金融服务绩效的消费者认知评估影响因素的试行问卷，并向华东师范大学部分二三年级金融学专业研究生（男女性别均衡）发放100份，回收有效问卷96份，经分析修订，形成正式问卷，共23项。问卷分为两个部分，第一部分为被试的基本情况，第二部分为“金融服务绩效的消费者认知评估影响因素量表”，采取七级评分法。

6.被试状况

本研究以上海市商业银行客户为研究对象，根据简单随机抽样的方法，共发放问卷225份，回收有效问卷187份，有效率为83%。被试的具体构成为：

（1）性别：男性97人，女性90人。

（2）年龄：30岁以下99人，30～45岁50人，45岁以上38人。

（3）学历：高中及高中以下45人，大学102人，研究生及研究生以上40人。

（4）月收入：1 000元以下38人，1 000～2 000元39人，2 000～3 000元46人，3 000～5 000元33人，5 000元以上31人。

（5）单位性质：国有企业57人，机关事业单位51人，三资企业46人，民营企业29人，自由职业者4人。

7.数据处理

在PC586计算机上，用WIN3.1支持下的SPSS11.5软件进行基本的统计检验与因素分析，即把每个项目的原始分数，根据项目因素负荷换算成因素分数，进行统计处理。统计分析表明，问卷的分半信度和α系数均达到了可接受的水平，因而该量表适合进行因素分析。

8.研究结果：金融服务绩效的消费者认知评估影响因素分析

通过对问卷上23个项目的百分比进行Bartlett球形检验，发现Bartlett值为2 024.371，显著性水平P=0.000＜0.01，说明总体相关矩阵不是单位矩阵，可以采用因素分析方法。同时，本研究取样适当性度量值KMO=0.875，说明本测试采用因素分析是恰当的。据此，对施测数据进行主成分分析和Varimax因素旋转，获得四个主成分解，累积方差贡献率为83.259%。结果详见表3-1、表3-2。

表3-1　**因素分析结果**

内容	方差贡献率			
	1	2	3	4
1.营业环境安全舒适程度		3.635		
2.银行服务人员仪表端正、举止得体		3.458		
3.银行的环境设施从感官上有吸引力的程度		2.779		
4.银行现代化设备和技术的先进程度		2.482		
5.等候区舒适自然程度				3.351
6.在承诺的时间内提供准确可靠的服务的程度	4.665			
7.当您遇到问题时，银行给予您帮助并尽力使您消除顾虑	3.696			
8.服务隐私的保障程度			3.590	
9.银行提供服务的无差错程度			4.385	
10.致力于服务质量的改进，有良好的口碑	3.779			
11.服务人员能否告诉顾客提供服务的确切时间	2.710			
12.服务人员是否迅速提供服务	4.759			
13.服务人员是否总是愿意帮助顾客	4.750			
14.存取款凭证填写的简便程度			3.560	
15.服务人员值得信赖			3.215	
16.银行本身的可靠程度			4.442	
17.接受服务过程的安全感			3.296	
18.服务人员回答问题的知识储备			3.169	
19.营业时间的合理性	4.723			
20.服务人员是否知道顾客的需求	2.765			
21.银行是否把顾客的利益放在心上	3.772			
22.服务人员给予您个别关注的程度	3.695			
23.有专门服务人员为顾客提供专门服务	2.583			

表3-2　主成分分析结果

内容	主成分项目	包含指标
在承诺的时间内提供准确可靠的服务的程度	响应性	10
当您遇到问题时，银行给予您帮助并尽力使您消除顾虑		
致力于服务质量的改进，有良好的口碑		
服务人员能否告诉顾客提供服务的确切时间		
服务人员是否迅速提供服务		
服务人员是否总是愿意帮助顾客		
营业时间的合理性		
服务人员是否知道顾客的需求		
银行是否把顾客的利益放在心上		
服务人员给予您个别关注的程度		
服务隐私的保障程度	可靠性	7
银行提供服务的无差错程度		
存取款凭证填写的简便程度		
服务人员值得信赖		
银行本身的可靠程度		
接受服务过程的安全感		
服务人员回答问题的知识储备		
营业环境安全舒适程度	有形性	4
银行服务人员仪表端正、举止得体		
银行的环境设施从感官上有吸引力的程度		
银行现代化设备和技术的先进程度		
等候区舒适自然程度	移情性	1

9.结果分析

（1）尽管当前我国金融业已经普遍认识到金融服务绩效的优劣将直接影响商业银行的经营效益和社会声誉，但是大多数商业银行狭义地理解了金融服务的内涵，过于注重企业外貌、营业环境、服务设施等硬件因素，而对于员工素质、办事效率等影响消费者认知评估金融服务绩效的深层次心理因素缺乏有效关注。

（2）我国商业银行主要是从其自身资源出发，而不是从金融消费者的角度出发来理解服务绩效的内涵和提升服务绩效的水平。事实上，金融服务绩效的研究应从消费者的角度出发，深入分析消费者对于金融服务绩效的认知评估过程及其作用机制，因为金融服务是一种互动的过程，消费者对于金融服务绩效的评估是主观的，不同的消费者对于金融服务的需求是不同的。即使是在接受相同的金融服务时消费者的认知也会有差异，会因为不同的态度、情境而影响其对服务绩效的认知，并且消费者对金融服务的需求内容也在不断地发生着变化。

（3）响应性、可靠性以及有形性对于消费者认知评估金融服务绩效会产生显著的影响；而“等候区舒适自然程度”这一属性指标则被单独归纳为移情性，这说明，当前我国消费者在进行商业银行选择时其固定性还是比较大的。

第三节　金融客户行为的决策过程

一、金融决策及其参与者

（一）金融消费的行为类型

营销学者霍华德（Howard）和谢斯（Shays）认为，消费者的购买行为可以分为三种类型：

1. 常规习惯行为（RRB）。其主要用于品牌差异不大、价格低廉、使用频繁的日常生活用品，如味精、食盐、牙膏、香烟等的购买。这些购买行为并不需要消费者花费大量的时间和精力进行学习、比较和了解。

2. 有限问题解决（LPS）。由于消费者对产品品牌及其功能仅有有限的认识，因而期望在做出购买决策时学习和了解更多的相关知识，或者因长期使用某类产品感到厌倦而希望试用其他产品时，所表现出的寻求变化的消费行为状态。

3. 复杂问题解决（EPS）。当消费者对未知的产品或服务做出消费决策，即购买那些不常购买的产品或价值很高的需要慎重考虑的产品时，消费者就要通过学习增进了解，从而使其购买行为趋于复杂化。

金融消费通常属于复杂问题解决，其原因在于：（1）金融交易涉及金融资产的安全性，金融客户必然要考虑能否收回投资或是否有足够的偿债能力；（2）金融资产运作方案的可选择性比较广泛，在发达的金融市场，可供选择的投融资方案会有很多，收益则很不一致，因而需要客户广泛了解、仔细评估和慎重选择；（3）金融市场具有风险性，在金融资产运作期间，各种风险有可能会给客户带来损失，因此，金融客户在金融决策过程中，需要广泛地了解情况、收集信息，并认真计算、分析和评估，仔细权衡收益与风险。

（二）金融决策参与者的类型

由于金融交易是复杂的决策行为，因而无论对于家庭、企业还是政府而言，都会有许多个人或部门参与金融行为的决策过程，并以各种方式直接或间接地影响金融决策。通常根据所发挥作用的不同，金融决策参与者可以划分为以下五类角色：

（1）倡议者。最初提议进行某项金融交易活动的人。

（2）影响者。提供信息或对金融资产运作方案进行分析计算，从而直接或间接影响最终决策的人。

（3）决定者。对金融交易做出最后决定的人，即决定是否交易、为何交易、交易什么、何时交易、在哪里交易、如何交易的人。

（4）操作者。金融交易活动的实际操作者。

（5）评价者。对金融交易后果进行评估比较的人。

金融企业必须认识到上述不同角色对于金融营销工作所产生的影响，认真做好金融产品与服务的研究开发、宣传促销、营销安排等。

二、金融决策过程分析

金融客户参与金融交易的过程中有一系列的心理活动变化，这一过程可以概括为五个阶段，分别为：（1）注意，即意识到市场所存在的可操作性；（2）兴趣，通过初步了解而发生兴趣；（3）欲望，对某种方式产生采取行动以满足自身需要的愿望；（4）行动，决定采取适当的行动达到目标；（5）反映，对实际行为效果的感觉。与之相应，金融客户的决策过程亦可分为五个步骤，如图3-3所示。

图3-3　金融客户的决策过程

上述行为模式表明，金融客户的决策过程早在交易行为发生之前就已经开始，并且影响着事后的感受和评价，所以，金融营销者应当把注意力集中于金融营销的全过程，而不仅仅局限于金融客户所参与的交易环节。

（一）确认需要

客户需要是客观存在的，其强烈程度既取决于个体满足的缺乏程度，也取决于外界刺激的强烈程度。在一定的外界刺激影响作用下，个体的内在满足越是缺乏，其心理就越会紧张与焦虑，从而形成参与金融交易的强烈愿望，即受外界因素的刺激，使潜在的需要被激发唤醒，从而形成欲望。这说明，金融营销者可以通过控制金融客户的外部环境因素，使其产生欲望、形成动机。因此，金融营销者在掌握客户心理状态的同时，还应主动采取一些有效措施，诸如广告宣传、人际沟通、入户推销等，以唤起其心理需求。这就需要营销人员研究金融客户如何从外界环境获得相关信息，即何种环境能对客户的金融行为产生有效影响。通常唤起金融客户需求的有效因素包括：家庭收入变化、国家金融政策调整、新的投资理财方案、对未来生活的规划或担忧等。

（二）信息收集

金融决策一般属于复杂问题解决（EPS），金融客户需要从各方面广泛收集信息，诸如宏观经济形势、国家金融政策、各类金融机构的主要产品类型、金融产品收益的可靠性和稳定性、金融企业的信誉与声望以及服务质量等。如果缺乏可靠的信息，金融客户是不会轻易做出决策的，因此，信息收集是金融客户决策过程的重要阶段。为了顺利做好金融营销工作，实现企业经营目标，金融营销人员应充分了解以下两方面的信息：其一是金融客户的信息收集渠道，即金融信息的主要来源；其二是各种不同信息对金融客户的决策过程将会产生怎样的影响。金融客户的信息来源主要有以下四个方面：（1）个人来源，信息源于家庭、朋友、邻居、同事或其他熟人；（2）商业来源，包括一切商业性传媒，如广告宣传、推销人员、金融机构的咨询服务等；（3）公共来源，主要是各种大众媒体、会议新闻、政府机构等；（4）经验来源，即源于客户参与金融交易运作的切身经验体会等。在现实生活中，金融客户接触最多的信息来源一般是商业来源。不同的信息来源对金融客户决策的影响是不同的，一般而言，商业来源和公共来源起着信息传播作用，而个人来源和经验来源则起着信息判断与评估作用。

（三）方案评估

当收集了大量的金融信息之后，金融客户如何处理这些信息？即怎样从多种不同的金融品牌中决定自己的选择？金融客户的信息评价过程如何？即如何选择方案？这是一个十分复杂的问题。通常流行的是认知导向模式，即认为金融客户的判断是建立在自觉和理性的基础之上，其评估过程是一个理智的分析过程。以下五个方面既是金融客户评价的主要内容，也是其评价的基本过程：

1. 金融产品的属性

满足需要是金融客户选择的基本出发点，能否满足其需要则取决于金融产品自身的属性，诸如收益性、风险性、便利性、流通性（可转让性）等。这些属性会因金融产品的不同而不同，对不同金融客户的需要满足程度和吸引力也就不同，而收益性与风险性则是各类金融产品的共同属性。

2. 金融客户的认知

尽管金融产品的属性具有多样性，但是金融客户对各种属性的需求程度是不同的。有些客户较注重预期收益，有些客户则把可能的风险置于首要位置予以考虑。金融营销者应根据不同目标客户的偏好，有针对性地宣传其所期望的产品属性，从而强化其认知水平。

3. 金融品牌的形象

不同金融企业的产品在不同金融客户心目中具有不同的品牌形象，这种形象会对客户的认知评估产生重要影响。金融营销者必须认识到金融品牌形象的形成是一个长期的过程，应力求避免可能产生的偏差、扭曲和损害。

4.效用与理想产品

金融产品的不同属性对金融客户的效用函数是不同的，即给予金融客户的心理满足感是不同的。当金融产品的各种属性都达到理想效用时，即形成客户心目中的理想产品。然而，理想的金融产品几乎不存在，如理想的投资方案应是风险趋近于零，而收益趋向于无穷大。可见，理想的金融产品总是相对而言的。

5.评估过程

由于理想产品与实际产品之间会存在一定的差距，因而金融客户的选择过程便是寻求与其理想产品差距最小的实际产品的过程。评估方法通常有两种：

（1）综合期望值比较模式。即首先根据产品的不同属性分别给予评分，然后依据不同属性的重要程度来计算不同产品品牌的期望值大小，择优选取。计算公式为：$E=\sum(W_i \times B_i)$（其中：W_i代表根据不同属性的重要性所赋予的权值；B_i是各属性的评分），E值越大越好。

（2）差距水平值比较模式。通过计算各种产品的差距水平值即实际产品与理想产品之间属性的差异程度，依次淘汰最不理想的品牌。计算公式为：$L=\sum[W_i \times (I_i - B_i)]$（其中：$W_i$代表根据不同属性的重要性所赋予的权值；$I_i$为各属性的理想水平分值；$B_i$为各属性的实际水平分值），L值越小越好。

可见，上述两种评估方法能比较全面地衡量客户是否满意。事实上，评估方法还有很多，例如，在基本相同的条件下，着重于某一项属性指标，只要该项属性指标符合要求便予以考虑；又如，对每一项属性指标都规定标准，必须每一项指标都达到了理想水平才予以考虑等。

一旦金融客户的选择依照上述模式进行，那么处于劣势的金融产品又当如何应对呢？金融企业应从以下五个方面开展营销活动：①改进产品设计，以使产品接近或符合金融客户对理想产品的要求，力争“实际再定位”。②增加属性权值，具体方法是多宣传本产品所具有的优势属性，以达到说服客户的目的。③改变品牌信念。客户通常会信赖知名的金融品牌，金融企业可以采取一些改变客户品牌信念的方法，通过多宣传本企业及其产品的优势等方法，使客户形成“心理再定位”；或者改变客户对竞争品牌的信念，可运用比较广告以实施“竞争反定位”。④提醒金融客户注意被忽视或被遗忘的重要属性。⑤降低金融客户心目中对于理想品牌的评判标准。

（四）决定交易

方案评估仅使客户形成参与金融交易的意图，但最终是否参与某项金融交易，则具有很大的不确定性，金融客户有可能受多种因素的影响而放弃原先的选择，诸如受亲戚、朋友等态度的影响，或被竞争企业说服，或受到偶然因素的干扰等。

（五）事后评价

金融客户对交易结果是否满意的评价也是影响其今后是否继续参与相关金融交易的重要因素。以金融投资为例，其事后评价的主要内容包括：最终收益率、实际风险损失（收益）、金融企业的履约状况、金融营销的服务质量等。除短期套利交易外，多数金融交易活动从交易达成到最后履约往往有一定的期限，短的以周、旬、月、季计，长的则达1年甚至10年或更长。对于交易品种的合同期限达1年以上的客户而言，还应包括在这一长期等待过程中对各种因素的关注和评估，因为这类产品所承担的风险更大。为了减少客户的顾虑，金融企业应通过定期沟通增强其信心。同时，还应采取一些措施分散和化解风险，或者给客户以转换交易品种的选择权等。总之，在这一阶段金融企业非常需要对客户多做相关的咨询和服务工作。

三、金融客户的行为模式

由于任何一种金融产品的开发都必须建立在金融客户的现实需求基础之上，因而金融企业必须全面研究其所开发的产品对金融客户的实际影响，并通过进一步分析客户的心理过程和影响因素，改进产品设计、修正营销方略。根据行为科学的刺激反应模式（S-R），金融客户在一定外界刺激作用下的行为反应的基本模式可以被概括出来，如图3-4所示。

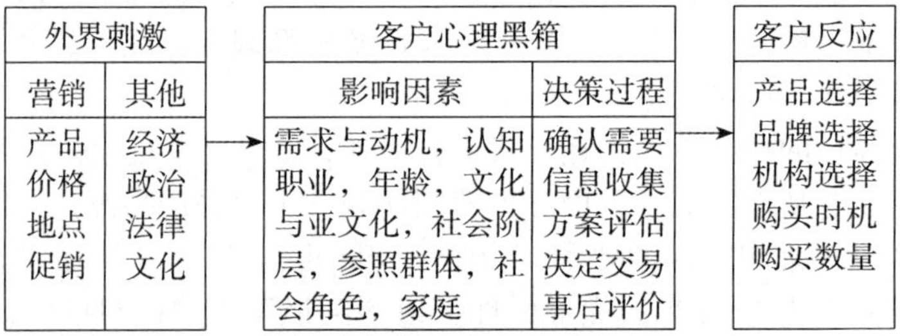

图3-4 金融客户的行为模式

图3-4显示了金融营销与其他外界刺激作用于客户的心理黑箱而产生行为反应的过程。客户的心理黑箱通常包括两个部分，即金融客户的影响因素以及决策过程。图3-4中左边部分表示会对客户产生影响的两类刺激，即营销刺激与其他刺激。营销刺激主要包括金融企业的产品、价格、地点（渠道）和促销四方面因素（4P）；其他刺激是指经济、政治、法律和文化等宏观环境因素的影响。在上述外界刺激的作用下，营销人员可以观察到客户的外显反应，诸如产品选择、品牌选择、机构选择、购买时间和购买数量等。金融营销人员的任务就是通过比较各种外

界刺激与客户反应的状况，分析客户的心理黑箱内部所发生的各种变化，以寻求改进金融产品与营销努力的途径和方法。表3–3显示了与品牌差异有关的客户行为。

表3–3　　金融客户的购买行为类型

决策介入程度 / 品牌差异程度	高	低
大	复杂型：对于金额大、风险高、差异大的金融产品（诸如证券基金、住房按揭贷款等），客户会专心细致地进行学习，分析各个品牌之间的差异，从而产生金融品牌信念、明确态度、进行慎重的选择与决策。因此，金融机构要有针对性地制定品牌营销策略，根据客户需要提供个性化的金融产品与服务	多变型：对于金额小、风险低、差异大的金融产品（诸如国债等），客户不会高度介入，而重在选择产品品类与品牌，因此，尝试性行为特点显著。所以，营销中要注意通过提醒性广告鼓励客户的习惯性行为，并使用一些优惠策略吸引其选择
小	寻求和谐型：客户对于涉及金额大、风险高、差异小的金融产品（诸如同一概念板块的股票等），往往慎重选择，而后却又会产生后悔与烦恼情绪，因而需要调整心态。金融机构可以通过加强营销沟通使客户对自己的选择产生信心与满意感	习惯型：对于金额小、风险低、差异小的金融产品与服务，客户会不经过信念、态度以及行为等步骤，因为重在熟悉程度而非品牌忠诚，所以是习惯性行为（诸如个人储蓄存款业务、各类缴费等）。金融机构应针对客户需要，增加金融产品与服务的特色与功能

【经典案例评析】　光大银行与“全程通，通全程”营销①

一、“全程通”产品介绍

（一）产品推出时的背景

中国光大银行“全程通，通全程”业务主要指汽车金融服务。2009年中国的汽车产业保持快速发展，汽车金融业务再度引起中国银行业的高度关注，中国建设银行、中国工商银行、招商银行、光大银行等中资银行通过产品创新，提升产品服务质量，纷纷抢滩国内汽车金融市场。另外，大众、丰田、福特等汽车金融公司也纷纷加速进入中国市场。在此环境影响下，中国光大银行“全程通，通全程”业务获得全面发展，成为业界的领先者。

2009年，中国光大银行“全程通，通全程”业务取得的成绩与我国汽车产业扶持政策存在

① 根据中国调研报告网公开资料整理。

着不可分割的关系。《汽车产业调整振兴规划》的出台很大程度上促进了汽车金融服务的市场需求，也使中国光大银行“全程通，通全程”业务获得长足发展。产业促进政策具体表现在四个方面：一是培育汽车消费市场；二是推进汽车产业重组；三是支持企业自主创新和技术改造；四是实施新能源汽车战略，推动电动汽车及其关键零部件产业化；五是支持汽车生产企业发展自主品牌，加快汽车及零部件出口基地建设，发展现代汽车服务业，完善汽车消费信贷。

（二）产品介绍

中国光大银行“全程通”产品主要指将汽车金融服务定位为汽车信贷组合产品，即“全程通”汽车金融网。光大银行根据汽车生产和销售周期，针对汽车制造商、特约经销商和终端消费用户在不同阶段的不同需求量身定制的全程化和个性化的信贷产品和服务，它覆盖了与汽车生产和销售相关的全程金融服务，具体分为上游、中游和下游信贷产品。

上游汽车信贷产品主要为汽车制造商的日常生产提供资金支持，包括流动资金贷款、开立银行承兑汇票、商业票据贴现、国内综合保理、为进口配件开立信用证等。同时，对于部分汽车制造商，光大银行还通过公司理财服务、全国一柜通汇兑等结算理财手段为客户提供高质量的综合服务。

中游汽车信贷产品是为汽车经销商销售提供资金支持，包括结合光大银行的全国分支机构网络与汽车经销商的销售网络，建立以开立银行承兑汇票为主要手段的全国性汽车销售网，以及保兑仓业务和买断车型业务等。

下游汽车信贷产品是指个人汽车消费信贷业务。

“全程通”汽车金融网的推出，一方面有力地支持了汽车的生产、销售，满足了广大终端消费用户的购车需求；另一方面密切了银企关系，使光大银行在汽车金融服务领域取得了比较竞争优势，深受汽车生产厂家、经销商与消费者的青睐。

二、“全程通”产品特色及典型案例

（一）产品特色

中国光大银行“全程通”产品特色主要体现在对汽车经销商和汽车制造商的金融服务。

对汽车经销商的主要特色服务：其一，加入网络等同于获得AAA级企业担保，大大提高了企业融资能力；其二，交存一定比例保证金后开立银行承兑汇票，以少量的资金便可实现销售周转，减轻了资金周转压力；其三，以银行承兑汇票方式支付车款，减少了企业的财务成本，增加了资金收益；其四，增加了汽车库存量和购车人选择余地，有利于汽车销售；其五，可优先获得银行的个人消费信贷支持，有利于扩大销售规模；其六，在银行建立信誉记录，有利于企业长期发展和获得银行支持。

对汽车制造商的主要特色服务：其一，通过银行的信贷支持，解决了经销商的周转金困难，有利于扩大制造商的产品销售和市场开发，提高产品的市场占有率；其二，采取银行承兑汇票结算方式，销售回款有银行信誉作保证，减少了应收账款和坏账损失，既改善了企业资产负债结构，又提高了风险可控性；其三，有利于培养经销商的四位一体建设，提升制造商的产品市场形象，形成良性循环。

（二）“全程通”典型案例

光大银行给予某汽车厂商综合授信4.5亿元，其中流动资金贷款2亿元，汽车“全程通”回购担保额度2.5亿元。该客户2.5亿元的担保额度，主要是为全国各地经销商开立承兑汇票提供担保。

享有该担保额度的汽车经销商由该汽车厂商及光大银行共同确定，并经过光大银行各地有权审批机构根据汽车经销商的风险承受能力确定其开票额度。例如，经该汽车厂商及银行确认后，给予该品牌的汽车经销商A公司500万元信贷额度，保证金比例30%。则A公司向光大银行缴存150万元保证金后，光大银行即可开出金额为500万元、收款人为该汽车厂商、期限为3个月的银行承兑汇票。该汽车厂商见票即向A公司发货（车辆），A公司将此笔合同项下的汽车合格证质押给光大银行，该汽车厂商承担车辆回购担保责任。待A公司收回销售款后，将销售款继续缴存银行保证金户，待承兑汇票全部敞口被保证金覆盖成为低风险业务时，光大银行将车辆合格证解除抵押，经销商方可销售银行释放抵押的车辆。待票据到期承兑后，光大银行将为其开出下一轮合同项下的承兑汇票。

该汽车厂商与光大银行合作多年，全国已有近50家汽车销售商加入光大银行为其搭建的“全程通”网络。

【案例讨论】结合本案例及相关资料分析，光大银行在推出“全程通，通全程”产品时采取了哪些措施或者如何设计产品来影响汽车经销商和汽车制造商的客户行为？

【情境案例解析】　银行的客户体验

季江已经大学毕业8年，在上海陆家嘴一家证券公司上班，虽说是在写字楼里过着衣着光鲜的白领生活，但他的老家却是在苏北农村，所以每逢过年，都要带着老婆孩子回农村老家。

2012年，他也和往年一样回到了老家，吃上了家乡的菜肴，享受着家乡的年味。不过，这次父母提出了一个请求——希望能够到季江上海的家里去住两天。

虽说季江的媳妇对于老两口要去他们家这件事略有微词，但季江没有“屈服”，他以前就对她说过，牵扯到自己父母的事情没有商量的余地，外加老两口也说只是去住两天，季江媳妇也就答应了。

临行时，老两口带上了一个布包，季江以为里面装的是些日常用品，也就没有多问。

到了上海家里，季江无意中打开那包东西，竟被吓了一跳，原来那里面不是别的，是钱！各种各样的钱！有零碎的钱，也有一些100元的，不过都是一样的破旧不堪。季江粗略地估算了一下，大概也有几万块。农村没有用银行自动存款机存款的习惯，所以大家都是把现金放在家里，估计都是些“历史遗留问题”。季江问这些钱是怎么回事，他们说老家的银行存不了，想在上海存进银行。

“银行就是存钱的，怎么会存不了呢？”季江不禁觉得很奇怪。“他们不愿意给我们仔细地数清楚，我们自己说有多少他们又不相信。”听了二老的回答，季江明白了。

第二天，季江就带着父母跑了好几家大银行，结果都以不提供该项服务为由，拒收这笔存款。媳妇劝季江干脆算了，也就是几万块旧钱，不值得为此伤神。可季江并不打算放弃，心想如果大银行不行，那就试一试小一点的银行好了。恰好，离他家不远有一家招商银行，虽然招商银行的营业网点要少一点，估计在老家没有招商银行的取款机可以使用，但那不过也就是多付一点跨行费而已，当务之急是先能把钱存进去。

于是，他们来到了这家招商银行。说明来意后，工作人员并没有任何不满和诧异，而是说能够帮忙解决，并迅速把情况报告给了主管。主管知道这数钱的事需要增加人手，就临时加派了人员过来。不仅如此，由于等待时间长，主管还让他们到贵宾室去休息，并热情地提供茶水，使农村来的两位老人受宠若惊。

当时，季江媳妇也在场，看到几个陌生人对自己的公婆这样殷勤周到，不觉心里有些惭愧，觉得自己平时对二老确实是太过冷淡了，应该好好转变一下自己的态度才是。季江也是相当诧异，没想到招商银行居然能够提供这么好的服务，不禁想到，今后家里的闲钱就都存招商银行吧！不为别的，就为了今天这种宾至如归的感觉。

【案例讨论】

1. 招商银行的客户体验式服务有哪些优点？

2. 招商银行的服务举措将在国内的银行市场竞争格局中发挥出怎样的作用？

本章小结

1. 金融客户是指使用金融企业所提供的金融产品与服务的个人或组织，即金融企业的服务对象，可根据不同的标准分为不同的类型。

2. 金融客户行为的影响因素分析是金融营销管理的一项重要任务，是金融企业开发金融产品、改进金融服务的基础性工作，具体可以分为九类影响因素。

3. 金融客户的决策过程可分为五步：确认需要—信息收集—方案评估—决定交易—事后评价。

关键概念

金融客户　金融购买行为　金融决策

思考与应用

1. 金融客户的含义是什么？其具体有哪些分类？

2. 金融客户行为的影响因素有哪些？

3. 消费者的购买行为可以分为几种类型？分别是什么？

4. 金融决策参与者可以划分为几类角色？

5. 金融客户在决策过程中的主要评价依据有哪些？

第四章 金融市场细分与定位

学习目标

1. 了解金融市场概述
2. 掌握金融市场细分的含义、作用和方法，了解金融市场细分的条件和标准
3. 掌握金融市场定位的含义和方法，熟悉金融市场定位的原则、层次和程序

金融市场是金融产品的交易场所，它是一个由多种要素构成的共同体。金融企业应根据金融客户不同的需求特点对金融市场进行细分，在市场细分的基础上选择目标市场，并对金融产品和服务进行市场定位。本章将对金融市场、市场细分以及市场定位进行系统阐述。

第一节　金融市场概述

一、金融市场的基本含义

金融市场是金融领域各种市场的总称。金融市场的存在是以金融的存在为前提的。何谓金融？金融是指金融产品的融通活动。金融市场就是通过各种交易方式，促使金融产品的供求双方达成交易的场所，即进行金融产品买卖的场所。金融市场既可以是某一特定的场所，具有空间特征，如某个商业银行的营业网点、证券公司的交易所、保险公司的业务经办点等，也可以是一个无形的市场，不具有空间特征，如电话银行、网上银行、网上证券交易所等。

二、金融市场的产生和演变

金融市场的形成不是孤立的，它的产生是以商品贸易为基础的。在商品贸易形

成和发展的早期，金融市场是作为商品市场的辅助手段（如国际贸易的结算）出现的。伴随着金融的投机性功能日益增强，金融市场已经脱离了商品市场的发展，并在一定程度上支配着商品市场。

金融产品的最初形式是商业信用，是两个企业因商品贸易而相互提供的信用，如商品赊销、货款预付、分期付款等，并且不与金融机构发生联系。在商业信用之后是银行信用，它是指银行或其他金融机构通过合适的金融产品，以放款、贴现、抵押、担保等方式向资金需求者融通资金的信用活动。由于银行信用克服了商业信用在企业资本数量、期限长短、收益要求、供需时间和地点、附加条件以及信用提供对象等诸多方面的限制，因而可以广泛吸收社会闲置资金，向各种条件的资金需求者提供融通资金的服务。金融产品的最新形式是票据和证券信用，即所谓直接融资。资金需求者直接面向社会公众，通过发行股票、债券、大额可转让存款单等进行资金融通，而不必求助于银行贷款。然而，在直接融资过程中，也需要金融机构作为金融中介参与其中，如没有中央银行或其授权的金融机构认可，上述金融工具将是非法的。体现票据和证券信用的金融产品包括商业票据、国债、企业债券、公司股票、大额可转让存款单等。

信用的形式除了以上三种，还有消费信用、合作信用、信托信用等，而每一种信用形式都是在前一种形式的基础上形成和发展起来的，但并不会完全取代前一种形式。例如，目前商业信用仍然存在，并且在金融市场尚不发达的国家和地区还起着相当大的作用，即使是在金融市场相当发达的国家和地区，商业信用也经常被采用，如在银根紧缩时，企业往往会通过商业信用进行直接筹资而不求助于银行等金融机构。

随着商品贸易由国内发展到国外，国际贸易和国际结算日益重要，从而导致金融市场国际化业务的出现，并形成了一些国际性金融中心，尤其是经过了20世纪七八十年代如火如荼的金融创新以后，世界金融市场出现了以下三方面的变化：

（1）形成了为数众多的全球性或区域性金融中心，并且金融交易能在全球范围内24小时连续进行。全球性的金融中心包括欧洲美元市场、亚洲美元市场、伦敦外汇交易市场、纽约外汇交易市场、香港黄金市场等；区域性的金融中心包括欧盟的统一货币和资本市场等。

（2）金融交易工具种类繁多，金融创新层出不穷，既有针对风险规避的，也有针对收益提高的，还有针对流动性增强的。金融创新一方面繁荣了金融市场，另一方面也增加了市场风险的强度和市场监管的难度。

（3）金融市场的融资证券化倾向显著，竞争加剧。

三、金融市场的构成要素

金融市场是一个由多种要素构成的共同体，主要由金融参与者、金融交易组织以及金融产品三个部分构成。

（一）金融参与者

金融参与者是指参加金融交易的双方，由资金供给者和资金需求者组成。

1.资金供给者

资金供给者指金融工具（各类存款、证券、债券等）的购买者，具体包括居民个人、企业单位、政府部门、金融机构等。

（1）居民个人。居民个人的货币收入除了用于消费外，会有一定的积余，这部分闲置货币是金融市场的重要资金来源，或者存款于银行，或者购买各种债券和股票。

（2）企业单位。企业单位在生产经营中形成的闲置资金、利润留成以及盈余公积等，也是金融市场的重要资金来源。

（3）政府部门。政府部门在收支过程中会发生闲置资金，如尚未使用的预算资金、预算外收入等。

（4）金融机构。金融机构具体包括银行与非银行金融机构，其一方面从社会上吸纳闲置资金，另一方面则通过自身创造的利润和信用，形成资金来源。

2.资金需求者

资金需求者指金融工具的发行人和售卖者、信贷资金的借款者，具体包括企业单位、政府部门、金融机构和居民个人。

（1）企业单位。企业单位是最大的资金需求者，其通过向银行贷款、发行股票、发行企业债券等方式进行筹资。

（2）政府部门。政府部门也是主要的资金需求者之一，其主要是以发行政府债券的方式进行筹资。

（3）金融机构。金融机构为筹集资本金以及解决头寸不足而发行股票、长期债券，或者向同业拆借，或者向中央银行申请再贴现、再贷款。

（4）居民个人。居民个人主要是通过担保或质押方式向商业银行取得个人消费贷款。

（二）金融交易组织

金融交易组织是指在资金融通过程中，资金供求者之间起媒介作用的人和机构。

1.金融机构。以银行为主体的金融机构既是金融市场上资金的供给者和需求者，又是金融市场上的交易中介人。由于金融机构筹集资金的目的是向市场供给资金，因而它在金融市场上始终发挥着桥梁作用。

2.证券公司。它包括两部分：证券发行公司是指在金融市场上专门从事新证券发行工作的机构；证券交易公司是指专门从事金融产品（股票、债券等）流通转让的机构。

3.经纪人和交易商。经纪人和交易商是指代替资金供给者或资金需求者买卖金融产品的人。交易商也可以根据自身的财力状况自行买卖各种金融产品。

（三）金融产品

金融市场所经营的商品是金融产品。金融产品是指资金融通过程中的各种载体及相关的各种金融服务。前者如货币、黄金、外汇、有价证券、存款、贷款、信用卡等（据统计，截至2013年12月底，我国流通中的货币M_0为5.86万亿元人民币，黄金储备为3 389万盎司，外汇储备为3.82万亿美元，全国金融机构本外币各项存款为107.06万亿元，本外币各项贷款为76.63万亿元；2013年上海证券交易所股票累计成交金额为230 266.00亿元，深圳证券交易所股票累计成交金额为238 462.58亿元）。后者如中间业务、结算业务、代理业务、租赁业务、信托业务等（另据统计，我国四大国有商业银行的中间业务占其全部收益比重分别为：中国银行为19.68%；中国建设银行为20.44%；中国工商银行为19.13%；中国农业银行为15.88%；四大银行平均为18.78%）。金融产品是金融市场的交易对象，供需双方遵循市场规律在供求杠杆的作用下形成金融产品价格，如利率、收益率等，通过最终完成交易达到融通资金的目的。可见，金融产品既可以是有形的，也可以是无形的，一般以无形的服务为主。金融产品也就是融通资金的工具，资金的需求者和供给者通过这一工具满足各自不同的资金使用目的，从而达到资金融通的效果。因此，金融产品本身对供需双方并没有实际意义，而其真正的意义在于它带给资金供需双方的利益。

总之，金融产品是资金融通过程的载体，是企业筹集资金和投资者运用资金的工具，是在金融市场上交易的对象，也可被称为金融工具或信用工具。可以在金融市场上进行交易的主要金融产品有以下几种：

（1）票据，如本票、汇票、支票等。

（2）债券，如政府债券、公司债券、金融债券等。

（3）股票，如普通股、优先股等。

（4）可转让大额存款单。

（5）合约，如各种期货、期权合约等。

（6）权证，如股权证、债权证等。

（7）协议，如回购协议、抵押协议、转让协议等。

（8）基金券。

（9）其他，如艺术品、房屋产权证等。

四、金融市场的作用与功能

金融市场的作用表现为以下三个方面：

（1）融通社会资金。通过金融市场可以把社会闲置资金汇集起来，以满足企业单位或其他机构对不同额度、不同期限的资金需求，并能大大简化资金供给和需求之间的中间环节。

（2）优化资源配置，扩大中介服务，分散市场风险，使社会资金获得最大的利用效率，为资金供需双方提供“三性”最佳组合的便利。由于每个人对任何一个金融工具的流动性、风险性和收益性都有不同的要求，因而金融工具对当事人而言，在任何一个时间或任何一种环境下，都存在“三性”的最佳组合（对于不同的当事人，最佳组合各不相同）。当事人是通过金融交易来达到其最佳的“三性”组合，具体可运用的转换工具有利率掉期、货币掉期、套期保值等。

（3）调控国民经济，实施贯彻中央银行货币政策。调控金融市场是政府对宏观经济进行调节和控制的重要手段之一。例如，中央银行就是通过公开市场业务、改变商业银行法定储备金比率、改变再贴现利率等方式来调节货币供给，从而达到扩张或紧缩经济的目的。政府还可以运用行政手段直接干预金融市场，如限制外汇的黑市交易或不允许个人参与外汇交易等。

金融市场不仅是资金融通的场所，而且还具有以下功能：

1.提高资金使用效益

金融市场的存在扩大了资金供给者和需求者接触的机会，使得提供资金或筹集资金有了多种方式的选择，既有助于交易双方降低交易成本，也有助于交易双方利益的最大化，从而提高社会资金的使用效益与周转速度。

2.增强资产的流动性

金融市场的出现为金融资产持有者参与流通和交易提供了极大的便利和可能。金融资产持有者可以根据自己的需要，将金融资产在市场上进行抛售或重新取得金融资产。例如，商业银行可以动用存款准备金和多头头寸在金融市场上购买短期债券和票据；当头寸不足时，则可抛售变现。此外，当购买长期债券者需要资金时，也可以在金融市场抛售变现。金融资产流动性的增强能使短期资金接续成为长期资金。

3.引导储蓄转向生产领域

金融市场既是资金供求的中心，也是储蓄投资的桥梁。它把居民储蓄与企业所需资金联结起来，或进行直接投资，如用闲置资金购买股票和长期债券等；或进行间接投资，如将闲置资金存入银行，再通过银行信贷形式将资金贷给需要资金的企业等。金融市场是吸纳社会闲置资金的“蓄水池”，居民储蓄正是通过它流向生产经营领域。

4.为经济活动提供信息

金融市场上的利率升降和股市涨跌在一定程度上反映了社会经济活动的变化，这既给生产经营者提供了相关的宏观经济信息，也为社会投资者提供了相关的投资决策信息。因此，利率与证券价格的变动是反映国民经济发展趋势的重要指标。

五、金融市场的健全与分类

（一）金融市场健全的标志

金融市场在一个国家的社会经济生活中起着举足轻重的作用，一个国家是否存在并已形成了健全完善的金融市场，主要是通过以下标志体现的：

1.资产货币化

国际会计准则委员会把资产定义为：“资产是指企业由于过去的事项而控制的可望向企业流入未来经济利益的资源。”我国《企业会计准则》将资产定义为：“资产是企业拥有或控制的能以货币计量的经济资源，包括各种财产、债权和其他权利。”经济资源能否货币化则是衡量金融市场是否成熟的重要标志之一。如果一个国家的经济资源大部分表现为货币资产而不是实物资产，就说明货币的作用已渗透到社会经济生活的各个领域和各个层面。当资产的货币化总额是以股票和长期债券的市值来计量时，就意味着资本化已达到较高的程度，这也从另一个侧面反映了金融市场的发达程度。我国目前资产货币化的程度还较低，金融市场尚不发达，还需要通过较长时期的努力才能缩短与发达国家的差距。

2.货币资金商品化

金融市场的交易对象是货币资金的使用权，即各种金融交易是货币资金使用权的让渡过程。资金需求者通过支付利息而取得一定数额的货币资金在一定时期内的使用权，而资金供给者为获得利息则要把一定数额的货币资金的使用权在一定时期内让渡给对方，在这一时期内，其无权支配这部分货币资金。可见，如果没有货币资金的商品化，货币就只能作为产品调拨时的核算工具，而不会有金融市场的产生。目前，我国货币资金的商品化形式还相对比较单一。

3.资本证券化

为了适应和满足社会化大生产对巨额资金的需求，必须通过发行股票和长期债券等将社会上分散闲置的货币资金转化为长期资本，提高直接融资的比重，使大多数货币资金持有人成为投资者。资本证券化程度是金融市场成熟与否的标志。近几年，虽然我国的资本市场获得了较快发展，但是间接融资仍然占据较大比重。

4.信用票据化

信用票据化是市场经济制度下信用活动的客观要求。在市场经济制度下，需要更多的信用活动方式和更多的信用活动机会，而仅靠账面信用、契约信用、贷款信用则难以适应信用制度发展的要求，难以满足社会经济生活的需要，因此，信用票据化的出现就成为一种必然趋势。我国目前的社会信用基础还比较薄弱，一些企业和个人的信用意识淡薄，这大大延缓了信用票据化的发展进程。

5.金融产品多样化

通过提供多种多样的金融产品来满足不同投资者的需要，这体现了金融市场的成熟与完善。尽管目前我国的金融产品较以前大大丰富，但是还不能完全满足社会发展的需要。

6.金融资产流动化

拥有成熟完善的证券交易市场既是金融资产流动化的基础与保证，又是金融市场健全的重要标志。

7.利率市场化

金融产品的价格——利率由金融市场的供求变化来决定，这是金融市场健全的又一标志。目前我国尚未实现利率市场化，而是由中央银行制定基准利率，并规定了商业银行围绕基准利率做上下调整的幅度。

8.金融机构多元化

金融市场的繁荣程度取决于进入金融市场的金融机构的数量以及参与交易的频率，因此，多元的金融机构是金融市场交易活跃的前提。

9.金融行为规范化

一个国家或地区金融主体行为是否规范，是衡量金融市场成熟与否的一个重要标志，金融主体行为的合理有序需要一个较长的渐进过程加以规范。

（二）金融市场的分类

金融市场是因经常发生多边资金借贷关系而形成的资金供求市场，它是经济活动的心脏。到目前为止，随着金融创新工具的日新月异，金融市场已逐渐形成为庞大复杂的多元化、多层次的市场体系。

划分金融市场，有各种不同的分类方法。

例如，按金融市场的区域范围可分为国内金融市场与国际金融市场。如果金融市场上的资金借贷关系发生在本国居民之间而不涉及其他国家的居民，就称为国内金融市场。国内金融市场中只能发生一种类型的交易，即国内借款人向国内贷款人借用资金。如果这一市场涉及其他国家，超越国境并以国际性规模进行资金的借贷，就称为国际金融市场。国际金融市场就是非本国居民可以参与的、从事国际借贷业务的信用市场。在一个国际金融市场中，可能发生三种类型的交易：（1）国内借款人和国外贷款人之间的交易；（2）国外借款人和国内贷款人之间的交易；（3）国外借款人和国外贷款人之间的交易，即境外交易。由于国际金融市场会涉及两个或多个国家之间的信贷关系，因而具有跨国特性。例如，尽管纽约金融市场是美国的金融市场，但由于非美国居民也可以在此自由参加交易活动，因而它具有国际金融市场的特征；伦敦金融市场则是作为国际金融市场逐步发展起来的。

当前世界上普遍按金融工具到期日的长短把金融市场划分为货币市场和资本市场两类。货币市场是指短期资金交易的市场，也称为短期资金市场；资本市场则指长期资金交易的市场，也称为长期资本市场。

金融市场有广义和狭义之分，广义的金融市场包括货币市场与资本市场，狭义的金融市场则仅指短期货币市场，而不涉及长期资本市场。

按照经营业务的种类来划分，金融市场还包括资金市场、外汇市场、保险市场、证券市场、黄金市场。金融市场虽是一种信用市场，但它所进行的存放借贷业务往往涉及多种外汇，又与证券、保险和黄金等的交易密切关联，所以，外汇市场、保险市场、证券市场、黄金市场等也都属于金融市场。

资本市场是指经营一年以上中长期资金借贷的金融市场，包括股票市场、债券市场、基金市场和中长期信贷市场等。资本市场融通的资金主要作为扩大再生产的资本使用，因此称为资本市场。作为资本市场重要组成部分的证券市场，具有通过发行股票和债券的形式吸收中长期资金的巨大能力，公开发行的股票和债券还可以在二级市场自由买卖和流通，具有很强的灵活性。

而货币市场是经营一年以内短期资金融通的金融市场，包括同业拆借市场、票据贴现市场、回购市场和短期信贷市场等。

资本市场与货币市场都是资金供求双方进行交易的场所，是经济体系中聚集、分配资金的“水库”和“分流站”。然而，两者的分工较明确，资金需求者通过资本市场筹集长期资金，通过货币市场筹集短期资金，国家经济部门则通过这两个市场来调控经济和金融活动。从历史上看，货币市场先于资本市场出现，货币市场是资本市场的基础，两者有时可以相互转化。当然，资本市场的风险要远远大于货币市场，这主要是因为中长期因素影响资金使用效果的不确定性增大、不确定性因素增多以及影响资本市场价格水平的因素较多。

资本市场和货币市场是我国社会主义市场经济的重要组成部分，统称为金融市场，受到政府的高度重视，发展速度很快，目前已初具规模。改革开放以来的实践证明，金融市场的建立和发展，对于优化资源配置、搞活资金融通、提高运作效率、筹措建设资金以及建立现代企业制度具有十分重要的现实意义。

第二节　金融市场细分

一、金融市场细分的含义

所谓市场细分，是指根据消费者不同的需求特点而将市场按不同的消费人群进行划分。每个需求相类似的消费人群即是一个细分市场，而整个市场经过市场细分后便形成若干细分市场。因此，市场细分是一种求同存异的市场分类方法，它不是对产品进行分类，而是对产品需求各异的消费者进行分类，是识别具有不同需求的购买者，并把他们进行归类的过程。市场细分是由美国营销学者温德尔·斯密于1956年提出的。市场细分这一理论的提出是第二次世界大战后市场营销思想的新发展，是企业在经营中贯彻市场导向这一营销观念的产物，它对市场营销理论的发展是一个重大突破。20世纪60年代以后，这一理论被金融界普遍接受和应用，从而出现了金融市场细分。

金融市场细分，是指金融企业把整个金融市场的客户按一种或若干种因素加以区分，使得区分后的客户需求在一个或若干个方面具有相同或相近的特征，以便企业相应地采取特定的营销战略来满足这些客户的需要，以顺利完成企业的经营目标。也就是说，企业经营者根据金融市场的某些细分变量（即与消费者需求相关的特征因素）把整个市场划分为若干个不同的子市场，以利于金融企业根据自身的资源和能力选择服务对象、确定目标经营市场的过程。一方面，由于金融市场细分是把金融市场划分为若干个客户市场，而无论是个人客户市场还是企业客户市场，客户对金融产品和服务的需求总是呈现出一定的差异性，即不同的细分市场表现出不同需求的客户群；另一方面，由于同类客户在居住环境、文化背景、年龄以及消费倾向上表现出对产品和服务需求的相似性，所以，金融市场细分不是细分金融产品和服务，而是细分客户，即在对客户需求差异性的细分中，把需求相近的客户群体划分为一个子市场。

二、金融市场细分的作用

金融市场细分是实施目标市场营销战略的前提。面对激烈的市场竞争，金融市场细分具有如下重要作用：

1.便于发现市场营销机会

市场营销机会是指金融市场上客观存在的未被满足或未被充分满足的消费需求。通过市场细分，根据竞争者的市场占有状况来分析市场未被充分满足的程度，或者根据市场上现有金融产品不能满足市场需求的情况，通过比较发现那些尚未获得满足或未被充分满足的需求，以寻找新的市场机会，并利用自身的条件开拓新的市场，夺取市场竞争优势。而市场竞争越激烈，市场的差异性（消费者需求的差异性）就是越重要的市场营销机会，因为竞争者总是会针对市场差异提供相应的金融产品与服务，使自己立于不败之地。市场细分正是金融企业通过区分这种差异性来发现市场营销机会的重要手段。

2.为制定营销组合战略提供依据

在金融营销过程中，为达到占领市场、增加盈利的目的，金融企业需要根据市场细分所提供的目标市场状况，对金融产品的质量、价格、服务、风险分担方式等进行相应的调整，而建立在调查研究基础上的市场细分则会对营销决策产生重要影响。可见，不同的细分市场对金融产品的需求存在着差异性，金融企业应针对特定的细分市场提供不同种类的金融产品，而对同一金融产品则采取灵活的产品定价、促销手段和分销渠道。

3.有利于发挥金融企业的竞争优势

由于金融企业在特定领域内具有某一方面优势，因而经市场细分后就应选择一个能充分发挥其自身优势的细分市场来满足其需求，做到企业内部资源的优化配置，通过最小的投入获取最大的产出。例如，美国乡村银行是一家规模很小的储蓄银行，早在1988年，乡村银行经过细致的市场细分研究后，着眼于中小型企业，集中精力满足该细分市场的抵押贷款需求，运用乡村银行良好的企业形象以及经营贷款业务的丰富经验，使得1989年的净收益比1988年增长了36%。可见，细分市场是企业为了扬长避短、充分发挥其自身优势，把自身经营条件与市场需求结合起来，使得金融营销工作能够集中力量、有的放矢，增强市场竞争能力的有效方式。

4.为金融新产品的开发提供线索

由于市场细分是建立在不同客户群体消费需求的异同分析基础之上的，因而市场细分可以为目标市场的新产品开发提供客户需求线索，为新产品营销奠定坚实基础。

总之，不同的细分市场对金融产品的需求差异很大，金融企业可以针对特定的细分市场提供不同种类的产品，采用不同的产品定价、促销手段和分销渠道。同时，市场细分还有助于金融企业发现新的金融需求，不断创新，以品种繁多的金融工具和服务满足客户需要。例如，汇丰银行目前排名世界第九，拥有3 150亿美元的资产和遍布全球的众多分支机构。该银行的最大利润增长点在亚洲，面对花旗银行等金融机构对亚洲市场的竞争压力，其对亚洲市场的潜力和前景进行了分析预测，并对亚洲客户进行了市场细分，以挖掘不同的市场需求。20世纪90年代，汇丰银行曾估计，除日本之外，亚洲人中约有4 800万人年收入超过3万美元，到1998年这一高收入市场的规模将达到6 900万人。为了占领这一细分市场，汇丰银行推出了一系列旨在吸引这部分客户的金融产品和服务，如专门开设一种ASSET VANTAGE账户，开户最低金额为26 000美元，为客户提供贵宾服务以及有关投资、互助基金、货币掉期等方面的理财建议和方案。这部分客户享有较高的储蓄利率和宽松的信贷限额，有专门的接线员负责电话储蓄服务。迄今为止，汇丰银行已成功拥有这类客户10多万人。

【营销视界】　汇丰银行的“环球金融，地方智慧”①

汇丰银行希望人们熟知它的品牌形象是“环球金融，地方智慧”（World's Local Bank）。这一口号反映出汇丰银行是一家全球性的本土化银行，它定位为全球性的金融机构，而将服务本土市场作为独特的差异化专注点。汇丰银行的前身是成立于1865年的香港上海汇丰银行有限公司，为不断增长的中英贸易提供金融服务。汇丰银行在全球79个国家和地区设有约9 500家分支机构，为逾1亿位顾客提供服务。截至2006年6月30日，集团总资产达17 380亿美元，是世界上最庞大的银行和金融服务机构之一。汇丰银行在《欧洲货币》（Euromoney）杂志每年对提供国际现金管理服务的金融机构进行的排名中高居榜首。该项排名调查了全球1 700家公司，汇丰银行在“全球现金管理银行”等8个大类中排名第一。汇丰银行同时在总共16个区域中的7个（包括北亚地区）排名中居第一。尽管业务遍布79个不同的国家，汇丰银行仍然努力在每一个地区保持本土化的意识和知识。汇丰银行的基本经营战略就是贴近顾客。正如其总裁约翰·邦德（John Bond）在2003年11月所说：“我们的‘环球金融，地方智慧’能够在每一个国家把本土化的知识与世界范围的操作平台独创性地结合起来。”

“环球金融，地方智慧”的广告活动描述了两种文化解读同一事物或事件的不同方式。其中一幅电视画面显示一个美国商人在日本与日本商业伙伴打高尔夫球时一杆进洞。之后，他惊讶地发现不像在美国的惯例是在俱乐部中请打球的伙伴们喝酒，按照日本的惯例，他必须为打球的伙伴们购买昂贵的礼品。广告显示，在日本打球时，日本的打球伙伴们都穿上了看起来很贵的新运动衣和手表。广告的结尾是美国商人在开球时瞄准了树丛，目标是不要让球弹跳后直接入洞。该广告活动对不同的地区采用了不同的广告，广告代理商认为“每个国家在原创想法上都有所不同”。

汇丰银行为不同的地区设计的不同营销方案证明了它的本土化能力。我们可以看一下汇丰银行在纽约市的本土化营销效果。2005年，为了向见惯了各种促销方式的纽约人证明这个以伦敦为基地的金融巨头是注重“环球金融，地方智慧”的，汇丰银行举办了一次“纽约市最博学的出租车司机”竞赛，获胜者可以在当年担任汇丰银行的全职司机。同时，汇丰银行的顾客也是赢家，每位持有汇丰银行卡、支票簿或银行对账单的顾客都能免费搭乘一次标有汇丰银行品牌的出租车。汇丰银行也进行了一次整合活动来凸显纽约人生活的多样性，广告活动出现在地铁、出租

① ORR D.New Ledger［J］. Forbes，2004，March 1：72-73；HSBC's Global Marketing Head Explains Review Decision［J］. Ad Week，2004，January 19.

车、公车站、电话亭、咖啡杯和时代广场的广告牌等不同的地方，也以印刷、广告和电视等不同方式开展。这次活动显示了汇丰银行的本土化能力。“为了使纽约人相信你是本土化的，你必须本土化运作。”Renegade营销集团首席执行官德鲁·尼萨（Drew Neisser）说道。

在中国香港，汇丰银行发起了另一项不同的运动。当2003年这个地区遭受“非典”沉重打击时，汇丰银行提出了一项旨在重振当地经济活力的计划。首先，对那些受“非典”影响最严重的行业（影院、酒店、旅馆和旅行社）的顾客，汇丰银行推出了“利息再投资方案”，减轻了客户的财务负担。其次，对使用汇丰银行卡购物和就餐的顾客，提供折扣和返利以刺激香港的商业，来推动受衰退影响的经济。有超过1 500家当地商家参加了这一促销活动。

除了本土化营销，汇丰银行还采取了补缺营销的方法，推出了独特的产品和服务。例如，汇丰银行发现一个鲜为人知的增长率达到125%的产品领域：宠物保险。2003年12月，汇丰银行宣布将通过汇丰保险代理处提供宠物保险，以确保这项服务能到达每个储户。在马来西亚，汇丰银行为没有得到服务的学生细分市场提供“智能卡”和不提供不必要服务的信用卡，并且为高端顾客提供独特的“超级中心”银行分支机构。

汇丰银行通过全球同一品牌和“环球金融，地方智慧”的口号，把它的全球业务成功地整合成一体，其目标是将它国际性的经营领域与它每一个开展业务的所在国家紧密联系起来。汇丰控股集团2006年上半年净利润从2005年同期的76亿美元增长到87.3亿美元；运营收入比2005年同期的297.9亿美元增长15%，达到343.3亿美元。公司每年花费6亿美元用于全球广告宣传，同时维系和使用尽可能少的广告代理商。代理商们通过提高汇丰银行在世界品牌价值榜的排名（2008年品牌价值131亿美元，排名27）来争夺这份协议，汇丰银行则采用“品牌战略测试”来决定谁将得到这份广告代理权。

三、金融市场细分的条件

金融企业对市场进行细分必须切合实际，并且要对金融营销工作有效。为此，金融市场细分应满足以下几个条件：

1. 可测量性：是指所细分的金融市场可以通过具体的量化指标反映其市场规模、购买潜力等，即各个细分市场的金融资产、需求大小和交易规模可以通过测量而被掌握。测量这些市场特征要素的具体数据则要通过市场调查、专业咨询等途径获取。

2. 可盈利性：是指细分市场应具有一定的规模性，其规模至少要足以让金融企业在开发和提供差别化服务后，除去新开发金融产品或服务项目的成本以及营销费用外，还能有一定的盈利。因此，金融市场不能划分过细，而必须要有足够的交易业务量，以确保企业基本的盈利水平。

3. 可成长性：是指细分市场在今后若干年内具有较好的发展空间，市场规模会不断扩大，市场容量会稳步增长，并且可以衍生出其他金融产品。因此，细分市场的开发前提为，一是该细分市场近阶段的规模与容量，二是该细分市场未来的规模与容量。例如，在大学生助学贷款这一新的贷款品种投放市场初期，贷款客户并不太多，但随着人们教育消费观念的转变，教育产业化的普及，正有更多的人成为它的客户。

4.可进入性：是指金融企业有能力向某一细分市场提供其所需的金融产品与服务，即该细分市场的开发易于操作、便于实施。有些细分市场的开发尽管在理论上可行，但在实践中却难以操作，金融企业无法为其提供差别化服务，因而这种金融市场细分就没有现实意义。

四、金融市场细分的方法

金融企业只有根据客户不同的需求偏好、消费习惯、消费水平及其所处的地理环境、活动空间等来深入探讨和划分其需求特性，才能制定切实可行的营销战略，采取富有成效的营销手段。可见，市场细分是一项具体细致的工作，需要金融企业在大量调查研究的基础上，对市场特征、客户需求等因素做全面的分析，并结合市场竞争状况以及企业资源优势等进行综合判断。

（一）市场细分变量

如何进行市场细分呢？通常是首先找到构成市场差异的细分变量，然后根据这些变量来划分细分市场的不同类型。市场细分变量有很多，主要有以下四种：

1.人口变量：即按照性别、种族、社会阶层、宗教信仰、受教育程度、收入、年龄、职业、民族、文化背景等因素划分市场。

2.地理变量：由于不同国家和地区的消费观念不同，人们对产品价格、促销手段和分销渠道会有不同的偏好，因而可以依据地理因素对整个市场进行细分，诸如地区、城市、农村、气候、交通等。

3.心理变量：即根据个人的生活理念，诸如对待人生、工作、家庭以及自身的态度来划分市场，具体包括生活方式、个性等。

4.行为变量：主要指行为的倾向性，如注重时机、注重获益、注重质量、注重风险、使用状况、使用频率、品牌忠诚度、对产品的态度等。

（二）市场偏好类型

客户对于金融产品的偏好会在总体上呈现出不同的特征，通常市场偏好的类型包括以下三种：

1.同质型偏好。某一市场中所有消费者的偏好大体相同，而现有的各种品牌没有多大差异，因此没有市场细分的必要。

2.扩散型偏好。消费者的偏好没有集中趋势，呈广泛的离散分布，表明消费者对产品需求存在着很大差异，这时企业的最佳策略是不偏不倚地居中经营，以使该细分市场客户的不满意程度总和最小。由于新进入市场的品牌可能会在位置上接近原有品牌，从而引发大规模竞争，因而新进入者可以把产品定位于某个市场空隙，以吸引对原有品牌不满意的客户。

3.集群型偏好。消费者的偏好出现若干个比较集中的群落，这正体现了市场细分的效果。第一个进入该市场的企业可以有三种战略选择：

（1）把产品定位于市场中心，实行无差异营销。

（2）把产品定位于最大的细分市场，实行针对目标市场的集中营销。

（3）推出多种品牌以满足不同细分市场的需要，实行差异性营销。

在市场竞争激烈的情况下，第一种战略最容易招致竞争者的攻击，因而风险最大。

五、金融市场细分的标准

为了满足客户需求，金融企业需要对市场进行细分。由于市场类型不同，市场细分的标准也不同。从现代市场营销管理理论出发，在金融市场上按客户类别细分市场是最基本的做法。对金融企业而言，其客户可以分为两大类，即个人客户与企业客户。由于市场细分的标准是对整个市场进行细分的依据，而影响客户需求差异性的因素众多，因此不同客户市场细分的标准各有不同。

（一）个人客户市场细分

个人客户是金融企业销售金融产品和零售业务的主要对象，满足个人客户的需求对于客户市场的开拓是极为有利的。然而，影响个人客户需求差异性的因素错综复杂，在不同时期、不同区域、不同社会经济环境下，区分的标准不尽相同，但就其共性而言，人口因素、地理因素、心理因素和行为因素为主要变量，是个人客户市场细分的重要依据，如表4-1所示。

表4-1 **个人客户市场细分标准**

细分变量	特点	具体因素
人口因素	相对稳定	年龄、性别、家庭人数、职业、收入、受教育程度、社会阶层、种族、宗教
地理因素	相对静态	区域、气候、人口密度、城市规模、交通及通信状况
心理因素	相对动态	外向与内向、独立与依赖、乐观与悲观、保守与冒险
行为因素	复杂多变	对金融产品的认知程度不同，有不同的利益追求 对金融品牌的忠诚度不同，坚定或不坚定、经常变化 对金融产品的使用频率不同，分高、中、低 对产品价格的态度不同，分高度重视、一般、无所谓 对服务质量的敏感度不同，分高度重视、一般、无所谓

1. 人口因素

按人口因素细分个人客户是指根据人口统计变量，以客户的年龄、性别、收入、职业、受教育程度、社会阶层、种族、宗教等为标准，将个人客户划分为不同的细分市场。人口因素是区分个人客户最常用的标准。

（1）按年龄细分

①18岁以下客户群。这部分客户在经济上不能独立，完全依赖父母，虽然他们还不能成为大部分金融产品的客户，但是金融企业应视他们为潜在客户，在营销过程中有意识地引导和培养他们对金融的认同感与亲近感，使他们在成年后选择金融企业时具有较强的指向性。

②18~23岁客户群。这部分客户受过较好的学校教育，文化程度比其他客户群要高，思想活跃，容易接受新生事物，具有现代消费观念，因而是信用卡业务、网上银行业务以及个人消费信贷业务的准客户。

③24~28岁客户群。这部分客户已经参加工作或已工作若干年，具有一定的社会阅历，已结婚或将要结婚，因而是银行储蓄、个人消费信贷的主要客户群。

④29~45岁客户群。这部分客户肩负着养育子女的重任，事业上已有一定发展，对各种金融产品都有一定的需要，如信用卡、储蓄、个人理财和消费信贷等。该客户群是金融企业开拓单位客户的中介之一。

⑤46岁~退休前客户群。这部分客户会为子女深造而借贷助学贷款，也会因支付巨额医疗费用而借贷，并已开始为晚年生活做准备，较以前更注重积蓄，更关注购买的金融产品所能带来的经济利益。

⑥退休后客户群。这部分客户根据其财富和健康状况，对金融产品的需求表现为两个极端：要么对金融产品的选择很挑剔；要么对金融产品的选择较随便。该客户群很注重金融企业的服务质量，尤其是临柜人员的服务态度，一旦其接受某个金融企业的服务，会长期稳定，忠诚度较高。

（2）按职业细分

①公务员客户群。在政府机关供职，有较稳定的经济收入，对金融企业及其产品和服务的选择较为严谨细致，不太喜欢冒险，有较多的出差机会，是信用卡消费的主要客户群。

②自由职业客户群。该客户群主要包括教师、律师、会计师、医生、编辑、记者等，一般具有较高的文化修养，对企业形象和信誉较为关注，能理智地选择金融企业及其所提供的金融产品，尤其注重金融产品的文化品位，较其他客户群更具有广泛的传播力。

③企业管理人员客户群。该客户群的经济收入较企业生产人员要高，工作的流

动性大，阅历较为丰富，对各类金融产品的需求量大，易于接受新的金融产品，并能产生新的金融需求，金融企业应重视该客户群。

④企业生产人员客户群。该客户群较为庞大，并以从事体力劳动为主，从众心理较强，易受暗示，有针对性的营销广告对他们选择金融企业以及金融产品具有较好的引导作用。

⑤私营业主客户群。该客户群的人数逐年增加，对信用卡、个人支票、个人理财、结算业务、小额抵押贷款等金融产品的需求量较大，并且是储蓄存款的优质客户。

（3）按社会阶层细分

①富裕阶层客户群。该客户群主要是指具有较高经济收入和较多个人财产的社会成员集合。该阶层人数占社会总人数的比重较小，但其所拥有的财富却占社会总财富较大的比重。根据20世纪90年代的一项统计数字，截至1999年8月31日，仅占我国存款人数10%的富裕阶层存款人，其储蓄存款额就已经占储蓄总额的66%。今天，这一数字更加攀升到惊人的程度，该社会阶层成为各金融企业争夺最为激烈的客户群。

②工薪阶层客户群。该客户群主要是指以工资收入作为主要经济来源的社会成员集合。这个阶层较为庞大，其成员一般都有稳定的工资收入，收入略大于支出，其经济状况介于温饱与小康之间，而大部分成员都会将自己的积蓄存入银行。该社会阶层是个人消费信贷的主要客户群。

③贫困阶层客户群。该客户群主要是指缺乏稳定的经济来源、生活状况较差的社会成员集合。这个阶层在农村和老少边贫地区占较大比重。

2.地理因素

按地理因素细分个人客户市场是指按客户所处的地理位置来划分市场，从而将客户区分为不同地理区域的客户群。金融企业按照地理因素细分市场时需要注意市场密度，市场密度是指某个细分市场购买潜力的大小。如果市场密度高，则该细分市场购买潜力大；如果市场密度低，则该细分市场购买潜力小，即市场密度与市场购买潜力成正比。市场购买潜力与细分市场总人口中具有购买需求和购买能力的人数有关，而有购买能力的市场需求才是有效市场需求。细分市场的有效需求越大，则该市场越具有吸引力，开发该市场获取盈利的可能性也就越大。

（1）按国别细分为国内客户群与国外客户群。这两类客户群对金融服务的需求有所不同，其需求分别为本币化金融产品与外币化金融产品；金融企业为其提供服务的方式与手段也有所差异，尤其是交流语言、金融产品载体上的文字以及办理有关业务所要履行的手续等。

（2）按地理密度细分为城市客户群、市郊客户群与农村客户群。不同的客户群对金融服务的需求各有不同。城市客户群需要多元化的金融产品和服务，由于经营网点在城市中比比皆是，因而客户在对金融企业的选择中较为关注金融产品的价格（利息率）、特色服务以及优质服务的程度。市郊客户群和农村客户群对金融产品和服务的需求比较单一，其选择主要是出于便利考虑，并对个人理财较为关注。

（3）按地理位置细分为沿海客户群、内地客户群与边疆少数民族地区客户群。研究发现，个人客户金融意识的强弱是由东至西呈递减态势；而个人客户对金融产品的选择和金融服务的要求，则是由西向东呈递增态势。

3.心理因素

按心理因素细分个人客户市场是指按客户的个性特点和生活方式等因素将客户划分为不同的细分市场。

（1）按个性特点细分为保守型客户群与冒险型客户群。个性是指个体特有的心理特征，它导致一个人对其所处环境或所面对的事物保持相对一致和连续不断的反应。保守型客户在购买时总是选择相对安全可靠、风险较小的金融产品，其积蓄大多会存入银行，而不愿投资于收益高、风险大的证券品种，其投资原则为“安全第一，收益第二”。而冒险型客户则较为关注新的金融产品和服务，尤其是关注自己的收益前景。

（2）按生活方式细分为时尚型客户群与实惠型客户群。时尚型客户思维活跃，不肯安于现状，容易接受新生事物。这一客户群对新的金融产品比较感兴趣，容易接受新的金融产品和金融服务，他们往往对形式的重视甚于内容。而实惠型客户则不关注金融产品的外在形式，而是更看重金融产品或金融服务的购买价格与未来收益，注重金融消费行为所能带来的经济利益。

4.行为因素

按行为因素细分个人客户市场是指依据客户对特定金融产品和服务的目的、态度以及对金融产品与服务的使用程度等，将个人客户划分成不同的细分市场。

（1）按行为目的细分为利益型客户群、方便型客户群、安全型客户群与身份型客户群。一般而言，利益型客户较看重金融产品所能带来的实际收益，诸如利息率的高低或者有无赠品等是这类客户选择金融产品的主要动机。方便型客户在购买金融产品时很看重服务态度和质量，即是否快捷方便很重要。安全型客户在购买金融产品时通常选择信誉好、实力强且经营稳健的金融企业，以减少潜在风险，确保其金融资产的安全。身份型客户则会通过购买巨额寿险以显示其身份和地位。

（2）按忠诚度细分为忠实型客户群、不坚定型客户群与变化型客户群。忠实型客户会很信任某一或若干金融品牌，对该金融企业所做的营销宣传、形象塑造以及营业网点的临柜人员具有较强的认同感和亲近感，一般不会“喜新厌旧”。不坚定型客户对于自己熟悉的金融企业有一定的感情，但当该金融企业出现困难并且面临其他利益诱惑时，其态度会动摇。变化型客户没有长期信任的金融企业，经常会受利益（提高利息或赠送礼品）诱惑和新产品的吸引，态度变化不定。

（3）按使用程度细分为低度使用型客户群、中度使用型客户群与高度使用型客户群。使用程度是指客户在一定时期内对某种金融产品的使用频率。例如，许多客户很少使用信用卡，除了代领工资、缴纳相关费用外，极少持卡购物消费，信用卡成了“睡眠卡”；相反，有的客户则习惯用信用卡购物消费。

（4）按购买频率细分为少量购买型客户群、中量购买型客户群与大量购买型客户群。

（5）按购买状况细分为潜在购买型客户群、首次购买型客户群与经常购买型客户群。此细分的目的在于实施不同的营销策略以维护经常购买者，变潜在购买者为首次购买者，变首次购买者为经常购买者。

总之，个人客户需求的差异性往往是以上诸多因素综合影响、作用的结果，因此，在个人客户市场细分时应采取综合分析方法，对人口、地理、心理、行为因素进行综合分析后，将个人客户细分为不同的客户群。各细分市场对金融产品的不同需求如表4-2所示。

表4-2　**各细分市场对金融产品的不同需求**

细分市场	年龄	生活方式	对金融产品的需求
未成年人	18岁以下	主要依靠父母资助，经济来源非常有限	· 简便的储蓄账户
青年人	18～23岁	接受高等教育或离开学校开始工作，收入水平较低	· 现金传递业务 · 旅行贷款 · 透支或信贷 · 简便的储蓄账户
年轻夫妇	24～28岁	已结婚，双方都有工资收入，生活稳定，为家庭各项开支制订计划，准备积蓄	· 共同基金 · 保险 · 预算贷款 · 旅行贷款 · 储蓄账户 · 消费信贷
有子女家庭	29～45岁	工资收入不断增加，已有子女或子女已长大成人，购买耐用品、住房和高价消费品	· 共同基金 · 抵押和住房贷款 · 为子女受教育准备长期储蓄 · 保险 · 消费贷款 · 为子女设立储蓄账户
中老年人	46岁～退休前	工资收入高，个人可支配收入增加	· 储蓄和投资 · 非经常性贷款 · 重置抵押或更换住房贷款 · 财务、投资咨询服务
退休老人	退休后	有可观的银行储蓄和稳定的养老金收入	· 现金收入管理 · 信托服务 · 财务咨询

（二）单位客户市场细分

单位客户是金融企业所服务的企事业单位、政府机关、社会团体等的总称。单位客户是金融企业批发金融产品和批发金融业务的主要对象。就我国金融企业的现状而言，信贷业务、中间业务的主要客户为单位客户，其业务量占九成之多；而单位客户的存款对金融企业而言，其筹资成本较储蓄成本要低，因而优良的单位客户已成为金融企业竞相追逐的对象，市场竞争进入白热化状态。可见，重视单位客户市场细分的研究，为其提供所需要的特色服务，是维系单位客户、建立良好关系的基础。单位客户市场细分一般可以从以下几方面着手：

1.按单位性质细分

按单位性质可以细分为企业单位客户群、事业单位客户群与中介单位客户群。

企业单位客户群既是金融产品和金融服务的最大需求者，也是金融企业盈利收入的主要来源。然而，由于我国传统计划经济体制所形成的许多弊端，诸如产业结构不合理、历史包袱沉重等原因，一方面企业单位迫切需要信贷资金，另一方面金融企业因不良信贷资产剧增而惜贷倾向日益显著。相对于企业单位客户群而言，事业单位客户群近年来受到金融企业青睐，其主要原因在于：一是事业单位暂时闲置的预算内资金和预算外收入已成为金融企业对公存款的主要来源；二是事业单位的贷款资产质量较好；三是事业单位委托金融企业代收代缴各种费用的中间业务近几年来发展较快。中介单位是介于事业单位和企业单位之间的一种新型的社会组织，它既具有企业单位独立核算、自负盈亏的经营性质，能为社会各界提供有偿的中介服务，又行使着事业单位的部分职能，诸如会计师事务所、审计事务所等。中介单位客户群有着非常良好的发展前景，并已显露出较好的经济效益。金融企业应该重视这一客户群的发展，了解该客户群的金融市场需求，为其提供相宜的金融产品和金融服务。

2.按企业规模细分

按企业规模可细分为小型企业客户群、中型企业客户群与大型企业客户群。

企业的规模指标包括企业年度营业额或总产值、固定资产总值、资本总额、职工人数、资产规模等，根据这些具体指标中的一个或若干个可将企业客户划分为若干个客户群。在我国，一些金融企业则将目标市场主要定位于大中型企业，而很少顾及小型企业。例如，对于大中型企业，商业银行在资金等方面经常给予倾斜，其所受的政府行政干预也比较多，而现在许多商业银行的贷款本息拖欠大户又往往是大中型企业，并且占了较大比重。事实上，小型企业更具优势，原因有三：一是它们对市场反应灵敏，适应能力强；二是盘活时启动资金投入少；三是容易为其他企业所兼并，银行易于清盘。此外，有些小型企业在发展过程中介入市场的行为较为规范，较注重无形资产的积累，并且历史包袱也较轻。表4–3显示了英国对其国内企业以年营业额为标准进行的市场细分，以及这些企业对金融产品和服务的不同需求。

表4–3　　**英国企业客户细分市场及其对金融产品和服务的需求**

企业客户细分市场	对金融产品和服务的需求
小型企业： 年营业额在50万英镑以下的服务业、零售业、制造业、农业	· 个人金融服务 · 开业贷款（包括小企业贷款担保） · 租赁信贷 · 高级管理人员保险 · 银行现金传递业务
中型企业： 年营业额在50万～500万英镑的服务业、零售业、制造业、农业	· 结算支付服务 · 代理业务或贷款保险 · 为员工支出费用所使用的信用卡 · 租赁信贷 · 长期资金贷款
大型企业： 年营业额在500万英镑以上的服务业、零售业、制造业、农业	· 结算支付服务 · 股权融资 · 企业咨询服务 · 信用卡 · 进出口服务 · 长期资金贷款

3.按产业因素细分

按产业因素可细分为第一产业客户群、第二产业客户群与第三产业客户群。根据不同产业的特点，我们可以将产业划分为第一产业、第二产业、第三产业。第一产业与第二产业以生产制造各种实物产品为主，前者生产农副产品，后者制造工业产品。这两大产业的企业客户群正呈现逐年下降态势。而第三产业是以提供各种服务为主，因此又被称为服务业。第三产业的企业客户群近几年呈现快速增长态势，尤其是知识密集型的第三产业，表现尤为突出。

各产业可以进一步细分为具体的行业。首先，按行业生命周期将不同的行业划分为朝阳行业与夕阳行业。朝阳行业的资金需求量大、产品需求量大、盈利能力强，需要金融企业提供便利快捷的资金周转服务；夕阳行业的产品需求市场潜力小、盈利前景不乐观，需要金融企业提供大量资金以帮助其实现转产。其次，在朝阳行业中，还可将企业细分为进取型企业和稳健型企业。这两种企业对于金融产品和服务也有不同的要求，前者对金融资金需求量大，后者对金融资金需求量相对较小。

4.按经营范围细分

按经营范围可细分为内贸企业客户群与外贸企业客户群。内贸企业主要是指所生产的产品主要在国内销售，其经营范围局限于国内。内贸企业客户群对金融企业的主要需求是国内结算业务。外贸企业主要从事进出口贸易，其生产与经营的产品主要销往国外，外贸企业对金融产品和服务的需求较内贸企业更为多元化，诸如国际信贷、融资租赁、信用证结算、银行保函、信息咨询等业务。这一客户群对金融产品和服务的要求较内贸企业客户群要高，参见表4-4。

表4-4　**按经营范围细分市场状况表**

客户群	主要状况	现实需求	潜在需求
小型内贸企业	年产值或年营业额在500万元以下的小型制造修理厂；服务零售业；街道、乡村、个体经营企业	1.存款及存款组合 2.担保贷款、抵押贷款等 3.国内结算业务、保管箱业务、信托业务、单位信用卡业务 4.公司理财、代理业务 5.代理企业财务	1.自动金库 2.电子银行 3.财务监管 4.信息咨询
中型内贸企业	年产值或年营业额在500万至1亿元之间的中型制造厂、商厦、宾馆、民营企业、三资企业	1.存款及存款组合 2.国内贷款、国际贷款 3.国内结算业务、国际结算业务、信托业务、租赁业务、信用卡业务 4.公司理财、代理业务、代理外汇买卖	1.电子银行 2.投资策划与论证 3.国际市场调查 4.财务咨询 5.投资银行业务
大型内贸企业	年产值或年营业额在1亿元以上的大型工厂、商厦、宾馆、民营企业集团、三资企业集团、大型连锁超市等	1.存款及存款组合 2.国内贷款、国际贷款、国内融资、国际融资、代理股票上市 3.信托业务、租赁业务、代理公司理财、信用卡业务 4.银行担保	1.投资银行业务 2.企业银行 3.代理资产经营 4.被兼并企业清盘 5.电子银行 6.国外信息咨询
外贸企业	从事进出口贸易，生产经营的产品主要销往国外，主要包括外资企业、合资合作企业等	1.国内存款，并通过国内银行海外分支机构取得当地货币的储蓄账户、保付支票等 2.进出口信贷、融资租赁、票据贴现 3.信用证结算、托收票据等 4.货币兑换、外汇买卖 5.国外担保、银行保函、国外信托业务	1.国外票据贴现 2.资金调查报告 3.国际银行支票 4.国外信息咨询 5.表外业务

第三节 金融市场定位

一、金融市场定位的基本含义

金融企业一旦选择了目标市场，就要研究如何在目标市场上进行金融产品和服务的定位。所谓定位，是指企业根据竞争者的产品和服务在市场上所处的地位以及客户对于该种产品的重视与偏好程度，确定自己在目标市场上适当的营销方略。金融市场定位包括金融产品定位和金融企业形象定位。金融产品定位是指根据客户的需要以及客户对于金融产品某种属性的重视程度，设计出有别于竞争对手的具有鲜明个性的金融产品，从而使金融产品能在客户的心目中确立一个适当的位置。金融产品的属性，有的可以从客户心理上折射出来，如追求气派、讲究实惠、推崇时尚、显示身份等；有的可以体现在金融产品的价格水平上，如高价、低价等；有的表现为金融产品的质量优劣，如优良服务、态度友好等。例如，花旗银行面对日本政府较严格的金融管制，以“全方位、高质量”的金融产品定位于日本政府客户市场，其具体做法是：组建客户服务集团以向客户推介最新的金融产品与服务项目；允许客户以电话方式建立账户等。金融企业形象定位是指通过设计和塑造金融企业的经营理念、企业标志、产品商标、企业专用字体、标准色、企业建筑外观、象征图案、户外广告、陈列展示等途径，在金融客户心目中留下与众不同、特色鲜明的良好印象，以引起客户的广泛重视和接受。金融市场定位的本质内涵，是金融企业在客户重视的众多方面选择一个或若干个为客户所广泛重视的特性，并使自己具备这些特性以满足客户的需要。恰当的市场定位不仅会使金融产品为更多的客户所接受和认同，而且能使金融企业充分利用自身的优势资源，攻击竞争对手的弱点和不足，以确保自身在金融市场中的竞争优势。

可见，金融市场定位是金融企业根据其所选择的目标市场特点、客户需求特征以及市场竞争状况，确定所要提供的产品类型、价格、促销方式等，力求在广大客户心目中为自己的产品和企业树立起某种特定形象。而企业只有确立了自身的市场定位，才能推出营销组合，即市场定位是营销组合战略的实施前提。例如，如果某银行将自己定位为国际性商业银行，那么其金融产品的质量必须要高，并要有广泛的海外分支机构以及代理行网络作为分销渠道，金融产品与服务的价格也可以相对偏高一些。又如，瑞士的部分银行由于把世界级富翁列为目标客户，因而自身就定位为资信最佳、服务最好、大胆创新的跨国金融服务企业，具体做法是通过提供投资管理、税收咨询、保险、信用卡等金融业务以及加强广告宣传和公关促销活动，树立银行形象，提高企业的知名度和美誉度。

【营销视界】　银行业终止“免费午餐”的背后

银行通存通兑业务已在全国范围内开通，这意味着消费者手持任何一家银行的银行卡或存折，即可在全国任一地点的银行网点办理存取款、转账以及查询业务，从而建立起了资金跨行清算渠道。尽管银行这一举措为广大消费者跨行存取款提供了极大的便利，但是却遭到了市场冷遇。究其原因，虽然各行所公布的跨行存取款手续费不尽相同，但是对消费者而言则意味着银行业终止了以往的“免费午餐”，进入了有偿服务的新阶段。

近年来各银行纷纷出台收费服务项目，诸如小额账户费、借记卡年费、清点零钞费以及银行卡ATM跨行查询费等。一时间，银行业终止“免费午餐”现象成为社会舆论关注的焦点。这些收费服务项目的推出充分反映了银行业通过有偿收费方式努力提升自身服务水平的尝试与渴望，然而市场反应的冷淡却说明广大消费者对此并不认可，认为银行收费与其服务水准无关。一边是银行努力与国际接轨，通过提供有偿服务表达其提升服务水平的良好意愿；另一边则是市场的冷遇以及消费者对银行服务质量的质疑。双方在银行服务收费问题上的观点交锋，充分反映出我国银行业与广大消费者对于金融营销截然不同的利益诉求，也正是双方利益诉求的严重错位导致了金融营销在中国发展的步履维艰。一方面是对经营成本不断攀升的无奈，另一方则是对服务质量低下的怨言，而收费服务举措的推出则成为双方矛盾激化的导火索。所谓营销，其表面形式虽是提供产品和获取利益，但是深层含义是满足需求、扩大市场。消费者在付出货币代价的同时是其对产品心理预期的提高，因此，如果银行业在终止“免费午餐”的同时，没有在原有基础上提升相应的服务质量，其结果必然是消费者满意度的下降。因此，如果仅仅是简单化的银行有偿服务，其形式上虽然从免费服务时代步入了金融营销时代，但其实质却是消费者满意度的降低，违背了金融营销的真正理念。

当前，银行业面临着市场化改革的巨大压力，而通过上市融资推动股份制改革则被视为银行发展的有效路径之一，但境外上市的一个前提条件是必须达到《巴塞尔协议》规定的8%的银行自有资本金充足率水平。于是，对以往免费的银行中间业务项目实施收费就成为银行决策者的重要选项。其理由是，有关法规（如《商业银行服务价格管理办法》等）为银行收费提供了相关依据，而且收费也符合国际惯例。但我们应该看到，中外银行在盈利模式方面存在着质的差异。利率存贷差是国有银行利润收益的主要来源，如果忽视广大消费者为利差所支付的成本而单方面谈论银行服务收费，显然有失公允。可以预见，随着外资银行经营人民币业务政策限制的进一步放开，消费者对国有银行的“用脚投票”效应将会进一步体现。因此，如果国有银行在收费问题上与国际接轨，采用“国际标准”，而在服务水平上停滞不前，采用“国内标准”的话，那么他们无疑是在把广大的客户往门外推。

可见，如果银行业开展金融营销过于急功近利，那就注定了金融营销在中国生存环境的先天不足，同时，这也意味着只有当营销观念由被动引入转变为银行的主动选择时，金融营销在中国的发展才能真正走出崎岖。

我国银行业由于长期处于行业垄断地位，加之封闭的政策环境，因而形成了“皇帝女儿不愁嫁”的自我中心的经营心态，导致了权益天平在银行与消费者之间的失衡，而计划经济的习惯性思维更加剧了这种失衡，严重扭曲了正常的金融消费关系。这充分表现在银行对于金融消费者的合法权益以及其市场主体地位的长期漠视。

事实上，当你获得了申请的贷款，或者购买了一个基金产品，那么不管金额大小、数量多少，你已经在进行金融消费了。然而，银行业在描述金融服务对象时，很少提出“消费者”的概念，即使是在金融报刊上，对此也鲜有涉及，似乎所服务的对象不是消费者。依照我国现行立法及国际惯例来看，所谓消费者是指为生活需要而购买、使用商品或接受服务的个人或单位。既然金融客户所接受的是商业银行提供的各类金融服务，那么，他们当然就是不折不扣的消费者，并享有金融消费者应有的七种权利，分别包括金融信息知情权、金融消费选择权、金融公平交易权、金融资产保密权、金融消费求助权、金融消费赔偿权以及金融服务享受权。金融消费者的合法权益以及市场主体地位之所以长期遭到漠视，其原因在于银行业的官商意识尚未完全摆脱，市场化进程尚未完全到位。与此同时，金融消费者由于长期享受免费金融服务，因而淡化甚至放弃了自己作为消费者的自我维权意识，对金融服务中存在的问题与不足未能及时纠正与制衡，导致权益天平在银行与消费者之间的严重失衡。

银行漠视消费者权益以及消费者忽视自身权益的现象并存，正是计划经济环境下银行与顾客之间消费关系的生动写照。伴随着国内金融业对外资的逐步开放，国有银行应秉承持续经营、科学发展的新理念，积极倡导和谐消费的商业氛围，为金融消费关系进行重新定位。也只有真正从顾客满意的新视角出发，努力探寻彼此利益的共同点，双方才能顺利度过磨合期，进入和谐双赢的消费新境界。

二、金融市场定位的原则与方法

（一）金融市场定位的基本原则

金融市场定位是建立在对市场需求差异分析的基础之上的，为了确保金融企业的经营成功，应遵循金融市场定位的七项基本原则：

（1）重要性，即市场需求差异能够体现，并能给足够数量的客户提供重要利益。

（2）显著性，即企业提供的产品与服务独特，与竞争企业有显著不同。

（3）优越性，即企业提供的产品与服务比其他方式更具有优越性。

（4）易沟通性，即企业提供的产品与服务易于为消费者所了解。

（5）独占性，即企业提供的产品与服务难以被竞争对手模仿。

（6）支付性，即客户具有支付能力。

（7）盈利性，即企业可以从市场定位中获取足够的利益。

为了在经营中体现市场需求的差异性，金融市场定位可以从多项指标入手，具体包括：

（1）属性定位，即以企业或市场的某些属性确立自身定位，如经营规模、历史、范围和信誉等。

（2）产品功能定位，即强调产品作用与功能的差异。

（3）质量价格定位，即体现优质高价或优质低价特性等。

金融企业在目标市场中适当的定位，不仅会使金融产品和服务为更多的客户所接受和认同，而且能使金融企业充分利用自身的资源，针对竞争者的不足，做到扬长避短，在市场竞争中保持优势。

例如，美国大通曼哈顿银行（Chase Manhattan Corporation）在20世纪60年代是纽约最大的银行，也是世界著名的大银行之一。进入70年代，该银行不顾其资源能力的限制，大量增加新的业务品种，开辟新的业务领域，不断扩大目标市场，致使企业管理松懈、效率下降。1990年，银行业务滑入谷底，当年亏损达3亿美元。自90年代开始，该银行改变经营方略，精简目标市场，淘汰了多种业务，结束了其在欧洲的零售银行业务以及在英国的抵押融资与信用卡业务，并放弃了商业租赁与退休基金管理业务，因为管理层认为这些业务的竞争对手太强。经过四年调整，该银行把业务范围和目标市场集中在以下三个层面：（1）零售银行以美国东北部各州为目标市场；（2）消费性金融业务以全美各州为市场空间；（3）国际金融业务则以大公司为服务对象。实施上述经营方略后，1992年该银行盈利6.3亿美元，1993年盈利9.6亿美元，增长了50%以上。之后，大通曼哈顿银行又从以传统存贷款业务为主转向了以提供金融服务为主，逐步收购了一些遍布全美各州的其他金融机构，从而形成了一个可在全国范围内提供金融服务的营销网络。到1995年8月，大通曼哈顿银行与纽约化学银行合并，总资产高达2 970亿美元，成为当时美国最大的商业银行。

（二）金融市场定位的主要方法

金融市场定位的主要方法如下：

1.避强定位，即避开强有力的竞争对手，选择新的金融产品和新的企业形象定位。这一方法的市场风险小而成功率较高。该方法要求：（1）市场足够大，以确保企业的运作与盈利；（2）产品具有可供性，即企业能够提供市场所需求的金融产品。

2.迎强定位，即与市场上占据支配地位的竞争对手进行直接竞争。该定位方法具有一定风险，但若成功则会获得显著的竞争优势。其通常要求：（1）本企业提供更优的金融产品；（2）有充足的市场潜量；（3）本企业的资源和经营能力足以支持全面竞争。

3.重新定位，即对不受客户欢迎、市场反应较差的金融产品和服务进行重新调整。

三、金融市场定位的层次与程序

（一）金融市场定位的基本层次

金融企业的市场定位根据其内容和阶段可以分为不同的层次，现以保险公司为例进行说明。

1.行业定位，即从社会若干行业中选择本企业准备从事的行业，如保险业。

2.组织定位，即将企业组织视为一个整体进行定位，也就是建立一个什么样的保险公司，如主要从事非寿险业务的保险公司或主要从事财险业务的保险公司等。

3.形象定位，即对企业在社会上的具体形象进行设计，如行业内规模最大、服务质量最高的财产保险企业。

4.目标客户定位，即对目标服务对象进行选择，如以各类企业为目标客户。

5.产品组合定位，即确定企业所经营的产品组合内容，如各类财产险、责任险、担保险、农业险、信用险等。

6.个别定位，即具体的产品品种与品目定位，如财产险准备提供火灾险、企业财产险、机器损坏险、营业中断险、工程险、货物运输险等，而责任险准备提供产品责任险、公共责任险等。

（二）金融市场定位的主要程序

金融市场定位的程序步骤依次为：

1.细分市场评价，即在市场细分的基础上，对细分市场剖面进行评价。

2.目标市场选择，即从细分市场剖面中选择一组重要性好、显著性高、独占性优以及盈利性佳的细分市场作为企业经营的目标市场。

3.企业形象定位，即主要确立企业形象。

4.金融产品定位，即根据目标市场的客户需求特征以及产品的属性特点，确定所提供的金融产品类型和产品组合，具体包括产品的属性定位、功能定位、档次定位、组合定位等。

5.市场竞争定位，即依据市场竞争状况来确定本企业的竞争地位和竞争战略。

6.营销组合定位，即确定金融营销的变量组合，如产品价格、服务品牌、分销网点、促销方式等。

四、我国商业银行的市场定位分析

我国金融市场尚处于初级阶段，市场规模、产品类型、技术手段与西方发达国家相比有一定差距，因此，我国商业银行的市场定位比较简单，大体可分为以下三种类型：

1.领导型商业银行，指在金融市场中占据主导地位的国有商业银行。它们被公认为是市场的领导者，占有较大的市场份额，并控制和影响着其他商业银行的金融行为。其在多方面体现出市场领导者的形象和地位，如资产规模大、经营品种多、金融产品迅速创新以及机构网点分布广泛等，我国四大国有银行——中国工商银行、中国农业银行、中国银行、中国建设银行等均属于此列。例如，中国银行在国际金融界知名度很高、信誉颇佳，曾被评选为AAA级银行，并且在英国《银行家》杂志对全球1 000家大银行的排名中每次均名列前茅。“中国银行”这一品牌的市场地位还表现在筹资成本低，其开具的信用证、保函被接受的比率高，其他银行的产品常被要求由中国银行证实或加保兑等。

2.追随型商业银行。中信银行、上海浦东发展银行等区域性银行可归入此列。这类商业银行处于市场追随者地位，一般拥有中等资产规模，分支机构数量不多，尚无实力与领导型商业银行竞争。由于金融产品与一般商品相比，更易于模仿，因而领导型大银行所运用的营销手法，如降低手续费、采用先进设备以及扩大营销费用支出等，极易为追随型银行所效仿。

3.补缺型商业银行。北京银行、上海银行等一些地方性商业银行可列入此类。处于市场补缺者地位的商业银行一般资产规模较小，所能提供的金融产品或服务种类不多，往往集中于一个或数个细分市场开展经营。

【经典案例评析】　深圳发展银行与“池融资”产品营销[①]

一、“池融资”金融产品的推出背景

中小企业在我国市场经济中占有十分重要的地位，不仅占到了我国企业总数的90%以上，而且创造了进出口总额的69%，对我国经济发展起到了至关重要的作用。然而，中小企业融资难的问题一直未得到有效解决，特别是进入2008年上半年之后，随着货币政策从紧、原材料价格上涨、人民币持续升值、国外经济环境突变，中小企业融资问题日渐严峻，特别是中小型出口企业，资金压力更大。

与此同时，中小型出口企业的海外应收账款居高不下。来自商务部的统计数据显示，我国企业的海外应收账款余额超过1 000亿美元，并以每年150亿美元的速度增长。据悉，我国企业应收账款总量已经占到了企业总资产30%左右，远高于发达国家20%的水平。此外，我国企业海外应收账款的周期也很长，除了上市公司，应收账款回收期平均为90～120天，是欧美企业的3～4倍。而且，这些巨额应收账款绝大多数来自中小型出口企业。如何通过服务使中小型出口企业盘活应收账款、加速资金流通，成为金融行业创新的重要课题。

近年来，用应收账款进行融资在出口企业中已经相当普遍。但是，市场上的这种贸易融资方式一般只针对单笔应收账款，这使得很多出口业务量零碎、分散的中小企业，很难通过这一渠道

① 北京银联信信息咨询中心. 中国·银行业公司业务创新与营销专题研究报告［R］. 2009.

申请额度较大的贷款。据了解，国内中小型出口企业单笔出口单据金额平均不到8万美元。对于这些中小型出口企业，银行提供的以解决赊销为主的保理、出口信用融资产品门槛太高，而且多数企业缺乏银行认可的抵押担保手段，融资十分困难。这就形成了一个巨大的细分融资市场。重要的是，这些企业保有良好结算记录的现金回流，而且，他们的应收账款余额一般都能够保证在相对稳定的余额之上，这就为开发一种新的融资通道提供了条件。

与此同时，国际贸易市场竞争日渐深化，贸易结算方式加剧了由信用证结算向赊销方式的转变。尽管赊销是中小型出口企业应对竞争不得已的选择，但全球采购已形成了买方市场，非信用证结算方式成为国际贸易的主流方式。在欧美一些国家和地区，信用证在贸易结算中的使用率只占10%左右，主要原因是国际市场出口商品竞争异常激烈，买方越来越倾向于选择一些对自己有利的支付方式，赊销、托收等结算方式日益盛行。在这种情况下产生大量应收账款的资金占用，无疑极大地增加了中小型出口企业的压力。

在此背景下，如果银行能够将这些出口企业零散的多笔应收账款集合起来，纳入一个应收账款池中，然后按池内余额提供一定比例的短期融资便利，银行则以应收账款回款作为还款保障，那么这将为中小型出口企业提供一种全新的融资通道，从而能够大大缓解中小型出口企业的融资难题。

二、“池融资”的产品体系

“池融资”是深圳发展银行（以下简称“深发展”）首创的融资理念，就是将企业日常、琐碎、零散、小额的应收账款、背书商业汇票、出口退税申报证明单据等积聚起来，转让给深圳发展银行，深发展为企业建立相应的应收账款“池”，并根据“池”容量为企业提供一定比例的融资，企业可随需随取，将零散应收账款快速变现。作为深发展全面覆盖企业应收账款的金融产品品牌，“池融资”主要包括出口应收账款池融资、出口退税池融资、国内保理池融资、出口发票池融资、票据池融资五大业务内容，全面系统地为盘活企业应收账款、融通资金链构筑了多维通道。

（一）出口应收账款池

此产品是针对那些相对固定地为国外多个买家出口货物，交易频繁、笔数多、单笔交易金额又很小、过往交易记录良好的出口企业。这些企业仅凭其贸易形成的零散应收账款集合成“池”，并整体转让给深发展，即可从该行获得贷款，而无须额外提供抵押和担保。

据悉，能够进入“池”内的应收账款，可以包括LC（信用证）、D/P（付款交单）、D/A（承诺交单）及OA（赊销）等几种结算方式。在此过程中，银行以应收账款回款作为还款保障。“应收账款池融资”产品最突出的特点是，为收汇风险最高的赊销结算（O/A）出口企业提供了量身定做的融资渠道。

出口企业仅仅以应收账款回款作为还款保证，不需要其他担保抵押也能贷款，同时，银行不仅可以发放外币贷款，也可以发放人民币贷款，以满足公司境内外的采购需要，免除外币兑换成本，这些措施很灵活地盘活了企业的现金流。

此外，深圳发展银行在收到某笔应收账款回款的时候扣收相应的部分贷款，使实际贷款使用期限缩短了，更加符合企业随经营周期变动的融资需求特点，从而节约了贷款资金闲置财务成本。更科学的是，与其他银行作应收账款融资不同，深发展设定了很灵活的融资支取方式，可以一次性支取，可以分批使用，可以随时申请随时使用；而另一方面，如果企业需要，融资期限还可以不受单笔应收账款期限限制，时效性也很高，财务人员填写一份申请书，半天之内就可以收到贷款。

（二）出口退税池

与传统的“出口退税账户托管贷款”相比，“出口退税池融资业务”手续更加简便。深发展根据国税局盖章确认的“出口退税申报证明单据”原件计算出应退未退税款的累计余额，只要企业将此累积成“池”的出口退税款质押给银行，深发展即可向出口企业提供贷款，而不再审核企业单笔出口发票、增值税专用发票、出口报关单和收汇核销单等单据。另外，“出口退税池融资业务”还具有高效率、高额度、低成本的特点。出口企业可以实现额度内的当日申请，当日即可用款，并可依据企业需要灵活安排资金，选择提前还款，节约财务成本。而最高可达出口退税池余额九成的融资额度，更大大缓解了企业资金占用压力，同时也加快了企业的资金流动速度，为企业获得新的竞争优势。

（三）国内保理池

“国内保理池融资”是针对从事国内贸易的中小企业的应收账款融资产品。该产品适合于交易记录良好且应收账款余额相对稳定的中小企业。企业可将一个或多个不同买方、不同期限和金额的应收账款转让给深发展，即可从深发展获得融资支持，从而解决企业应收账款分散、发生频繁、期限不一、账务管理困难、融资受限等问题。与进出口企业从事国际贸易相比，注重国内贸易的中小企业背负的应收账款压力更加沉重。“国内保理池融资”便是应用出口应收账款池融资模式，盘活国内业务的质押账款，对解决传统中小企业国内贸易融资难题，意义更加深远。

“国内保理池融资”业务不仅为中小企业提供了便利的融资通道，还兼顾内地中小企业财务管理能力不足的现状，为企业提供账务管理和对账服务。该产品循环融资的优势能为中小企业资金链提供长期呵护。只要应收账款持续保持在一定余额之上，企业就可在深发展核定的授信额度内获得较长期限的融资，且融资金额、期限可超过单笔应收账款的金额、期限。

（四）出口发票池

“出口发票池融资”是专为出口客户集中单笔交易金额较大的企业推出的“出口应收账款池融资”的升级版。它适合长期向较为集中（两个或更多）的国外固定买家出口货物、出口收汇记录良好且保有相对稳定的应收账款余额、出口规模较大的企业。企业可将连续、多笔应收账款汇聚成出口发票“池”，整体转让给深发展，即可从深发展获得高达“池”总量80%的融资支持。“出口发票池融资”产品提高了融资主体的准入门槛，但放松了池融资对“买家数量与单笔应收账款最高限额”的结构要求，这样一来，就有更多的企业可以享受到免抵押、免担保的融资便利。

（五）票据池

“票据池融资”则支持大型企业集团的票据结算、融资与理财。具体操作方式是，企业将商业汇票质押背书给深发展，作为企业授信和（或）第三方企业授信的担保，可获得票据池质押授信融资。在累计最高质押票据金额下，通过引入透支或短期贷款便利，实现集团票据资金集中使用，以及单个企业票据资金期限、金额的灵活转换。同时，企业也可将商业汇票转让给深发展，获得票据池买断授信融资。深发展承诺向企业支付对价，企业凭此承诺不仅可以随时向深发展支取形式灵活多样的价金，而且可以同时减少资产负债表上应收票据和应付票据金额，优化财务报表。

除了融资成数高，票据池融资业务最大的好处在于流动性强、手续简便、效率高，十分适合企业的经营节奏。客户收到票据后交割给深发展，根据协议，深发展代理客户录入、核对信息，查询查复、到期托收。客户需用资金就直接去银行办理，手续简单，当天申请当天就可以出账用款。客户也无须匹配授信期限与票据到期日，票据托收回款不足以支付到期授信时，银行自动为客户透支。票据托收遭到拒付时，银行主动通知客户，客户只需补充新的票据或通过网银补充保证金即可。

近几年，票据结算已悄然成为上下游贸易伙伴之间的主要结算方式。小小票据，既可结算，还可融资，并且一定程度上代表了开票公司的品牌信用。但对于一些规模较大的企业来说，大量的票据结算也为企业的资金链带来了巨大压力。例如：赊销时收到下游的票据期限长，采购时上游给予的信用期限短，上游不愿意接受背书；赊销时收到的票据期限短，采购时可以获得上游更长信用期，背书使上游损失资金利息收入；收到的票据金额小、笔数多、过于零散，难以背书转让给强势上游；原料采购主要是进口，需要开立信用证，但是销售主要在国内，收到的却是大量票据等。

以前企业多以票据贴现来解决部分短期流动资金缺口问题，一单一单办理，需要就办。但信贷政策一紧缩，贴现就迅速成了“紧俏”商品，单笔贴现必须等待查复时间，而且贴现利率节节上升，甚至超过同期短期贷款利率，贴现成本让企业吃不消。深发展“票据池融资业务”在融资还款方面也有独创性的设计。当票据托收回款时，如透支或贷款未到期，企业可选择提前还款，若当时“票据池”和保证金余额超出授信申请金额，也可选择将超出部分转出使用，可大大节约公司的财务成本。

三、“池融资”金融产品的营销概况

（一）首推出口应收账款池融资产品

针对银行对出口贸易提供的融资品种较少或授信条件较高，特别是赊销项下几乎无法融资，中小型出口企业融资难的现状，2007年5月10日，深圳发展银行率先推出了针对中小企业出口应收账款的“池”融资产品，着力解决出口企业在延期付款项下的融资需求，为收汇风险最高的赊销结算出口企业提供了量身定做的融资渠道。

此产品是针对那些相对固定地为国外多个买家出口货物，交易频繁、笔数多、单笔交易金额又很小、过往交易记录良好的出口企业。该类企业仅凭其贸易形成的零散应收账款集合成“池”，并整体转让给深发展，其既可从该行获得贷款，又无须额外提供抵押和担保。

该业务创造性地推出“池融资”的概念，无须企业提供担保或抵押，突破了单笔应收账款的金额和期限限制，根据企业赊销、托收和信用证结算所形成的应收账款的总额给予一定比例的融资，可根据企业实际需要批量或分次提供贷款，贷款期限不必对应单笔应收账款的期限，根据企业经营循环周期确定，能够达到充分利用企业出口资源、有效降低融资成本的效果。

（二）创新推出“出口退税池融资”产品

2007年9月14日，深发展在国内首次推出“出口退税池融资”业务新品。这是该行继前期推出“出口应收账款池融资”产品后，在“供应链贸易融资”方面推出的又一新品。

据深圳发展银行的介绍，只要是经营规范，在金融、海关、税务、外汇管理等方面记录良好的出口企业，在深发展开立出口退税专用账户之后，仅凭累积形成的应退未退出口退税款质押，即可在该行获得融资，最高融资额度可达9成，且无须额外提供抵押、担保，也无须交纳保证金。

出口退税池融资无须额外的抵押、担保。企业根据“出口退税申报单据”累计形成的“池”金额核定融资额，突破了单笔退税回款的期限限制，融资期限最长可达到半年，企业并可依据需要灵活安排资金，选择提前还款，节约财务成本。最高可达出口退税“池”余额九成的融资额度，将大大缓解企业资金占用压力，加快企业资金流动速度。

（三）全面推广“池融资”产品

继2007年推出“出口应收账款池融资”和“出口退税池融资”之后，2008年4月22日，深圳发展银行整合了“池融资”金融服务品牌之后，在全国开始推广五大核心“池”产品。深发展宣布，正式向各地企业推广出口发票池融资、票据池融资和国内保理池融资三种新业务，以利企业盘活各种应收账款的资源，拓宽融资渠道。

【案例讨论】结合本案例和相关资料讨论分析深圳发展银行“池融资”的成功经验。试从市场定位与市场细分的角度展开讨论。

【情境案例解析】　信用卡营销的神奇灵感

虽然窗外就是维多利亚湾的美丽景色，但是坐在中环办公室里的程华却无心欣赏，他抽着刚刚在总裁办公室从老板手中接过来的雪茄，万千思绪如同那袅袅升起的烟雾一样，飘飘忽忽……

这是他升任市场部经理的第一周。银行对他委以重任是有所考虑的，毕竟他是近年来销售业绩最好的几个人之一，而在那些佼佼者中，他又是表现得最有营销天赋的一个，加上年龄等各方面的因素，临危授命算是理所当然。

但只有程华心里明白，自己屁股底下这张市场部主管的椅子坐着并不舒服。他所辖的部门是香港某银行市场部，主要分管信用卡销售。说实话，销售这一行一向是职场高压之所在，更不要说是推销信用卡这种让客户心烦的苦差事了。

在香港，有“银行多过米铺”的说法，在自由的市场经济和金融氛围下，各家银行都使出浑身解数，用尽看家本领来维护自己的市场份额。尽管市场份额都小得可怜，再怎么想肆意扩张，似乎也只是一个美好的梦想。“又不是在内地开银行，哪会那么容易！”程华难免在心里小小地抱怨一下苛刻的老板。

不难想象，程华认为老板的预期目标不切实际，因为在竞争如此激烈的信用卡市场，要想再提高5%的市场份额，实在是太困难了。在香港，汇丰、花旗，还有多如牛毛的小银行，都在信用卡市场上浴血奋战，群雄逐鹿，想要杀出一条血路绝对是一件不容易的事情。比如，汇丰银行信用卡附带了3种额外服务：第一，30天购物保障。使用信用卡所购之物如有损坏、失窃，可获高至3 000港元的赔偿。第二，全球旅游保险。持卡人在旅游期间享有高达200万港元的个人意外保险，包括行李遗失赔偿、法律支援、保障及意外医疗津贴。第三，全球紧急医疗支援。持卡人只要就近致电热线，可获得医疗咨询和中介服务。同时，持有信用卡可享受租车优惠和多家名店消费的折扣优惠，还可通过积分计划换取香港多家名店和餐馆的现金礼券……

在银行里一筹莫展的程华下班回到家，晚饭也没怎么吃，就到房间里苦思冥想新的信用卡营销方案。碰巧，小舅子放假回家，这晚到姐姐家来蹭饭。程华并不喜欢这个小舅子，整天没事就来打秋风，虽说脑子好使，考取了香港大学，但总是一副不务正业、吊儿郎当的样子。瞧！这小子又在玩游戏了。

程华似乎想不到什么更好的办法，走过客厅去上卫生间，眼睛瞄到那个吊儿郎当的小舅子把兜里的钱包、手机什么的都放在了客厅的茶几上，一堆的卡也不收好，全部散在钱包外面。

“真是个不爱整齐的家伙。”程华心里想着，从卫生间回到卧室，继续苦苦思考着他的营销方案：“信用卡、信用卡……那小子用信用卡么？我看大多数是学校内部的卡。”程华暗想，突然脑子里灵光一闪：“唉！我要是把信用卡和学校内部通用的卡绑定在一起，在校园里面提供优惠，然后也可以当做校园卡来使用，还可以提前培养今后的客户群！”程华总算想出了一个好主意。于是，他兴奋地来到客厅，笑眯眯地对小舅子说道：“今天晚上我开车送你回去吧！”那小子听得莫名其妙，姐夫貌似一向对自己很严肃，怎么今天忽然发起善心来了。

第二天，程华把自己的想法告诉了老板，老板喜出望外：“真的是一个不错的想法，阿华，你前途无量啊！”说完递给他一支新雪茄：“尝尝！”

【案例讨论】

1.银行在校园推行信用卡对开发潜在客户有什么作用？

2.给大学生提供信用卡服务应该注意些什么？

本章小结

1.金融市场就是通过各种交易方式，促使金融产品的供求双方达成交易的场所，即进行金融产品买卖的场所。

2.金融市场是一个由多种要素构成的共同体，主要由金融参与者、金融交易组织以及金融产品三个要素构成。

3.金融市场的作用表现为三个方面：融通社会资金；优化资源配置；调控国民经济。

4.当前国际上普遍按金融工具到期日的长短把金融市场划分为货币市场和资本市场两类。

5.金融市场细分是指金融企业把整个金融市场的客户按一种或若干种因素加以区分，使得区分后的客户需求在一个或若干个方面具有相同或相近的特征，以便企业相应地采取特定的营销战略来满足这些客户群的需要，以期顺利完成企业的经营目标。

6.金融市场细分应满足可测量性、可盈利性、可成长性和可进入性。

7.对金融企业而言，其客户可以分为两大类，即个人客户与企业客户，故其市场也可细分为个人客户市场与企业客户市场。

8.金融市场定位是金融企业根据其所选择的目标市场特点、客户需求特征以及市场竞争状况，确定所要提供的产品类型、价格、促销方式等，力求在广大客户心中为自己的产品和企业树立起某种特定形象。

9.金融市场定位应遵循重要性、显著性、优越性、易沟通性、独占性、支付性、盈利性七项基本原则；金融市场定位可采取避强定位、迎强定位、重新定位等方法。

关键概念

金融市场　金融参与者　金融产品　金融市场细分　金融市场定位

思考与应用

1.什么是金融市场？它是如何产生的？
2.金融市场的构成要素有哪些？分别是怎样构成的？
3.金融市场具有哪三个方面的作用？还具有哪些功能？
4.一个国家是否存在并已形成了健全完善的金融市场可以通过哪些标志体现？
5.什么是金融市场细分？有哪些作用？
6.金融市场细分的条件是什么？有哪些细分方法？
7.金融市场细分的标准一般来说有哪两类？具体是怎样细分的？
8.金融市场定位的含义是什么？主要方法有哪些？
9.我国有哪些商业银行？它们可以定位为哪种类型的商业银行？

第五章 金融营销计划、组织与战略

学习目标

1. 了解金融营销计划的编制与执行
2. 了解金融营销组织的发展与控制
3. 掌握金融营销战略的分类与实施

随着金融业竞争的不断加剧，金融营销活动正面临巨大挑战。为了能在不断变化的市场上谋求一席之地，金融企业必须努力提高营销活动的效益，使它与营销环境相适应，而联结企业营销活动与营销环境的纽带便是营销计划、组织与战略。通过营销计划的控制，可以确定营销活动的中心与重点，把握营销方向，增强应变能力，而营销组织的控制以及战略的实施，又能保证企业的经营目标得以实现。可以说，金融营销计划、组织与战略关系到整个营销活动的大局。

第一节 金融营销计划的编制与执行

早期的企业经营处于一种无计划状态，人们只注重日常经营，而很少有时间来考虑计划。为了改进对资金流量的控制，更好地达到某一特定目标，人们决定设计一个行动步骤，使自己在以后的工作中能够按部就班，一步步朝着目标迈进，于是便出现了计划。计划工作的演变先后经历了预算制度、年度计划、战略计划等几个阶段，从财务领域扩展到了生产领域。当人们认识到市场成为人们经营的一个重要对象时，营销计划就得到了重视，通过营销计划可以将营销活动与市场联系起来，更好地实现企业的战略目标。对于竞争日益激烈的金融企业而言，也同样如此。为了合理地组织营销活动，对经营工作进行全面控制，金融企业必须有一个有效的营销计划。

一、金融营销计划概述

(一) 金融营销计划的含义

金融企业所制定的营销战略要想转化为具体的行动措施并能够收到实效，就必须有相应的营销工作计划予以明确。金融营销计划就是一定时期内（计划期）根据经营所应达到的目标而对营销的各项工作和企业的有限资源进行的综合安排与部署。金融营销计划是金融企业综合经营计划的重要组成部分，是企业营销工作的依据，也是协调企业有关各项工作、确保营销目标实现的重要方式。营销计划通常包括如下内容：（1）计划所应达到的营销目标，即已经量化的具体目标；（2）资源分配方案；（3）各相关部门的营销工作安排；（4）对实现计划目标情况的考核、奖惩办法；（5）费用预算与控制方法。

由于金融营销计划是在调查研究和预测的基础上，在确定目标、方针、战略并进行综合平衡之后制订的，因而营销计划既是企业经营方针、经营目标的具体体现，也是实现经营目标的重要措施。企业的一切业务经营管理活动，都必须在计划的统一指导下进行。营销计划是组织、指导、监督企业开展营销活动的一项管理内容，是企业战略管理的体现。从系统论的观点看，企业营销计划制订包括从营销前的准备工作直到编制、执行、控制营销计划全过程的一切内容。它作为一种行动方案，规定了在某个时期运用某种战略，以保证完成一定的营销目标。一个金融机构的完整市场营销计划，包括扎实的分析研究工作，利用分支机构网络搜集一系列信息资讯，以及使用企业资源来支持计划的实施等。

(二) 金融营销计划的沿革

营销计划最早出现在美国，它在金融企业提高经营绩效方面发挥了重大作用。其发展过程大体可分为四个阶段：

1. 无计划阶段。许多金融企业在经营管理过程中没有正式计划，因为其经理认为没有计划也能干得好，或者认为市场变化快，落后于实际的计划没有用，因而不打算建立正式的营销计划系统。有些银行后来虽然建立了预算制度，以加强对现金流量的控制，但总体上仍无计划。

2. 制订年度计划阶段。企业高层管理者逐渐开始采用下列方法制订计划：

（1）自上而下的方法，即由最高管理层制订经营目标和计划，下达给各部门、各单位贯彻执行。

（2）自下而上的方法，即由各基层单位制订目标和计划，然后报上级批准后贯彻执行。

（3）自上而下与自下而上相结合的方法，即最高管理层根据对客观形势的分析研究来确定年度目标并下达给各个单位，各个单位则根据上级下达的目标及其对形势的分析研究制订计划，上报给最高管理层批准，从而形成正式的年度计划，然后采取措施贯彻执行。

3.制订长期计划阶段。金融企业高层管理者逐渐认识到不仅应制订年度计划，还应前瞻性地制订长期计划（诸如五年计划、十年计划等）。而企业的年度计划是长期计划在每一年的具体化，实现各个年度计划就能保证长期计划的逐步实现。同时，由于企业的经营环境在不断变化，因而每年都要根据企业经营环境的变化和年度计划的执行情况对长期计划适当加以调整。

4.制订战略计划阶段。第一次世界大战前，西方金融企业开始实行“推测计划”，即根据企业当前的销售情况和经济环境发展变化，推测出今后5~10年的数据，然后根据这些数据决策经营。虽然企业管理层在制订计划时认识到，将来会有经济波动和经济衰退的可能性，但是基本上仍假定未来的发展趋势是相当平稳的。

20世纪70年代以来，世界经济动荡不安，企业经营环境变化很大。在这种情况下，许多金融企业为了求得长期生存和发展，逐步开始改变计划方法，把推测计划改为长期的战略计划。

（三）金融营销计划的分类

1.按计划期限划分

（1）长期经营计划。这是一种具有指导性、纲领性的文件，反映企业的重大经营战略。计划期一般在10年或10年以上，起着规划未来的作用。

（2）中期经营计划。计划期一般为5年，它主要解决企业业务经营结构的优化问题，起着协调、落实年度计划与长期计划的作用。

（3）短期经营计划。一般以年度计划为代表，具体落实年度计划指标以及长期计划中规定的年度计划指标，是一种执行计划。短期经营计划一般为年度分季、季度分月的计划。

2.按计划范围划分

（1）专项营销计划，是指为了解决某一特殊问题或销售某一特定金融产品的单项计划，具有灵活性大、针对性强等特点，故在某一特定时期成为金融营销活动的重要任务。该计划一旦完成便不再继续下去，因而属于一种特殊的短期计划，可以作为综合计划的一种补充形式。目前，专项营销计划也得到了企业的重视，应用相当广泛，例如，银行为了开发新产品而制订的新产品开发计划、为了开拓某一目标市场而编制的市场开拓计划等，均属于这种类型。

（2）综合营销计划，是指对金融企业所有产品的营销和各营销职能部门的工作所做的整体安排。它是为了满足目标市场的需求，综合运用各种可以控制的营销手段以实现营销目标而制订的计划，是营销策略综合运用的产物。由于它的制订要比专项营销计划复杂得多，因此需要决策者经过深入调查研究之后才能确定。金融企业的综合营销计划主要包括：

①业务计划。它是指各项金融业务在一定的计划期内所应达到的数量目标，如信用卡公司规定一年内发展多少新的用户且使信用卡储蓄余额达到多少，银行贷款部门在一定时期内的放贷金额和回收贷款数额，保险公司在一定时期内计划发展多少客户、销售多少保单、保险金额达到多少等。

②渠道网点发展计划。它是指金融企业对中间商、营业网点的发展计划，包括是否发展新的中间商网络、是否收缩放弃一些营销渠道、是否增加或者减少一些营销网点、入户推销人员的数量及招募与管理等。

③促销计划。它主要是对计划期内金融产品的促销工作做出安排，如广告计划、价格调整计划、公共关系发展计划、人员推销计划、服务咨询计划等。

④风险控制计划。它是指对计划期内市场和各产品存在的风险进行有效控制和防范的计划，包括对风险类型、风险表现形式、风险来源、风险大小、风险损失或收益大小、风险转移方式、风险自留比例、风险控制成本等都应有明确的表述和安排。

⑤市场调研计划。它是指对影响金融企业营销的各种信息、客户意见和建议、市场竞争状况、新的产品与服务方式、新的营销方式、市场发展趋势等进行调查、收集、预测等项工作做出安排。

⑥产品发展计划。它是指在对现有金融产品的利弊、价格、收益与风险、寿命周期等进行调查分析的基础上，对企业现有金融产品的改进、换代、淘汰以及新的金融工具开发等工作做出具体部署。

⑦人员培训计划。它是指对计划期内业务人员、营销管理人员等的培训内容、培训方式和所应达到的目标做出具体安排。

⑧费用预算计划。它是指对计划期内各项金融营销活动的费用做出预算安排，把营销成本控制在一定的标准之内，具体考核指标包括营销费用占营业收入的比例、营销费用利润率等。

3.按职能机构划分

（1）整个企业的营销计划。这是企业从整体出发制订的营销计划，它可以是年度的或是中长期的，规定了企业在一定时期内的总体目标、任务、营销战略及具体策略等内容。但它只是企业的一个宏观计划，并不包括各个下属职能部门需采取的具体活动细节。它对企业的其他计划起到一个总体控制的作用，其他计划应该符合它的基本内容。

（2）职能部门的营销计划。这是由企业营销部门内各职能部门所制订的计划，是整个企业营销计划的具体化。金融企业除了编制一个总体计划之外，营销部门下属的广告、经营、调研、产品开发等职能部门也必须在总计划的指导下，结合本部门的具体实际情况，制订详细的计划，从而贯彻总计划，明确本部门的工作目标。

4.按计划对象划分

（1）利润计划。它是指各个职能部门编制的以利润为中心的计划，主要规定其利润增长目标与战略。

（2）产品类计划。该计划主要规定某一类金融产品的营销目标与战略，如商业银行的存款类计划。

（3）产品计划。该计划规定了与某一个具体产品有关的营销目标、营销战略及策略，其针对性较强。

（4）市场计划。它是针对某一细分市场制订的营销计划，规定了在该市场上所要实现的目标及适用的主要方略，以便企业能向该市场发展。

（四）金融营销计划的内容

金融企业为了适应瞬息万变的市场，必须制订营销计划，将环境与本身的经营目标、营销能力相结合。作为制订其他计划的基础，营销计划直接关系到企业整个经营活动的开展，因此制订一个合理可行的营销计划就显得十分重要。那么，金融营销计划究竟包括哪些内容呢？一般说来，它可以包括以下几个方面的内容：

1.总体任务

总体任务主要是确定金融企业的活动领域及发展的总方向，它是企业制订战略计划时必须考虑的首要问题。总体任务引导企业的营销活动向一个确定的目标迈进。总体任务一般由企业的高层管理人员制定，它要体现以下几个原则：

（1）以市场为导向，全面及时地反映市场需求。

（2）切实可行，按照金融企业本身的实际能力确定。

（3）激励员工，它应使全体员工感受到企业未来的发展大有希望。

2.环境分析

环境分析是整个企业营销计划中基础性的工作，它主要检查企业当前在市场上所处的地位，提供关于市场、产品、人事、竞争、分销、宏观环境等各方面的具体背景数据。它主要包括以下几个方面的内容：

（1）市场状况分析，主要通过对企业所在市场规模、发展状况、过去几年的总体销售情况及在各个细分市场上的销售情况的数据列举，以说明市场上客户的需求。

（2）产品状况分析，主要列出各个主要产品在过去一段时间里的销售量、销售金额、价格变动、成本与利润情况，为各个产品的销售变动分析提供依据。

（3）分销渠道分析，主要分析各个销售渠道的产品营销情况及其变化，从而为调整分销策略提供数据。

（4）竞争状况分析，用来说明市场上主要竞争者的情况，诸如他们的规模、目标、市场份额、产品质量及价格等，并分析其行为与意图。

（5）宏观环境分析，包括对政治、法律、经济、技术等宏观环境状况进行分析，全面考察影响金融营销活动及整体发展的各个因素。

通过上述五个方面的综合分析，便可初步看出本企业在当前市场中所具有的优势与不足。

3. 营销预测

在对企业环境进行详细分析之后，金融企业可以在假定营销环境与销售策略基本一致的前提下，预测市场的潜在需求与企业的销售能力。同时，由于营销环境处于不断变化之中，企业还需对影响未来营销状况的各种因素进行评估，从而更好地把握市场的发展动态。

4. 机会与威胁分析

机会与威胁分析主要是描述企业在营销活动中所面临的机会与威胁，它建立在对当前环境分析与对未来营销预测的基础上。所谓机会，是指客观环境中对企业较为有利的条件（如政府采取扶植政策等）及企业在经营过程中获得成功的经验（如社会形象较好等）；威胁，则是指企业在营销活动中还存在的一些不足，包括外部环境中的不利因素（如利率调整、新的金融政策出台等）及企业本身存在的一些劣势（如成本过高、营业网点过于密集等）。通过机会与威胁分析，企业可以针对一些重要问题制定相应的策略，采取有针对性的措施。

5. 确定目标

在对内外部环境进行分析、对未来营销进行预测以及进行了机会与威胁分析之后，企业可以确定计划期内的发展目标。这个目标是总体任务的具体化，它对制定的营销战略与行动方案能起到一个指导作用。具体目标的制定应遵循以下五个原则：

（1）现实性。具体目标应该是可以实现的。

（2）可测性。每一个目标应该有一个明确的、可以直接测量的形式，最好要有完成时间的期限。

（3）层次性。具体目标应根据重要性大小从高到低依次排列。

（4）统一性。各个目标之间应该相互协调统一。

（5）激励性。具体目标应该有足够的激励力量，以激发出企业员工的工作积极性。

（6）效益性。营销目标应该能够降低成本并增加收益。

6.规划营销战略与行动方案

这两项是保证企业抓住机遇、解决问题、实现营销目标的重要手段。营销战略是达到营销目标的基本方略，它应该建立在对具体目标详细分析的基础之上；而行动方案则是在具体目标与营销战略的指导下，针对具体的营销任务制订出详细的任务落实方案，规定什么时间做、在什么地点做、由谁来做及怎样做等几方面的内容，并且制定出一个详细的时间表。

7.编制营销预算

在营销计划中金融企业应对营销活动的预计损益进行估算，列出一张实质性的预算表。在开支方面应对生产成本、分销成本、营销费用等进行分析；在收入方面则应估算销售数量与平均实现价格，收支相抵之后即为预计利润。通过对营销活动的成本收益进行估计，可以评价金融营销的效益。

8.计划的控制

为了保证计划的顺利实施，在计划时应该简要概括监控计划执行过程中一些措施，包括明确责任、安排检查、反馈信息与奖惩办法等，有时还应包括一定的权变措施，即计划的执行者在遇到一些特殊情况时可以采取怎样的应急行动。

总之，金融营销计划主要包括以上八个部分，但由于营销计划需要不断进行自我完善与调整，并且各种计划的具体内容又千差万别，因而计划制订者应该视具体情况具体分析，制订合适的营销计划。

（五）金融营销计划的意义

金融营销管理要通过对营销活动的组织与控制才能更好地实现营销目标。如果一个企业缺少营销计划，不能对新环境做出有效的反应，那么其营销活动必然会受到竞争对手的攻击，所以，每个金融企业必须认真研究市场，有计划地组织营销活动。可以说，金融营销计划是贯彻营销战略与实现营销目标的重要手段，它对企业经营的成败有着深远的影响。它具有以下四方面的重要意义：

一是指导营销工作。营销计划把企业的经营目标具体化，从而使营销工作有的放矢，避免或降低了经营的盲目性。另外，营销计划对各项工作、人员和措施都有比较详细的表述，通过层层落实、分解到人，每一个营销人员都清楚自己的职责，每一项工作都能有计划地进行，这样可以减少管理人员的事务性工作量，提高工作效率。

二是加强预算约束。营销计划在指出各项工作计划的同时，还对各项营销活动的费用进行了测算和规定，有利于企业节约开支、降低成本、合理配置资源，从而提高企业经济效益。

三是促进内部协调。营销计划是企业综合经营计划的重要组成部分，使得企业的营销工作能够得到相关部门的有力配合与支持，增强了工作的整体性、系统性和协调性。

四是便于绩效考核。计划是管理的重要手段，营销计划明确了各项工作和各个环节的目标、任务和措施，既有利于营销人员的自我控制和考核，也有利于企业在计划期末对各项工作计划的完成情况进行评估。

二、金融营销计划的编制

金融营销计划既要利用市场营销机会，又要发挥企业优势，还要有足够的灵活性和可执行性，为此，编制营销计划应当遵循科学合理的工作程序，一般应包括如下基本步骤：总结分析，确立营销目标，制定营销战略，制订行动方案，做营销预算。

（一）总结分析

1. 总结前期营销计划。为了保持营销计划的连续性，金融企业在编制新的营销计划时，应当对上一期营销计划的执行情况进行总结分析，分析成败得失，列出有待本期解决的突出问题和需要引起注意的事项，为本期计划的制订提供依据。

2. 分析市场环境。金融企业在编制营销计划时，必须对所处的市场环境进行全面的分析，具体包括市场、产品、竞争、渠道、宏观环境等方面的分析。市场环境分析主要是了解以往数年市场的总规模和总发展情况，各地区市场的规模和发展状况，以及有关消费者的需求、看法和购买行为方面的动态资料。其主要内容包括五个方面：

（1）分析目标市场客户，如客户的数量、客户的收支变化、客户的需求变化、客户对服务方式的要求等。

（2）分析宏观市场环境，如人口经济环境、政治法律环境、社会文化环境、行业技术环境等的现状和发展趋势，明确其对本企业的有利与不利影响。

（3）分析市场竞争状况，掌握来自目标市场和行业整体竞争的现状和发展趋势，本企业竞争地位的现状和需要采取的措施，以及竞争对手的经营规模、市场占有率、营销目标与战略等。

（4）分析产品形势，了解以往数年内各主要产品的销售额、市场占有率、价格、净利润。

（5）分析营销渠道，主要分析各销售渠道的销量变化，渠道成员销售能力的变化，以及调动中间商积极性的价格和交易。

3.分析市场机会。这是指在市场环境分析的基础上，对所发现的市场营销机会所进行的详细分析，主要集中于分析新的营销机会的大小、客户类型、需求特征、可获取性和盈利性，目的是既抓住有利机会，同时又要分清主次。

4.分析自身条件，主要应分析新的计划期自身条件的一些变化，明确自身的资源优势和经营能力，同时要注意开发和利用那些尚未被运用的资源和营销潜力，增强竞争能力，提高效益、减少浪费。

（二）确立营销目标

营销目标既是在总结分析的基础上确定的，也是金融企业整体经营目标的具体落实。金融营销目标归纳起来有三类：第一类是市场目标，包括满足何种市场需要，要求消费者对产品的了解达到何种程度以及渠道覆盖范围等；第二类是销售目标，包括销售量或营业额以及销售增长率和市场占有率等；第三类是财务目标，企业的市场目标、销售目标必须转换为财务目标，一般应包括长期投资收益率目标与短期利润目标。长期投资收益率指在一定时期内企业所实现的净利润与其投资总额的比率。这是衡量企业利润水平的一项重要指标，所以较高的投资收益率就成为企业追逐的核心目标之一。在长期投资收益率目标的指导下，企业可以确定短期利润目标，即本年度所能获得的利润。

（三）制定营销战略

为了实现营销目标，营销部门必须制定相应的营销战略，主要是营销组合战略。围绕目标市场和竞争的需要分别制定产品、价格、渠道和促销政策，既要使这些策略切实可行，又要保持这些策略的整体协调性。例如，某银行下一阶段的目标是提高市场占有率，要把自己的信用卡业务市场占有率提高10个百分点，它需要制定相应的战略，如拓宽营销渠道、减少收费、增加广告密度等。

（四）制订行动方案

根据所要达到的目标和制定的营销战略，企业要制定具体的营销行动方案和保障措施。方案必须具体细致到各项工作、各个环节和具体的营销人员。为了使计划得到落实，行动方案应该包含六个方面的内容：

（1）为什么应有这样的方案（Why）；

（2）要达到什么样的目标（What）；

（3）什么时间完成（When）；

（4）具体的部门、网点（Where）；

（5）由谁负责执行（Who）；

（6）采取什么方式和有何具体保障措施（How）。

当然，行动方案不是一成不变的，在出现新情况、新问题时，就需要对它做出相应的调整。

（五）做营销预算

在明确各项营销工作计划的同时，为了控制营销成本、实现利润目标，营销部门还应对各个职能部门、各项营销工作的经费预算做出具体安排，即明确各项营销费用开支，确保营销工作重点，同时建立预算控制激励办法，以完成目标任务为前提把营销成本控制在合理的限度之内。

营销预算经批准后，便成为市场营销活动的根据。营销预算一般包括销售与利润的营销预算。在最佳状态下，营销费用的支出与营业额的增长安排应该是恰如其分的，这样才能获取最大利润。编制营销预算的方法多种多样，比较典型的有以下两种：

1.目标利润计划制订法。这种方法通过预测影响营销利润的各个项目而制定合适的目标利润。这些项目通常包括：总市场预测、市场占有率预测、营业额预测、可变成本预测、贡献总额目标利润、营销费用预测与营销预算分配等。

2.最佳利润计划制订法。这种方法通过寻找营业额与营销组合的各个因素之间的内在关系而选择对企业最有利的利润目标。采用这种方法的依据在于在一定时期内营业额会随金融营销费用的提高而增加，但超过一定限度后就可能会出现费用增加而收益递减的情况，所以企业应寻找营业额与营销费用的最佳结合点，具体可以通过销售—反应函数来确定。

三、金融营销计划的执行

金融企业制订营销计划的过程尽管重要，但是计划的实施更为关键。因为企业制订营销计划是为了指导金融营销活动，通过执行金融营销计划，实现企业的战略任务和目标。正如彼得·德鲁克所言：“计划等于零，除非将它变成工作。”因此，企业制订金融营销计划之后，还要花很大精力加以实施和控制。

（一）计划的实施

金融营销计划能否得以顺利实施，主要取决于两方面的工作：一是目标管理，即正确处理责、权、利关系，发动全体员工努力全面地实施经营计划；二是动态最优化管理，即通过滚动式计划方法，使营销计划能够逐期修正落实，不断完善和优化。

1.目标管理

目标管理是一种现代经营管理方法。通过对业务经营指标的分解落实，对指标执行情况进行控制及反馈评比，保证企业经营目标的实现。同时，重视发挥员工的积极性与创造性，即在提高经济效益的前提下，通过责（目标）、权（完成目标的条件）、利（完成目标的动力）的落实，使员工的利益与企业的目标和利益统一起来。通过指标、任务的分解与落实，最大限度地调动员工的积极性与创造性，进而通过员工对指标的承包、对任务提出保证以及相互间的协调运作等，实现企业目标。因此，把目标管理的实施与经营计划的组织实施全过程有机结合起来，是保证完成经营计划的有效方法。实施目标管理应做好下面两方面工作：

（1）明确划分与规定出各基层机构的职责、任务、指标、权限、利益和相互关系，由各级管理层按照企业总目标以及权、责、利，制定各自的目标。

（2）通过经济指标的形式将各级管理层需要完成的经营任务加以细分，并确定考试指标的标准。然后，再将任务落实到每一个人。此外，还要建立相应的岗位责任制，以明确各自应负的责任。

2.动态最优化管理

金融企业的经营环境有着不可控制性，这与金融营销计划是矛盾的，但客观上又要求营销计划与企业的经营环境必须相协调，这就需要运用滚动计划法，通过边预测、边计划、边摸索实践、边修改补充的各个步骤，使计划的编制、实施、调整、再实施的过程始终处于动态最优化状态。因此，在组织经营计划的实现过程中，要始终进行战略情报的收集与输入，建立反馈程序，不断修改、充实、调整，从而使原有的经营计划处于动态最优化的状态。

可见，营销计划制订后，营销部门应严格按照营销计划的规定，调度人财物，分配营销资源，开展营销工作，实施营销战略，分步骤达到营销目标。为了便于营销计划的组织实施，可采取目标管理的办法，把目标层层分解、层层落实至每个岗位，并采取明确的激励手段，把工作业绩同切身利益直接挂钩，调动各类营销人员的积极性，确保目标的实现。在营销计划组织实施的过程中，还应当及时掌握市场环境的变化和营销工作的进展，并对计划做出灵活的调整，使营销工作按计划滚动地向前推进。

（二）计划的控制

金融营销计划控制包括年度计划控制、盈利能力控制、效率控制和战略控制。其具体步骤为：

1.各级经理都要认真检查是否完成了年度计划规定的销售、利润等指标。例如，各个部门的销售经理要根据销售定额和预算定额来检查他们的实际销售额和费用开支；而企业营销总监要检查整个金融营销计划的执行情况，以保证实现目标。

2.营销管理部门还要定期分析检查各种产品、各条渠道、各个区域等的实际盈利能力，具体包括成本利润率、销售利润率、资产收益率、资本周转率、信贷周转率等各项指标的控制。

3.企业还需要对营销效率进行控制，因为企业的盈利能力直接取决于它的经营效率。它具体包括销售人员效率、广告效率、销售促进效率、分销效率等四个方面的效率控制。

4.由于金融营销环境在迅速变化，企业管理层原先制定的营销战略会过时，因而管理层还要进行战略控制，经常注意检查原定战略能否与外界环境的发展变化相适应。

第二节　金融营销组织的发展与控制

金融营销组织是金融企业为了实现特定的营销计划与战略目标，更好地发挥营销功能，通过对不同营销职位及其权责的确定，并对它们之间的关系进行一定的协调与控制，合理、迅速地传递信息，从而将营销人员所承担的任务整合成一个有机整体的科学系统。利用营销组织，可以把金融营销活动的各个要素、各个部门、各个环节在时间上与空间上相互联系起来，加强分工与协作，促使营销活动更加协调、有序地开展。可见，金融营销组织是落实营销计划、贯彻营销战略、实现营销目标的重要保证。

一、金融营销组织的历史演进

金融营销组织是实施营销战略、评价与控制营销活动的基础，它在金融营销管理活动中的地位十分重要。作为营销货币与信用产品的特殊组织，金融营销组织是随着现代企业营销组织的产生、发展而不断演变的。现代营销组织的演变经历了一个漫长的过程，在20世纪30年代之前，销售部门并未被人们所重视，它在整个企业中的地位可以说是无足轻重的。随着经济的不断发展，营销部门在整个企业内部的地位、与其他部门的关系及其本身的组织结构等都发生了巨大变化，目前，营销组织已成为企业的一个重要组成部分。上述发展过程大致可以划分为以下几个阶段：

（一）简单的销售部门

在这一阶段，企业并不注意营销工作。生产企业仅以生产为中心，由生产部门采购原料并从事具体产品的生产，财务部门负责资金的筹措与管理，企业的规划、目标的制定均由这两个部门负责。而营销部门只是负责推销产品，销售经理主要管理销售人员，并亲自从事推销工作，以便售出更多的产品，很少发挥其他营销职能，如广告、市场调研等。这一阶段的组织结构如图5-1所示。

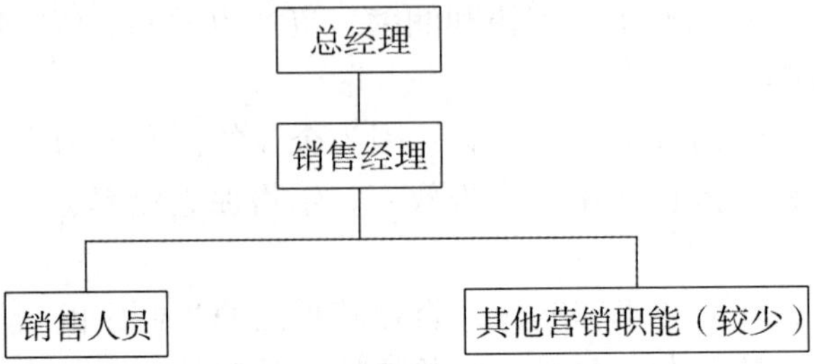

图5-1 简单的销售部门

（二）强化的销售部门

随着企业规模不断扩大，业务急剧增长，同时市场竞争也越来越激烈，企业不能再仅仅满足于推销产品，还应对新市场进行开发，从而吸引更多的客户。这便要求企业开展市场调查、营销研究、广告宣传、客户服务等工作，于是销售经理便获得授权处理这些新的工作。在销售经理下面一般设营销主管来具体执行其他营销职能，聘请专家从事营销研究。其组织结构如图5-2所示。

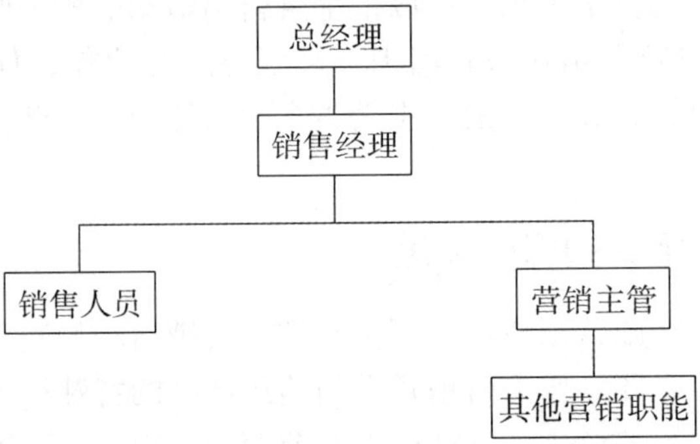

图5-2 强化的销售部门

（三）独立的营销部门

随着企业业务的进一步增长与市场竞争的日益加剧，营销工作内容更加丰富，其重要性也不断提高。市场调研、新产品开发、广告宣传与销售服务的范围越来越广，这就需要有专人负责这一类工作。一些企业便设立专门的营销部门，由营销经理管理除推销之外的其他各项营销工作，从而出现了营销部门与销售部门并存的状况。其组织结构如图5-3所示。

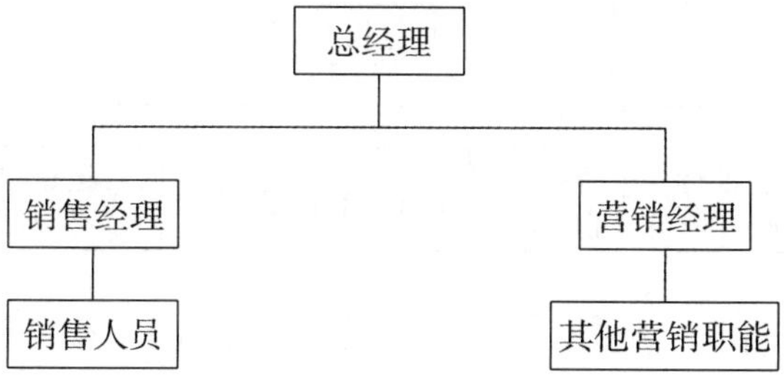

图5-3 独立的营销部门

（四）现代营销部门

在营销部门与销售部门并行的情况下，销售经理较注重短期目标与销售数额，而营销经理则关注长期目标，制定营销战略并开发能满足客户长期目标的产品，两者之间的矛盾冲突日益加深。于是，大多数企业便将这两者合并为一个部门——营销部门，由它全权处理原来由销售部门从事的业务，从而使营销组织发展进入了第四个阶段。此时，营销组织的结构演变成了如图5-4所示的形式。

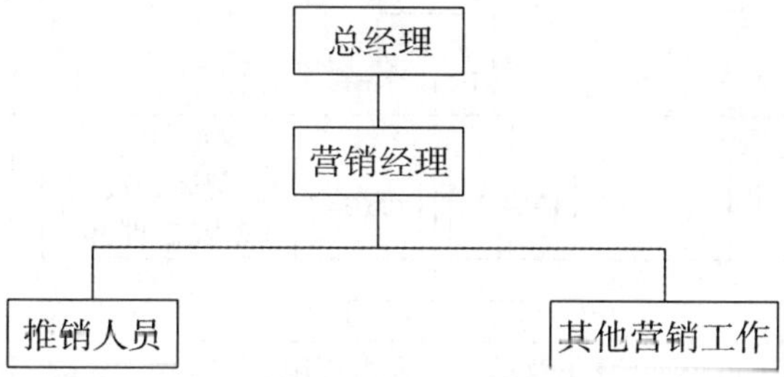

图5-4 现代营销部门

（五）现代营销组织

尽管企业设立了营销部门，但如果它在营销活动中只是把营销看成销售，则说明企业还未真正运用现代营销思想来指导营销工作，还未变成现代营销组织（企业）。只有当企业的全体员工将所有的工作都看成是“为客户服务”，从而使营销成为整个企业的经营宗旨时，它才真正转变成为现代营销组织（企业）。

可见，营销部门在企业中的地位是随着业务的不断扩大而逐渐提高的，同样，金融营销组织的发展也经历了类似的变化。最初，人们对金融营销也未给予足够重视，认为它并不是企业经营过程中至关重要的环节。尽管营销活动对企业本身的利益有较大贡献，但对整个经营活动来说并非必不可少。那时，营销经理不参加企业最高权力机构的决策活动，其地位也相对较低。例如，这一时期营销部门在整个银行系统中仅是人员服务部下属的一个部门（如图5-5所示）。

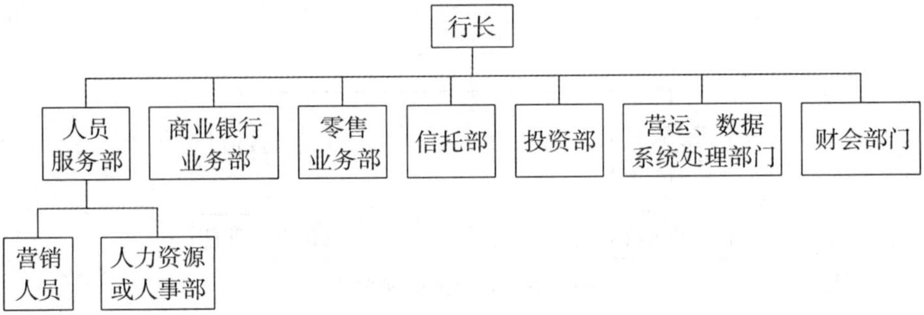

图5-5　早期的银行组织结构

随着金融业竞争加剧，人们逐渐认识到营销是金融业务经营中不可或缺的一项工作，但此时人们还未清楚地看到营销工作对于企业发展的决定性作用。在这一阶段，营销部门经理可以直接向高层主管汇报，但其权力仍受到较大限制，高层管理人员往往通过其他部门来表明其立场，营销活动还未完全融入企业的所有领域。这一阶段的银行组织结构如图5-6所示。

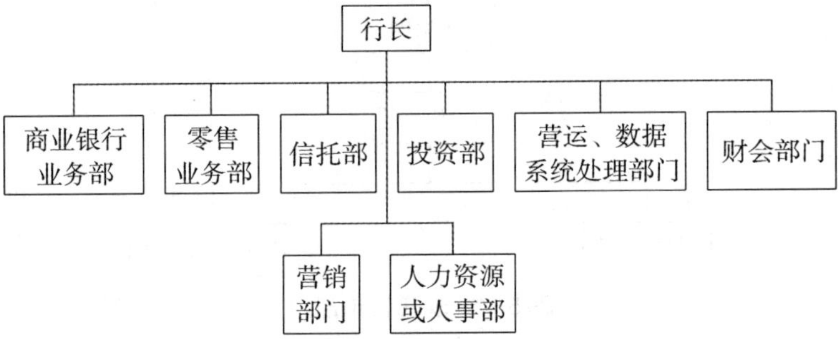

图5-6　中期的银行组织结构

第二次世界大战以后，尤其是20世纪七八十年代以来，金融业务规模迅速扩大，企业之间的竞争也日趋白热化。金融管制的放松又使得金融业的创新活动蓬勃发展。人们意识到，营销活动不仅是必要的，而且是金融业务经营活动的基础，所以对营销部门的作用开始另眼相看。营销经理的地位与其他部门经理并列，他们都可以直接与高层主管沟通。同时，为了支持营销计划的制订与实施，营销经理还要有能力组织动员企业的其他部门配合开展营销工作。在这一阶段，银行中的营销部门与其他各部门之间的结构关系如图5-7所示。

现代许多金融营销组织中都设立了单独的市场营销调研部门或专职的调研人员负责对客户需求进行调查，从而了解客户的动向，积极开发出能满足客户要求的新产品，争取更大的市场份额，营销部门在金融总体战略的制定中发挥着越来越大的作用，并已融入业务工作的方方面面。

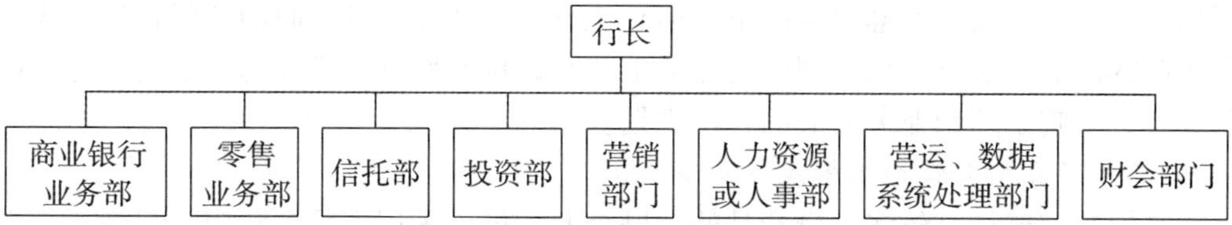

图5-7　现代的银行组织结构

二、金融营销组织的模式分类

金融营销组织模式是随着金融营销活动的发展而不断趋于完善的。根据营销组织的特征、金融产品的职能、金融活动领域的范围、地理位置及其相互关系，形成了多种多样的金融营销组织模式。而在实际营销工作中，由于市场的复杂性，企业可能会将这些模式相互融合、综合运用，出现混合型的组织模式。但从根本上划分，金融营销模式可分为以下几种：职能型营销组织模式、产品型营销组织模式、区域型营销组织模式与市场型营销组织模式。

（一）职能型营销组织模式

这种组织模式是最早被采用、目前应用最广的金融营销组织模式之一。它是指按照营销工作的不同职能（比如营销行政、市场调研、新产品开发、广告与促销、营销（客户）服务等）来划分部门。营销行政部门负责营销领域的日常具体行政事务，如人事管理、费用控制等；市场调研部门主要负责寻找市场机会及营销活动的市场调查研究；新产品开发部门负责根据市场调研部门提供的信息设计出满足市场需求的金融产品；广告与促销部门则提供有关推广金融产品信息、广告宣传、媒体技术等服务，并与外部保持密切联系，以提高本企业与其产品的知名度；营销服务部门主要负责向客户提供各项售后服务，接受和处理客户的投诉案件。在这种模式中，营销经理居于最高层次，负责金融营销战略的制定及营销预算编制等关键性事项，同时也要做好营销各职能部门的协调工作，而各职能部门则要向其营销主管负责，其规模大小可以根据企业的具体情况来确定。该模式的结构如图5-8所示。

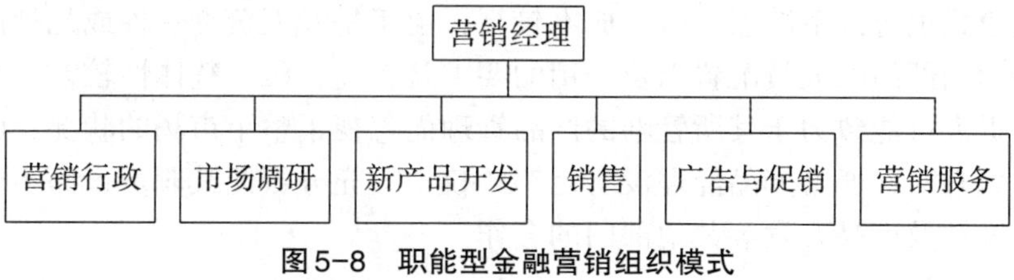

图5-8　职能型金融营销组织模式

职能型金融营销组织模式的优点是各职能部门分工明确，以特殊专长来处理不同的营销工作，而且管理也较简单。但它也有以下缺点：各个职能部门容易形成各自为政的局面，过分强调本部门功能的重要性，从而使营销经理的大量精力花在协调之上，影响了营销业务发展的长远规划。

（二）产品型营销组织模式

规模较大或拥有较多金融产品的金融企业，可以采用产品型营销组织模式。它是一种为了适应竞争激烈化、产品创新多样化的现实而出现的营销组织结构，其在纵向上仍然保留了功能型的业务分配，而在横向上则设置了产品经理，按照不同种类的产品进行管理。其基本结构如图5-9所示。

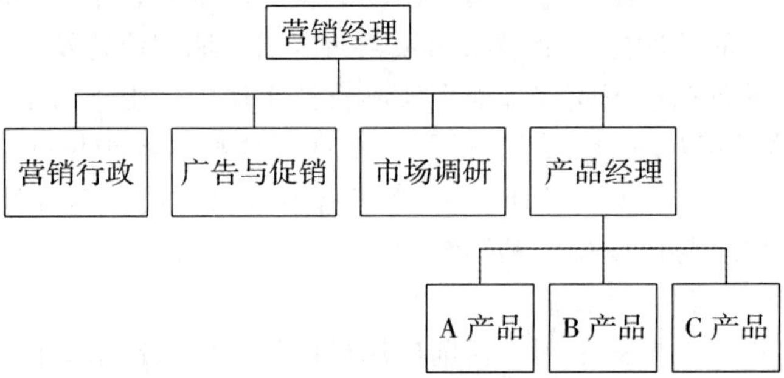

图5-9 产品型金融营销组织模式

产品经理的主要职责是制订产品的营销策略与计划，分析其执行情况，评定效果并采取必要措施对其进行控制，具体来说有以下几方面工作：（1）为产品制定总体的长期发展战略；（2）编制各产品的年度计划；（3）采取一定措施实施计划，包括激发销售人员与代理商对金融产品的兴趣，配合广告促销部门制定广告方案，共同推进产品促销等；（4）与市场调研经理密切联系，随时了解市场动态，从而抓住时机改善产品服务，设计出满足市场需求的新产品。

产品型金融营销组织模式中因为有专人负责金融产品，所以各种金融产品都不会被忽视，产品成长较快。产品经理可集中精力管好各个具体产品，尤其是在市场营销中占到较大比例的产品。同时，该模式也可针对市场上出现的问题迅速做出反应，为开发新产品而协调好各方面的力量。

但该模式也有以下缺点：（1）成本较高，由于是专人负责一种或几种产品，因而对金融营销部门的人员配置以及开销的要求就较高；（2）整体性较差，主要是各产品的负责人可能致力于其所管辖的产品管理而忽视了整个市场的状况；（3）产品经理的权力有限，通常产品经理没有足够的权力去充分行使其职责，而不得不依赖于广告、推销及产品开发等其他部门的合作。

（三）区域型营销组织模式

随着对金融业务管理的不断放松，金融服务区域范围的不断扩大，许多金融企业的销售绝不仅限于本地区，而是在整个国家乃至不同国家中开展业务。在这种情况下，区域型营销组织模式便自然而然地被一些企业所采用。这种模式是按照不同的地区来设置营销力量，其结构如图5-10所示。

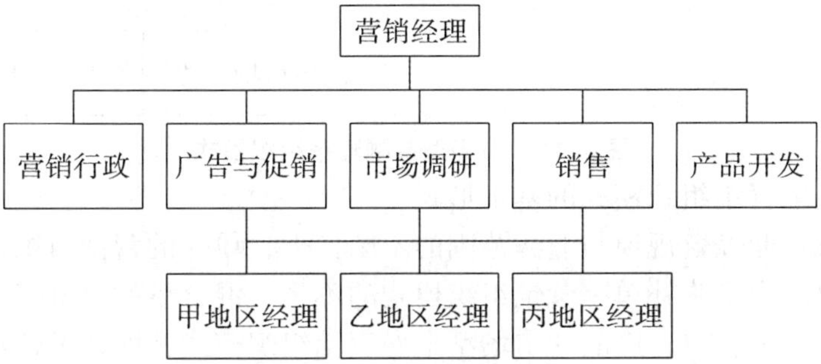

图5-10　区域型金融营销组织模式

在该模式中，地区经理掌握本地区的市场环境、客户及竞争对手的状况，配合企业总体的战略规划，为金融产品在本地区打开销路制订年度计划与中长期计划，并负责贯彻执行，同时要协调好上下级之间的关系，充分调动本地区的各方力量，最大限度地利用市场机会开展营销工作。区域型营销组织模式可以在一定程度上减少营销费用，便于有关人员了解所在地区的特殊环境，加快市场开拓步伐，对于营销人员的工作绩效也容易进行衡量与评价。

（四）市场型营销组织模式

在激烈的市场竞争中，以客户为中心、以市场需求为导向调整企业的经营战略，努力为客户提供多功能、全方位的优质服务是金融营销活动的宗旨，正是在这样的环境下，市场型营销组织模式应运而生了。这种模式是以市场细分为基础的。当然，市场细分的标准多种多样，金融企业通常将整个市场划分为个人客户市场与企业客户市场，针对不同客户还可以进一步细分，例如，企业客户按规模可以分为大型企业、中型企业和小型企业等；个人客户按不同的偏好、消费习惯、消费水平也可划分成不同类型。该模式的结构如图5-11所示。

在这种模式中，市场经理对自己负责的市场发展状况进行分析预测，制定发展战略及年度计划，不断提高产品的市场占有率。

可见，市场型营销组织模式并非着眼于营销职能、区域或产品本身，而是以市场为中心，针对不同细分市场、不同客户群体的需求开展营销活动，它与现代市场营销观念最为吻合。

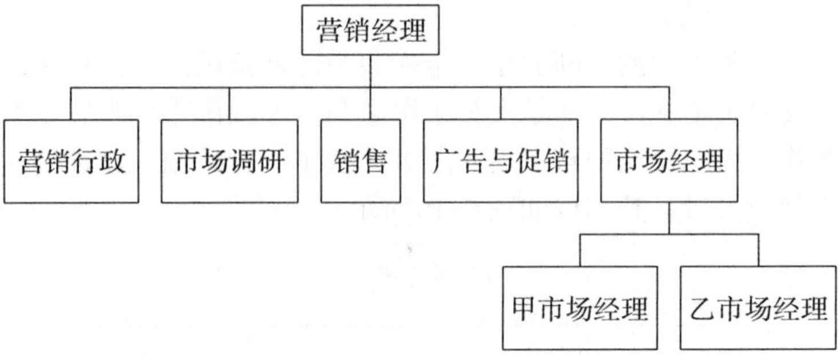

图5-11　市场型金融营销组织模式

以上是金融营销组织模式的基本形式。

随着金融企业经营规模与业务范围的不断扩大，单一的营销组织模式已无法适应竞争的需要。为了弥补单一营销组织模式的不足，混合型的金融营销组织模式出现了，主要有两种：（1）产品—市场型金融营销组织模式，即金融营销部门同时设立产品经理与市场经理，前者负责产品销售及利润规划，后者致力于市场的培育开发，其结构如图5-12所示。（2）产品—职能型金融营销组织模式，它将各职能部门与不同产品相互交叉，其结构如图5-13所示。

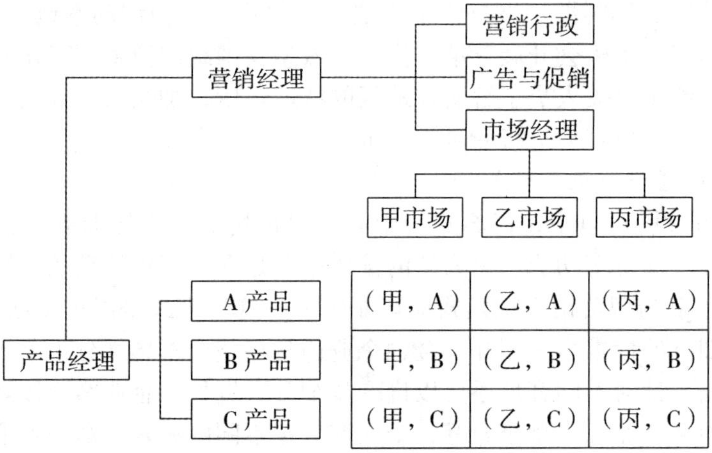

图5-12　产品—市场型金融营销组织模式

三、金融营销组织的协调

随着金融企业经营规模的不断壮大，营销活动复杂性的日益增加，其业务范围也更加广阔。而营销部门与其他部门之间又是相互作用的，营销计划的执行要依赖于金融组织中的每一个部门，尤其是数据处理、操作、人事、财会、投资、法律、

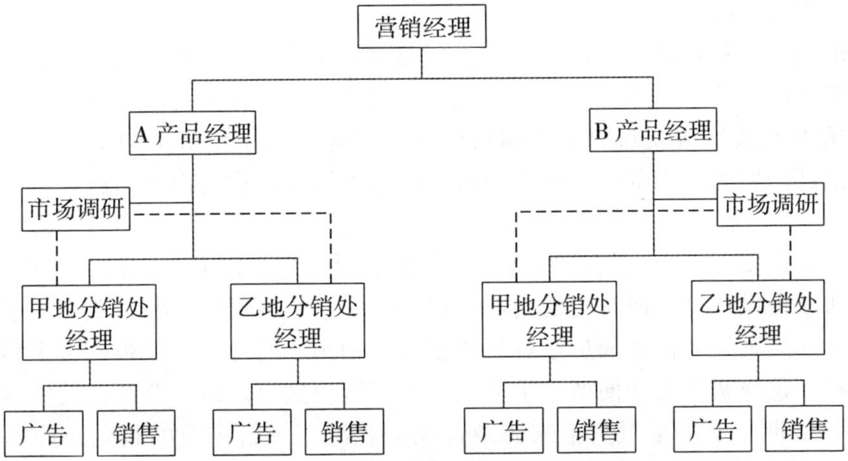

图5-13 产品—职能型金融营销组织模式

审计等部门。因此，要保持各个环节的有效运行，金融营销组织必须具备协调性，这又包括内部协调与外部协调两个方面。外部协调是指营销部门与其他部门的相互协调，目的是使它与其他部门的可能冲突降低到最低限度，这意味着营销部门必须与投资、信托、财会、人事等各部门密切配合，相互沟通信息。内部协调则指营销部门内部各职能部门之间应加强协作，共同完成整体营销目标，如新产品开发部门就不能脱离市场调研、产品设计、推销、售后服务等部门的配合独立运作，只有各部门协调一致，才能不断提高营销活动的效率，减少内耗，顺利完成各项工作。

（一）数据处理部门

现代科学技术的发展使得金融产品日新月异，目前许多金融工具都是以电子账户的形式保留下来的，资金的划转、账户的清算也是通过计算机网络来完成的，这一切都必须以数据处理为基础。因此，营销人员，尤其是新产品开发人员，必须与数据处理部门的有关专家通力合作，才能使工作更富有成效。数据处理部门也是向营销组织中调研部门与产品开发部门提供有关信息的主要来源，这些信息可以直接从计算机中以其所需的特定格式得到，它们对营销管理过程的评价十分重要。

（二）操作部门

金融产品开发后，企业必须将产品的形式以及运行程序等告诉分支机构，由其建立为产品提供服务的系统。对操作部门来说，他们最关心的是日常工作能够顺利、精准、及时地完成（如票据处理要准确、账户要平衡等），避免失误或因其他问题而引起检查人员的注意，客户的满意程度则往往排在次要位置。营销人员应该根据该部门的这一特点，采取合理措施来减少与他们的摩擦。

（三）人事部门

该部门主要负责员工培训，建立工资与福利制度，对业绩进行评价。在一个真正面向市场的企业中，以客户为中心应该被列入每个工作人员的工作准则，业绩评价及工资的增长均应反映出个人执行任务的好坏。为了使员工的工作更加富有成效，营销部门要为人事部门开展面向客户的服务培训提供全面的信息。

（四）财会部门

营销部门要求在有利可图的情况下尽量满足客户，因此他们往往希望为广告、推销等活动提供预算，而认为财会部门过于保守、不敢冒险，使企业丧失了许多机会，财会部门则认为营销人员很难具体说明营销预算的增加能给企业带来多少销售额的增长，这样两者之间便产生了冲突。为了解决这个矛盾，营销人员应该接受更多的财务培训，了解金融资金来源及运用的状况，理解企业的收入、成本、费用等。营销经理还应参加相关会议，以掌握企业的全面情况。另外，财会人员也要更多地了解市场。

（五）投资部门

金融企业对通过营销活动吸收的存款必须加以运用，即要进行各项投资。而存款利率的制定也是十分重要的，它会制约投资成本。从投资部门得到的利率信息应该可以用来描述资金成本与收益的差异，以便为企业获得一个合理的利润额提供依据。

（六）法律部门

尽管许多国家不断放松对金融业的管制，但仍然有许多金融法律法规在很大程度上影响和制约着金融营销活动。以美国为例，银行的经营要受到联邦存款保险公司（Federal Deposit Insurance Corporation）、联邦储备委员会（Federal Reserve Board）、货币监管署（The Office of the Comptroller of the Currency）及各州有关部门的监管，这些机构颁布的法律法规会对商业银行的服务及业务活动等产生巨大影响。营销部门应该通过法律部门更好地了解这些法律法规，使其营销活动不与有关法律法规相抵触。

（七）审计部门

随着营销部门广告开支、费用的增加，它需要接受定期审计以保证记录过程的正确性；在新产品的开发过程中也要审计人员参与，以实现对产品的合理控制；而外部审计则更注重营销活动是否与有关法律法规相一致，他们倾向于检验营销计划、广告及样品。因此，营销部门保持广告、服务的正确记录是十分重要的。

正是由于营销部门与其他各个部门之间关系密切，营销组织必须与他们相互沟通，使得整个金融企业的工作实现有机协调。而这种协调的核心便是使企业各部门树立营销观念，明确客户是企业各项工作紧紧围绕的中心，将为客户提供有效的服务作为金融企业经营的最高宗旨。除了做好与外部部门的协调之外，金融营销组织内部的各个职能部门之间也要时常进行沟通，实现内部协调。在金融营销组织的内部结构中，市场调研部门是其他部门活动的基础。通过市场调研，营销部门可以了解市场需求动态、供给状况、竞争对手的情况，从而为制定正确的营销方针政策提供依据。金融企业必须建立起一套科学的信息传递机制，使市场调研部门获得的信息能够及时、准确地传递到其他部门。广告部门应与有关部门相互配合，利用各种可能的媒介及人员关系将金融产品推向更广阔的市场，树立企业的声誉，以吸引更多的客户。新产品开发部门则应认真研究市场调研部门送来的信息，针对市场变动状况及客户需求设计出新的金融产品，并通过广告部门将产品迅速推向市场，以增强企业的竞争力。产品服务部门则要为客户提供全面周到的服务，并接受客户在使用金融产品过程中反馈的意见与建议，将它们反馈到有关部门，以改进营销决策。在协调过程中，应尽量运用交谈、会议、计划图表、信息系统等手段来实现信息交流，也可以工作说明书或经营手册为工具，在工作说明书或经营手册中详细记载各工作岗位的责任、权限、本部门与其他工作部门的往来联系等，这样可以使营销人员更好地了解整个营销组织，明确自己及他人肩负的任务与享受的权利，有利于激发个人的工作积极性，并以此作为评判营销人员工作实际成效的标准。

协调工作是保证金融营销组织正常运转的润滑剂。只有通过内部协调与外部协调，营销人员才能更好地树立整体观念，相互协作，从而提高整个金融营销组织的工作效率。

四、金融营销组织的发展

金融营销组织正处于不断变化的社会环境之中，世界经济一体化、服务手段多样化、市场竞争白热化及技术设备现代化等趋势使得营销部门的人员不断增加，规模不断扩大。为了适应市场及客户需求的变化，营销组织必须不断地发展。

（一）金融营销组织发展的原因

1.经济一体化

随着社会化大生产的迅速发展，世界各国之间的经济联系日益密切。尤其是20世纪70年代以来，许多国家都实行开放政策，努力使本国融入国际市场之中。国际金融市场也迅速发展，各国的外汇管制不断放松，推动了全球外汇市场的一体化，中国也从1996年12月1日起实现了人民币在经常项目下的可兑换。同时，资本流动的加剧又使得国际金融市场上的利率水平趋于一致，金融服务在国际经济贸易中的作用日益受到重视。为了适应一体化的经济、金融形势，金融营销组织要实现全能化，既要扩大业务品种与服务领域，为客户提供多样化的金融服务，又要使客户能更加方便、顺利地实现全世界范围内的各项交易。

2.竞争白热化

随着各国开放程度的不断提高，金融业的竞争越来越激烈。首先，从金融机构的数量上来看，更多的企业参加到同一市场的竞争之中，多家银行并存，业务交叉重叠，这就使得金融营销活动的难度更大。为了在激烈的竞争中取得优势，金融营销组织应该体现自身的特色，开发出更具有吸引力的产品，建立完善的分销系统向客户推销产品。

3.规模扩大化

随着金融市场竞争的加剧，经营风险不断扩大，各国金融组织为了求得生存与发展，纷纷采取合并的方式扩大其规模，并且这种合并不只在小企业之间发生，许多大企业也在走向联合，形成了一艘艘金融业的“航空母舰”。这种联合一方面使得企业实力大大增强，但另一方面也使得金融组织过于庞大。为了保持企业经营的有效性，金融营销组织必须建立一套科学的管理制度，以保证自身的健康运行，不断提高工作效率、降低成本，使资源得到充分合理的利用。

4.服务现代化

现代科学技术的发展及其在金融业的应用，使得金融服务手段走向电子化与自动化。自动柜员机（ATM）、销售终端（POS）、电话银行服务及电子货币、信用卡等的大量推广，使金融营销活动不再满足于过去的传统方式，而必须充分利用现代文明成果，不断引进先进的技术与设备，开发软件，将内部各单位连成一个整体，加强信息交流，实现管理的系统化与现代化。

5.管理人性化

由于外部环境的改变，人们的价值观也发生了巨大变化，金融营销人员的工作态度、工作期望、组织目标也不断地改变。例如，营销人员希望其工作更具有挑战性与成长性，要求营销管理形式更加公平，不断缩小等级与职位之间的差距，并希望组织更关心其生活，尊重其感情，能经常进行人际沟通，从而进一步改善现有营销组织中不合理的现象，这一切都是金融营销组织发展的内在动力。

（二）金融营销组织发展的步骤

面对不断发展的金融市场和不断变化的竞争格局，金融营销组织的发展过程一般可以分为以下几个步骤：

1.分析影响因素

对金融营销组织来说，其影响因素主要包括两个方面：内部因素与外部因素。内部因素主要是营销组织在运行过程中暴露出的种种问题，如职工的态度、组织的不协调等；外部因素则包括竞争对手的策略改变、新产品推出、市场价格波动、客户需求变化、技术进步及其他因素对营销组织造成的压力。

2.诊断问题症结

通过对内部因素与外部因素的客观分析，企业应该对营销组织所存在的问题认真地进行诊断，从而发现问题的实质。具体包括：（1）当下营销组织的主要症结何在？其根源是什么？（2）改进的目标是什么？（3）应采取哪些措施对组织进行改进？什么时候执行？（4）采取措施后可能带来什么样的后果？

3.采取具体措施

金融营销组织应根据现存问题的实质及其所面临的客观条件来决定对组织结构、人员配置、技术设施、营业网点等采取的具体措施，从而制订一个合理的发展方案。

4.实施方案

在制订出方案之后便要付诸实施。在实施过程中需考虑以下几个问题：（1）何时采取措施。一般要尽量避开工作较繁忙的时间段，因为变革之后营销人员要有一段适应期。（2）从何处着手。一般要结合营销组织原有的特点，从中层或基层开始着手。（3）变革的深度，即具体措施将涉及多广的范围，是以整个营销组织或营销组织中的某个部门为对象，还是针对某个小组、某几个营销人员采取调整措施。

5.评价

在对营销组织进行具体调整之后，必须对执行结果进行评价，并将相关的评价反馈给决策层，以便判断变革是否达到了预期的效果，还需采用何种配套措施，以保证营销组织的顺利发展。

总之，金融营销组织健康、协调地发展是一项巨大的工程，我们必须认真分析，努力掌握有关信息，使其能够有条不紊地进行。对于我国广大的金融企业而言，这显得尤其重要。因为我国金融企业还未真正建成营销组织，如何吸收其他国家金融业的发展经验，合理地设计、建立与中国国情特点相适应的营销组织并促进其健康协调地发展，是当前我国金融业面临的一个重大挑战。

五、金融营销组织的控制

金融营销组织的控制是对金融营销组织进行管理的一项重要内容。它是指金融营销部门在执行营销计划的过程中，接受内外部有关信息，对计划的执行情况进行监督，将原定的计划目标、操作过程与营销部门实际情况进行对比，找出偏差，分析原因并采取有关措施消除偏差，防止发生类似失误的一系列管理活动。

对金融营销组织实施控制有助于及早发现问题，减少事故出现的可能，找到更好的管理办法。例如，对新产品开发部门选择的新产品进行控制可以避免因开发决策失误而导致企业投入巨额经费却收益甚微的情况；通过对营销网点的控制可以防止出现企业盲目追求市场覆盖面的增大而忽视了对市场占有率进行合理分析的局面，对于那些效益不好的网点应进行及时的调整以削减不必要的开支；通过对营销组织的审计可以发掘出营销组织与其他部门之间及营销组织内部各单位在工作中存在的不良现象，从而寻找改善营销组织整体效能的途径。同时，对营销组织进行控制还能起到激励作用，如对优秀的营销人员实行奖励便会对那些不能完成正常销售指标的人员起到鞭策作用，使其潜能进一步得到激发，更积极地开展工作，实现企业的营销目标。

可见，控制是金融营销组织管理的一个重要阶段，它与计划及组织的联系非常密切。然而，从当前我国金融企业的营销实践来看，许多企业对营销组织的控制仍不甚有效，甚至还没有建立起一套适当的控制制度，这就严重影响了金融营销功能的正常发挥，因此，加强金融营销组织的控制是提高金融营销组织运行质量的当务之急。

（一）金融营销组织控制的方法

金融营销组织的控制方法大体可以分为现象观察法、专题报告法、预算控制法、盈亏分析法、组织审计法等多种，而在实际应用中为了保证其合理、灵活、有效地实施，金融企业必须根据实际情况加以综合运用。

1. 现象观察法

这种方法主要是管理人员直接到现场进行观察，了解营销组织的运行，如与营销人员直接交谈，掌握他们的思想动态、对组织机构的看法、对营销活动的意见等。现象观察法是从营销领域获取原始信息的一种重要手段，经常被各种营销管理组织所采用。它的优点是可以及时掌握第一手资料，准确性极强，并可获得一些其他方法无法得到的信息，为进一步改善营销组织提供依据；并且这种现场收集来的信息，还可以用来验证采用其他方法所得到的信息的真实性。再者，在运用这种方法的过程中，营销管理人员经常与下级营销人员接触，可以加强人们之间的交流，融洽不同部门之间的关系，使下级营销人员受到鼓励。当然，现象观察法得到的只是原始信息，必须经过有关人员的分析才能使资料的价值得到充分体现。另外，观察法也会受到时间、地点以及观察者的知识、能力、经验等的限制。

2. 专题报告法

这种方法是指对取得的原始数据进行整理，从而形成系统的信息，作为对营销组织评价及采取改进措施的依据的方法。由于金融营销控制人员的时间、精力是有限的，如果大部分信息都是采用现象观察的方法从大量原始数据中查找就会费时费力，因此有关部门要对原始资料进行适当的分析与整理，提出能够反映偏差、揭示原因、表明发展趋势的报告，以供管理决策层参考。报告一般由下属部门或基层工作者提供，也可以在主管人员的领导下组织一些经过训练的人员，成立专门小组对营销部门进行分析与调查，从而提出专题报告，以改善企业的营销活动。为了使报告能够为控制活动提供有效数据，报告人员必须解决好这样几个问题：①报告的目的、要求是什么；②向谁报告；③什么时间报告；④采用什么方式进行报告。

3.预算控制法

这种方法是在营销部门具体开展有关活动之前即对分配给本部门的各项活动费用（比如营销人员的推销费、广告费等）进行一定的计划与限制的方法。它具有一般性、可比性或整体性，可以把营销部门的活动引向增收节支上来，以取得更好的经济效益。预算可以作为衡量金融营销组织内部有关部门绩效的标准，对于超过预算限度所发生的费用开支，控制部门要认真查找原因。金融营销组织的预算控制应该与整个企业的目标相一致，但又要避免管得过细过死，防止单纯地以上一年度的收支水平作为制定下一年度预算的唯一标准。为了做到这一点，营销部门的预算可以采用弹性预算，即将费用划分为固定费用和可变费用，对于后者可以体现较大的灵活性，随着营销业务的数量而变化。

4.盈亏分析法

盈亏分析法被广泛地运用在计划、预测及控制中。在实际的计划实施过程中，由于各种条件的不断改变，营销费用与营销收入也处于变化之中。该方法可以对照营销目标检查与评价盈亏情况以分析其偏离目标的程度，揭示应该采取什么样的矫正措施来保证营销目标的顺利实现。盈亏分析可以从以下四个方面着手：

（1）销售额分析，即将营销组织的实际销售额与计划中制定的销售额进行对比。它还可通过计算总的销售额及按地区划分的销售额来分析营销组织的整体效能及分销组织设置是否合理。

（2）营销费用分析，即对营销组织的费用开支数额及营销费用率（即营销费用占销售总额的比率）进行计算分析。一般来说，营销费用率是有一定幅度限制的，如果超过了该幅度就要寻找原因，分析营销组织的哪个环节出了差错而导致费用上升。

（3）市场占有率分析。市场占有率对企业的利润水平有较大影响，所以提高市场占有率是金融营销的一个重要目标。通过分析营销机构在特定目标市场上份额的变化，控制部门可以为营销组织的调整提供依据。

（4）客户态度分析。客户意见、批评、建议都是对营销效果的一个重要反馈，它代表了企业在客户心目中的形象。通过对客户态度的分析，企业可以采取措施更好地树立它在社会上的声望。

5.组织审计法

组织审计法是指对营销部门在特定的营销环境中实施营销战略的能力及执行情况，营销部门的组织机构、职权划分、报告制度、管理观念及其与其他部门之间的关系等进行一个全面的评估。具体包括以下几个方面：

（1）检查营销主管及营销人员的权责范围及划分程度，分析他们的日常营销操作是否按既定的原则进行组织，营销部门内部是否做到权责明确并能相互协调。

（2）检查营销部门的职工培训、监管、评价及激励等方面的活动是否正常有序地进行，从而为营销人员素质的提高、积极性的发挥提供保障。

（3）检查营销部门与其他部门（零售业务部、投资部、信托部、财会部等）之间的关系，了解各部门之间是否进行通力合作，从而为整个营销组织的协调、有效运行提供参考依据。当然，对营销组织的审计要立足于企业的目标计划，通常要由专门的审计人员定期进行。组织审计无疑会大大提高金融营销组织的应变能力，使其在复杂的环境中更好地发展。

（二）金融营销组织控制的程序

金融营销组织的控制是对金融营销活动进行管理的一个基本阶段，它是建立在形成组织机构、明确权责并制定了营销目标的基础之上的。其具体步骤如下：

1.确定控制对象

金融营销组织的活动多种多样，如果对各个方面都进行控制，则会因内容过多、范围过广而产生大量的成本支出。因此，金融营销控制人员必须事先有选择地确定控制的内容与范围，比如营销人员的工作绩效、销售收入、成本与利润、市场调研的效果等。在确定控制对象时尤其要注意控制成本，即要使花费在控制活动上的费用小于控制所能带来的效益，否则，控制就会丧失其意义。

2.设置控制目标

这是将营销组织的控制与营销计划连接起来的一个重要步骤。由于控制与计划是紧密相连的，控制保证计划的实施并为下一步计划提供依据，因而计划的修正与调整是控制不可缺少的内容。控制目标一般要与整个营销计划的目标相一致。

3.建立控制标准

控制系统在有效运行之前必须建立起一套测量营销活动效果的客观依据，这便是建立控制标准的过程。通过建立控制标准，可以将所设置的控制目标定量化与具体化。控制标准（比如销售人员的工作效率、广告的效果、成本利润、计划完成期等）应是可以测定与考核的。同时，控制标准必须是客观的，要考虑到产品、地区、竞争力之间的差别，如不同的竞争状况等。

4.衡量营销绩效

这是指营销组织的控制部门运用控制标准去评定实际营销活动的成效，从而为今后的业务改进奠定基础。衡量绩效包括对实际活动的成效评价及对未来活动成效的预测，这一阶段工作是要将实际营销活动与控制标准进行对比，也就是对计划的执行进行追踪检查，并且既要分析总体执行情况，又要考察各个分阶段的任务完成效果。当然，预测也十分重要，根据实际情况预测未来并采取有针对性的措施以避免将来可能出现的偏差，这将更加有助于掌握营销活动的主动权。

5.分析偏差原因

当把营销组织的有关活动与控制标准进行比较衡量之后，我们就会发现营销活动中产生的偏差。对于这些偏差，有关人员应该认真分析其产生的原因。通常偏差的产生会有两种情况：一种是由实施过程中有关营销人员的失误所导致的；另一种是计划本身存在问题，如计划制订者考虑欠周全而使营销组织机构设置不合理，或者由于环境的变化而使原来的计划不适应新的情况。在实际工作中这两种原因经常会交织在一起，使情况更为复杂化。如果控制部门对这些问题不加以分析或分析得不细致，就很容易造成控制失误。因此，分析偏差产生的原因对于健全营销活动具有十分重要的意义。

6.采取改进措施

当找到产生偏差的原因后，控制部门应针对不同的原因采取不同的改进措施。如果偏差是由局部的组织不完善所造成的，可以通过改变营销组织的结构或调动有关人员的工作加以纠正；如果是由计划制订不周造成的，则必须要对原计划进行补充，使其更加全面；如果是由于环境改变而导致原先的计划脱离实际，则应对计划进行修正，直至制订出新的计划。通常采取改进措施越快越好，这样可以避免营销活动中可能出现的更大损失。

7.再评估

采取改进措施进行调整之后，控制系统还要进行再评估。如果这些措施并不能很好地改进营销组织的活动，就需要进行再次分析，从而找到更加有效的办法，提高金融营销组织的适应性。

以上七个步骤可以用图5-14来表示。

总之，金融营销组织的控制对于保证营销工作的正常开展十分重要，但它是一项非常复杂的工作，企业必须从实际出发制定合适的标准，对营销组织实施有效的控制，从而使营销活动更加科学、合理。

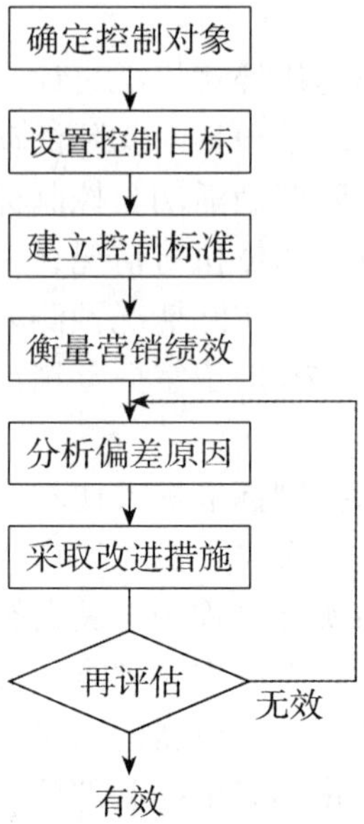

图5-14　营销组织控制程序

第三节　金融营销战略的分类与实施

在掌握了大量市场竞争信息，明确了市场机遇与挑战以及自身优势与劣势的情况下，金融企业便可以系统地设计自己的营销战略，以使营销工作做到扬长避短，经济、高效地实现企业的经营目标。本节主要介绍金融企业的目标市场战略、市场竞争战略、营销组合战略以及经营发展战略。

一、目标市场战略

目标市场是企业选定的用以达到经营目标的特定市场。它是在明确各细分市场的容量、产品特征、开发潜力的基础上，结合企业自身特点及经济实力确定的经营目标对象。企业进行市场细分后会发现不同需求的客户群，发现市场上未获得满足的需求，即市场机会。然而，并非所有的市场机会都能成为企业的机会，只有与企业的经营目标、资源条件相一致，并且使企业比竞争者具有更大优势的市场机会才能被企业利用。企业从中确定满足哪一类消费者的需求的过程，就是企业选择目标市场的过程。由此可见，确定目标市场的过程是指在市场细分的基础上，各金融企业充分考虑各细分市场的需求容量、自身的资源优势、经营管理能力、主要竞争者以及可盈利性等因素，而从若干细分市场中选择数个细分市场作为目标市场的过程。

目标市场与市场细分是两个既有联系又有区别的概念。市场细分是将整体市场划分为若干具有显著需求差异的客户群，从而发现可供满足的需求市场。而目标市场则是企业根据外部环境和内部条件选择一个或若干个细分市场作为营销对象。可见，市场细分是选择目标市场的前提和条件，而目标市场是对细分市场进行选择和筛选的过程，它是市场细分的目的和归宿。

金融企业在对整体市场进行细分之后，应抓住机会确定目标市场。如果不确定目标市场，就不能有针对性地开展市场营销活动并取得预期效果。选择目标市场一般要注意以下五个方面：

（1）目标市场应对一定的金融产品有足够的购买力，并能保持稳定，这样才能保证企业有足够的盈利来源。

（2）金融产品创新或开发与目标市场需求的变化方向一致，以便适时地按市场需求变化调整产品与服务。

（3）目标市场上的竞争者应较少或实力相对较弱，这样企业才能充分发挥自身的资源优势，占领目标市场并取得成功。

（4）金融企业能够建立有效地获取目标市场信息的网络。

（5）要有畅通的销售渠道，以便金融产品与服务顺利地进入市场。

具体而言，金融企业开展营销的目的，是出售满足客户需要并能够获利的产品或服务，其重点应放在企业盈利和满足客户需求上。企业确定营销战略之前，必须先了解它的客户。不同客户对产品和服务的要求差异性很大，这就决定了企业不可能满足所有的客户，而只能依据某些标准，将客户划分为若干群体，选择其中的一个或几个群体为目标客户，这就是市场细分和目标市场的选择过程。企业在确定了目标客户群体后，应根据自身情况以及目标市场的特点，确定自身及产品与竞争者相比处于何种位置，这就是市场定位的过程。只有明确了自身所要服务的目标市场，并确定了自身在目标市场中所处的位置之后，企业才可能制定长期营销战略。

市场细分原理是企业目标市场战略的重要基础，但近年来随着企业竞争的加剧，反细分战略也开始凸显其重要价值，因此，目标市场战略分为市场细分定位战略与反市场细分定位战略两种。

（一）市场细分定位战略

根据市场细分与目标市场选择原理来分析竞争者，同一细分市场或相近细分市场的竞争者就是本企业的主要竞争对手，因此，市场细分定位战略可分为三种类型：

1.无差异市场战略

这种战略是建立在消费者的无差异或较小差异需求的基础之上，即将同一产品提供给所有的消费者。由于该战略把整个金融市场视作一个大目标市场，营销活动只注重客户需求的相似性或共同点，无视不同客户需求的差异性，因而推出单一的产品和标准化服务，以单一产品、单一价格、单一促销方式和单一分销渠道满足客户需要。这一战略的特点是可降低管理成本和营销支出，易取得规模效益，但是无法满足日益个性化的消费需求，难以较快地根据市场变化而进行创新与调整。采用无差异市场战略时，金融企业一般通过宣传广告的形式，如电视广告、广播广告、报纸广告、邮寄广告、广告牌广告和公关宣传等，向社会介绍自己的形象、产品和服务。

无差异市场战略适合于消费者需求无差异、标准化产品或竞争不激烈的市场。对大多数产品来说，消费者需求都是有差别的，一旦有竞争者以市场细分方式发现显著的差异存在而选择不同的细分市场开展竞争，就会给这种战略的实施者带来负面影响，从而导致销售额的大幅度下降、市场份额的减少等。

2.差异市场战略

这种战略是把大的目标市场细分成若干个细分市场，根据自身的条件和环境状况，同时在两个或更多的市场上从事营销活动。由于该战略把整个金融市场划分成若干个细分市场，从中选择两个或两个以上细分市场为目标市场，并根据不同的目标市场制定和实施不同的营销策略，多方位或全方位地开展有针对性的营销活动，因而成为近年来金融企业最主要的营销战略。它能有效地针对现有的客户开展业务，有计划地拓展新市场，合理配置资源，最终达到获取优厚利润的目的。例如，针对客户对储蓄期长短不同、收益不同的需求，银行设计和推出储蓄期限不同、利率不同的金融产品等。实践中，美国花旗银行对于大众市场提供各种低成本的电子自动服务；对于高收入的客户，提供私人银行业务；对于富有的、中上阶层的客户，提供特殊的个性化服务。

当金融企业采取这种战略时，应注重客户需求的差异性，实施多种产品、多种促销方式、多种分销渠道的营销策略。该战略能较好地满足客户需求，扩大市场份额，但营销成本会增加，所以要考虑收益所得必须大于增加的成本。

可见，差异市场战略是根据消费者需求的差异性，相应设计和生产不同的产品，并以不同的营销方式分别满足各个细分市场的需要，如各种用途的信用卡市场，包括旅游卡、现金卡、购物卡、交通收费卡、加油卡等等。目前，我国各大专业银行的信用卡业务就主要运用了这种差异市场战略，如中国银行的长城卡在旅游饭店等部门具有绝对优势；中国工商银行的牡丹卡发行数量在国内市场遥遥领先，且以购物卡最具优势；中国建设银行发行的龙卡则以彩照信用卡和转账卡赢得客户的青睐。差异市场战略虽然针对不同的市场需要而获得市场的欢迎，但这种方式也增加了营销的难度和成本，特别是受到企业资源与经营能力的限制。

3. 密集市场战略

密集市场战略指把企业的力量集中在某一个或几个细分市场上，实行专业化服务和经营，所追求的并不是在较大市场上占有一定份额，而是在较小的细分市场上占有较大的份额。由于该战略既不面向整个金融市场，也不把力量分散到若干个细分市场，而是集中力量进入一个或两个细分市场，因而专业化程度较高。这种“抓住重点，重拳出击”的经营手段，在欧美的银行业最为流行。一些美国银行着力加强特定部门的并购和特定业务的挖潜，力求使银行在某一经营领域内成为权威的、大规模的顶尖银行，以此来赢得客户的好感和信任，从中获得更多的利润。例如，美国花旗银行确定的市场战略是成为世界上最大的债券和商业票据交易商；美国纽约银行的成功之处就在于该行不是全面撒网经营所有银行业务，而是抓住自身擅长证券经营管理的优势，在这方面倾注较大的力量，保证了证券管理业务手续费和利息收入的稳定性，从而获得了巨大的收益。再如，英国的巴克莱银行倡导重视经营品质和服务质量的经营思想，以其所属的投资银行子公司为主，在银行内部进行业务分工调整，重整个人资产部门和大企业金融服务部门，并加强人才培训和电脑服务，使银行内部的经营机制顺畅运行，从而增强了竞争能力，也使利润大幅提高。

可见，密集市场战略是在充分进行市场细分和研究的基础上，根据企业的资源状况和经营能力，选择有限的几种市场进行竞争的方式，力求在较小的目标市场上集中力量拥有较大的市场占有率。采取这种战略可以在选择的细分市场上占据优势地位，节约成本和营销支出，但风险较大，容易因市场波动和消费者需求与偏好的改变而失去市场，一般需要适度地增加品种，以分散风险。

以上三种目标市场战略的主要区别如图5-15所示。

市场细分定位战略是根据市场细分和目标市场选择原理来分析自身与竞争者。一家金融企业究竟采用哪一种目标市场战略，应综合考虑企业自身实力、产品和服务特点以及竞争对手战略等多种因素。只有通过综合分析，权衡利弊后才能做出抉择：

（1）考虑金融企业的实力。如果企业人、财、物资源充足，经营能力强大，则可采用无差异战略；如果实力不强、资源不足，则可采用密集市场战略或差异市场战略。

（2）考虑产品的特点。对极具相似性的产品，如提供的结算服务等，可采用无差异性战略，对相似程度低的产品，如储蓄等，则可采用差异性战略。

（3）考虑产品的生命周期及产品所处阶段。新产品进入市场时，一般倾向于采取无差异或密集性战略；对于已进入成熟阶段的产品，则实行差异性战略。

（4）考虑市场的性质。如果消费者在需求特点和购买行为上存在差异性，则可以考虑差异性战略；如果消费者存在同质性或差异性极小，则适合无差异性战略。

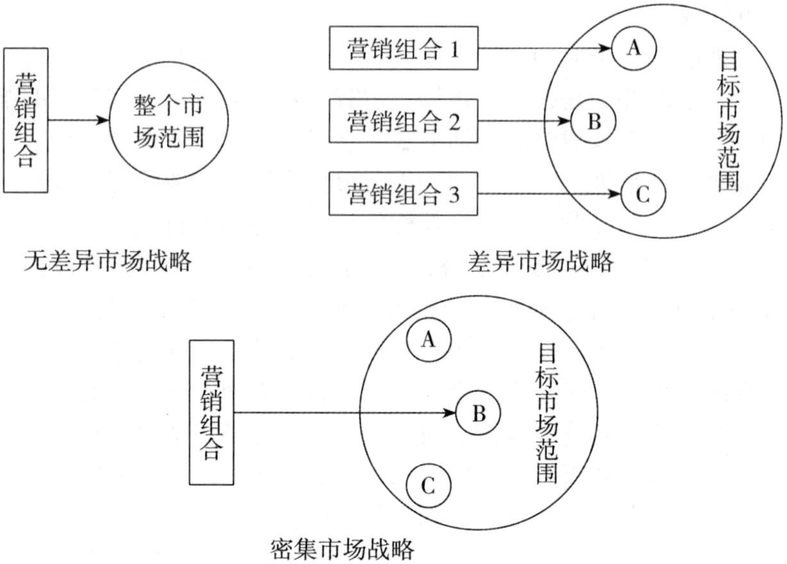

图5-15 三种目标市场战略的主要区别

（5）考虑竞争对手。若竞争对手采用无差异市场战略，则自己可采用差异性或密集性战略；当然，若竞争对手实力不强，而自身实力较强，也可采用全面竞争战略。

金融企业无论采用哪一种战略，选择目标市场时都必须重视三方面的要求：第一，选定的目标市场对投放的金融产品要有相当的购买力并保持相对稳定，以确保企业盈利；第二，满足目标市场客户需求，应尽可能与金融产品创新和业务开拓方向一致，务求以较小投入获得较大产出；第三，目标市场的竞争对手应较少或实力相对较弱，以利于发挥自己的优势，在竞争中获胜。

【营销视界】 **花旗银行细分不同客户群**

美国花旗银行通过对客户的细分处理，推出了一项系列优惠服务计划。这项计划的主要内容如下：按照一定的标准划分不同的客户群，分别向各类客户提供相关的优惠服务，推出一整套极有吸引力的服务项目。这项计划包括为某些信用卡持卡人提供有关免费服务，对某些信用卡削减随机费用、核定年度收费标准，推出“花旗就餐卡”“花旗旅行卡”“花旗购物卡”等系列性的优惠消费业务。此计划中“花旗美元券”的发行为相当数量的家庭主妇购买成套商品提供了方便和价格优惠条件。

（二）反市场细分定位战略

市场细分的目的是便于发现市场营销机会，即细分仅是寻求目标市场的手段。在实际工作中如果滥用市场细分，不仅不能提高竞争能力，反而会提高成本、增加营销难度，导致利润下降，这就需要用反市场细分的方法来进行调整。通常的办法是：

1.改进产品设计，扩大产品的适用范围。

2.压缩产品线，减少细分市场。

3.合并划分过细的市场面，重新进行市场定位。

二、市场竞争战略

金融企业实施全方位的战略管理，是为了持续、健康、稳定地发展。因此，企业在分析环境、细分市场和确定经营目标后必须制定相应的营销战略。营销战略的选择取决于各个企业的规模及其在金融行业中的竞争定位。

所谓竞争定位，是指对市场所有经营者状况和市场占有率大小的排列，以明确本企业所处的市场地位，并确定本企业的主要竞争对手。市场占有率，也称市场份额，是一定时期内企业所经营的产品在市场上的销售量或销售额占同类产品销售总量或总额的比重。它体现了企业的经营规模、市场占有能力、竞争能力和获利能力的大小。市场占有率可分为绝对市场占有率和相对市场占有率。绝对占有率是相对整个同类产品市场的销售总量或总额的份额，而相对占有率是本企业的市场占有率相对于某一竞争对手的市场占有率之比（通常是相对于本行业市场最大的市场占有者而言）。它所反映的是本企业的相对竞争地位或优势与劣势。绝对市场占有率与相对市场占有率的计算公式分别为：

$$\text{某金融市场甲产品绝对市场占有率}=\frac{\text{本企业甲产品的销售量或营业额}}{\text{本行业甲产品的销售总量或总营业额}}$$

$$\text{某金融市场甲产品相对市场占有率}=\frac{\text{本企业甲产品的绝对市场占有率}}{\text{某竞争企业甲产品的绝对市场占有率}}$$

通常以市场占有率大小来定位竞争者，可以把竞争者分为四种类型：

1.市场领导者（market leader）。在相关产品市场上占有率（约在40%左右）最高的企业，其在产品创新、价格制定、网点布置和促销方式选择等方面都处于领导地位，是市场竞争的主导者，也是同行业中其他企业挑战、跟随或躲避的主要对象。市场领导者企业在金融业各方面都普遍存在，其地位是在长期竞争中自然形成的，但不是一成不变的。

2.市场挑战者（market challenger）。在同类产品市场占有率属于第二位或第三位的企业，在30%左右，其往往成为市场领导者的挑战者，但是也可安于现状，成为一个追随者。

3.市场追随者（market follower）。一般其市场占有率在20%左右，没有能力成为领导者或者领导者的挑战者，往往采取追随策略，在保持竞争地位稳定发展的同时逐步扩展市场。

4.市场补缺者（market nicher）。其市场占有率在10%以下，往往是一些有突出个性和特点的小企业，其所选择的市场往往是大公司不感兴趣或无暇顾及、遗漏的市场，但仍然存在独特的个性和盈利特点。

由此，我们可以将金融企业的市场竞争战略相应地分为以下四类：

（一）市场领导者战略

在一个地区的金融市场上，必然有一两家金融企业处于比较优势的地位，充当领导者的角色。这类企业在服务质量、信誉度、人员素质和网点设置上都具有突出的优势，并不断地受到其他企业的挑战。领导企业如果保持并强化其领导者的地位，可以选择三种不同的竞争战略：一是拓展服务范围；二是提高市场占有率；三是维持现有市场占有率。

1.拓展服务范围

在金融服务总量扩大的情况下，领导企业容易凭借其原有优势获得较多的份额。所以领导企业应尽量寻求新的客户，不断创新产品，增加金融商品的新用途，并增加客户对金融服务的使用量。具体措施如下：

（1）增加新的客户。任何企业都会有潜在客户，这些潜在的客户可能由于不了解金融服务的内容或缺少适合于他们的金融服务项目，或者营销渠道没有延伸到他们所在的区域，而没有成为企业的现实客户。企业应采取有针对性的措施尽量增加新的客户。例如，银行可以采用地理扩张战略——布置新的网点和分支机构、占领新的区域市场、向国际市场拓展业务、增加海外新客户等。

（2）开发金融产品的新用途。例如，开发储蓄通存通兑业务，开发大额存款可以用作质押品在二级市场流通等业务。

（3）增加客户对金融产品的使用密度。例如，推出功能增强型的IC卡，因为它既可以作为转账卡、提款卡、储值卡，又可以作为身份证明、医疗保险和电子银行的工具，从而大大增加使用频率，满足客户对服务的需求。

2.提高市场占有率

金融企业通过提高已有业务的市场占有率也可以有效地保持其市场领导者的地位。提高已有业务的市场占有率对于企业来说是一项长期性的艰巨任务，要分析影响市场占有率的各项因素，采取有针对性的措施提高市场占有率。同时，还要注意不能盲目追求市场占有率，因为市场占有率高并不一定意味着会获得较高的效益。

尽管领导企业具有优越的规模条件，其市场规模的扩大会带来单位成本的下降，带来经济效益的提高，即随着市场占有率增加，企业的利润率（通常以平均的投资回报率计）会相应地增长，但是，根据对美国农业装备企业的一项研究发现，市场份额与盈利性之间呈V形关系，即领导者企业由于有大的市场份额而获得高的利润，同时市场份额小但具有专业化优势的小企业也具有较好的盈利率，而那些规模中等的企业收益最低，因为它们既未获得规模效益，又无专业化竞争优势。这个事实告诉我们，不是在任何情况下市场占有率的提高都会带来收益率的同步增长，这就要求企业必须从所在行业和自身的具体情况出发，制定正确的提高市场占有率的战略，以确保利润率的稳定和上升。

3. 维持现有市场占有率

领导企业在开拓市场的同时，还必须时刻防备竞争对手对现有市场的争夺。领导企业维持市场现有占有率的最佳途径是在金融业务的开拓、创新、服务方式、技术手段和人员素质等方面保持竞争优势。其具体措施如下：

（1）积极合作，即与竞争企业寻求合作，或达成协议。如在我国，近年来商业银行的竞争越来越激烈，特别表现在吸收存款的业务上，为了行业的共同利益，一些地区的银行纷纷订立反不正当竞争协议。

（2）收购兼并，即对有潜力的细分市场经营者实行兼并措施，以减少竞争威胁，增强本企业的竞争能力。

（3）运用法律和政策手段。领导企业可以运用国家或国际法律来保护自己的专利、商标与经营渠道，同时还可以通过提案形式向立法部门寻求政策保护。

（二）市场挑战者战略

市场挑战者是指在金融业中仅次于市场领导者，位居第二或第三的金融企业。市场挑战者一般不满足自身的现有地位，会力争超过市场领导者或者能与之平起平坐，因而市场挑战者就是金融行业中那些不具有领导地位、不满足于现状而伺机对其他企业发起攻击的竞争者。其战略实施步骤如下：

1. 确定竞争目标与对手

挑战企业必须确定自己的竞争目标。多数挑战者的竞争目标是提高市场占有率以获得更多盈利。一般情况下，挑战企业选择的竞争对手主要有以下三种：

（1）领导企业。确定领导企业作为竞争目标，是一种高风险与高收益并存的战略。如果其选择的市场领导者名不副实，或者其领导地位已经受到了挑战，那么采用这一竞争战略的效果最佳。采用这一战略，首先要研究潜在金融市场是否已得到应有的产品和服务。如果领导企业所提供的产品与服务质量下降，就可以将产品和服务质量作为实施竞争战略的突破口；其次是在现有市场上推陈出新，推出新的服务项目，从而在某特定的市场上全面出击并获胜。

（2）与自身规模、实力相当的企业。对与自身规模、实力相当的企业，可以采取正面进攻的方式，力求速战速决，迅速提高市场占有率。

（3）小规模的地区性企业。对于这类竞争对象，挑战企业的目标不应仅仅是占领其市场，还可考虑兼并收购它们，从而壮大自身的竞争实力。

挑战企业的基本目标是提高市场份额，尽管市场上的竞争者较多，但不一定都是挑战企业的竞争对手，企业可以根据自身的实力、竞争企业与本企业经营市场的相关度、竞争企业的实力（包括优势与劣势）等确定主要的竞争目标与对手。挑战企业的竞争目标具体如图5-16所示。

		细分市场	
		多个	单个
竞争对手	多个	全面竞争	选择细分市场
	单个	选择竞争对手	有限竞争

图5-16 挑战企业的竞争目标

（1）全面竞争，即同时在多个细分市场上对行业的多个竞争者发起攻击，是多目标、全方位的竞争方式，是具有雄厚实力的大企业常采用的竞争方式，在实际的市场竞争过程中并不多见。

（2）选择竞争，即采取有选择性的攻击方案，包括：①选择细分市场，即只在某一细分市场发起攻击，目的是扩大该细分市场的市场份额；②选择竞争对手，即从多方面攻击某一竞争对手，目的是击败对手。

（3）有限竞争，即只对某一竞争者的某种产品或某一细分市场发起攻击，以获得在该细分市场中较大的市场份额。

在现实的竞争目标选择中，有限竞争和选择竞争较为常见，企业可以根据具体情况、自身条件和对手实力做出选择。但挑战企业如果具备雄厚实力，并欲谋求市场领导地位，也可以适度地采用全面竞争方式。

2.对竞争对手进行分析

挑战企业选择竞争对手的关键还在于对竞争对手作系统、全面的分析，即必须收集竞争对手的各种信息，力求能够弄清下面的问题：

（1）哪些企业是本企业的竞争对手？

（2）每个竞争对手的经营业绩、市场占有率和资金实力如何？

（3）每个竞争对手的竞争战略是什么？

（4）每个竞争对手的优势和劣势是什么？

（5）每个竞争对手对其未来战略可能做出的调整和改变是什么？

3.制定竞争战略

确定了竞争对手并对其进行了认真的分析后，企业应根据自身的具体情况采取不同的竞争战略。一般来说，挑战企业如要提高其市场地位，其战略目标应是不断创新，建立竞争优势。一般情况下，挑战企业可采取以下五种战略：

（1）空隙定位战略。这种竞争战略是指将挑战企业的注意力集中于领导企业所忽视的业务领域，努力将战略目标置于竞争对手力量薄弱或者没有注意到的细分市场上。理想的空隙定位必须有足够的盈利空间和市场潜力，适合挑战企业充分发挥优势，同时又在领导企业视野之外。

（2）专业化战略。这种战略是指企业战略目标指向若干个经过周密分析后选择的细分市场。专业化战略必须建立在本企业独特的经营优势之上，而这种优势又是广大客户所承认并给予很高评价的。例如，中国银行在具有专业优势的外汇理财项目上进行开拓，就收到了事半功倍的效果。

（3）优势战略。这种战略是指企业的市场营销集中于具有质量意识且能带来较大利润的客户群体，并通过不断开拓创新，与客户密切合作，形成与其他企业有所区别的竞争优势。

（4）跟随战略。采用这种战略的企业必须小心谨慎，避免向领导企业发动正面进攻，以防领导企业采取报复行动。

（5）兼并战略。这种战略是指挑战企业利用自身所具有的资金优势，兼并弱小企业，从而占有其市场；或者与诸多小企业联合，形成独特竞争优势。例如，全国各地的信用合作社联合组成城市合作银行，从而增强了竞争能力。

（三）市场追随者战略

市场追随者战略应以模仿领导企业或挑战企业的行为为主，并尽可能形成自己的特色。由于金融产品或服务具有易模仿的特性，而追随企业又往往是挑战企业攻击的主要目标，因而追随企业成功的关键是：一方面，保持低成本，提供优质的金融服务产品以阻挡挑战企业的攻击；另一方面，营销行动应力求避免直接扰乱领导企业的市场，从而招致领导企业的报复。追随企业具体可采取以下两种营销战略：

1.全面模仿战略

这种战略是指及时全面地模仿市场领导企业的行为。例如，领导企业推出一种新型理财咨询服务，在市场上初获成功，这时，追随企业也应及时向其细分市场的客户提供类似的理财咨询服务，以巩固现有客户群，防止他们转向领导企业。可见，追随企业的行为模仿必须及时。又如，市场领导企业引进自动柜员机设备，方便客户延长营业时间，追随企业则必须迅速在自己的细分市场上提供自动柜员机或改善服务以方便客户，否则，追随企业已有的客户就有可能转而选择领导企业，因此，追随企业必须做到以下几点：①密切关注市场领导企业的一举一动；②对市场领导企业的经营变化做出及时、灵敏的反应；③高层管理人员具有敏锐的观察力和长远的目光；④能主动细分市场，并把自身资源和营销努力集中于目标市场；⑤注重盈利而不追求市场高份额。

2.部分模仿战略

这种战略是指追随企业在有显著盈利的金融业务领域或服务项目上追随和模仿市场领导企业，而在其他一般金融产品或服务项目方面则仍保持自身的特色与优势。

（四）市场补缺者战略

市场补缺企业是指金融资产规模不大，提供的金融产品或服务品种不多，且集中于一个或数个细分市场经营的金融企业。市场补缺企业的最佳战略是集中经营，即选择一个或数个细分市场，集中所有的资源为目标细分市场提供有特色的或成本低廉的金融产品与服务。因此，补缺企业开展金融营销的主要特色就是小型化和专业化，如开设保管箱业务、为收藏爱好者经营古旧钱币、开设特种保险业务等。

补缺企业的战略选择包括：①提供专门服务，如家庭理财；②纵向专业化，按产品的开发、提供和流通等纵向流动过程选择服务对象，如专门从事证券与股票的上市交易代理，或提供投资咨询分析；③客户规模专业化，即专门为小客户、散户服务；④为特定客户服务，如专为老弱病残者提供上门金融服务；⑤为特定地区的客户服务，如把金融服务定位于农村或偏远的少数民族地区；⑥满足特殊需要，如开设珠宝、细软保管业务，为个人需要开展小额透支业务等；⑦更新服务方式，如承接电话或电信贷款业务；⑧开拓新的业务，如专门从事消费者信贷、提供分期付款等。

随着我国金融业的改革开放与发展，满足金融中间业务以及特定客户需要的大量补缺市场将愈来愈广阔，补缺企业也会大有作为。

综上所述，通常情况下，金融企业有四种定位，相应的也就有四种营销战略：市场领导者企业，在行业中独占鳌头，采用市场领导者战略，当其推行新营销战略时，其他同行只能跟随；市场挑战者企业，在行业内稳守第二、第三名的地位，采用市场挑战者战略，伺机对市场领导者企业发起进攻；市场追随者企业，在行业中没有能力向其他同行企业发动进攻或独立进行创新活动，只能采取市场追随者战略，模仿其他公司的营销活动方式；市场补缺者企业，在行业中规模很小，一般采取市场补缺者战略，集中资源开发被大企业所忽视的或不屑经营的补缺市场。

市场定位是以实力为后盾的，只有实力雄厚的企业才能实行领导者战略。挑战者战略适用于二流企业中实力较强者，它们有能力采用进攻性的战略以取得更大的市场占有率。追随者企业规模一般较小，不易引起重视，即便被模仿者注意到，也觉得不值得采取报复行为。补缺者规模更小，它们没有能力在主要业务和主要客户上与其他企业开展对抗，因而需要集中力量于某些小的细分市场，避免与大企业正面竞争。

三、营销组合战略

在市场定位与竞争定位的基础上，企业需要对目标市场进行营销组合定位，即根据目标市场的特点确定相应的营销组合战略，以价格、产品、渠道和促销等变量的组合来实现对市场的占领。

营销组合是企业可以控制、调整的一组营销变量。营销组合一般由四个要素组成，即产品（product）、价格（price）、渠道（place）和促销（promotion），由于这四个要素的英文名词第一个字母都是P，因而营销组合被简称为“4Ps”。营销组合的概念最早是由美国营销学者、哈佛大学教授尼尔·博登（N.H.Borden）于1964年提出的，1975年，密歇根州立大学教授麦卡锡（E.J.McCarthy）将其归纳总结为4Ps组合。所谓营销组合，就是指企业为了实现营销目标而根据市场状况对影响产品营销效果的一些可控因素所进行的调整和适应。企业可以根据市场的要求对组成营销组合的产品、价格、渠道和促销等要素进行精心设计，并根据市场的动态变化采取灵活的对策。由于营销组合将营销工作从产品、价格、渠道和促销四个方面进行统筹安排，以满足目标市场需求，因而它既是营销战略的主要内容和营销工作的基本框架，同时又是将企业资源与市场需求充分结合起来的重要方式和线索，是企业经营灵活性的重要体现。

1984年，菲利浦·科特勒在传统营销组合观念的基础上提出了大市场营销（megamarketing）这一整体战略概念，即在传统4Ps的基础上增加了人事、设备、流程、公共关系与政治权力。大市场营销是为了适应新时期市场营销所面临的各种问题而提出的全新营销组合观念，它强调为了进入特定市场并取得经营成功，企业应全方位实施多种营销技巧，以赢得各方面的支持与合作。这一思维对金融企业的营销工作具有非常重要的指导作用。具体如下：

（一）产品战略

产品战略指与金融产品相关的战略决策。金融产品本质上是一种服务，它是一系列服务的总和。与物质产品相比，金融产品的内涵丰富得多，它的质量评判也较为复杂困难。其质量通常和以下因素有密切联系：①该产品满足客户需求的属性；②调拨资金的渠道；③融资能力和审批速度；④金融企业人员的素质；⑤得到服务的方便性；⑥安全性；⑦客户的合作和参与。

产品战略的实质就是选择什么样的产品来满足客户。决策者要确定产品线的数目，以及每条产品线的长度。例如，储蓄是一种金融产品，银行可推出活期、定期、零存整取、活期变定期、定活两便、大额存单、基金管理账户等不同品种。产品线决策中，一般还要确定是否需要选择某一特定产品为拳头产品，用这一产品的促销成功来带动其他产品和服务项目的销售。在这里有一点需要着重指出，开发新产品，提高竞争力和市场占有率应以客户需求为出发点，以满足客户需求为宗旨。因此，金融产品定位除了考虑自身因素（如分行数目、电子化能力、人员素质）和竞争者状况外，重点还应了解潜在客户的需要。根据调查，客户通常会对金融产品提出以下要求：（1）业务处理迅速，等候时间短；（2）贷款方便、流程短；（3）营业员服务态度好；（4）要求客户办理的手续简便；（5）营业场所舒适、安全；（6）贷款利率低，服务收费适度；（7）业务处理准确无误；（8）可提供咨询服务；（9）赠送小礼品或提供其他优惠。

（二）定价战略

定价战略指与金融产品价格相关的战略决策。金融企业经营以营利为目的，定价是获取利润的具体措施。与一般工商业企业物质产品的定价相比，金融产品的定价有其特殊性：①受政府金融政策、法规较严格的管制；②金融产品价格变动对销售额影响相对较小。企业定价时，可以利用各种适当的变通方式，以达到拓展业务、增加盈利、规避风险的目的。但同时，定价又会对企业形象产生影响，因此，定价与销售额之间并非简单的线性关系。企业定价时，主要应考虑三个因素：成本、客户的需求和购买力、竞争。其中成本最重要，任何企业都不可能长期以低于成本的价格出售自己的产品。近年来，为了降低成本、获得价格优势，各国金融业都采取了相应的措施，如裁减员工，利用高科技处理简单业务，普遍采用自动柜员机、外币兑换机、自动汇款机等。

（三）渠道战略

渠道战略指金融企业在何处将产品转移给客户的战略决策。金融企业经营业务的拓展与分销渠道有密切联系，因此，必须采取多种形式的渠道组合，做好金融网点建设，建立有效的金融网点体系。金融企业原始的分销途径主要是设立分支机构，寻找代理行。现代科技拓宽了金融行业渠道的深度和广度，企业正朝着电子化方向迈进，出现了网上银行（企业或个人）、电话银行、自助银行等。例如，企业银行的出现进一步加强了银行和企业客户之间的联系，增大了企业客户和银行经营的自由度，因为企业银行服务是将银行的电脑网络直接连通到企业大客户的办公室，由客户自行进行资金调拨和账务处理。为了降低成本、减少支出，充分利用营销网点，许多金融企业早已在商场、机场设立分支网点，安置自动取款机。专家预测，21世纪的银行分销渠道将发生根本变化，分行和员工数将大大减少，分销将以间接服务为主，并通过屏幕进行，如利用自动取款机、电视、电脑、出纳亭等，电话服务、开办便捷交易、设立移动银行、上门服务也将越来越普遍，而分行将主要从事社区和资产保全或财务管理等业务。

（四）促销战略

促销战略指企业向客户宣传产品和服务，促进和影响人们的购买行为和消费方式，它是鼓励客户购买的刺激手段。对金融企业而言，促销的作用不像工商企业那么显著。但近些年来，随着竞争的加剧，金融企业也越来越把促销作为拓展业务的手段之一。金融促销与工商企业促销一样，包括人员推销、广告、公关、销售促进四种方式。恰当地运用促销组合以说服、影响现有的和潜在的客户，在社会大众中树立良好的企业形象，是现代企业一个非常重要的问题。企业促销活动应做好三项工作：首先，要注重自我形象的塑造，建立CIS企业形象识别系统。在现代市场激烈竞争的条件下，只有那些信誉好、形象佳、具有鲜明特点的企业才能占有一席之地。其次，全力开发新的产品和服务品种，提高业务质量。促销成功的前提是产品优异。产品质量不过关，本身不具有吸引力，促销努力最多只能收到短期效果，销量即使有所提高，也会马上大幅回落。最后，促销手段还应不断推陈出新，无论是人员推销、广告、公关宣传还是赠品，都应有新意，以引起人们的兴趣，这样才会收到促进销售的效果。

（五）人事战略

人事战略（personnel）指对金融营销活动的“软件”做出的战略决策。这里关于“人事”有两个要点，一个是企业内部的人力资源，另一个是客户服务。企业的资源包括资本、信息和人员，其中人员最重要。为了更好地服务于客户，人力资源的配置必须随竞争所要求的新技能而加以调整。过去对金融企业人员的知识结构要求主要是交易操作、产品知识、报价定价、信贷风险评估，而将来对金融企业人员的要求会更苛刻，如人际关系管理、产品组合及一揽子服务、应变能力、财务顾问和新技术手段的应用等。如果说过去金融企业人员主要进行产品服务的话，现在和将来他们则主要从事智能服务。

（六）设备战略

设备战略（physical facilities）指对金融营销活动的硬件做出的战略决策。设备战略作为一种新的营销管理要素进入营销组合是从20世纪80年代中后期开始的，现代电子技术革命改变了现代金融业的经营方式和手段。没有现代化的交流沟通手段和自动化的交易处理方式，企业已无法在竞争中立足，自动柜员机的流行便是一例。除了设备的电子化以外，企业的经营环境也日趋重要，现代企业更强调企业形象识别系统CIS，甚至建筑外观、营业大厅的设计布局、企业标准色、企业用具等细节因素都构成了企业形象识别的重要部分。

（七）流程战略

流程战略（process）指对金融营销活动过程组织协调与控制的战略决策。电子技术在金融企业的应用，革新了传统的作业程序，缩短了交易处理时间，增加了营业时间，延伸了营业空间，方便了客户。例如家居银行服务，由于银行与客户联机，客户可随时自行处理业务。电话银行的采用使客户可以随时随地通过银行处理各类业务，达到了降低成本与风险、向客户提供更加优质服务的效果。流程战略的另一方面体现为员工自觉程度提高。传统的工作流程要求从业人员按部就班地执行工作程序，请示汇报，员工缺乏自由度，没有独立解决疑难问题、发挥创造性的机会。而现代企业竞争要求更好地为客户服务，更快地为客户排忧解难，所以，现代企业流程战略在授权范围内赋予了从业人员更大的自主权，如单人临柜、客户经理制等。

（八）公共关系战略

公共关系战略（public relation）指注重以赞助、捐款、新闻报道、宣传、庆典、记者招待会和社会舆论等活动，树立企业的良好形象，促进销售的战略决策。进入20世纪70年代以来，世界贸易保护主义盛行，非关税措施等壁垒森严，市场通路阻塞，营销工作的阻碍很大，这时若把营销的努力仅仅局限于内部可控要素的组合设计已经难以取得成功，因而，企业要主动地在外部环境方面做一些努力来扩大经营，增加成功机会，尤其是在政府政策、权力、社会关系等方面。因此，企业不仅要面对消费者、中间商、竞争者、银行和各种营销组织与中介，而且要处理好与立法机构、政府部门、宗教组织、工会、公共利益集团以及各种相关社会组织的关系。对金融企业而言，由于其经营涉及面广、影响大、风险高，公共关系战略具有扩大影响、树立形象、保持良好关系、建立信誉的重要作用，特别是对于各类组织、机构和大宗客户。

（九）政治权力战略

政治权力战略（political power）指利用政治与权力的力量打开市场的战略决策。在任何国家，金融业都是限制较多、管制较强的行业。政府既是金融企业的重要客户，同时也是金融机构的主要监管者，金融企业无论是从争取客户的角度还是从扩大业务范围、实现金融创新等的立场，都必须处理好与政府的关系，得到政府的支持。特别是当金融企业从事跨国经营时，需要克服东道国市场准入的障碍，顺利进入东道国经营，更需要通过政治权力战略得到东道国政府的支持。所以，政治权力战略就显得更为重要。

四、经营发展战略

金融企业不仅要关注短期内占领市场、获取盈利，更应当从长远的利益出发，综合考虑企业的经营发展战略。金融企业的经营发展战略通常可以分为集中发展战略、一体化发展战略和多角化发展战略。

（一）集中发展战略

这种战略注重将企业的经营力量集中于对现有产品与市场的拓展，以扩大市场占有率的方式确立长远的发展地位。根据金融企业对市场和产品的努力方向，企业的集中发展战略又可以划分为市场渗透、市场开发、产品开发三种（见表5-1）。

表5-1　　不同市场与产品条件下的战略分类

	现有产品	新产品
原有市场	市场渗透	产品开发
新市场	市场开发	多样化、一体化

1.市场渗透，即在市场的深度上下功夫，以扩大销售额。方法可以是落实和增加宣传与促销措施、价格刺激措施，放宽营销渠道，搞好公共关系等。例如，在方便客户、优质服务上做文章，如延时服务，有选择地开设24小时全天营业网点，开办无人自助银行，实行客户经理制和综合柜员制等，凡是能为客户考虑的，都应为客户考虑到，以优质、高效、快捷、一流的金融服务来稳定老客户、吸引新客户，扩大市场占有率。

2.市场开发，即利用原有产品寻求新的销售机会和市场。例如，一方面拓展原有产品市场面，在一些冷门的市场面上做文章，如中小学的“压岁钱”储蓄、中青年的“旅游”储蓄、中年的“子女教育”储蓄、老年人的“夕阳红”储蓄；另一方面寻求新的市场需求，开辟新的市场面，如私人理财、公司理财等新业务项目，着力对现有客户、准客户和潜在客户进行引导、培养与争夺。

3.产品开发，即改进原有产品或研制新的产品。例如，在有充足的人力、物力和财力的情况下，大力开发和拓展网上银行服务业务，因为此产品开发需要较大的投入，有些企业难以一下子全面进入和展开业务；而其他技术含量较低的新产品和新服务项目一旦开发出来，在很短的时间内就会被模仿。所以，新产品的开发应立足高起点，以阻止同业的进入。

（二）一体化发展战略

金融企业在一定的经营条件下，可将其业务扩展至与其原有业务相关的各个方面，以拓展经营业务范围。例如，银行既从事批发业务，也从事零售业务；既开展传统的存贷款业务，也开展代理融资、结算服务、抵押担保、投融资咨询等业务；既经营货币市场业务，也经营资本市场业务。目前，我国金融业还基本处于分业经营状态，但随着金融业对外开放度的扩大，这种状况不会一成不变，所以，金融企业应及早考虑到一体化的发展。具体如下：

1.批发业务与零售业务的一体化经营。我国金融企业既要重视对公存款的吸存，又要扩大对居民存款的揽储；既要重视优良企业的贷款客户，又要积极发展个人消费贷款业务。批零业务的一体化经营，是我国商业银行目前经营的一大特色，大部分商业银行都是这样做的。

2.商业银行业务与投资银行业务的一体化经营。随着国有商业银行相继成立资产管理公司，专门处置从国有商业银行剥离出来的不良资产，商业银行将会逐步涉及投资银行经营业务的范畴，如从事资产整合、资产重组、资产出售、资产置换、资产证券化、金融资本向产业资本的渗透（债权变股权）、企业包装上市、代理企业发行债券等。随着国有企业的改制与重组，上述业务范围将越来越大，业务量也会越来越多。

3.银行业务与证券业务的一体化经营。我国资本市场在整顿规范的同时还会有较大发展，因为目前我国的资本市场规模与我国国民经济发展需求相比，还有较大的差距。虽然目前强调银行与证券的分业经营，但随着市场规范经营的加强，未来并不排除二者一体化经营的可能。

（三）多角化发展战略

多角化发展战略是指企业向本企业经营行业以外的方向扩张，实行跨行业经营。多角化战略有利于本企业扩大经营范围，分散经营风险，但由于风险的增大而对金融企业的资源和经营能力提出了更高的要求，同时还要受到国家金融管理体制的制约，所以，通常的发展方式包括：

1.同心多角化，即金融企业以原有产品和技术为核心向外拓展业务，发展与现有市场和产品相关联的具有最佳协同作用的新产品。例如，银行开展融资代理业务、住房按揭、消费信贷和保险箱业务等。又如，银行在原有存款品种的基础上，为客户提供存款组合，帮助客户将闲置资金根据今后的不同需要，购入不同的存款产品。再如，在原有个人住房按揭贷款的基础上，开发个人汽车按揭贷款、大型电器按揭贷款、成套家具按揭贷款等。

2.横向多角化，或称水平多角化，即金融企业从事与原有业务不相关但能吸引原有客户的新业务。例如，金融机构从事直接投资，向产品部门渗透；又如，开发经营与传统银行业务完全不同的新业务，涉足如信息咨询业务、资产评估业务以及审计业务等全新的经营领域。

3.综合多角化，或称集团多角化，即广泛发展跨行业经营，进入与原有的金融业务无关的经营领域，开发与现有金融产品或金融客户毫无关联的新业务，甚至发展康采恩式的经营组织。例如，商业银行广泛发展多行业经营，既可从事信托业、保险业，又可涉足工业、商业、宾馆服务业、房地产业等新的行业。

【经典案例评析】　交通银行的“缴税通”金融产品营销①

截至2009年7月末，交通银行“缴税通”累计业务量达176.78亿元，比2008年同期增加92.42亿元，完成了2009年全年计划的80.35%，市场占比比年初提升1.16个百分点，同时成功营销到中石化兰州公司、中外运长航集团、新华航空、中钢股份、中国国际旅行总社、萍乡钢铁等一批纳税大户。

一、“缴税通”产品背景

为加强国库集中管理，提高税收征管效率，简化和统一税务征管效率，简化和统一税务机关操作流程，方便纳税人，自2005年9月起，财政部会同国家税务总局、中国人民银行联合商业银行开发了全国统一的“财税库行横向联网系统”，构建“财政—税务—国库—银行”四位一体的全程电子纳税网络。

为此，交通银行推出面向单位和个人的缴税通产品，实现纳税电子化，极大方便了纳税人及时缴纳各类税款。

二、“缴税通”产品的特点

特点一：缴税方式灵活多样。交通银行的“缴税通”提供协议缴税和银行端缴税两种缴税方式。协议缴税即签署委托缴款协议书后，税务机关根据纳税人的纳税申报，向银行系统发送扣税指令，银行根据税务机关提供的信息从纳税人签约账户中自动扣除相应税款。银行端缴税即经税务机关许可，纳税人直接到银行网点柜台办理缴税。银行与税务机关系统实时联机处理，经纳税人确认后缴款。

特点二：支持单位和个人银行账户。交通银行的“缴税通”支持客户在交通银行开立多种对公和对私账户。对公账户包括对公结算账户和财政零余额账户等；对私账户包括借记卡、准贷记卡、活期存折、活期一本通等。

特点三：可缴纳单位和个人各类税种。交通银行的“缴税通”支持除关税外的所有税种（含国税和地税）。

特点四：自动扣款，放心安全。协议缴税过程中，缴税发起人为税务机关，银行根据税务机关扣税指令自动扣税。纳税人只需在扣税账户留存足够金额，不必担心迟交或漏交所造成的滞纳金和罚款。

特点五：“7×24小时”全天候服务，方便快捷。突破时间限制，纳税人可以24小时全天候地通过交通银行“缴税通”缴纳税款，签约客户再也不用在税务局和银行之间往返奔波，只需向税务机关办理税收申报即可。

---

① 根据中国调研报告网公开的资料整理。

特点六：享受“先付后补”的缴税便利。当签约账户存款余额不足时，符合条件的公司客户可申请法人账户透支业务，银行在授信额度内自动先行垫付税款；符合条件的私人客户可使用签约准贷记卡在信用额度内透支，先行缴纳税款。

三、“缴税通”产品流程

流程一：纳税人向税务机关和开户银行提出申请，并与税务机关和银行签订三联委托缴款协议书（即三方协议），三方盖章后生效，纳税人、税务机关和开户银行各持一联。

流程二：签订协议后，纳税人授权税务机关通过交通银行的“缴税通”实现电子自动缴税。协议缴税由纳税人授权税务机关发起扣税，纳税人只需向税务机关报税，在账号留存足额扣税金额即可。

流程三：未签订委托缴款协议的客户也可就近到交通银行网点通过银行端缴税方式缴纳税款。

流程四：纳税单位可在签约时选择领取税票的银行网点，纳税个人可在当地交通银行任意网点领取税票。

四、“缴税通”典型案例

交通银行徐州分行从2003年起便与徐州市地税局开展了网上征税业务合作，全国版财税库行横向联网系统于2007年11月在徐州地区上线运行，缴税模式发生了变化。由于之前良好的业务合作基础，大批纳税客户由税务局推荐与该行签约，交通银行的“缴税通”业务得到了快速发展与推广。在徐州分行全行相关部门的共同努力下以及徐州市地税局、徐州市财政局的配合下，该行“缴税通”业务签约客户数达9 000多户，占徐州市区签约客户数的56%。截至2008年6月，“缴税通”业务签约客户数已占徐州分行对公客户总量的60%。代缴业务量和代缴笔数在徐州市7家银行中排名第二。

首先，行长高度重视“缴税通”业务，并将其作为促进分行长远发展的一项战略性工作来抓，积极利用与徐州市财政局、徐州市地税局等单位的良好合作关系，加强沟通、密切合作，共同推进“缴税通”业务的开展。

其次，及时成立“缴税通”业务推广小组，由分管行长任组长，公司业务部、会计结算部、信息技术部、个金业务部、公司业务拓展二部等部门负责人任组员，全面负责上线准备、业务推广、日常运行、客户服务等工作。员工相互之间合理分工、有效沟通、密切合作，并将遇到的问题及时汇报给总行。

最后，积极组织客户经理向各类客户宣传“缴税通”业务的特点，利用产品的优势和给客户带来的便利吸引客户，同时针对不同客户的特点，有的放矢地开展“缴税通”业务的营销推广工作。

针对企业单位，徐州分行向其重点宣传“缴税通”“7×24”全天候服务的特点，让其充分了解该业务给其带来的莫大便利，并充分利用与徐州地税局的良好合作关系，由地税局将客户推荐至徐州分行。这样，一方面确保已在徐州分行缴税的客户成为签约客户，另一方面积极争取新客户，从而大大提高了签约成功率。

针对政府机关、事业单位，徐州分行向其重点介绍财税库行联网系统不仅可以缴纳地税局征收的各种税款，还可以缴纳各种基金、社会保险费用和工会经费等，同时还支持财政零余额账户的缴费，这样可以大大方便财政预算单位的缴费。

【案例讨论】结合本案例以及相关资料讨论交通银行在推出“缴税通”产品时都要做哪些金融营销计划？这些计划应如何实施呢？

【情境案例解析】　营销创意的台前幕后

赵磊是Z银行上海某区支行的行长。众所周知，Z行以其卓越超群的信用卡业务而成为国内银行业的翘楚，尤其是在国内银行以国有资本为主，整个市场死气沉沉、创新稀少的大环境下，Z行在信用卡业务方面可以说做得很成功。

然而，Z行的领导们每年面临的创新压力可是不小。瞧！眼下的赵磊就觉得很棘手，因为今年总部又有新的任务布置下来，要对已有的信用卡业务献计献策，研究如何进一步拓展市场。

事实上，Z行一直以来引领着中国信用卡市场的潮流，要说进一步扩大市场份额，其实也并不是很紧迫的事情，但总部的领导们自有打算，考虑到国家经济的进一步发展，未来中国的信用卡市场只会越来越发达而绝无后退之理，正所谓“逆水行舟，不进则退”！现在乃是占领未来市场的最佳时期。另外，现在中国商业银行业务同质化严重，Z行好不容易有一个信用卡业务能够带来利润，领导层绝无放松该项业务的道理。

于是，总部发来了通知，让所有支行的行长到总部开会，会议的主题就是对未来信用卡的营销战略进行商讨和研究。赵磊知道，开会是假，检查各位行长的“作业”完成情况是真，主要是总部想了解各位行长们关于信用卡推广的办法和建议。

到了开会那一天，赵磊心里很没底，自己最近一直忙于别的工作，无暇顾及上级布置的这个“作业”，心想：“总部没有让我们完成一份报告交上去，倒也是一件奇怪的事情，难道是怕大家写报告都是胡乱应付，反正也没有别人知道自己报告里面的内容。而当面发言则是跑不掉的，你要是提出一个荒唐的点子出来，说不定就会贻笑大方。我现在是没有任何想法，还是先看别人怎么说。再说，也不会就那么倒霉，第一个就让我发言吧！”心中有了这么一个计策，赵磊总算是有点安心了。

到会议室之后赵磊才发现，自己的这些同仁们已经来了一大半。这时，总裁的秘书上来就对他说：“你是第八个，运气不错啊。”这位秘书和赵磊也算是熟人，由于赵磊弟弟的孩子和这位秘书的孩子在同一所小学读书，因而她家和自己家也算是相熟，所以就低声问她道：“什么运气啊？”

“老总说，为了防止你们推三阻四地客气，所以就决定谁来的最晚谁先说说自己的看法，依照次序，第一个到的人最后说。”赵磊不由得心中暗想：“还好，所幸我不是最后一个。不过算来自己也要第三个发言，时间十分紧迫，得赶紧想一个关于信用卡营销的点子出来才行。”于是，他一面想着，一面又和她寒暄了几句，就坐等会议开始。

不一会儿，总行的老总来了，他把这次开会的目的和发言者的顺序都说了一下，然后就听大家发言。首先发言的是松江支行的张行长：“我认为我们还是应该继续做市场推广，比如说从学校开始培养客户，这样能占有潜在客户……”老总一听便皱了皱眉头，不耐烦地打断道：“老张，这不是我们正在做的事情吗？并没有什么新意啊，我们请下一位说一说吧！”张行长顿时闹了个大红脸……

赵磊一听心里便不由得烦躁起来，心说：“这么快第一位就说完了，还有一位可就轮到我讲了。”脑子里顿时乱作一团，无意间瞥了那位秘书一眼。那位秘书的打扮一直很前卫时尚，赵磊还记起来最近她还曾提议两家人一起外出旅游。“该死，我怎么净想这些没用的啊！”赵磊心想。

“小赵，下面该你了。”突然，老总的声音响起，没想到第二位也没能提出什么有建设性的意见，很快又被老总打断，一脸尴尬地草草结束了发言。

“我想我们可以去旅游！”赵磊不由自主地脱口而出。

“旅游？什么旅游？！”老总一脸诧异地问道。因为赵磊的话让大家全都一头雾水、摸不着头脑。

“这个……这个，我们可以推出和旅游相关的信用卡，这个专门是针对旅游的……”赵磊连忙解释道。他刚开始解释时觉得自己有点在胡诌，不过讲着讲着不由得来了感觉，发觉这还真是一个不错的点子，于是就索性大着胆子说开了。

“这个信用卡除了旅游外，还可以和别的指定项目捆绑，比如健身等。另外，持卡人在刷信用卡时是给予优惠积分的……”赵磊越讲越顺，声音也越来越响。

“好像还有点意思，和专门的消费项目进行搭配，提供优惠积分，然后推广信用卡，嗯嗯，倒是可以考虑考虑……小赵，你给这个产品取了什么名字啊？”老总听着听着，身体开始慢慢前倾，显然是来了兴致。

“时尚生活系列信用卡如何？”赵磊忙补充道。

“我看这个点子不错嘛！小赵，你待会儿会后留下，我们再一起好好聊一聊这个设想。”老总的脸上露出了难得的笑容。

会后，赵磊和老总聊了一下自己的想法，“小赵，想不到你脑子倒还是蛮好使啊！到底是年轻人！”临别时，老总的语气中流露出赞许。

“老总，过奖啦，呵呵。”赵磊心里暗自舒了一口气，感到自己的这个灵光一闪不但解决了问题，而且还赢得了老总的赏识，不禁对自己的急中生智也暗暗得意起来。

【案例讨论】

1.将信用卡的用途与具体实际销售业务相联系，体现了什么样的营销手段？

2.你能否举出相关的成功案例并比较其优劣？

本章小结

1.金融营销计划就是一定时期内（计划期）根据经营所应达到的目标而对营销的各项工作和企业有限资源进行的综合安排与部署。

2.金融营销计划可以按计划期限、计划范围、职能机构、计划对象划分为不同的种类。

3.编制营销计划应当遵循科学合理的工作程序，一般应包括如下基本步骤：总结分析、确立营销目标；制定营销战略；规划行动方案；做营销预算。

4.金融营销组织是金融企业为了实现特定的营销计划与战略目标，更好地发挥营销功能，通过不同营销职位及其权责的确定，并对它们之间的关系进行一定协调与控制，合理、迅速地传递信息，从而将营销人员所承担的任务组成一个有机整体的科学系统。

5.金融营销模式可分为以下几种：职能型营销组织模式、产品型营销组织模式、区域型营销组织模式与市场型营销组织模式。

6.一般情况下，金融营销战略可以分为目标市场战略、市场竞争战略、营销组合战略以及经营发展战略。

7.金融企业的经营发展战略通常可以分为集中发展战略、一体化发展战略和多角化发展战略。

关键概念

金融营销计划　金融营销组织　金融营销模式　金融营销战略

思考与应用

1.什么是金融营销计划？金融营销计划应包括哪些内容？
2.金融营销计划的发展过程可以分为哪几个阶段？有哪些分类？
3.怎样才能科学合理地编制金融营销计划？
4.什么是金融营销组织？它是怎样发展起来的？
5.金融营销组织模式有哪些分类？
6.目标市场战略包括哪两种？分别可以分为哪些类型？
7.通常以市场占有率大小来定位竞争者，可以把竞争者分为哪几种类型？
8.市场竞争战略可以分为哪几类？每一类的具体实施步骤怎样？
9.菲利普·科特勒在传统营销组合观念的基础上提出的大市场营销整体战略包括哪些要素？
10.金融企业的经营发展战略通常可以分为哪几类？

第六章 金融市场调查与营销预测

学习目标

1. 了解金融市场调查的基本含义、任务和重要意义
2. 熟悉金融市场调查的内容
3. 熟悉金融市场营销预测的分类、内容与方法

随着市场竞争的日趋激烈，及时了解和掌握金融市场的情况及其动态已成为金融企业营销活动的基础。离开了这一基本前提，任何经营目标与营销方略都只能是空中楼阁。所以，我们必须对目标市场进行系统周密的调查研究，以获取丰富翔实的数据资料，运用科学的方法进行分析预测，将研究成果作为金融营销的策略依据，从而使金融企业在市场竞争中立于不败之地。

第一节　金融市场调查概述

一、金融市场调查的基本含义

（一）金融市场调查的概念

金融市场调查是指金融企业有目的、系统地收集与企业经营活动相关的信息资料，并运用科学方法进行分析研究进而做出有效结论的一种营销活动，即运用科学方法，对金融产品和服务由金融企业转移到客户过程中的全部经营活动的相关资料，进行系统地搜集、整理、分析和评估，为企业决策提供客观依据的一种活动，其目的是满足金融市场和客户的需要。

（二）金融市场调查的历史沿革

金融市场调查作为一项相对独立的企业经营活动，是近几十年才发展起来的。

20世纪以前，西方金融企业的业务功能较少，其技术还不很复杂，金融企业通过业务活动来了解市场状况，即可基本满足其经营决策的需要，因而对于金融市场的调整并未予以重视。直到20世纪60年代初，才有少数金融企业认识到市场调查对金融业务活动的重要作用。1973年，英国所有的大清算银行都成立了市场营销部，并且有目的地开展了金融市场调查。此外，随着金融业发展竞争的加剧以及外部环境的变化，金融企业日益清楚地认识到开展市场调查的必要性，并着手对诸如客户的数量和构成、开立活期账户和定期账户的种类、影响客户选择银行的因素、企业形象的比较、金融产品和服务如何更好地吸引客户、申请贷款者的情况及贷款用途等进行认真的调查分析。而其他的金融企业如保险公司、财务公司、证券公司、养老基金、信托公司、投资公司等各种非银行金融机构，也认识到开展市场调查研究的重要性。

（三）金融市场调查在我国的发展状况

在计划经济体制下，我国金融企业尤其是银行由国家集中统一管理控制，其业务范围界限分明，经营活动按照政府指令性计划进行，而客户的需求只能服从行政计划安排，因而基本没有金融市场调查。随着改革开放的不断深入，市场经济体制基本形成，金融企业的职能逐步转型，金融市场调查的作用迅速凸显，具体表现为：多种性质的商业银行已经建立，其分支机构也急速增加，同时，各种非银行金融机构也纷纷成立并开展业务，此外，外资金融机构也开始参与竞争。在这种情况下，我国金融企业为了在市场竞争中求得生存和发展，就必须重视金融市场调查。

二、金融市场调查的任务

金融市场调查所要完成的主要任务如下：

1. 了解目标市场。金融企业为了在激烈竞争的市场环境中有效地拓展自己的业务，可以把构成金融市场的不同客户按照地区、人口、心理、习惯等因素，划分为若干个不同的客户群体，并从中选择为之服务的目标市场。通过调查了解目标客户的需求状况，本企业的市场占有率以及该目标市场中其他金融机构的数量、产品、服务和营销方略，从而取得充分的信息资料，有助于本企业为目标市场提供更优质的金融产品和服务，以满足目标客户群体的需要。

2. 评估营销方案。为了明确金融营销部门所制订的营销方案是否符合市场实际，在方案实施之前，需对金融产品和服务以及营销方略等进行充分评估，并根据金融市场和企业自身的具体情况来判定营销方案的正误，以便调整或修改，从而最终确定金融营销方案。这样，既可以使企业及早发现问题，采取有效措施减少或避免风险，更好地满足客户的需求，又有利于改善企业自身的形象，提高其社会影响力。

3.权衡营销结果。金融企业应根据市场调查所收集的数据资料以及售后反馈的信息，来分析客户需求的满足程度、偏好变化的趋势以及企业经营的优劣等，从而对营销方案的效果进行权衡，以便认定现行营销方案是继续实施还是加以修正。具体可从以下三个方面着手：（1）调查内部各种账户如新开账户、结清账户以及余额等的数量变化，以确定某项金融产品和服务的经营状况；（2）调查外部因素对金融营销的影响，这些外部因素主要包括储蓄存款意识、广告渗透力、账户转移、金融机构选择、国家经济政策、金融法律法规等；（3）定期调查企业的市场对象，开展市场细分研究，这有利于准确把握市场动态，寻求市场机会，以便保持和扩大市场份额，实现企业的营销目标。

三、金融市场调查的重要意义

在现代市场经济条件下，市场状况复杂多变，营销竞争异常激烈，金融企业要适应这种环境，制订正确的经营计划和营销方略，以优质的金融产品和服务满足客户需要，从而赢得竞争，就必须通过金融市场调查，准确掌握大量的信息资料，及时了解市场行情及其变化趋势。金融市场调查对于企业营销管理的重要意义体现在以下五个方面：

1.有利于掌握金融市场的动态。金融企业由于是在市场经济条件下从事经营活动的，因而必须及时准确地了解市场状况及其变化趋势。例如，金融企业应掌握金融产品和服务的供求、价格以及利率、汇率、股市行情的变动等。同时，金融企业的经营活动还受到国内与国际市场的影响和制约，因此，国内与国际市场的动态，有关国家的政策、法律、法规的制定和执行情况，以及人口、心理、购买习惯等因素也会对金融市场和金融企业的经营活动产生直接或间接的影响。只有通过上述各种因素的市场调查和综合分析，才能准确掌握市场动态，从而为金融企业制订经营方略和营销计划提供科学依据。

2.有利于改进金融产品和服务的品质。随着人们生活水平的提高，广大客户对金融产品和服务在质量和品种上提出了更高的要求。为此，金融企业必须不断改善和创新金融产品和服务，以满足客户的需求。这就要求其系统地开展市场调查，了解和掌握客户对金融产品和服务的需求变化及其发展趋势，制订和实施正确的营销计划，为市场提供丰富多彩的金融产品和服务，从而使企业在竞争中不断发展壮大。

3.有利于制定市场目标和营销方略。金融企业要制定正确的经营目标和营销方略，主要依靠市场调查所提供的信息资料。只有通过市场调查获取必要的信息资料，企业才能推出合适的金融产品和服务，并以合适的数量、品种和价格，在合适的时间和地点提供给合适的客户，以满足其需要，从而做出正确的营销决策。

4.有利于促进金融产品和服务的销售。金融广告宣传是促进产品和服务销售的重要手段。广告宣传的作用在于引起广大客户对本企业产品和服务的注意和了解，诱发其购买欲望，提高其购买信心，促成其购买行为。达到上述目标的关键在于了解客户的需要、动机与态度。而只有通过市场调查，掌握上述情况，分析和预测其变化趋势，才能有针对性地开展广告宣传活动，达到促进销售的目的。

5.有利于提高金融企业的经营绩效。金融企业经营管理的核心是以最小的耗费取得最大的绩效。金融企业应及时向市场提供适销对路的产品和服务以满足客户的需要，不断扩大销售，从而使企业的经济效益不断提高。而只有通过市场调查，了解市场需求及其变化趋势，企业才能有针对性地制定或修正营销决策，改善经营管理，向市场提供客户所需要的金融产品和服务，从而取得良好的经营绩效。

第二节　金融市场调查内容

一、金融市场调查的对象

金融市场调查对于改善金融企业的营销管理十分重要。市场调查的对象十分广泛，所有直接或间接影响金融营销活动的各种信息均应列入调查范围，以利于收集信息资料，开展全面分析。一般而言，金融市场的调查对象主要包括以下四个方面：

（一）营销环境

金融营销环境是客观存在的，为了使金融营销活动能够顺利开展，必须了解宏观环境中的各种相关因素，分析其对企业的影响，从而避免所制订的营销计划与实际环境发生偏离。营销环境具体由以下三个部分组成：

1.法律政策环境。法律政策环境在很大程度上决定了金融企业的客户范围和业务领域。不同的国家以及同一国家不同地区间的法律政策也会不尽相同，而企业只能在严格遵守法律政策的基础上开展营销活动，并根据法律政策的变化及时调整其营销计划。

2.宏观经济环境。金融营销活动在很多方面受到宏观经济环境的制约。在萧条期，企业普遍不景气，对金融业务（如贷款）的需求量就会大大下降；而进入繁荣期，业务需求又会急剧上升。因此，宏观经济环境直接影响着金融市场的需求变化，企业应根据经济发展水平与市场特点采取不同的营销方略，制订相应的营销计划。

3.社会文化环境。社会风尚、人们的生活传统、消费习惯、消费模式以及消费结构的差异会对金融营销活动产生较大影响。例如，在一个具有节俭习惯的社会中，金融营销应着重于储蓄产品的开发，以吸引更多的存款；而在一个消费倾向较强的地区，金融企业则应积极开拓消费信贷业务，以引导客户的消费。此外，文化因素在金融营销活动中亦不容忽视。企业只有根据人们的文化水平、思维方式的特点有针对性地开展营销活动，才能实现其经营目标。

（二）客户需求

金融营销的出发点是满足客户需求，因此，企业在制订营销计划时应充分考虑客户的基本状况，以便更好地满足客户的需求，从而吸引更多的客户，取得更大的市场份额。对客户需求的调查主要包括以下两个方面：

1.人口数量与构成。一般而言，人口数量决定着市场需求量，人口数量越多，对金融业务的需求量也就越大。同时，确定人口数量也要充分考虑流动人口的影响。此外，企业还要对人口构成进行分析。人口构成主要包括年龄构成、职业构成、性别构成、民族构成、收入构成等，而不同的人口构成会形成不同的市场需求。

2.金融客户行为。金融客户的消费行为多种多样，受到需求动机、文化程度、宗教信仰、经济状况与生活方式等因素的影响，因而金融企业对其消费动机、购买方式、购买习惯等要进行全面分析，通过了解各种因素变化对消费行为的影响，制订适合的营销计划，以正确引导人们的购买活动。

（三）市场供求

市场供求是金融市场调查的一个重要内容，它主要包括以下七个方面：①金融产品的市场供求情况，即供过于求还是供不应求或是供求平衡；②市场潜在需求量，即金融产品在市场上所能达到的最大需求量是多少；③不同的细分市场对某种金融产品的需求状况，以及各个细分市场的需求状况与潜在需求量；④金融产品的市场占有率，哪些细分市场对企业经营最有利；⑤金融产品如何进行优化组合以满足不同客户的需要；⑥其他金融企业的市场动态及在竞争中的地位和作用，本企业如何扬长避短，从而在竞争中发挥自身优势；⑦金融新产品投放市场的最佳时机。金融企业通过对市场供求状况的分析研究，制订出更优的金融营销计划。

（四）金融产品

这一调查所涉及的内容主要包括以下八个方面：①金融产品的种类、数量及覆盖范围和市场占有率；②金融产品生命周期，该分析有助于金融企业根据产品生命周期的不同阶段采取相应的营销方略；③如何提高现有产品质量，增强产品对客户的吸引力，从而维系老客户、增加新客户；④如何通过产品创新不断开发新产品，以使产品升级换代，增强产品的市场竞争力；⑤如何改进金融营销过程中的服务质量，诸如咨询服务、信托服务等；⑥如何确定本企业的资产组合，使得盈利性、安全性与流动性获得满足；⑦如何对金融产品进行比较分析，提出增强本企业金融产品竞争力的建议和措施；⑧如何树立优秀金融企业形象，提高本企业的知名度和影响力，从而不断提高客户对本企业金融产品的信任程度。总之，调查金融产品的目的就在于使本企业能够更好地提供适应市场需要、满足客户需求的金融产品和服务，以取得良好的经营绩效。

由于上述市场调查对象之间互有联系和影响，因而金融企业不仅要根据其所获取的信息资料制定营销方略，而且还应对各方面的信息资料进行综合分析，从而制订整个企业的营销计划，充分发挥金融市场调查的效用。

二、金融市场调查的程序

金融市场调查只有遵循一定的程序、采用科学的方法和手段，才能获得应有的成果，达到预期的要求。金融市场调查的具体程序如下：

（一）收集和评价现有资料

金融市场调查的任务就是收集分析相关的信息资料，并据此做出相应的营销决策建议。信息资料具体包括现有资料与实地调查资料。现有资料的来源有两个，即企业内部资料和企业外部资料。前者指企业内部的市场调研部门所收集积累的资料和数据；后者指官方和非官方公共机构提供的已出版或未出版的资料和数据，包括国家统计机构公布的统计数据、金融行业组织发布的行业资料、专业组织（如消费者协会、质量监督机构、股票交易所等）提供的调查报告和统计资料以及研究机构提供的调查报告和研究论文等。现有资料搜集完备后，需要加以评价和筛选，即衡量资料是否准确可靠，所涉及的时间是否适当，资料的取得是否便捷等，并要在已收集的资料中选取研究所需的内容。

（二）实地调研分析

通常依据现有资料开展调研有其局限性，因为所收集的现有资料不完整，难以满足研究要求，尤其是缺乏相关市场的最新资料，会影响调研成果的实用价值，所以，有必要通过实地调研收集和分析金融市场的第一手资料，即实地调研资料。

实地调研的工作步骤为：①明确调查任务；②收集案头资料，诸如本企业的营销记录、公开发行的统计资料、竞争对手的产品资料、受访人员名单等；③确定调查课题，即规定调查的目的、范围、对象等，以便高质、高效地完成调研任务；④制订调查计划，即具体确定调查地点、调查对象、调查方法、调查工具、抽样计划、时间安排、经费预算等；⑤试探性调查，即先进行一次小规模的非正式调查，以检验调查计划是否正确完善，以便修改或调整，具体可以采取座谈、访问等方式，有针对性地收集资料进行统计；⑥结论性调查，即按照计划进行金融市场调查活动，通过获取全面准确的数据资料得出调查结论。

（三）撰写调查报告

运用科学方法对所获资料进行分析研究、得出结论，并在此基础上撰写调查报告。调查报告的具体内容包括：①封面，写明调查标题、承办部门、人员、日期；②摘要，简要说明调查过程、调查结论和建议事项；③正文，阐明调查目的、方法、步骤、样本分布情况、统计数据、误差估计、调查结论和参考建议；④附录，列入相关资料，以供对照参考。

（四）后续调查

由于金融市场复杂多变，因而完成调查报告并不意味着调查工作的结束，金融营销部门还需要继续进行后续调查，以了解调查结论与营销实践是否相符，参考建议的实际应用效果如何。金融企业通过后续调查，可以从中发现新情况、新问题，及时总结经验，纠正决策偏差，加强对金融营销活动的监管和控制。

三、金融市场调查的方法与手段

金融企业开展市场调查应注意调查方法的选择。针对不同的调查对象，根据不同的调查目的，应采用不同的调查方法。金融市场调查的主要方法有以下三种：

（一）访问法

访问法即调查人员通过书面或口头询问方式向调查对象提出问题，并以其答复作为调查结果。这种方法所采用的具体形式有：

1.面谈访问，指与被调查者进行面对面沟通，通过访谈直接倾听被访者的回答，并从其言谈举止以及表情中获得某种有用的信息，有些问题可要求其作详细说明或与之进行探讨。面谈访问既可以采取个人访问方式，也可以采取小组访问方式，灵活自由，有利于双方相互沟通，信息真实全面，易于把握，还可以获得一些意外信息，但它对调查人员的素质、谈话技巧的要求较高，费用也较高。

2.电话访问，指通过电话询问被访者的意见。运用这种方式收集信息简便快捷，易被人接受，费用也较低，但是通话时间不能过长，内容单一、不易深入，获得的信息量也不大。

3.问卷调查，指调查人员预先设计好调查问卷，面交或邮寄给调查对象，请他们在一定时间期限内填好后交回或寄回。这种调查方式应用范围广，调查对象回答问题的时间充裕，结果客观，成本较低，但也易受到调查对象个人态度的影响，并且回收周期长，回收率较低。

4.上网访问，即在计算机网络中，邀请被访者坐在一个终端旁，阅读显示器上的问题，输入他的答案。随着科学技术的发展和普及，这种调查方式会越来越多地被采用。

（二）观察法

观察法即调查人员在现场观察与记录人们的金融行为，以收集营销信息资料。具体形式分为：

1.现场观察法，即调查人员亲自到现场观察实际发生的情况以取得数据信息，如到银行、股票交易所、期货交易所等金融场所进行现场观察。

2.仪器观察法，即运用先进的科学仪器，针对选定的目标进行摄影、录音、录像等，以收集所需要的资料。可见，仪器观察法可以消除对调查对象的干扰，使所收集到的资料更加客观可靠，也可减少调查人员的主观影响，保持信息的真实性，但它一般仅能看到事实的表象，并受时间与空间限制，且成本也较高。

（三）实验法

该方法是假定其他条件不变时，在小范围内观察调查对象对于新产品或新服务项目的反应，以取得这种影响的定性与定量数据，从而做出相应的分析判断，即设置供实验用的市场，通过控制自变量研究因变量的反应。具体分为以下两种方式：

1.正式市场实验，即选择某一特定市场，控制一个或几个营销自变量，研究其他营销因变量的因果关系。当金融产品改变设计、价格和促销策略时均可应用这种方法。

2.模拟市场实验，即在模拟正式市场条件下进行实验，尽管稍欠精确，但所得数据亦可供参考，并且省时省钱。

近年来，科学技术的突飞猛进为市场调查提供了极大便利，市场调查的效率获得了迅速提高。现代金融企业在进行市场调查时，普遍采用先进的技术设备或手段，如计算机、微缩胶片、闭路电视、复印机、录音机、摄像机、传真机以及其他先进的技术设备，用以收集、挑选、分析和处理信息资料，甚至还建立了市场营销信息系统，应用先进的技术手段开展市场调查现已成为金融市场调查活动的发展趋势。

第三节 金融市场营销预测

在取得金融市场调查的数据资料并进行全面分析后，营销人员应对金融市场未来的发展状况做出较为科学的估计，即实施营销预测。

一、营销预测的分类

营销预测具体分为：①宏观经济预测与微观市场预测。前者是预测宏观经济环境发生变化之后的整个市场状况，后者则是对某一类或某一种产品的市场需求变化做出估计。②短期、中期与长期预测。短期预测的时间跨度一般为半年到两年，主要用于编制年度营销计划；中期预测的时间跨度为2年至5年，主要用于编制中期营销计划；而预测时间在5年以上的就属于长期预测，可以为企业制定长期营销战略规划提供参考依据。③定性预测与定量预测，前者主要是对目标市场未来的发展趋势、性质与程度进行质的判断，而后者则是运用数理模型进行数量估计。

二、营销预测的内容

营销预测主要包括以下五项内容：①市场需求预测，主要是对市场需求的变化做出估计；②市场供求预测，主要对金融产品的市场供求量做出预测，即预测金融产品的供求平衡状况；③市场价格变化预测，即根据供求关系及其变化对市场价格的走势做出估计；④产品生命周期预测，即判断金融产品的市场发展潜力；⑤产品销售预测，即根据产品市场占有率以及竞争能力对本企业的金融产品销售状况做出预测。

三、营销预测的方法

由于金融市场是一个规模庞大、功能复杂的大系统，其变化会受到诸多因素的影响，因而金融企业既要对各种相关因素进行分析，也要对它们之间的关系和作用进行研究。同时，营销预测成功与否还和预测方法密切相关。营销预测的方法主要有以下几种：

（一）意见综合法

这种方法是指先集中金融营销人员对市场情况及其变化做出估计判断，并提出各自的预测方案，再由主管人员运用平均法（简单平均或加权平均）进行处理，得出最终的预测结果。该方法要求主管人员事先应尽量向预测人员提供相关资料。

（二）专家意见法

这种方法是指企业向有关专家提供相关资料，专家们先对可能出现的各种趋势各自做出独立的分析预测，然后企业将这些意见集中起来加以归纳整理后，再返还给各位专家征求意见，使得专家们在参考他人意见的基础上不断修正自己的预测，如此反复进行，直至多数专家得出较一致的意见为止。由于这种方法可以使专家们在借鉴他人意见的基础上，逐渐形成自己成熟的看法，其预测的准确性较强，因而应用比较广泛。

（三）时间序列法

这是一种定量分析的方法，它是根据现有资料，运用统计方法，以时间的推移来预测市场的发展趋势。这种方法具体包括算术移动平均法、加权移动平均法与指数平滑法。

1.算术移动平均法：是将靠近预测期的一段时间内的历史数据的平均值作为预测值，随时间的不断推移而移动。其预测公式为：

$$E_t = \frac{1}{n}\sum_{i=t-n}^{t-1} D_i$$

式中：E_t——时期t的预测值；

D_i——时期i的实际数据；

n——实际数据的时期数。

根据上述公式可以推导出以下公式：

$$E_t = E_{t-1}\cdot\frac{D_{t-1} - D_{t-n-1}}{n}$$

式中：E_{t-1}——时期t−1的预测值；

D_{t-1}、D_{t-n-1}——时期t−1、t−n−1的实际数据。

2.加权移动平均法：是对不同时期的实际数据给出一个权数，再平均计算预测值。其公式为：

$$E_t = \frac{1}{n}\sum_{i=t-n}^{t-1} W_i D_i$$

式中：W_i——时期i的权数，一般越靠近预测期权数越大。

3.指数平滑法：是对加权移动平均法加以改进，对由近及远的权数按指数递减，从而突出不同时期对市场产生不同影响的事实。其预测计算公式为：

$$E_t=E_{t-1}+W\ (D_{t-1}-E_{t-1})$$

$$=WD_{t-1}+\ (1-W)\ E_{t-1}$$

$$=WD_{t-1}+W\ (1-W)\ D_{t-2}+W\ (1-W)^2 D_{t-3}+\cdots+W\ (1-W)^{t-2}D_1$$

式中：E_t——时期t的预测值；

D_i——时期i的实际数值，i=t−n；

W——根据现有数据调整后的平滑系数，一般在0.01～0.3之间。

（四）回归分析法

金融市场与其他市场一样，在营销活动中会涉及一定的数量关系。金融营销人员要了解和掌握金融产品销售额随时间、空间变化的原因，这个销售额就是因变量，对销售额有影响的变量就是自变量。回归分析法则是根据这一因果关系建立数理模型，对未来的发展趋势进行预测的方法。它通过设定变量与预测对象之间的数量关系，代入实际数据求出回归系数，从而确定数理模型，再用该模型求出预测值，并用相关系数r来检验其信度，它具体包括一元线性回归预测与多元线性回归预测。下面我们以一元线性回归法说明其预测公式：

例如，假定某种金融产品的预计销售量y与该产品市场上的人口数量x之间的关系为：y=a+bx，其中a、b为回归系数。

利用最小二乘法，金融企业通过把以往几年该产品的销售数据以及人口数量组合（x_i，y_i）代入求得：

$$b=\frac{\sum(x_iy_i)-\bar{x}\sum y_i}{\sum x_i^2-\bar{x}\sum x_i}$$

$$a=y-bx$$

且其相关系数$r=\sqrt{1-\frac{x^2}{\sigma^2}}$，其中σ为标准差。

进行预测时，只要将新的人口数量x代入y=a+bx，即可得到新的销售量y。回归分析法对时间序列法进行了较好的修正，在理论上也具有很强的代表性，预测效果比较理想。

【经典案例评析】 中国建设银行的“民本通达”系列产品营销[①]

近年来，国家对民生领域高度重视，中央做出“保增长，保民生，保稳定”的重大决策部署，并进行了大规模投入，中国建设银行总行为适应宏观环境及业务需求的变化，推出服务于民生领域的核心品牌——“民本通达”，为教育、医疗、社保、环保领域客户提出系列综合金融服务方案。“民本通达”是建设银行以民为本，为客户提供没有缝隙的服务，通过互通达到双赢的长期规划。

目前，“民本通达”系列产品已分别在陕西、云南、广东、湖北等13家分行进行试点，试点成熟后将在全国范围内推广，试点分行所在地的建行客户可以提前享受到这一系列的创新服务。

一、“民本通达”介绍

建设银行的“民本通达”品牌设计，遵循“在变化中寻领域，在领域中定需求，在需求中镶产品，在产品中比功能，在功能中看优势”的原则，改变以往零散、孤立、被动营销产品的状况，通过分析客户的现实需求和行业潜在需求，推出关注领域发展趋势、针对客户群体需求、功能齐全、适度前瞻的四大领域综合化金融服务方案，包括“教育慧民”“医疗健民”“社保安民”“环保益民”四大服务方案。

（一）教育慧民

在民生重点的教育领域，建设银行以“民本通达”之“教育慧民”子品牌相配套，由“办学省心”“授业无忧”“校园e通”“教学舒心”“前途有助”方案组成，分别针对学校的项目建设融资、日常管理及资金保值增值、校园数字化覆盖、教职工与学生个人金融、学生就业支持等业务项目提供相关金融产品。建设银行在服务功能上有针对性地加以强化，既解决学校的问题，也解决政府和主管部门的问题，更解决学生乃至家庭最为关心的实际问题。

---

① 根据中国调研报告网公开的资料整理。

其产品特点如下：（1）产品结合了当前社会关心的热点、焦点、难点问题，如上学、就业等；（2）产品以客户为中心进行组合设计，如针对校园建设提出建设项目全过程专业化服务；（3）产品契合客户发展趋势，体现前瞻性；（4）产品不局限于单一产品线；（5）产品不局限于某一类客户，对大、中、小学客户具有广泛适用性。方案介绍见表6-1。

表6-1　**“教育慧民”各方案介绍**

方案名称	方案内容	主要服务	主要产品
办学省心	主要服务对象是各类学校、培训机构等，针对他们在建设发展阶段面临的问题提出金融解决方案	主要有项目建设专业化服务、项目建设中资金运转及资金安全专项服务、日常管理周转资金服务、特殊建设项目（如灾后重建项目）服务等。其中，“项目建设专业化服务”包括项目论证阶段、项目建设初期、施工建设阶段、竣工验收阶段、后期设备采购阶段等全过程的金融服务；“项目建设资金运转及资金安全专项服务”是针对工程招标、工程承包、工程资金管理、工程质量管理、财产安全、交易资金安全等提供的金融服务；“日常管理周转资金服务”是帮助办学者维持正常资金运转而提供的金融服务；“特殊建设项目服务”是针对灾后重建等特殊建设项目提供的金融服务	主要包括工程造价咨询、财务顾问、交易资金托管、贷款、保函、代理保险等
授业无忧	主要服务对象是各类学校、培训机构等，针对他们在日常管理中的需求提出金融解决方案	主要有资金流通渠道服务、对公理财服务、现金报销服务、贫困生助学服务等。“资金流通渠道服务”是帮助客户提高资金管理集约化程度及管理效能的专业化金融服务。“对公理财服务”是针对学校的闲置资金，在符合各项政策的前提下提供的保值、增值服务。“现金报销服务”是为提高客户现金报销运转效率而提供的电子化金融服务。“贫困生助学服务”是为解决贫困学生上学难问题而设立的专项资助计划	主要包括资金结算网络、网上银行、代理资金结算、各类理财产品、公务卡、助学贷款等
校园e通	主要服务对象是各类学校、培训机构等，针对学校信息化建设的要求提出金融解决方案	主要有校园卡项目服务、设备采购服务、资金流通服务等	主要包括各类银行卡、网上银行、财务顾问、贷款、银行承兑汇票、融资租赁、保函等

续表

方案名称	方案内容	主要服务	主要产品
教学舒心	主要服务对象是学校教职员工和学生个体，为他们提供助学、培训、理财、消费、安全等方面的金融服务	主要有针对教职员工的生活质量、健康状况、人身安全，针对普通学生的消费、个人现金管理，针对贫困生、家庭偏远地区学生特殊需求等的金融服务。其中，针对教职员工的服务主要包括个人理财服务、个人消费服务、个人保险服务、假期生活服务、专业培训服务等；针对学生的服务主要包括个人消费电子化服务、个人现金管理服务、商业保险服务、偏远地区家庭学生学费/生活费存取服务等	
前途有助	主要服务对象是各类就业帮扶机构，各类高校、职业学校毕业生，以及社会待就业人群，为他们提供信息融通、资金融通服务	主要有就业培训服务和创业支持服务等，其中“就业培训服务”指为各类就业实习、见习基地提供资金融通、信息交流服务，具体包括代理资金结算、搭桥贷款、信息咨询等服务；“创业支持服务”指为大学生创业支持、帮扶机构提供理财、资金融通等方面的服务，以及针对大学生创业项目在政策允许范围内提供的资金支持服务等	

（二）医疗健民

对于民众关注的医疗卫生领域，“民本通达”之“医疗健民”子品牌提供“名院发展”“数字医院”“固本强基”“助力民营”“新型医购”“医护理财”方案，针对知名医院发展、医院的数字化和信息化建设、基层医疗机构建设、民营医院发展、医院采购、医护人员个人理财等多个领域提供支持，各方案之间相互补充，向客户提供一揽子金融服务。

建设银行对这个领域的客户的着眼点不仅仅局限在医院的建设和诊治阶段，或简单的贷款支持，而是关注整个医疗卫生事业改革的总体方向、要求和步骤，并通过产品及服务创新，参与协助医院解决民生最为关切的问题，比如看病难、看病贵等。具体方案见表6-2。

（三）社保安民

在与每个公民息息相关的社会保障领域，“民本通达”之“社保安民”子品牌提供“安全无忧”“增值有道”“实全实美”“和乐随心”“神州畅转”“颐养天年”六个子方案，分别针对社保基金安全监管、社保基金保值增值、养老保险个人账户，在为参保人提供多层次、便利的社会保险服务、养老保险关系转移接续以及企业年金等服务方面，提出了独具特色、切实可行的解决方案。具体方案见表6-3。

建设银行以此实现保障社保基金安全运营、保值增值等目标，进而全面提升了政府服务民生的能力和社会保障能力。

表6-2　　　　**“医疗健民”各方案介绍**

方案名称	主要服务对象与服务内容	主要产品组合
名院发展	知名公立医院建设和发展	搭桥贷款、银行保险、国际业务、建银国际基金产品组合
数字医院	帮助缓解医院挂号难、缴费排队问题，提高医院财务管理水平	主推医院与银行联合开发的医疗卡产品组合，还有POS收单、联名龙卡等产品组合
固本强基	基层医疗机构和公共卫生机构	
助力民营	民营医院与医生助业	（1）医疗产业投资基金+投资银行顾问+投资银行业务；（2）并购贷款+并购顾问；（3）账户管理+现金管理；（4）创业贷款+助业贷款+速贷通+成长之路+委托贷款
新型医购	医院药品和设备采购	（1）银行承兑汇票+票据贴现+委托收款；（2）保理+信用证；（3）医疗设备融资性租赁+经营性租赁+应收租赁款受让+银行保险；（4）流动资金贷款+固定资产贷款+交易资金托管
医护理财	医疗卫生机构的医护人员和管理人员	

表6-3　　　　**“社保安民”各方案介绍**

方案名称	主要服务内容
安全无忧	一是实现各级社保机构通过该行网上银行对社保基金进行实时查询监控；二是实现各项社会保险金的归集、划拨、结算
增值有道	主要是向社保基金管理机构提供不同的投资理财产品组合
实全实美	主要是向社保管理机构提供个人账户做实系统和基金托管服务，实现社会统筹基金、个人账户基金分别核算
和乐随心	与各地社保管理部门联合发行社保联名卡，通过在社会保障卡上加载银行卡账户，实现养老金发放、社保信息查询以及现金存取、理财等功能
神州畅转	向各地社保管理部门提供个人账户做实系统，实现个人账户跨委托单位、跨省份的转移、接续
颐养天年	针对准备建立企业年金的企业，提供专属的企业年金管理服务，包括受托服务、账户管理服务、托管服务、咨询服务等

（四）环保益民

在环境保护领域，“民本通达”之“环保益民”子品牌包含“绿色融资”“绿色管家”“绿色生活”“绿色能效”等方案，分别满足环境建设融资、资金管理、生态建设、环境市场管理、公益投入等的资金需求。建设银行旨在利用金融服务手段，通过对社会经济资源的引导，促进国家环境建设工作的开展，促进社会的可持续发展。具体方案见表6–4。

表6–4　　　　　　　　　　**“环保益民”各方案介绍**

方案名称	主要服务内容、主要产品、服务对象
绿色融资	(1) 在项目建设期：银行贷款与龙信融资通适当搭配和组合作为第一轮融资；在项目满足债券发行条件后，以项目建设主体作为偿债主体发行公司债类债券进行第二轮融资。(2) 在项目建设期末段：以融资租赁方式提供设备和设施融资。(3) 可辅助提供财务顾问、财产保险和保证业务，控制融资主体风险
绿色管家	“绿色管家”是针对环保领域项目建设的资金管理监督等需求而提供的专业化、综合性的产品服务组合，可应用于如下领域：(1) 国家重点流域以及江河湖泊重点综合治理工程；(2) 水源地保护和水土保持等生态建设重点工程；(3) 重点生态功能保护区、荒漠化和沙漠化区域综合治理等大型环保建设项目；(4) 企业大型三废治理、节能减排建设项目；(5) 绿色能源建设项目（如风能、太阳能、潮汐和水力等）；(6) 农村饮用水安全工程；(7) 水土保持生态工程项目
绿色生活	(1) 满足矿产资源管理部门对收缴的保证金进行管理和使用的需求；(2) 满足污染源企业在环境污染事故发生后的赔偿与治理需求；(3) 满足食品安全管理部门对相关企事业单位履行必要的安全保障责任的要求；(4) 满足具有环保意识的汽车消费者进行绿色消费的需求
绿色能效	(1) 环境类（含排放权）交易所及其会员和水权交易参与主体；(2) 各级排污费征缴部门

二、“民本通达”典型案例

（一）信托健康龙卡　共创银医辉煌

医疗卫生事业是重要的民生事业。随着人民群众对健康需求的日益增长，医疗卫生事业将在改善民生和社会进步中扮演越来越重要的角色。建设银行长期支持医疗机构提高效率、降低成本、方便大众。

2008年10月，四川大学华西医院与建设银行四川省分行联合推出“华西健康龙卡”。该卡是就诊卡与银行卡有机结合的全新应用，具有华西医院注册就诊卡和建设银行借记卡的全部功能。拥有华西健康龙卡，不仅可享受建设银行提供的各项金融服务，还能在华西医院享受预约挂号、电子病历档案管理、缴费、检查、治疗和取药等多重医疗服务功能。该卡的推出，有利于华西医院合理优化医院内部管理，对提高医疗效率、降低医疗成本，满足大众“方便就医、快捷就医”的服务需求提供了有效途径。华西健康龙卡的合作模式是建设银行首次推出该种类型的服务范例。截至2009年3月17日，建设银行四川省分行共发放“华西健康龙卡”55.4万张，存款总量突破亿元，卡均存款余额7 020元，华西医院在建设银行的存款余额达2.1亿元。

（二）了解大众需求 服务社保客户

社会保障是“民生之基”，提高社会保障程度能够提升人民的消费信心，扩大内需。近年来，建设银行在服务社会保障领域进行了有益的尝试，取得了显著的成效。

广东省经济基础好，近年来各项社会保障制度改革走在全国前列。建设银行广东省分行全面摸查各地区社保业务情况，精心制作市场调查报告，指导下属分支行针对广东省规模巨大的社保基金总量，以及由此带来的多元化的社会保障领域金融服务需求积极介入。建设银行广东韶关市分行了解到该市由于采取现金缴费方式，参保人员办理业务时需要在银行、社保局之间往返三次排队，缴款手续烦琐，招致较大意见。韶关市分行随即组织任务型团队，在深入了解、分析客户需求后，向当地财政、社保部门提出了一套服务方案：通过韶关市电子结算中心的统一代收代付系统，社保局各基层缴费窗口共享建设银行及其他银行的客户信息，采取实时代扣的方式，让参保人员得到“一站式”缴费服务。社保部门和参保人员对此给予一致肯定。

（三）携手排放权交易所　探索金融创新方式

“建设生态文明、资源节约型、环境友好型社会”是国家的战略要求。环境保护是造福子孙后代的伟大工程。为此，建设银行积极参与其中，不仅在信贷支持上积极进行结构调整，而且大力支持环保行业发展壮大。

天津排放权交易所是按照国务院有关要求设立的第一家综合性排放权交易机构，其定位是利用市场化手段和金融创新方式促进节能减排的国际化交易平台。2008年12月23日，交易所进行了首笔二氧化硫排放权交易，这是全国第一笔基于互联网的主要污染物排放指标电子竞价交易，建设银行成功地为其提供了交易结算服务。交易所下一步将启动能源效率行动实验计划，邀请工业领域、能源领域和金融领域机构共同设计和制定适合中国特色的能源效率合约、交易规则和制度。由于交易所缺乏清算交收方面的经验，而建设银行在证券交易结算资金第三方存管和非上市股份报价转让资金结算等多项证券资金结算领域占有优势地位，交易所明确邀请建设银行参与交易制度和规则的设计制定，并重点负责市场结算部分的规划设计工作。建设银行通过先期广泛深入的参与，培育引导新兴市场需求，形成业务先发优势。

【案例讨论】结合本案例以及查阅相关资料，讨论分析中国建设银行“民本通达”推出前都应该做哪些方面的市场调查工作，可以从该案例中总结出什么成功经验。

【情境案例解析】　奇妙的微博营销

小张是上海某大学的大二学生，在校衣食无忧。最近，小张迷上了微博这一社交工具。微博是一种能够一次发布一两百个词语的新型社交平台，类似于美国的推特（Twitter）。令小张感兴趣的是，在微博上总是有一些企业的账号来加他的关注。开始的时候小张还不以为意，但后来小张就选择性地加了一些企业账户，主要是自己感兴趣的电子产品企业的账户。渐渐地他发现，这些账户大多是在宣传自己企业的全新产品或者是最近推出的优惠活动等信息。

不过，小张的老爸——老张最近却进入了自己职业生涯的关键时期。随着年龄的增长，老张觉得如果在最近几年不能完成一次升迁的话，自己的职业生涯估计也就快走到头了。老张现在是沪上一家知名银行的支行副行长，而他的顶头上司——行长则是自己在大学里的学长，比他高两届，以前在大学学生会的时候就很照顾他，现在到了工作岗位上，自然对老张也是十分提拔。

那天学长把他找去，对他说：“小张，你知道吗？下个月我就要到总部去上班了。”“怎么这么突然，我一点消息都没有听到啊？”“哦，这是最近才做出来的人事安排，我也是今天才刚刚收到通知。”“怎么会突然做出这项安排的?”“听说是总部里的一位同事被另一家银行挖走了，而总部现在又是用人之际，所以就把我调去了。小张，你知道为什么我找你来谈吧?”“我们支行的行长由谁来接任呢?”“总部的想法是由支行内部的人来担任，要我推荐，前提是在最近的业务上要有些成绩才行，主要是考虑到继任的行长不能够只是资格老，还应该能跟得上时代的发展。”“那学长，你打算推荐谁?”“小张，你这可就是明知故问了。以我们两个的交情，当然是推荐你了。”这时行长吸了一口手中的烟:“按资历你是够了，但是近期的成绩……你这段时间要加油了，总部最近比较重视信用卡推销问题，你看看回去能不能想些什么新的办法。”老张很是感激学长对自己的推荐，不过他自己心里也很清楚，得想出新的信用卡营销策略才行，不然的话，单单有学长的推荐是远远不够的。

这天，老张从银行回家，一路上心里还在琢磨着他的任务，心想自己的事业能不能更进一步就看这次能不能把握住机会了。可是自己已经苦思冥想了好几天了，还是一筹莫展。资料什么的也查了不少，就是一个感觉，在如今这个竞争激烈的信用卡市场上，能用的办法几乎已经被那些大小银行全用过了，自己只能从他们还没有涉足的领域着手。

不知不觉中，老张已然到了自家门口，他刚准备掏钥匙，突然门开了:“爸，我回来了。”是小张。“你今天怎么回家了?”“今天是周末啊。”老张这才突然想起来今天已经是周末了，原来自己已经花了整整一个星期时间在琢磨这个问题了。老张感觉有些累，于是打算到客厅的沙发上躺一会儿。他看到儿子在电脑屏幕前面鼓捣着什么东西，心想这小子不会又痴迷上什么新的游戏了吧。

“这是什么啊?”老张凑到电脑前问。“这是微博。”老张刚想问微博是什么，就看到了上面有一个小米手机的促销信息，他又问道:“这上面怎么还有企业的信息啊?”“哦，这是一些企业注册的账号，基本上是用来为自己企业的新产品什么的进行营销的。”“哦?你给我讲讲这是怎么做的。”老张一听顿时来了兴致。“爸，不是要出去吃饭么?”“对对对，吃饭，我们一边走，你一边给我讲。”

于是，父子俩下楼去找饭馆，一路上小张仔细地给老张讲起了微博，还有一些企业在微博上如何为自己的产品做营销的事。老张越听越觉得茅塞顿开，心想自己的信用卡营销也可以这样做啊。吃罢晚饭一回到家，他就仔细搜索了微博的资料，并制订了一份详细的信用卡微博营销方案。

第二天早上一上班，他就把方案交给了行长，行长看了以后大为赞赏:“小张，我果然没有看错你，这行长的位子舍你其谁啊!”

【案例讨论】

1.微博营销的优势是什么?

2.运用高新科技手段进行营销，你认为有何利弊?

本章小结

1.金融市场调查是指金融企业有目的、系统地收集与企业经营活动相关的信息资料，并运用科学方法对其进行分析研究以及做出有效结论的一种营销活动。

2.金融市场调查所要完成的主要任务有了解目标市场、评估营销方案、权衡营销结果。

3.金融市场调查对于企业营销管理的重要意义体现在以下五个方面：有利于掌握金融市场的动态，有利于改进金融产品和服务的品质，有利于制定市场目标和营销方略，有利于促进金融产品和服务的销售，有利于提高金融企业的经营绩效。

4.金融市场的调查对象主要包括以下四个方面：营销环境、客户需求、市场供求、金融产品。

5.金融市场调查的具体程序有：收集和评价现有资料、实地调查分析、撰写调查报告、后续调查。

6.金融市场调查的主要方法有以下三种：访问法、观察法、实验法。

7.营销预测的成功与否还和预测方法密切相关，营销预测的方法主要有以下几种：意见综合法、专家意见法、时间序列法。

关键概念

金融市场调查　意见综合法　专家意见法　时间序列法

思考与应用

1.金融市场调查的含义是什么？

2.我国金融企业迫于何种压力必须重视金融市场调查？

3.金融市场调查的主要任务有哪些？

4.金融市场调查有哪些重要意义？

5.金融市场调查对象有哪些？应该遵循哪些调查程序？

6.金融市场调查有哪些方法？您认为何种方法比较实用？

7.营销预测的分类有哪些？主要包括哪些预测内容？

8.营销预测可以运用哪些方法？您认为哪种方法最精确？为什么？

第七章 金融产品与营销策略

学习目标

1. 了解金融产品的基本含义
2. 熟悉金融产品的开发策略
3. 掌握金融产品的定价策略
4. 熟悉金融产品的分销策略
5. 掌握金融产品的促销策略

金融产品及其营销策略在金融营销中占有十分重要的地位，它是金融营销管理的基础性工作之一。金融企业从事经营是为了满足客户需求并从中盈利，这一目标必须通过提供使客户满意的金融产品和服务来实现。金融企业在营销活动中首先要提供金融产品以满足客户的需求，然后要运用营销策略实现其经营目标。金融营销策略主要包括产品开发策略、产品定价策略、产品分销策略与产品促销策略。

第一节 金融产品概述

一、金融产品的含义

金融产品是指金融企业通过精心设计的金融工具和与之相配套的金融服务而向客户提供的满足其需要的某种金融运作理念，即“金融产品=金融运作理念+金融工具+金融服务”。金融运作理念、金融工具和金融服务是金融产品的三个要素，三者构成金融产品的有机整体。金融企业属于服务性企业，金融运作理念（获益方式）是其所提供的服务性产品的核心内容，金融工具则是金融企业向客户提供这种获益方式的有形载体，是金融产品的有形部分。金融企业所运用的金融工具包括货币、存单、支票、信用证、信用卡等，金融企业正是通过这些工具和与之相配套的各种服务向客户提供获益保证。任何金融客户，不论是融资者，还是投资者，其参与金融交易（投资、融资等）的最终目的主要都是为了获取收益、实现融通、规避风险等。因为投资者需要有某种金融运作方案以使其投资获益，并能够保证到期收回本息；而融资者也需要某种金融运作方案以使其能够在金融市场筹集资金，并且愿意为此支付一定的费用。由于上述三要素在金融运作过程中密不可分，致使人们以为客户需要金融工具或服务。事实上，客户参与金融交易既不是为了获得金融工具，也不是为了享受金融服务，而是为了通过有效运作而从中获益。金融工具使得金融运作理念有了可信的凭据，金融服务则是确保金融运作理念成功实施的基本手段。

金融企业应当密切关注客户需要的变化情况，并根据客户需要的具体内容不断开发出新的金融运作方案，设计新的金融工具，提供新的金融服务，以使企业立于不败之地。

二、金融产品的特征

金融产品是特殊的商品，它与其他产品有较大区别。金融产品在总体上具有以下七项特征：

（一）无形性

工商企业所生产的产品一般都有具体的形状、款式、颜色、包装等实体形态，客户可以通过视觉、味觉、嗅觉、听觉、触觉等来感受这些有形产品。而金融产品则具有无形性，诸如存款、贷款、结算、代理、信托、咨询等，客户在购买之前既看不到也感觉不到这些产品。在购买与使用时，金融企业一般通过文字、数据等方式与客户进行交流，让客户了解产品的性质、职能、作用等，以满足客户需要。我们平时所看到的信用卡、存折、保单等金融物品并不是完整意义上的金融产品，而是金融企业为了便于提供金融服务和获取收益所使用的形式与工具而已。因此，无形性是金融产品与其他产品的一个重要区别。

（二）不可分性

由于金融企业向客户提供的金融产品大多为服务，企业一旦向客户提供了产品，就是将一系列服务同时分配给了该客户，因而金融产品的提供与服务的分配具有同时性，两者不能分开。正是基于这一特性，金融产品与金融企业也就密不可分。在任何时候，金融客户要获得金融产品或金融服务就必须从金融企业这一来源渠道获取。例如，某企业在某家银行申请贷款获准后，企业获得了银行的资金融通，但这种融资服务必须由这家银行提供。

（三）累加性

一般产品仅具有某种特殊的使用价值，如粮食可以满足人们的食物需求，衣服可以使人们抵御寒冷，它们的使用价值往往比较单一。而获得金融产品的客户则可以享受多种多样的金融服务，例如，某企业在申请获得贷款后，银行可以为其提供汇划转账、提取现金、账户管理、不同币种兑换、期货交易、期权交易以及投资咨询等各种服务。

（四）差异性

一般产品只要是由同一生产厂商提供，其产品质量往往都要符合某个统一的标准，不会因为出售地点不同而出现较大差异。而金融产品的质量则会因地、因人而异。不同的金融企业甚至同一金融企业的不同分支机构所提供的金融产品或服务亦不相同。例如，同为信用卡，中国银行的“长城卡”除了消费、储蓄等基本功能外，还提供“290”金融电信服务；招商银行的“一卡通”则具有消费、储蓄、异地汇兑、划转股票交易保证金等功能；而上海浦东发展银行的“东方卡”还提供外汇买卖服务。

（五）易模仿性

由于金融产品大多数为无形服务，因此它们不同于工业企业所提供的一般产品可以向有关方面申请专利，使本企业的产品权益受到法律的保护，金融产品没有专利可言。金融产品易于模仿，并且金融企业惯用的价格竞争以及其他营销手段也易于被其他机构所模仿，而且模仿速度较快。

（六）季节性

金融产品用于满足金融客户的需求，不同的客户对金融产品的需求不尽相同，而且这种需求会因时间而异，体现出较强的季节性特征。例如，投入农业生产的季节性贷款、工商企业的生产贷款以及耐用消费品和旅游贷款等都表现出显著的季节性特征。

（七）增值性

增值性是金融产品区别于其他产品的又一显著特点。人们购买金融产品或服务最主要的目的是期望所投入的资金能带来超额回报，即到一定时间收回的资金大于投资本金。例如，银行定期储蓄的利率要高于活期储蓄。

由于金融产品具有以上特点，金融企业的营销活动也就有别于其他企业。为了能使客户更好地了解金融产品，金融企业一般会更多地采用直接销售渠道，更注重树立企业形象，并通过多种促销手段包装出更多、更好的产品，以满足不同层次的客户需求，从而实现企业自身的盈利目标。

三、金融产品的层次

金融产品一般由核心产品、形式产品、延展产品、期望产品与潜在产品五个层次组成。

（一）核心产品

核心产品是指金融产品提供给客户的核心利益或效用。它既是金融产品的使用价值所在，也是金融产品中最基本、最主要的组成部分。客户之所以购买金融产品，就是为了满足其特定的某种需求，因此，金融产品的核心便是使客户的这种基本需求获得满足。由于核心产品向人们表明了金融产品的本质——消费者所要获得的核心利益，揭示了客户追求的核心内容与基本效用，因而它在金融产品的五个层次中处于最中心的地位。如果核心产品不符合客户的需要，那么即使形式产品与展延产品再丰富，也不会吸引客户。金融客户的核心利益是多种多样的，甚至一种金融产品能包含多种需要，这些核心利益具体包括利息、股息、分红、便利、透支、安全、保险、保值、地位、自尊和各种预期等，而投资连结保险产品的迅速走红便是一个例证。不同金融产品有着不同的核心利益，金融企业开始注重开发能同时向客户提供多种核心利益、满足其多种需要的金融产品。例如，银行信用卡应具备转账结算、存取现金、透支便利这三大功能，如果银行开发的信用卡不具有上述功能就会失去其存在基础。因此，金融企业在进行产品开发与设计时必须充分考虑客户的基本需求与核心利益。同时，金融营销人员在推销金融产品时也要认真地向客户介绍其产品的基本功能，以使客户了解其所需的利益与服务。

（二）形式产品

形式产品是指金融产品具体的外在形式，通过展现核心产品的外部特征以满足不同消费者的需要。形式产品主要包括金融企业提供的各种金融手段或工具，诸如支票、汇票、债券、股票以及各种证券等。金融产品不同于其他产品，一般产品大多通过外形、颜色、款式、品牌、商标、包装等进行展示，而金融产品多为无形产品，主要是通过服务质量与方式来体现。

随着人们消费水平、文化层次的不断提高，广大客户对于金融产品外在形式的要求也越来越高，并且这种要求会不断发生变化，因此在开展金融营销时金融企业必须注重形式产品的设计，使金融客户有更多的选择余地，以增强金融产品对客户的吸引力。

（三）延展产品

延展产品是指金融产品在满足金融客户的基本需求之外，还可以为客户提供更多的服务与额外利益，它是金融产品的延伸与扩展部分。金融客户使用产品固然是为了获得核心利益与效用，但是金融产品还应给予客户以更大的满足，因为金融产品具有较大的相似性。为了使本产品有别于其他同类产品以吸引更多的客户，企业必须在延展产品上多下工夫。因此，延展产品是金融企业为了提高产品市场竞争力，根据客户需要而提供的有形与无形服务，诸如奖券、彩票、折扣优惠、风险担保等。20世纪60年代以来，随着金融业的不断发展与市场竞争的日益加剧，金融业务呈现出系列化趋势，即在某一产品中往往附加其他各种服务项目以解决客户的多种问题，从而为客户提供更大的便利。可见，能否为客户提供灵活多样的附加服务将直接影响金融营销的有效性，因此金融营销人员必须充分认识到延展产品的重要性。

（四）期望产品

期望产品是指金融客户在购买某种金融产品或消费金融企业提供的能够满足核心利益的服务时，期望这些产品或服务所具备的一些属性和条件，诸如获取产品的便利性、查询相关信息、提供咨询建议等。在相同的情况下，如果一家金融企业提供比其他竞争者更多的能有效满足客户期望的产品或服务，那么对消费者而言就更具吸引力。

（五）潜在产品

潜在产品是指现有金融产品中尚未开发和实现的、能够有效满足金融消费者潜在需要的产品附加功能与服务的可能性。延展产品所体现的是现有产品中所包括的附加功能与服务，而潜在产品则是未来可能的扩展部分。这些扩展部分或者是消费者尚未意识到或者是企业尚未发现，或者是现有经济水平和技术条件下还不可能实现。

由于长期以来我国金融业一直是由国家专业金融组织垄断经营，现在则处于向市场化转轨的过程中，因而我国金融产品的开发水平是较低的，目前有限的产品竞争也主要集中于期望产品层次上，与发达国家相比还有较大的差距。相信随着金融改革开放的深入，我国金融企业的产品竞争将会在更广泛的产品层次上展开。

第二节　金融产品开发策略

第二次世界大战以后，金融业竞争不断加剧。为了吸引更多的金融客户，提高金融产品市场占有率，金融企业必须推陈出新，不断开发新产品，提供新服务，以满足不同层次客户的需求。20世纪70年代以来兴起的金融创新热则把金融产品开发推向了一个新的高潮，金融产品开发已成为金融营销策略的一项重要内容。

一、金融产品开发的含义

金融产品开发是指金融企业为了适应市场需求而研究设计出与原有产品具有显著差异的金融新产品。当金融产品中任何一个层次发生了更新或改变，使得产品增加了新的功能或服务，并能给客户带来新的利益与需求的满足时，便可称之为金融产品开发。据此，我们可以把金融产品开发划分为以下四种类型：

1.产品发明，指金融企业根据金融市场需求，利用新原理与新技术开发金融新产品。这种新产品可以改变客户的生活方式或使用习惯。例如，信用卡的出现改变了人们的支付习惯，大大减少了现金的使用量，并充分体现了灵活、便利、安全的特点；而自助银行、网上银行的出现更是将现代高科技与金融业务紧密结合，把金融产品开发推向了高潮。当然，产品发明难度相对较大，需要大量资金的投入与先进技术的采用，并且开发周期较长。该类产品的开发可以充分反映金融企业的实力与市场竞争能力。随着市场经济与科学技术的不断发展，客户需求将不断多样化，产品发明会发挥越来越重要的作用。

2.产品改进，指金融企业对现有金融产品进行改进，使其在功能、形式等各个方面具有新的特点，以满足客户需求，扩大产品销售。当前，金融产品种类繁多，为了避免发明新产品所需的大量资金、人力、时间等，金融企业可以对现有产品进行改造或重新包装，以扩大产品的服务功能，更好地满足客户需求。例如，商业银行在整存整取储蓄存款的基础上开发出存本付息、整存零取储蓄存款，通过上述改造与重新包装，原有的金融产品焕发出新的活力，吸引了大批客户。

3.产品组合，指金融企业将两个或两个以上的现有产品或服务加以重新组合，从而推出金融新产品。如果金融企业拥有的产品过多，就很难从整体上开展有效的金融营销活动，因为客户难以充分了解全部产品。为了更好地让客户接受本企业的产品，金融企业可以对原有的业务进行交叉组合并在某个特定的细分市场上推广，让客户获得一揽子服务，这样就易于占领该市场，并不断吸引新的客户。例如，支票存款账户是一种结合支票存款和普通存款两者优点而组成的新产品。开立账户者可以利用支票取现和转账，既省去了携带现金的不便，保证了资金的安全，又加快了结算速度，还可享有利息。又如，1993年中国银行与太平洋保险公司联合开发出了“信用卡购物保险”，这一金融新产品将持卡人的人身保险、信用卡购物、物品损失保险等业务集于一身。

4.产品模仿，指金融企业以金融市场上现有的其他产品为样板，结合本企业以及目标市场的实际情况和特点，加以改进和完善后推出新产品。由于金融新产品是在学习别人经验、结合自身特点的基础上加以效仿的结果，因而金融企业在开发时所花费的人力、物力、财力等都比较低，简便易行且周期较短，所以被金融企业广泛采用。

二、金融产品开发的目标

在科学技术迅速发展、市场状况瞬息万变的当今社会，金融企业要想获得持久性的盈利增长就必须不断进行产品开发，而在进行新产品设计时企业应根据市场环境与自身特点制定适宜的目标。金融产品开发的目标主要有以下几方面：

1. 开拓新市场，吸引新客户。金融市场上不同客户的需求各不相同，针对不同的客户，金融企业应根据其不同的需求来开发金融新产品，从而最大限度地吸引客户，扩大产品销售，不断占领新市场。例如，支票存款账户既能获利息，又能开支票，从而吸引了许多潜在的客户；而房屋抵押贷款的证券化既有助于加强资产的流动性，又可有效地规避风险，自然吸引了一大批新客户。又如，招商银行为了吸引存款客户，推出了集本外币、定期、活期存折存单等业务于一身的“一卡通”，具有一卡多户、自动提款、商户消费、贷款融资、自动转存、长话服务、电话查询、通存通兑等多项功能，充分显示出安全、简便、灵活、高效等特点，受到了广大客户的青睐，该卡在全国已销售46万张，吸收储蓄存款超过30亿元。该产品的开发之所以取得成功，在一定程度上得益于招商银行明确设立了新产品开发的市场目标。

2. 巩固现有产品的市场份额。金融产品开发不仅是为了开拓新市场，还是为了巩固已有市场，增加现有产品在市场上的销售。这一目标的实现可以依靠以下两项措施：（1）增加产品的交叉销售，即不断扩大与改善企业服务范围，或对金融产品进行重新组合，以便为客户提供更加便利、全面的服务，从而增强对客户的吸引力。（2）吸引竞争对手的客户。由于金融客户在选择金融企业时考虑的一个重要因素是便利性，因而为了吸引竞争对手的客户，金融企业必须不断设计新产品、开发新服务，以使客户获得新的利益。可见，金融企业必须对现有市场上的客户进行调查分析，以巩固其现有产品的市场份额。

3. 提高工作效率，降低经营成本。金融产品开发应有助于提高金融企业的融资效率与工作效率，不断降低经营成本。金融新产品的开发必须要以简化业务手续、减少流转环节、降低管理费用作为重要目标，而金融业务的电子化、网络化管理则是降低管理费用、提高服务品质的有效途径。

4. 树立金融企业的良好形象。金融产品开发必须以改善企业形象作为基本目标，因为金融产品无专利可言，所以为了使本企业在众多竞争者中异军突起，金融产品应该具有鲜明的特色，以增强对客户的吸引力。在开发金融产品时，企业应对市场需求进行充分调查，使产品能更好地满足客户需求，树立金融企业的良好形象。

三、金融产品开发的过程

金融产品开发是提高金融企业竞争力的一项重要措施。然而，开发金融产品并非一件易事，为了减少失败风险、降低开发成本，使新开发的金融产品能符合客户的需要，金融企业必须按以下步骤循序渐进地进行产品开发：

（一）构思形成

金融产品开发源于构思。新产品构思的来源十分广泛，主要可以分为外部来源与内部来源两大类。

1.外部来源，指从金融企业之外寻找产品创新的思路，具体有以下五个途径：（1）客户调查，包括客户的抱怨、意见与建议。企业通过客户调查以了解金融客户的欲望与需求，从而为产品开发提供思路。（2）代理与合作机构，诸如往来银行、信托公司、投资公司、证券公司、保险公司、信用卡公司等，它们会对金融产品开发提供建设性的设想。（3）竞争者。金融企业通过追踪调查市场上的竞争产品从而获得启发，拓展思路。（4）政府部门。政府部门作为宏观经济的管理机构，可以为新产品开发提供宝贵的建议。（5）其他渠道，诸如学术研究、会议座谈等都能引发金融企业的创新思路。

2.内部来源，指由金融企业内部人员为产品创新提供方案，具体有以下三个途径：（1）企业研发部门。该部门根据宏观经济环境与市场供求变化设计出新方案。（2）企业营销部门。营销人员通过及时了解客户的需求以及现有产品的销售状况，从而形成新产品构思。（3）企业管理部门。管理人员拥有丰富的市场知识，可以为新产品开发提供构思。

产品构思的主要任务是充分挖掘形成新产品的思路。为了提高构思效果，企业会采用一些方法以引导人们的创新思维。主要方法如下：

1.头脑风暴法，又称为脑力激荡法，指由一个小组就某一明确的议题展开自由开放的讨论，以刺激创新思维的产生。采用这种方法要遵循不指责批评、自由发挥、鼓励数量、不断修正、补充与综合等原则。该方法是由一家广告公司于20世纪30年代率先使用，源于该公司的文案人员才思枯竭之后组织的一个座谈会，在这个座谈会上收集到了很多新的创意。这种方法在随后的50年代获得广泛应用，具体做法是召开5～10名员工参加的座谈会，以获得各种不同的意见，这些参加者是从公司不同部门选出的，通常属于相同的级别。座谈会中的关键人物是会议主持人，他必须使整个座谈会趣意盎然、气氛宽松，并使全体参加者畅所欲言。会议主持者还应严格遵循会后参加评论的方针，不管参加者所提的观点有多离谱，也不能批评他。头脑风暴法的目的就是激活思维、拓宽视野、多出创意，然后才是评价过程。

2.客户小组法，与头脑风暴法非常相似，其主要区别在于会议参加人员是客户而非员工。客户小组法尽管不会直接产生新产品的创意和思路，但是会提出一些引人探究的想法。

3.协力创新法，是一种参与者在了解事实的基础上开展有针对性讨论的方法，以求群策群力解决问题。这种方法对参与者要求较高，通常要求参与者事先进行充分的准备工作，在讨论过程中鼓励批评与评论。

4.联想法，是在产品设计与改进中常用的一种方法，主要是通过提示、类比、比喻等方法激发人们的联想，开拓人们的思维，从而为新产品构思的产生创造条件。

5.罗列法，指通过列举金融产品的缺点与不足，更好地了解产品的优势和劣势，提出进一步完善产品的构想。这种方法尤其适用于产品改进。

金融企业通过运用上述方法中的一种或几种，就可以从不同来源中搜集到有关产品开发的各种信息与思路，为进一步设计金融产品奠定基础。

（二）构思筛选

金融企业通过产品构思会获得许多新产品的构想，但这些构想必须经过筛选，即根据一定的标准对新产品构思进行取舍，而产品构思的筛选将直接影响金融产品开发的成败，因此，这一阶段在整个产品开发过程中十分重要。

产品构思的筛选必须遵循一定的标准，一般要考虑以下四个方面：（1）市场需求状况。如果所开发的产品不是市场所需的或者市场需求量极少，那么企业开发这类产品就会得不偿失。（2）企业营销目标。新产品的开发必须服从于企业的整体营销目标。（3）与现有产品的关系。在设计开发金融产品时要考虑新产品是否与现有产品具有潜在冲突以及如何应对处理。（4）风险承受能力。开发新产品必然需要大量的资金投入，企业应对产品开发成本进行预算，并预计可能的风险。对于上述评估指标，企业可以进行逐项评分，以便选择成功概率较大的方案着手开发。

（三）产品概念的形成、测试与预测

金融企业要用详细的文字或模型表示构建成型的产品概念，这是对经过筛选的产品构思进行精心描绘、细致勾勒的过程。当形成初步的产品概念后，企业才能着手下一步的开发工作。

对于形成的产品概念，金融企业需要选择某一客户群体进行测试。在测试时，由开发人员向客户小组详细描述新产品的功能、运作过程、给客户带来的利益以及该产品与其他同类产品的不同之处等，以便客户全面了解该产品，并对它做出评价。为了便于客户进行评价，通常可以准备下列问题：（1）您清楚这种产品的概念吗？（2）您对这种产品的感觉如何？（3）您是否喜欢这种产品？（4）您认为这种产品与其他同类产品相比有什么优点？（5）您觉得这种产品的价格如何？（6）这种产品能否满足您的要求？（7）您对进一步改进这种产品有何意见或建议？（8）您对于改进后的产品愿意支付的价格是多少？客户对上述问题的回答可以作为进一步分析新产品的参考依据。

在测试的基础上，金融企业还要预测产品的销售利润以及开发成本，以判断其是否符合企业的经营目标。为了便于分析，产品开发人员需要编制新产品营销方案，主要内容包括：（1）产品或服务的名称；（2）产品或服务的特征；（3）目标市场；（4）市场的潜在购买量；（5）预测市场增长率；（6）预测市场份额；（7）调研成本；（8）促销费用；（9）产品定价。在此基础上，企业可以初步估算出新产品的预计销量以及利润，这就为企业是否正式实施新产品开发提供了重要依据。

（四）产品开发与市场试销

金融新产品一旦通过了测试与预测，即可进入全面开发阶段。由于金融产品大多为无形产品，因而它的开发要比有形产品的开发方便得多。金融企业会利用已有的操作系统与设备进行产品改进。例如，一个新的储蓄产品的开发具体包括对计算机储蓄系统程序进行修改、设计新的表格和文件、建立新的账户等。

开发出新产品之后便可进行市场试销，即金融企业在一个或几个试销市场上投放该新产品，以实际测试其销售情况。例如，银行在一个或几个地方试用新款的自动存取款机、自动取款机、自动汇款机、智能卡等。市场试销的目的有两个：一是预测新产品销售量，因为通过实际的市场交易可以预测新产品的最终销售情况。二是改进市场运作方式，即将新产品投入正常的销售渠道后，发现其存在的问题并加以改进。

当然，并非所有的新产品都需要进行市场试销，不需要市场试销的金融产品有以下几类：（1）低风险产品。当新产品大规模销售的风险不大时，企业就可以省略市场试销这一步骤。（2）生命周期较短的产品。市场变化很快，市场试销起不到应有作用。（3）资本占用额较高的产品。不论销售量如何，前期投资已经较多时，市场试销就不必要了。

在市场试销期间，金融企业可以利用各种方式（如问卷调查、个别访谈、电话询问等）加强与客户的联系，尽可能全面地收集客户的意见以及其他各种信息，以便有针对性地对产品进行改进和调整，使它能更好地满足客户需求。

（五）商品化

市场试销成功后，金融企业就可以运用营销策略将新产品投放市场，这一过程为产品的商品化。在这一阶段，金融企业应着眼以下几个方面：（1）产品推广时间。由于新产品投放市场后会对现有产品形成一定冲击，因而企业应处理好新旧产品的更替。（2）产品推广地点。企业是向某一地区、某几个地区、国内市场还是国际市场推出新产品，主要取决于自身实力以及营销网络的状况。（3）产品推广策略，即运用何种方式将新产品引入市场，具体包括预算分配、广告计划、推销手段等。可见，新产品的商品化是多项营销方略综合运用的过程。

（六）市场监测

金融新产品投放市场之后，金融企业还必须对客户的使用情况进行监测，以便更好地掌握产品销售情况。金融客户采用金融新产品通常需要一个过程，这一过程具体可分为以下五个阶段：（1）了解，即客户通过广告、推销等途径初步了解了新产品。（2）兴趣，即客户对该产品产生了兴趣，多方寻求有关产品的信息，并产生了购买动机。（3）试用，即客户开始试用新产品，以便更好地对该产品做出全面评价。（4）评估，即客户全面权衡使用新产品的益处与风险，做出是否采用的最终决策。（5）采用，即客户评估满意后正式使用该产品。

同时，企业也应关注以下四方面的市场反应：（1）新产品满足客户需要的程度；（2）新产品对其他同类产品的影响；（3）新产品适应市场变化的情况；（4）营销费用与盈利状况。企业一旦发现问题，应及时分析解决。

总之，在金融产品开发的整个过程中，上述六个阶段是环环紧扣、相互影响的，任何一个环节出现差错都会影响新产品开发活动的进行。因此，企业必须抓好每个环节的工作，以使金融产品的开发更加科学合理、富有成效。

四、金融产品生命周期与营销策略

（一）金融产品生命周期的基本含义

由于金融产品也要经历一个产生、发展、兴盛与衰亡的过程，因而金融产品生命周期是指金融产品从投放市场开始一直到退出市场所经历的整个过程，也就是金融产品在市场上存在的时间。不同金融产品的生命周期具有很大差异。我们根据金融产品的销售额以及销售增长率，可以将金融产品的生命周期划分为四个阶段，即导入期、成长期、成熟期与衰退期（见图7-1）。金融产品生命周期是产品销量随时间而变化的一条曲线，具体可以用金融产品生命周期曲线来直观表示，横坐标表示时间，纵坐标表示产品销量。企业可以按产品销售情况来绘制生命周期曲线，并据此对市场需求的变化趋势进行实时分析。由图7-1可见，在不同阶段金融产品的市场需求状况是不同的，因此，金融企业应采取相应的营销策略。

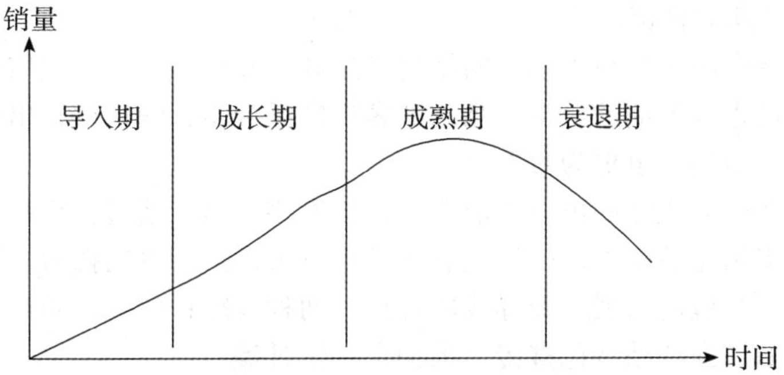

图 7-1　金融产品生命周期

（二）金融产品生命周期的营销策略

1. 产品导入期的营销策略

导入期是指金融产品投放市场的初期试销阶段。在这一阶段，金融客户对于新产品尚不了解，购买量较少，金融企业要花费大量资金进行广告宣传，同时，还要收集客户意见，不断改进产品，企业盈利很少甚至会出现亏损。然而，能否顺利渡过这一阶段将直接影响新产品的发展前途。为了减少损失、提高效益，并避免竞争者抢占市场，金融企业应尽力缩短导入期，使自己的产品尽早进入成长期。

金融企业在产品导入期可以采取以下营销策略：（1）建立有效的信息反馈机制。通过收集客户的反馈意见与建议，分析产品的需求状况，选择市场投放时机，及时改进产品设计，以取得客户的信任与支持。（2）通过广告促销等多种途径让客户了解新产品的用途特点，并做好客户咨询、网点布局等工作，使客户真正体会到新产品的方便与实惠，以激发客户的购买欲望。（3）制定合理的产品价格。为了树立产品信誉，尽早收回投资，企业可以采用高价策略；为了抢占市场、扩大销售，则可以进行低价渗透。

2. 产品成长期的营销策略

成长期是指金融新产品由少量试销转入批量销售的阶段。进入这一阶段，金融产品已基本定型，开发费用相应减少。一方面，由于客户对新产品已有所了解，广告费用会逐步下降。另一方面，产品销量迅速上升，企业利润不断增加。当然，随着其他同类产品不断出现，市场竞争将会日趋激烈。

金融企业在产品成长期可以采取以下营销策略：（1）提高产品质量，改善服务措施。企业应不断开拓金融产品的新用途与特色服务，赋予其新的活力。（2）加强广告宣传，为产品树立良好的形象和声誉。（3）适当调整价格，增强产品竞争力。

（4）增设营业网点，积极开拓市场，不断扩大销售。

3.产品成熟期的营销策略

成熟期是指金融产品在市场上的销售已达到饱和状态，业务量增长趋缓且相对稳定的时期。进入成熟期的金融产品已被客户广泛接受，销售增长出现停滞，企业利润趋于稳定，市场竞争更为激烈。

金融企业在产品成熟期可以采取以下营销策略：（1）通过实现产品多样化与系列化，提高其市场竞争能力；（2）拓展产品市场可以运用纵向拓展（即提高老客户产品使用频率）与横向拓展（即寻找新客户）两种策略；（3）运用包装组合策略增加产品销售，如加强产品特色宣传、维护企业信誉等。

4.产品衰退期的营销策略

衰退期是指金融产品滞销并趋于淘汰的时期。进入衰退期后，金融市场上出现了大量的替代产品，客户降低了对老产品的使用频率，产品销量急剧下滑，价格大幅下降，企业利润日益减少。

金融企业在产品衰退期可以采取以下营销策略：（1）维持策略。当金融产品进入衰退期后，随着多数竞争对手退出市场，企业可以吸引部分老客户继续使用老产品。（2）转移策略。由于不同地区的客户对产品需求所处的发展阶段不同，如某些产品尽管在某一市场上趋于淘汰，但是在另一市场上则可能尚处于成长期或成熟期，因而企业可对各个市场进行对比，将产品转移到具有比较优势的目标市场开展销售。（3）收缩策略。金融企业缩短营销战线、精简营销人员、降低营销费用，把人力、财力、物力集中于最有利可图的目标市场上，以获取最大收益。（4）淘汰策略。金融企业用新产品完全取代老产品以维持或扩大市场占有率，增加产品销售。

【营销前沿】 **信用卡产品与消费者透支行为**

1.引言

随着我国金融业的迅猛发展，信用卡已成为当代中国人经济生活的重要组成部分。由于广大信用卡消费者的透支行为与其心理因素密切相关，因而深入分析心理因素对于透支行为的影响，相信对于加速我国信用卡消费者的心智成熟具有非常重要的现实意义。同时，这也成为了金融营销学中一个具有重要意义的理论课题。

2.相关研究

关于信用卡消费透支的相关研究主要包括：

（1）Plummer，Joseph T.（1971）对信用卡消费者的研究表明，由于信用卡可以成为一种改变生活方式的工具，因而使用信用卡的消费者通常更加活跃并且更具冒险精神，信用卡消费者的社会阶层和收入水平都较高。

（2）Willey，James B.and Richard，Lawrence M.（1974）进行了更为细致深入的研究。他们

首先对信用卡消费者的消费频率进行了分类，然后着重分析影响消费者使用信用卡程度的各种变量，其中包括人们的时尚敏感程度、信用状况、价格的敏感程度以及收入水平等。这一研究成果对于以后的信用卡消费透支行为研究起到了重要的参照作用。

（3）Awh，R. and Waters，D.（1974）则着眼于人们对信用卡的消费态度开展研究。他们将消费态度作为一种研究变量，发现收入、年龄和社会阶层等都构成了影响人们对于信用卡消费态度的重要因素。

（4）Adcock，William O.，Hirschman，Elizabeth C. and Goldstucker，Ja. L.（1976）研究发现，信用卡消费者与未消费者两者在人口统计变量上存在着差异，大多数信用卡消费者已婚，且比未消费者学历高、收入多。

可见，早期的信用卡消费透支行为的研究视角主要集中于人口统计变量对于信用卡消费者的影响。研究表明，各种人口统计变量对于信用卡产品的消费透支行为有着重大影响。伴随着信用卡消费行为研究的不断深入，当前关于信用卡消费透支行为的研究视角已经从人口统计特征这一传统的外在变量向人们的心理特征等内在变量转移，因为依据外在的人口统计特征已无法解释信用卡消费过程中的一些复杂现象。

3.研究意义

本研究一方面是深入研究影响信用卡消费透支行为的心理特征，另一方面则是对我国信用卡消费透支人群进行分类并判别其行为特征，相信这对于推动我国信用卡市场的健康发展以及促进广大信用卡消费者的心智成熟将具有积极的理论和现实意义。

4.研究方法

（1）问卷编制

本研究首先采取开放式描述性问卷的方式随机抽取了华东师范大学金融与统计学院研究生课程班学员186人，共撰写出300多条关于信用卡消费透支行为的影响因素条目，然后经筛选、合并后制定出关于信用卡消费透支行为影响因素的试行问卷，并向华东师范大学、复旦大学部分二三年级金融专业研究生（男女性别均衡）发放100份问卷进行调查，回收有效问卷97份，经分析修订，形成正式问卷，共35项。问卷分为两个部分，第一部分为被调查者的基本情况，第二部分为“信用卡消费透支行为影响因素量表”，采取四级评分法。

（2）被调查者状况

根据简单随机抽样的方法，共发放问卷225份，回收有效问卷187份，有效率为83%。被调查者的具体构成为：

①性别：男性98人，女性89人；

②年龄：30岁以下101人，30～45岁49人，45岁以上37人；

③学历：高中及高中以下42人，大学104人，研究生及研究生以上41人；

④月收入：1 000元以下37人，1 000～2 000元40人，2 000～3 000元45人，3 000～5 000元34人，5 000元以上31人；

⑤单位性质：国有企业58人，机关事业单位50人，三资企业45人，民营企业30人，自由职业者4人。

（3）数据处理

在PC586计算机上，用WIN3.1支持下的SPSS8.0软件进行基本的统计检验与因素分析，即把每个项目的原始分数，根据项目因素负荷换算成因素分数，进行统计处理。统计分析表明，问卷的分半信度和α系数均达到可接受水平。然后，利用因素分析得分先进行快速样本聚类，再进行判别分析处理。

5.研究结果

（1）信用卡消费透支行为特征体系的因素分析

对问卷上35个项目的百分比进行Bartlett球形检验，发现Bartlett值为2 082.512，显著性水平P=0.000<0.01，说明总体相关矩阵不是单位矩阵，可以采用因素分析方法。同时，本研究取样适当性度量值KMO=0.835，说明本测试采用因素分析是恰当的。据此，对施测数据进行主成分分析和Varimax因素旋转，获得八个主成分，累积方差贡献率为60.515%。结果见表7-1。

表7-1 **主成分分析结果**

因素	特征根	方差贡献率	累积方差贡献率
1	8.504	25.764	25.764
2	3.094	9.373	35.137
3	1.686	5.107	40.244
4	1.589	4.813	45.057
5	1.457	4.412	49.469
6	1.336	4.047	53.516
7	1.253	3.797	57.313
8	1.057	3.202	60.515

由表7-1可知，第一主成分负荷量最大的项目为“消费意愿性”；第二主成分负荷量最大的项目为“透支情感性”；第三主成分负荷量最大的项目为“还贷能力性”；第四主成分负荷量最大的项目为“财务压力性”；第五主成分负荷量最大的项目为“社保完善性”；第六主成分负荷量最大的项目为“自我控制性”；第七主成分负荷量最大的项目为“利率敏感性”；第八主成分负荷量最大的项目为“从众环境性”。

（2）信用卡消费者透支行为的快速聚类与判别分析

快速样本聚类可将目前的信用卡消费者分为三类，其线性判别方程分别为：

$$Y1=0.86F1+0.82F2+0.76F3+0.05F4+0.28F5-0.73F6-0.32F7+0.08F8$$

$$Y2=0.36F1+0.23F2+0.65F3+0.25F4+0.16F5+0.19F6+0.21F7+0.36F8$$

$$Y3=-0.18F1-0.32F2-0.36F3+0.54F4-0.27F5+0.52F6+0.59F7+0.12F8$$

可见，这三类信用卡消费者在透支行为八个影响因素上的特征状况分别为：第一类信用卡消费者——消费意愿性最高、透支情感性最高、还贷能力性最高、财务压力性最低、社保完善性最高、自我控制性最低、利率敏感性最低、从众环境性最低；第二类信用卡消费者——消费意愿性居中、透支情感性居中、还贷能力性居中、财务压力性居中、社保完善性居中、自我控制性居中、利率敏感性居中、从众环境性最高；第三类信用卡消费者——消费意愿性最低、透支情感性最低、还贷能力性最低、财务压力性最高、社保完善性最低、自我控制性最高、利率敏感性最高、从众环境性居中。

我们对数据进行判别分析，可获得两个典则判别函数分别为：

Function1=0.167F1−0.335F2+0.289F3+0.425F4+0.226F5−0.176F6+0.546F7−0.742F8

Function2=0.328F1−0.542F2+0.353F3−0.416F4+0.103F5+0.429F6−0.109F7+0.087F8

据此，现将第一类信用卡消费者命名为“透支偏好型”，将第二类信用卡消费者命名为“透支权变型”，将第三类信用卡消费者命名为“透支规避型”，这三类信用卡消费者分别占调查样本的21.9%、38.5%、39.6%。详见图7-2。

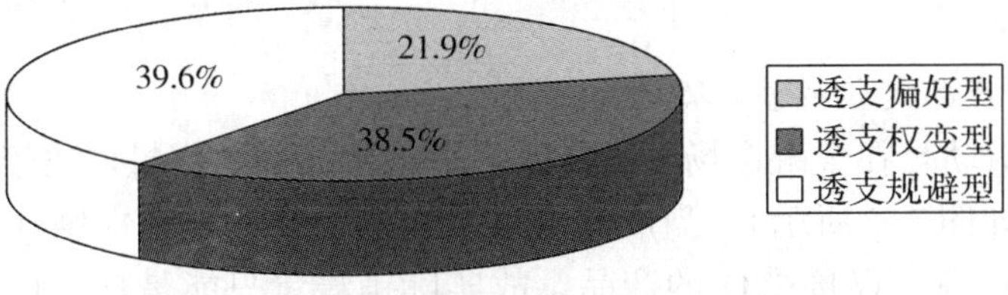

图7-2　信用卡消费者透支行为的人群分类

6.结果分析

研究结果表明，我国信用卡消费透支行为的特征体系由八个因素构成，分别是：F1消费意愿性、F2透支情感性、F3还贷能力性、F4财务压力性、F5社保完善性、F6自我控制性、F7利率敏感性、F8从众环境性。这其中既包含了源于外界环境的诸如还贷能力性、财务压力性、社保完善性、利率敏感性、从众环境性等心理因素，又包含了源于人格特质的诸如消费意愿性、透支情感性、自我控制性等心理因素。这说明信用卡消费透支行为的发生既受到外界社会经济因素的影响，又受到其内在人格特质的制约。

我国信用卡消费透支行为的分类研究结果将调查样本分为三类，分别命名为“透支偏好型”、“透支权变型”以及“透支规避型”。在调查样本中，处于极端状态的“透支偏好型”信用卡消费者人数最少，而处于中间状态的“透支权变型”以及“透支规避型”信用卡消费者人数众多，透支行为变量对于信用卡消费人群呈现偏正态分布性影响。

可见，由于深受“量入为出”这一传统社会文化观念的影响，我国信用卡消费者在信用卡透支功能的使用上表现出了极为谨慎的消费态度，因而后续研究需要从消费态度着眼做进一步的深入探析。

第三节　金融产品定价策略

长期以来，金融产品价格一直是在政府规定的范围内，由金融机构根据情况在相当小的浮动幅度内决定的。进入20世纪七八十年代，西方各国政府对金融管制的放松以及金融创新浪潮的涌现使得金融产品定价日益重要，因为金融营销的主要目标是在有利可图的基础上尽量满足客户的需求，从而使自己获取最大利润，定价策略则是实现上述目标的一项重要的营销策略。由于定价策略的制定既要考虑企业自身的状况，使产品价格足以弥补成本，又要从客户的角度出发，使产品价格能为广大消费者所接受，因而其具有交易双方双向互动的特性。

一、金融产品定价的基本含义

（一）金融产品定价的概念

金融产品定价是指金融产品价值的货币表现形式。由于金融产品定价直接影响金融企业的销售与利润，因而如何制定合理的价格以增强企业盈利能力就成为金融营销的重要决策。

（二）金融产品定价的基本原理

金融营销活动是在金融市场上进行的，金融产品的销售量取决于产品供应量与市场需求量（如图7-3所示）。当产品价格为P_1时，企业愿意提供Q_B的产品，但客户认为该价格过高，仅接受Q_C的产品，故实际销售量只能是Q_C。此时，企业降低金融产品的价格，可使销售增长幅度大于价格下降幅度，故企业收益增加，客户也获得了更多的金融产品，并且其支付的费用比P_1时要少，即客户的境况也获得改善，因此，产品降价是合理的。当产品价格降到P_2时，金融市场上的金融产品供应量恰好与客户在产品价格P_2上的需求量相等，此时客户为了多购买一个单位产品所支付的价格与企业多销售一个单位产品所获得的价格正好相等，这种情况是最有效的。可见，当产品价格上涨时，因有利可图便会有更多的企业进入市场，产品供应量相应增加；当产品价格下跌时，购买者增加，销售量亦随之增加。产品供给曲线与需求曲线的交叉点表明，一旦产品价格继续下调，企业总收益就会减少，因此，在价格为P_2时市场处于均衡状态，此时金融产品的价格无论上升还是下降，均会使企业或客户的利益受到损害。按照效率法则，在均衡价格水平之下，金融企业所要考虑的不是重新定价，而是在现有价格水平下通过降低成本以获取更多收益。

金融产品定价时还要遵循规模效益法则。所谓规模效益，是指由于企业规模变化所引起的收益增加。规模效益包括内部效益与外部效益两个方面。内部效益是指随着企业规模的不断扩大，企业内部分工更加精细，可以引进更高超的技术，节约企业营销费用，从而使企业收益不断增加；外部效益是指随着整个行业规模的扩大与社会的发展，业内企业可以获得服务提供、信息传输、人才供应、设备改进等方面的便利，从而降低成本、增加收益。规模效益使得金融企业在提供金融产品或服

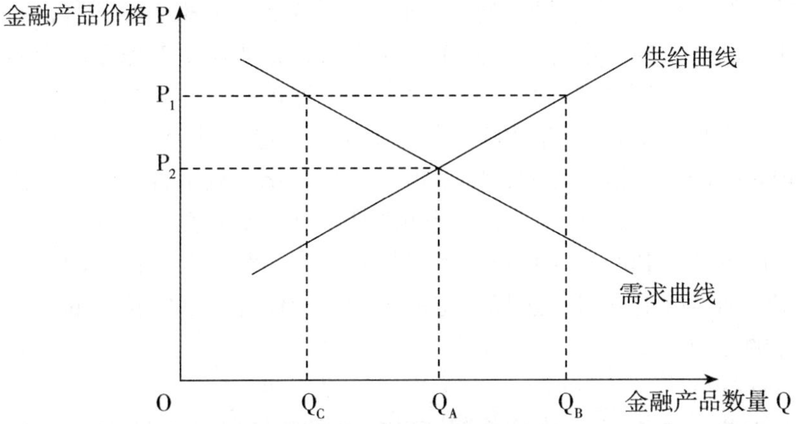

图7-3　金融产品市场供求曲线

务的过程中，存在成本递减现象，即随着实施时间的推移与规模数量的扩大，单位产品或服务的成本将呈不断下降之势。

金融企业在产品定价时，必须充分认识到上述规律并自觉加以运用。金融产品定价应随着产品数量规模的不断扩大而降低，从而使企业能够保持原有的市场份额并不断拓展新市场。

（三）金融产品定价的影响因素

影响金融产品定价的因素是多方面的，主要有以下方面：

1.产品和服务的风险程度。

2.产品和服务对客户的价值以及客户对该产品的认可程度。

3.产品和服务的市场容量。

4.产品和服务的开发成本。

5.竞争产品和服务的定价。

金融产品定价应根据金融法规和企业目标选择适当的标准，以在金融市场上具有竞争力。

（四）金融产品定价的主要目标

在金融产品定价之前，金融企业必须有明确的定价目标。所谓定价目标，是指金融企业通过制定特定的产品价格，凭借其产生的效用所要达到的预期目的。如果金融企业已选定了产品或服务的目标市场，并进行了市场定位，那么产品价格就相应得到了明确。金融产品定价的主要目标如下：

1.利润最大化

金融企业一般以在一定时期内所能获取的最大利润，作为其营销活动中对金融产品定价的主要目标。企业维持经营的前提之一就是不断地获取利润，而产品价格是影响企业利润的重要因素之一。除了产品价格，企业还要考虑金融产品的销售规模、营销成本以及其他诸多因素。利润最大化具体包括长期利润最大化与短期利润最大化，少数金融企业以短期利润最大化作为产品定价目标，强调短期财务绩效，因而制定较高的产品价格。然而，随着市场不断变化，竞争日趋激烈，任何企业都不可能长期地保持产品的高价，况且金融产品不具有专利性，不存在垄断价格，因此金融企业应以长期利润最大化作为其终极目标，即在金融营销活动中，金融企业可以在确定长期目标的同时，选择特定的短期目标作为其制定价格的依据，从而推动长期目标的实现。

2. 提高收益率

金融企业投入资金后，总是希望能有较高的投资效益，即在一定时期内能够收回全部投资，并且能有较高的回报率。为了实现投资收益率目标，企业可以在预计营销开支与预期利润的基础上制定金融产品的价格。投资收益率有长期投资收益率与短期投资收益率之分，企业更应注重长期目标，并以此作为产品定价的基础。

3. 扩大市场份额

市场份额是衡量金融企业经营状况与竞争能力的重要指标之一。为了保证金融产品有较大的销售数量，实现盈利水平的不断增长，金融企业把扩大市场份额作为金融产品定价的一个重要目标。随着金融产品的日益丰富，企业竞争更趋激烈，如何在众多的竞争对手中脱颖而出，占据一定的市场份额就显得尤为关键。因此，金融企业为了扩大市场份额，会选择降低产品价格以拓展市场。

4. 适应价格竞争

在市场竞争中价格竞争是很重要的一个方面，金融企业可以充分运用价格手段应付激烈的市场竞争。例如，通过降低价格以扩大金融产品销路或通过提高价格以树立企业声望。企业可以以市场主导价格为基础制定其产品价格，从而避免陷入价格战误区。因此，如何适应价格竞争也是金融企业需要考虑的定价目标之一。

5. 优化金融服务

金融企业所提供的产品大多数属于服务型产品，金融客户正是通过购买以某项服务为核心的一系列产品，来满足自己的需求。为了优化金融服务质量，金融企业必须从客户的角度出发，不断设计开发出新的金融工具，为客户提供便捷、高效、安全的服务项目。如果金融企业能够提供更多、更好的服务，那么金融客户在使用该产品时必然愿意支付更高的价格，从而使企业盈利增加。因此，优化金融服务应成为金融企业在产品定价过程中不可忽视的一个重要目标。

6.树立企业形象

企业形象是金融企业的无形资产。具有良好形象的企业可以赢得客户的信赖，从而维系老客户并吸引新客户，大大提高企业的盈利水平。因此，许多企业都以树立良好的企业形象作为重要的定价目标。为此，金融企业在实施产品定价时必须考虑金融产品的价格水平是否适应市场的需求，是否有利于其营销战略的实施，同时企业也要遵守社会公德与行业道德规范，顾及其他合作者的经济利益。当然，企业良好形象的树立需要经过长期的积累与时间的考验。

二、金融产品定价的具体方法

金融产品的定价方法可以分为以下几大类：

（一）成本导向定价法

成本导向定价法是以产品成本为基础，在成本之上考虑一定的目标利润，从而确定价格。它具体分为以下三种方法：

1.成本加成定价法

成本加成定价法是以金融产品的成本为基础，在单位产品总成本上加上一定比率的利润以确定产品价格的方法。其计算公式为：

单位产品价格=单位产品总成本×（1+成本加成率）

其中，总成本包括固定成本与可变成本，而成本加成率是指预期利润占产品总成本的比例。在这一方法中，成本加成率的确定是关键。由于目前金融产品一般都已形成一个标准的利润幅度，因而加成率过高就会影响产品的市场竞争力。该方法的优点是定价过程简单易行，在市场稳定时它可以使企业获得正常的利润率，从而避免激烈的价格竞争。同时，定价方法较公平合理，企业不会因客户需求增加而随意提价，尤其适用于金融零售业务。当然，这种定价方法也比较呆板，由于没有考虑到市场竞争与需求变化，因而适应性较差。另外，成本加成率的确定也不一定能与市场状况完全相符，尤其是新产品的销售与成本更是难以测定，因此成本加成定价法不是定价的最佳方法。

2.目标收益定价法

这种方法是指金融企业按照预期利润来确定产品价格，即企业根据总成本以及预计销售收入制定一个目标利润额作为核算产品定价的标准。金融产品的价格由产品总成本与目标利润额决定。其计算公式为：

$$\text{单位产品的价格}=\frac{\text{产品总成本}+\text{目标利润额}}{\text{预计销售量}}$$

信用卡定价通常采用此种办法，一般以总成本的15%～20%作为目标收益率，分摊到预计可销售数量的信用卡中，从而计算出每张信用卡所要收取的费用。该方法虽然可以保证企业实现既定的利润目标，但它未考虑到价格与需求之间的关系，因为产品价格会对产品销售产生影响，尤其是对于价格弹性较大的产品而言，影响更为显著。因此，企业若要采用该定价方法，必须仔细研究市场份额与竞争对手的情况，以使其所定目标利润能够实现。

3.收支平衡定价法

收支平衡定价法是一种以盈亏平衡分界点为基础的定价方法。所谓盈亏平衡分界点是指企业的投入与收入相等时的产品销售量。其计算公式为：

$$\text{盈亏平衡时产品销售量} = \frac{\text{固定成本}}{\text{保本价格} - \text{单位可变成本}}$$

由此得出：

$$\text{保本价格} = \frac{\text{固定成本}}{\text{盈亏平衡时产品销售量}} + \text{单位可变成本}$$

可见，金融企业按保本价格出售金融产品，它所投入的固定成本正好获得完全补偿。由于企业经营的目的是获取利润，因而引入预期利润对该价格进行纠正后得出：

$$\text{实际价格} = \frac{\text{固定成本} + \text{预期利润}}{\text{盈亏平衡时产品销售}} + \text{单位可变成本}$$

这种方法的优点在于，当企业完成预计产品销售量时，保本价格便确保了企业不受亏损，而实际价格则使企业实现预期盈利。两个产品价格的差值可使企业明确控制价格调整幅度，其缺点则是未对市场需求和竞争对手予以足够重视。

（二）需求导向定价法

需求导向定价法是以客户对金融产品的认知与需求作为产品定价的基础。因为产品价格是否合理最终是由客户来判定的，所以企业应通过产品质量、促销手段、分销渠道来提高金融客户对产品的认知与理解，并根据市场需求制定产品价格。金融产品的实际价格只有与客户的心理价格相符合时，才能有效促进产品销售，实现企业的经营目标。这类定价法具体包括以下两种方法：

1.价值判断定价法

这种方法是根据客户对金融产品可以觉察的价值为基础制定产品价格。例如，任何产品在金融客户心目中都有相应的价值，对此价值的判断就成为确定产品价格的标准，而客户在选择产品时会在不同产品之间进行比较，最终会选择既符合其自身需要，又不超出其支付能力的产品。因此，金融企业在产品定价时必须尽可能收集金融客户对产品价值的评价，判断金融产品在客户心目中的价格标准，以预测在不同价格水平上产品的销售量，从而为制定客户可以接受的产品价格提供参考。这种定价方法的关键是判断金融产品的觉察价值水平，具体可以采用以下三种方法：（1）直接评判法，即直接邀请客户与专家对金融产品的价值进行评判；（2）比较评判法，即通过对本产品与其他同类产品进行比较来判断产品的觉察价值；（3）加权评判法，即先对产品各项指标的觉察价值进行评分，再运用加权平均的方法计算出总的觉察价值。

2.需求差别定价法

这种定价方法建立在市场细分的基础上，即由于不同市场、不同时间、不同地域的客户需求不同，因而企业应根据需求的差异制定不同的产品价格。换言之，产品定价差异并非由产品成本差异所引起的，而是取决于客户的不同需求，这种需求差异源于客户、地域、时间上的差别，具体包括：（1）客户差别。由于不同职业、不同阶层、不同年龄、不同收入的客户有着不同的需求，因而针对不同客户应制定不同的产品价格，以促进产品销售。（2）地域差别。生活在不同地域的客户，由于生活习惯和环境条件不同，因而对金融产品的要求会有很大差异，产品价格也应有所区别。（3）时间差别。由于不同时期的客户对产品的需求并不一致，因而产品价格应做适当调整。

（三）竞争导向定价法

竞争导向定价法是以金融市场上的竞争产品价格作为产品定价的主要依据。随着市场竞争的日益加剧，这种方法获得了广泛应用，具体包括以下两种方法：

1.竞争性定价法

这种定价方法是指金融企业先对市场上的竞争对手及其产品价格做一个比较，划分出不同的价格层次，再根据自身产品的特点优势以及市场定位来确定产品价格，从而使定价具有较强的市场竞争力。当产品价格确定后，企业还应对市场上竞争产品的价格变动进行追踪了解，以便及时调整产品价格，确保其在市场上的竞争优势。

2.随行就市定价法

这种定价方法是指金融企业参照市场主导价格来确定自身产品价格，从而使自身产品与市场上竞争产品的价格基本保持一致。这是因为：（1）当金融产品的成本较难测定时，市场主导价格可以较好地反映行业内合理的利润水平；（2）这种价格水平可以有效避免价格战的出现，使市场处于稳定均衡状态。随行就市定价法具体可以分为两种情况：一是小企业将产品定价权让予大企业，然后采取价格追随策略；二是一家企业刚进入一个非常成熟的市场，这家新进入市场的企业只能“入乡随俗”，以避免引发冲突，减少市场风险。

上述定价方法各有优劣，适用条件亦各不相同，我们在具体运用时应综合权衡，选择适当方法以制定合理的产品价格，从而使金融产品赢得更多的客户。

三、金融产品定价的营销策略

由于金融产品种类繁多，因而其定价方法各异，并且有不同的适用条件。据此，我们就金融企业常用的定价策略进行系统阐述。

（一）撇脂定价策略

这种定价策略是指金融产品刚进入市场时，可利用较高的产品价格尽可能多地获取收益，而当市场竞争变得激烈时便适当降价以扩大销售量。这犹如从鲜奶中层层撇取奶脂，故而得名。该策略的优点是可以使金融企业在较短时间内实现其利润目标，及早收回投资，降低经营风险。

撇脂定价策略尤其适用于新产品销售。这是因为：（1）新产品受价格变动的影响相对要小；（2）该策略可以吸引住大量对价格不敏感的客户；（3）高价格可以使新产品树立较好的市场形象，因为多数人都认同"一分价钱一分货"的说法；（4）这种策略便于实施价格调整，一旦发现市场需求下降，难以维持预期销售时，可通过适当降低价格来保持较强的产品竞争力。当然，撇脂定价策略的实施目标，必须是乐于接受新事物、具有较强支付能力，且对价格不敏感的客户市场。

撇脂定价策略可分为快速撇脂和缓慢撇脂两种定价方法。前者指高价格配以大规模广告宣传等强有力的促销活动；后者指高价格结合限量销售。由于金融产品没有专利可言，产品会在短时间内为竞争者所仿制，因而适宜采取撇脂定价法，但长期采用此种策略则不合实际。

（二）渗透定价策略

这种定价策略是金融企业先以较低价格出售产品以迅速打开销路，扩大市场份额，再相应地提高产品价格，从而保持一定的盈利性。由于金融产品一开始的定价比较低，主要是通过提高产品销量来实现经营目标，因而该策略又被称为"薄利多销定价法"。该策略的优点是有利于企业缩短金融产品投入市场的时间，尽快打开销路，争取到更多的客户。同时，低价也可以较为有效地排斥竞争者挤入市场，从而使企业长时间地占领市场，形成规模经营，降低成本。而其缺点则是投资回收期较长，价格调整的空间较小。

金融企业实施该策略应具备以下五个条件：（1）企业可以承受产品以较低价格投入市场的风险，而不至于出现巨大亏损；（2）企业具有充足的营销资源、分销渠道与促销能力，可以保持较高的服务质量；（3）随着产品销量的扩大，金融产品的生产与分销成本可以实现规模经济性；（4）产品需求的价格弹性较大，如果采用高价策略便不易打开市场销路；（5）产品打入市场后很快就会形成较强的竞争优势。

可见，企业实施渗透定价策略的目的是获取更多的市场份额，谋求长期利益。金融企业实施该策略后，由于市场占有率提高，逐步形成了规模经营，因而有利于降低成本、增强市场竞争力。

（三）细分定价策略

细分定价策略是金融企业使用较普遍的定价方法，指企业把客户、产品形式、地域等细分后进行区别定价，据此优化自己的客户群，以实现利润最大化。其细分的主要方法有：

1.客户细分定价法

企业为不同的客户提供同一种服务，不同的客户要支付不同的价格或在同一价格下享受不同的配套服务。

2.形式细分定价法

对于同类金融产品，由于其具体形式不同，金融企业为客户所提供的服务不同，产品成本也就存在着很大差异，因而企业应制定不同的产品价格。例如，银行信用卡按持卡人的资信状况可以细分为金卡、银卡与普通卡。金卡一般由经济实力强、社会地位高、信用状况良好的个人或单位持有，其授信限额起点较高，其价格也相对较高，而银卡与普通卡的透支额度较低，其价格也相对较低。目前，这一定价策略获得了广泛应用，因为对不同形式的产品制定相应的价格可以更好地适应不同客户的需求。

3.地域细分定价法

国际金融企业采用该方法的比较多，因为在不同的国家和地区，由于货币市场环境的不同，固定成本和可变成本的差异，因此跨国企业所提供的同一产品价格会不同，服务费用也会有很大的差异。

（四）组合定价策略

该定价策略是指金融企业将一系列产品或服务综合考虑，根据若干种金融产品的总成本制定一个总的目标价格，以实现各种组合产品在总体上的获利。该定价策略只核算总成本，而不核算单项产品或服务的成本，最后用成本低的产品或服务去补偿成本高的产品或服务，用收益高的产品或服务去弥补收益低的产品或服务，从而实现组合产品在总体上盈利。具体而言，金融企业可以以价格低廉的产品与服务吸引客户，与他们建立起良好关系，从而向其促销边际收益较高的产品与服务。由于该策略有利于提高企业声誉，扩大企业在客户中的影响，增强企业竞争力，因而获得了广泛推崇。

（五）折扣定价策略

该定价策略是指金融企业为了调动客户的购买积极性而少收一定比例的产品货

款或服务费用，从而降低客户的成本支出，提高产品的竞争力，扩大销售量。折扣定价方法主要包括：(1) 现金折扣，指金融企业对按约定日期或提前付款的客户给予一定的价格优惠。例如，银行对提前还贷的企业在收取利息时打些折扣。(2) 数量折扣，指金融企业对购买产品达到一定数量或金额的客户给予一定的优惠，一般购买数量或金额越大，数量折扣也就越大，从而鼓励客户增加购买量。(3) 时间折扣，指金融企业根据不同的时间制定不同的产品价格，从而平衡淡旺两季，促进产品销售。

第四节　金融产品分销策略

分销渠道既是联结企业和消费者的基本纽带，也是金融企业完成销售职能的实体。因为只有通过金融营销把产品销售出去，才能完成公司运营的最终目标，即企业利润的增长，所以，产品分销渠道在金融营销活动中至关重要。同时，分销渠道具有长期性的特点，一旦建立就不易改变，这使得分销渠道的选择和管理成为金融产品分销策略的关键所在。

一、金融产品分销渠道的基本含义

（一）金融产品分销渠道的概念

产品分销的症结在于分销渠道，就工商企业而言，分销渠道是指产品从生产领域转移到消费领域的过程中所经历的市场通道。金融产品分销渠道则指金融产品从金融企业转移到金融消费者的过程中所经历的市场通道，也就是金融产品和服务通过各种手段和途径推向金融客户的过程。

工商企业的物质产品从生产方转移到消费方一般是通过中间商来实现的，而由于金融产品和服务的特殊性，金融分销渠道则有其独特的运作方式，一般是通过建立分支机构网络来实现，因而分支机构网络是金融分销的主要手段，广设网点成为金融企业争夺市场的最有力武器。随着金融产品和服务的不断创新，业务功能日渐多样化，目前金融分销渠道正日益复杂和多元，尤其是电子信息技术的充分运用，促使金融分销渠道日趋多样化，诸如通存通兑、信用卡、自动柜员机（ATM）、销售终端机（POS）等现代分销渠道已得到广泛使用。可见，各种新型分销渠道的出现，极大地强化了金融分销渠道的作用，增强了金融企业提供金融产品和服务的能力。金融分销渠道作为联结金融产品供应者与需求者的基本纽带，随着时代的发展，其作用会越来越显著，它是金融企业扩大产品销售、加速资金周转、降低经营成本、节约流通费用、提高经济效益的重要因素。

总之，金融企业经营效益的高低，不仅取决于金融产品的品种，还取决于分销渠道。要合理地选择将金融产品推向客户的手段和途径，使得金融产品和服务能适时、适地、方便、快捷地到达客户。因此，金融企业制定和实施分销策略，其目的就是要维持现有客户和增加新客户，通过建立最佳的分销渠道，使客户感到其所提供的金融产品和服务具有可接受性、增益性和便利性。

（二）金融产品分销渠道的构成与特征

金融产品分销渠道由若干个中间商构成，包括代理商、经销商、批发商以及零售商等。金融企业通过中间商将金融产品有效地转移到最终消费者手中。金融中间商主要包括以下金融机构：中央银行、商业银行、信托投资公司、证券公司、证券交易所、保险公司、融资租赁公司、资产托管公司等。

金融产品分销渠道具有以下特征：

1. 独特性

金融产品分销渠道在很大程度上不同于一般产品分销渠道。因为金融产品比一般产品更需要金融中间商的参与才能完成销售职能，这是由金融产品的独特性所决定的。由于金融产品一般表现为服务或者实体与服务的有机结合，因而充分有效地了解最终消费者——他们需要什么，什么时间需要，什么地方需要，哪些消费者需要，产品或服务在哪些方面有待改进——就成为金融营销成败的关键。可见，跟踪服务和信息反馈是金融产品分销的一个重要组成部分，而这只有通过中间商才能较好地完成。

2. 风险性

风险性从两方面影响着金融产品分销渠道的结构：一是最终消费者比较谨慎，在不充分了解产品之前不会轻易做出购买决策，因此需要有广泛便利的分销网络，尤其是在新产品的分销过程中，中间商的作用更为突出。二是中间商要求分散风险，由于多个中间商参与金融产品分销能使每个中间商所承担的风险降低，因而金融产品分销渠道的结构比较复杂，其所包含的成员也较多。例如，我国的国债发行一般是委托中国人民银行总代理，然后由各专业银行、商业银行、证券公司、信托公司等承接分销。

3. 监管性

由于金融产品具有高风险性，因此其分销渠道通常会受到政府有关部门的严格监管，金融产品按规定必须由指定中间商进行分销，其他机构或个人不得参与，这显然与一般产品分销渠道不同。例如，我国公司股票和债券的发行只能由国家认可的券商或财务公司承销，而其他单位或个人则无权参与。

（三）金融产品分销渠道的影响因素

金融产品分销成功的关键在于有效地建立和管理金融产品分销渠道，在此过程中，金融企业应充分考虑金融产品分销渠道的影响因素。影响金融产品分销渠道的因素是多种多样的，具体如下：

1.金融客户的特点

对金融客户特点的描述可以用不同的变量，主要有以下三种：一是消费者类型变量。由于不同类型的消费者对于不同的分销渠道会产生不同的反应，因而企业应予以重视和研究。二是人口统计变量，如人口性别结构、人口年龄结构、人口地理结构、人口收入结构以及人口社会结构等。人口统计变量对于营业网点以及其他分销渠道的设置具有决定性影响。三是心理统计变量，具体包括客户对金融风险的偏好、对金融产品的忠诚度以及对广告宣传等促销手段的反应等。例如，在对金融风险持规避态度的人群中，推销股票成功的希望较小，而推销国库券成功的可能性则较高。

2.社会文化的差异

文化是在社会长期发展的过程中逐步形成的，一旦形成后就比较稳定，并进一步影响分销渠道。因此，金融企业必须分析其分销渠道在多大程度上受市场所在地社会文化的影响，从而开辟适合的金融分销渠道。就国际金融营销而言，这一点尤为重要，因为不同国家或地区之间的社会文化差异要远大于同一国家或地区内部的文化差异，所以金融营销人员在准备开辟新的分销渠道或者当现有分销渠道的社会文化环境发生改变时，就应对市场所在地的社会文化加以充分分析，据此对金融分销渠道进行相应调整。

3.金融产品的特性

产品特性是影响分销渠道选择的重要因素之一。由于金融产品的特性是包含较多的服务成分，因而客观上就要求金融企业设立广泛的分销网络、建立完整的服务体系。

4.渠道维持的成本

金融分销渠道建立后能否产生应有的效益，还取决于渠道维持成本的高低。一般而言，维护渠道的投入往往比开辟渠道的费用要高，其主要包括企业自身的广告促销费用、对中间商进行广告促销的补贴费用以及为中间商提供额外服务的费用等。

（四）金融产品分销渠道的种类划分

金融产品分销渠道具体可以从以下三个方面进行分类：

1.按产品种类划分

不同类型的金融分销渠道所提供的产品和服务差别很大。出现不同类型的分销渠道主要是受以下三个因素的影响：

（1）政策因素。在西方发达国家，随着银行业、证券业和保险业混业经营限制的取消，为了进一步满足客户对不同金融产品和服务的需要，金融企业纷纷设立可提供综合性金融业务的分支网点。而目前我国金融业实行分业经营，金融分销网点所提供的产品范围仍受到较严格的限制。

（2）市场因素。金融客户对金融产品与服务的需求差异性很大。据统计，一个典型的美国家庭通常要与20多个不同的金融产品供应商接触，并从商业银行、投资公司、证券经纪商、保险公司、信托投资基金等金融机构购买38种不同的金融产品和服务。这就要求金融企业根据自身的条件选择金融产品的品种和范围，选择合适的分销渠道，以便为特定客户提供高质量的服务。

（3）技术因素。电子信息技术的广泛应用带来了自助银行、电话银行、网络银行等新型的分销渠道，从而可以为客户提供更便捷的金融服务。

2.按经营场所划分

金融分销渠道的经营场所正趋于多样化。传统金融分销渠道简便直接，如存款、贷款以及支票账户等业务是由银行分支机构直接提供给客户，而一些特殊业务，如信托业务，则是通过人员推销来完成。随着金融产品的创新以及信息技术的发展，金融企业逐步开辟了更为复杂的分销渠道，诸如存取款业务可通过ATM完成，股票交易可通过电话委托业务或网络完成，而耐用消费品的信贷业务则可通过中间商进行。

3.按营业时间划分

金融产品是一种随时需要的服务，然而传统的金融产品分销渠道在营业时间上具有很大的局限性。为了避免由此给客户带来的不便，目前金融企业正力图突破营业时间的限制。例如，自助银行等已经率先实现了24小时营业，而电话银行、周末银行、假日银行等亦不鲜见。

二、金融产品分销渠道的选择与拓展

（一）金融产品分销渠道的选择变量

1.人口统计变量

首先，人口地理分布是否集中会在很大程度上影响金融产品分销渠道的选择。例如，在人口比较集中的地区仅安排几个中间商就足以覆盖整个市场；相反，如果人口地理分布过于分散，采取多渠道分销策略就比较适合。其次，不同年龄段的消费者对金融产品会有不同的需求。例如，老年人通常喜欢收益稳定、能保值增值且风险较小的金融产品，如债券；年轻人则喜欢收益高、风险大、流动性强的金融产品，如股票；中年人对金融产品的需求主要集中于收益稳定、风险较小的金融产品，其对流动性并没有太多的要求，如保险。可见，金融企业对人口年龄结构的分析有助于其识别金融产品的真正需求者，并据此做好金融分销渠道的选择。再者，不同性别人群的金融消费观念也不相同。例如，女性的风险承受能力一般较弱，因而往往要求收益稳定、风险较小的金融产品。此外，已婚女性在现代家庭生活中具有举足轻重的地位，家庭金融产品需求在很大程度上取决于她的想法，诸如为孩子购买保险等。因此，金融企业应针对不同性别的消费者选择不同的分销渠道。

2.家庭角色变量

家庭角色对金融产品分销渠道选择的影响也很大。例如，妻子做主的家庭在购买金融产品方面比丈夫做主的家庭更加谨慎，更强调实用性和计划性。在现代社会中，由于家庭的规模日益缩小，小家庭越来越多，因而在家庭中女性的影响正不断扩大，这就要求金融营销人员加强家庭角色研究，选择适合的金融产品分销渠道。

3.职业收入变量

职业收入水平高的消费者因无生活之忧，对收益较高、风险较大的金融产品就比较偏好。例如，信用卡等金融工具使用频繁。此外，同一职业、收入水平的消费者一般居住在同一消费层次地区，这就为金融产品分销渠道的选择提供了有益的线索。

4.产品关系变量

由于消费者需要的所有产品不可能由一家金融机构提供，必须通过多家金融机构共同完成，因而在选择金融产品分销渠道时，金融企业应充分考虑金融产品之间的关系。如果某一市场中仅有为数不多的几种金融产品，那么该市场就是不完善的，对金融企业而言，在该市场中推销其金融产品就会遇到较大的阻力。例如，推销股票和债券时，没有银行就无法进行资金划拨；推销信用卡时，没有银行就无法发挥信用卡的透支功能等。因此，金融产品关系格局制约着金融产品分销渠道的选择。

（二）金融产品分销渠道的选择策略

金融企业设立分支网络是其最通用的分销渠道选择策略，而以下两种方法在金融产品分销渠道选择中应用最为广泛：

1.空间模型法

企业首先在全国范围内进行普查，确定可以作为选择对象的地区，然后再对这些候选地区进行详细研究。该方法通常分为以下三个步骤：（1）确定业务区域，以便向潜在客户提供便捷的服务，一般要分析候选地区有无不利因素、候选地区与周围市镇的距离以及人口密度等；（2）分析候选地区的业务潜力，即搜集该地区的原始数据并将其转换成实际业务潜力；（3）计算在候选地区设立分支机构的投资收益率。企业经过上述三个步骤后做出最终选择。

2.双变量法

企业首先确定具有业务潜力的地点，然后通过现有主要街道将这些点连接起来，再把竞争对手的分支机构也归属于点内，计算并记录相邻点之间的往来时间，并通过计算机计算出所有消费点和所有营业网点之间的最短往来时间，在此基础上做出最终选择。在选择时一般需要考虑以下几个因素：（1）所能提供的业务范围；（2）员工的数量和素质；（3）所设机构周围的环境；（4）网点的交通便利程度；（5）机构网点的设施、规模与建筑外形；（6）停车场；（7）醒目程度；（8）其他因素。

综上所述，经营网点的选择主要受以下几个因素的影响：（1）交通的便利性；（2）经济发展的水平，包括人口、收入以及工商业的发达程度；（3）网点规模、附属设施、服务质量以及营业时间。

（三）金融产品分销渠道的拓展策略

在激烈的金融市场竞争中，金融产品分销渠道是否畅通以及覆盖面是否广泛，往往可以决定金融企业的竞争能力和市场份额。由于金融市场发展状况的差异，金融企业在扩展产品分销渠道时一般可以采取以下方式：

1.分销渠道的开辟

开辟自己的分支网络和ATM网络，增加电话服务的容量，扩大直销范围以及加大人员推销力度等，在市场空间较大和营销经费充足的情况下，已成为金融企业采取的主要方法。

2.分销渠道的代理

这主要包括寻求更多的代理机构和更多的特约商户。由于代理机构可能会代理几家金融企业的产品，因而品质控制和代理机构的积极性便成为值得企业关注的问题。

3.分销渠道的并购

这是金融企业拓展分销渠道最快捷有效的手段，尤其在跨地区和跨国经营中更是如此。并购方式按其目标和行业可以分为以下三种类型：

（1）并购各类代理机构，使其仅经营本企业的产品。

（2）商业银行之间、保险公司之间、证券公司之间的并购。这种并购方式对金融企业而言，已成为扩大零售网络的有效手段，同时有助于其增强企业实力，节省经营费用。就金融业而言，金融企业与其分销渠道之间一般有着长期密切的合作关系，因此，贸然进入一个新市场并想取得较大市场份额是相当困难的，而直接建立自己的分销渠道则需要巨额投资，尤其在跨国经营中，还会遇到语言、文化、消费者偏好等方面的障碍，收效更是缓慢，因此，并购不失为一种快捷有效的办法。金融企业通过并购，可以充分利用被并购公司的分销渠道和市场份额，从而大幅度减少发展过程中的不确定性，降低风险和成本。

（3）商业银行、保险公司和证券公司之间的并购。这类并购的主要目的既是扩大分销网络，也是扩大业务范围。

4.分销渠道的联合

这一方式在渠道拓展中的作用表现为：（1）不必投入大量人力、物力，而是借助合作伙伴的分销渠道来拓展业务；（2）具有更大的灵活性和选择空间，风险性要小于并购；（3）可以突破政策限制，实现跨地区和跨国业务发展。目前，这种分销渠道的联合已日益成为金融企业开展跨国经营的重要拓展策略。

第五节　金融产品促销策略

在市场经济条件下，金融企业的生存和发展取决于其经营状况。影响金融企业经营绩效的因素很多，其中促销策略具有重要作用。

一、金融产品促销的基本含义

（一）金融产品促销的概念

促销是指卖方向买方传达产品或服务的信息，以帮助顾客认识产品和服务的特点与性能，引起顾客的注意和兴趣，激发顾客的购买欲望，从而促进产品和服务从卖方向买方转移的营销活动。可见，促销是鼓励购买某一产品或服务的一种营销刺激手段。

金融产品促销，是指金融企业将自己的金融产品或服务通过适当方式向客户进行报道、宣传和说明以引起其注意和兴趣，激发其购买欲望，促成其购买行为的营销活动。简而言之，金融产品促销是金融企业将金融产品和服务的信息向客户传递的过程。金融促销的作用主要如下：

1.提供产品信息

金融企业通过促销活动，使客户知晓本企业提供何种金融产品和服务，具体有何特点、去何处购买以及购买条件如何等，以便于客户选购，扩大产品销售。

2.引导消费需求

金融企业通过促销活动引起客户对于新产品和服务的购买欲望，从而既引导了消费需求，又为新产品开拓市场创造了必要条件。

3.促进市场竞争

金融企业通过促销活动，使其产品的价格水平和服务质量都在市场上展现出来，供客户选择比较，而各金融企业之间也可以彼此了解，促进相互学习和有效竞争。

4.树立企业信誉

金融企业通过促销活动，可使人们了解企业特点与优势，从而树立良好的企业声誉，有助于其维持和扩大市场份额。

总之，金融企业应重视产品促销，并采取适当的促销策略，争取获得最佳的促销效果。金融企业对其产品和服务的促销活动可以采取多种形式，主要包括人员推销、广告促销、营业推广和公关促销这四种具体形式。

（二）金融产品促销的信息沟通模式

金融企业一般通过告知、劝说、提示等方式，激发客户的初始需求和需求选择。初始需求是客户第一次购买某产品和服务，而需求选择则是客户在众多产品和服务中选择某一品牌的产品和服务。无论采取何种促销方式，企业都必须借助于有效的信息传递，才能达到产品促销的目的。信息传递是指人们通过一定的文字、图像或声音等手段互相沟通的过程。信息传递过程通常是：发送者→信息→通路→接收者→效果，由此构成了信息传递模式。其具体步骤如下：

1.信息发送者把信息准确地传递给信息接收者

发送者的行为目的在于使信息能接触到目标客户，并产生预期的积极效果，以引起客户的消费需求和购买欲望，从而使其做出购买决策和实施购买行为。为了提高信息传递的有效性，发送者必须根据目标客户的特点，选择信息传递的具体方式，如图像、文字、语言等。

2.信息接收者把信息转为自己所能理解的需求信息

促销的关键在于发送者和接收者对于传递信息的理解是否相符。如果消费者接收到金融产品和服务的信息，其理解的与企业的宣传意图一致，那么这种信息传递就是成功的。因此，金融营销人员作为信息传播的主体，首先要选择传递的信息、传递方式以及传递渠道或媒介，这是决定促销效果的重要条件。

3.信息接收者通过反馈与信息发送者建立起联系

接收者把对信息的看法传递给发送者，让发送者考虑是维持还是调整促销方案，以求对目标客户产生更大的影响。金融营销人员在准确传递信息的基础上，应通过市场调研，及时了解和掌握目标客户对于产品或服务的反应及购买欲望的强弱，从而对促销策略进行相应调整。

总之，只有当信息传递过程的三个环节保持畅通时，才能充分发挥促销活动提供信息、激发需求、扩大销售的作用。

（三）金融产品促销的影响因素

金融企业在做出促销决策时，应充分考虑以下四个方面因素的影响：

1. 消费需求

由于金融消费者的购买需求各不相同，其对金融产品的功能要求也不尽相同，因而金融企业应采取不同的促销策略。

2. 产品生命周期

金融产品从出现到消亡一般要经历导入期、成长期、成熟期和衰退期四个阶段。因此，金融企业在产品的不同阶段应采取不同的促销策略：（1）在产品导入期，企业可采取广告促销策略，通过各种传媒宣传报道新产品的功能、服务等，使目标客户了解和熟悉该产品。（2）在产品成长期，企业应以广告宣传为主，但宣传内容要适当变化，由介绍产品功能向突出服务特色转变。（3）在产品成熟期，因为产品已为市场所熟悉，所以企业应减少广告宣传，增加营业推广并辅以公关促销，以提高企业声誉。（4）在产品衰退期，企业应保持一定量的营业推广，并配以少量提示性广告。可见，在产品生命周期的不同阶段，随着市场特点的变化，金融企业所选择的促销策略也不相同，并且成功的促销策略可以促使金融产品和服务尽快地度过导入期，尽早进入成长期，延长成熟期，推迟进入衰退期，为企业赢得更多的利润。

3. 市场特点

由于不同市场的规模、类型以及客户数量等条件不同，金融企业应采取不同的促销策略。例如，对于规模大、地域广阔的市场，企业宜采用广告宣传，以利于开发需求；对于规模小、地域狭窄的市场，则宜采用人员推销，以利于深入接触客户，促成交易。

4. 促销费用

各种促销形式的费用支出不同，金融企业在制定促销策略时应综合考虑，力求用尽可能少的促销费用取得尽可能好的促销效果，提高金融产品的促销效益。企业具体可根据促销的目的、自身财力、各种促销形式的费用以及效果等进行权衡，做出决策。

二、人员推销

（一）人员推销的概念

人员推销是指金融营销人员以促成销售为目的，通过与客户进行言语交谈，说服其购买金融产品和服务的过程。由于金融产品和服务的复杂性和专业性，尤其是在新的产品和服务不断涌现的情况下，人员推销已成为金融产品和服务销售成功的关键因素之一。人员推销的主要优势表现为：（1）可以当面说明金融产品或服务的用途、特点，也能直接观察了解到客户的愿望与需求，并及时做出反应；（2）可以培养企业与客户之间的良好关系；（3）可以详尽解释某项产品或服务的优点，以引起客户的兴趣和购买欲望，从而激发其购买行为。常规的人员推销仅要求维持现有客户并接收订单，而创造性的人员推销则要求寻找潜在客户并使之成为现实客户。

（二）人员推销的特点

1.双向交流性

人员推销是一种双向沟通的促销形式。在促销过程中，推销人员一方面为客户提供有关信息，促进产品销售；另一方面通过与客户面对面的交流，可直观、及时地了解客户的需求、愿望和偏好，掌握市场动态，了解反馈信息，有利于金融企业适时调整产品与服务，为企业经营决策提供依据。此外，推销人员通过与客户的直接沟通，可反复介绍产品特点和服务功能，做好客户的参谋，激发客户的购买欲望。

2.双重目的性

人员推销的目的不仅是促销金融产品，更是帮助客户解决问题，满足客户的金融需求，只有这样，才能不断增进推销人员与客户之间的感情，使新客户成为老客户，从而更好地实现金融产品促销的目的。可见，在人员推销过程中应建立起供求双方的沟通与联系，加深彼此的了解和信任，使得双方超越柜台交易关系。这样既能向客户提供更多的服务，也可以建立起深厚的友谊，从而有助于企业巩固老客户，发展新客户。

3.需求多样性

人员推销不仅能有效满足客户对金融产品本身的需要，而且通过对产品的宣传介绍，还能满足客户对产品信息的需要；通过售前、售中与售后服务，能有效满足客户对技术和服务的需要；通过文明经商、礼貌待客，能有效满足客户心理上的需要，从而密切双方关系，增进金融客户对金融企业的信任感。

4.促销灵活性

推销人员与金融客户当面洽谈，易于形成双向互动的交流关系。推销人员通过交谈和观察，能及时掌握客户的购买心理，有针对性地介绍金融产品与服务的特点和功能，并抓住有利时机促成客户的购买行为；还可以及时发现问题，进行解释并提供服务，从而消除客户的疑虑或不满；同时，双方当面交谈和议价，易于迅速达成交易，成功概率较高。

（三）人员推销的任务

人员推销的基本任务是把金融产品或服务介绍给客户，并鼓励客户购买，以实现销售目标，获取经济效益，提高企业信誉。推销人员作为企业与客户之间的纽带，其主要任务是说服客户，为客户服务，从而达成交易。因此，推销人员要具有较高的素质，既要有全心全意为客户服务的思想境界，又要熟悉金融业务内容和金融市场环境，还要学习掌握良好的促销艺术。优秀推销人员应具备以下几个条件：（1）良好的职业道德、爱岗敬业的精神以及旺盛的工作热情；（2）努力学习专业知识，通晓金融业务；（3）树立客户至上的观念，认真倾听客户意见；（4）注重诚实守信的工作态度以及良好的仪态与行为举止的培养。

（四）人员推销的形式、方法与策略

人员推销可分为三种形式：（1）上门推销，即金融企业派出推销人员上门与客户直接面谈金融业务，在面谈过程中向客户传递金融产品与服务信息；（2）柜台推销，即由金融营业网点的销售人员向客户介绍展示金融产品与服务；（3）会议推销，即由金融专家以其专业知识向客户宣传金融产品与服务，这往往会取得较好的效果。

人员推销的主要方法包括：（1）单个推销人员对单个客户，即推销人员直接与客户以电话或面谈的方式接触；（2）单个推销人员对客户群体开展推销活动，即推销人员针对一组具有相同需求的购买者介绍展示金融产品的功能与服务；（3）推销小组对客户群体开展推销活动，即由企业各有关部门组成的推销小组针对一个客户群体系统全面地介绍产品；（4）推销会议，会议目的在于教会客户使用和了解某项新产品，如商业银行开发出电话银行业务，银行要具体指导企业客户如何通过电话查询当日账面余额，查询每日人民币外汇牌价，并开展授权转账等业务。

金融企业开展人员推销时，需要将推销人员进行合理的组织和分配。具体可以采取以下四种策略：

（1）目标区域策略，即把金融企业的目标市场划分为若干个区域，每个推销人员负责某个区域的全部推销业务，这样，既有利于核查推销人员的工作业绩，激励其工作积极性，也有利于推销人员与其客户建立起良好的关系，节约促销费用。

（2）产品分类策略，即将金融产品与服务分成若干种类，每一个或几个推销人员组成一组，负责推销一种或几种金融产品。该策略尤其适用于类型多、技术性强的产品促销。

（3）客户细分策略，即把目标客户按产业特征、人口变量、职业状况加以分类，每个推销人员负责向其中一类客户进行推销。该策略有利于推销人员深刻了解客户需求，从而有针对性地开展促销活动。

（4）综合组织策略，即当产品类型多、目标客户分散时，金融企业应综合考虑地域、产品和客户等因素，并依据诸因素的重要程度以及关联情况，分别组成产品-地域、客户-地域、产品-客户等不同的综合组织形式，开展人员推销。

当然，随着金融产品和金融市场的不断变化，人员推销的策略亦需要及时进行评估和调整。

（五）我国推销人员心理素质的实证分析①

1.研究目的与意义

随着我国社会主义市场经济体制的进一步完善和商品销售竞争的日趋激烈，市场营销活动作为推销人员与消费者的心理沟通过程，对推销人员的心理素质提出了更高的要求。在目前我国市场经济尚不发达的特殊阶段以及特有的传统消费文化环境中，如何才能成为一名优秀的推销人员，需要具备何种心理素质，日益成为营销管理中一个非常具有理论和现实意义的重大课题。

所谓素质，是指人生而具有的、带有遗传特性的某些解剖生理特征，尤其是神经系统、感觉器官、运动器官等的解剖生理特点，它是能力形成的自然性前提。人的先天素质加上专项训练，便组成了从事一项活动所必须具备的能力。因此，营销管理便从心理素质这一独特视角来分析推销人员的基本素质。梅耶（David Mayer）与克林伯格（Herbert Greenberg）认为，推销人员应当具有的最基本的心理特征是：（1）感同力，即善于从顾客的角度考虑问题；（2）自我驱动力，也就是想达成销售的强烈的个人意愿；（3）自信力，即有办法使顾客感到他们自己的购买决策是正确的；（4）挑战力，即能够将各种异议、拒绝和障碍作为对自己的挑战，从不服输。罗伯特·默里（Robert Mory）认为："一个高效率的推销员，其个性特点是一个习惯性的追求者，一个怀有赢得和抓住他人好感与迫切需求的人。"他还阐述了优秀推销人员所应具备的五项基本素质，分别为：精力异常充沛，充满自信，长期渴望金钱、名誉、地位，勤奋成性，具有挑战性的竞争心理倾向。蒂尔曼（Bollie Tillman）则罗列了38项心理素质的参考指标，诸如进取心、抱负、外貌、自信、勇气、果断、独立、同理心、热情、道德、机智圆通、乐观、具有说服力等。此外，我国也有许多学者对推销人员的心理素质进行过研究。例如，马谋超从良好的人际关系、悟性与良知等12个方面对推销人员的心理素质进行了描述；钟隆津则从推销人员的内在素质与外在素质两个方面进行了分析。然而，上述研究大多是对心理素质的定性描述，缺乏系统的定量分析，更缺乏在目前我国市场经济特有发展阶段中关于推销人员心理素质的实证研究，这对于尚处于幼年期的我国营销管理研究与发展而言是远远不够的。

本研究的目的一方面是在前人基础上进一步分析推销人员所应具备的心理素质，另一方面是对我国推销人员群体进行有效分类并判别其心理特征。相信这对于推动我国市场经济的发展以及切实提高推销人员的心理素质具有积极的理论和现实意义。

① 陆剑清，等. 关于我国推销人员心理素质的实证研究［J］. 心理科学，2001（4）.

2.研究方法与统计

本研究首先采用开放式描述性问卷的方式随机抽取了华东师范大学78名文理科本科生和66名社会在职人士，共撰写出400多条关于推销人员心理素质的条目，然后经筛选、合并后制定出关于推销人员心理素质的测试问卷，并向华东师范大学和华东理工大学部分二、三年级本科生（文理科兼有，男女性别均衡）发放100份，回收有效问卷92份，经分析修订，形成正式问卷，共37项。问卷分为两个部分，第一部分为被试者的基本情况，第二部分为“推销人员心理素质量表”，采用四级评分法。根据简单随机抽样的方法，此正式问卷共发放了222份，回收有效问卷194份，有效率为87.4%。

通过PC586计算机，用WIN3.1支持下的SPSS8.0软件进行基本的统计检验与因素分析，即把每个项目的原始分数根据项目因素负荷换算成因素分数，进行统计处理。统计分析表明，问卷的分半信度和α系数均达到可接受水平。然后，利用因素分析得分先进行快速样本聚类，再进行判别分析处理。

3.研究结果与分析

（1）推销人员心理素质特征体系的因素分析

对问卷上37个项目的百分比进行Bartlett球形检验，发现Bartlett值为2 274.786，显著性水平$P=0.000<0.01$，说明总体相关矩阵不是单位矩阵，可以采用因素分析方法。同时，其取样适当性度量值KMO=0.768，说明本测试采用因素分析是恰当的。鉴于上述结果，对施测数据进行主成分分析和Varimax因素旋转，获得七个主成分解，其累积方差贡献率为48.1%。将各主成分因素分别命名为冷静性、交际性、道德感、内向性、创新性、依赖性和顽强性，这些也是推销人员的心理素质特征，具体列示于表7-2。

表7-2　**推销人员心理素质的特征体系**

F1冷静性	现实、冷静、洞察力、理智、进取、情绪稳定、心理承受力、兴趣广泛、有礼貌
F2交际性	大胆、自信、聪慧、口才、善解人意、应变能力、交际能力
F3道德感	道德感、职业精神、谦虚、专业知识、坦诚、责任感、欺骗
F4内向性	内向、做作、没耐性、精明、懒惰
F5创新性	危机感、平等意识、创新、竞争性
F6依赖性	依赖、粗心
F7顽强性	顽强、敏感性、豁达

(2)快速聚类与判别分析

快速聚类将目前的推销人员分为三类,其线性判别方程分别为:

Y1=0.965F1-1.369F2-1.273F3-3.710F4+2.560F5-1.404F6-0.514F7-5.388

Y2=0.041F1+4.605F2+0.260F3-0.025F4-0.818F5+0.504F6+1.522F7-5.438

Y3=-0.316F1-0.820F2+0.332F3+1.180F4-0.587F5+0.307F6-0.252F7-1.605

可见,这三类推销人员在推销人员心理素质七因素上的特征状况如表7-3所示。

表7-3　三类推销人员在七因素上的特征状况

	第一类	第二类	第三类
F1冷静性	高	中	低
F2交际性	低	高	中
F3道德感	低	中	高
F4内向性	低	中	高
F5创新性	高	低	中
F6依赖性	低	高	中
F7顽强性	低	高	中

对数据进行判别分析,可获得两个典则判别函数,分别为:

Function1=-0.278F1+0.574F2+0.395F3+0.848F4-0.768F5+0.455F6+0.296F7

Function2=0.214F1+0.865F2-0.173F3-0.608F4+0.231F5-0.117F6+0.407F7

典则判别函数1(Function1)代表"高内向性、高依赖性、高道德感、低创新性与低冷静性",可命名为"内向—创新"函数。典则判别函数2(Function2)代表"高交际性与高顽强性",可命名为"交际—自闭"函数。据此,可将三类推销人员分别命名为创新型、交际型与道德型。

(3)分析与讨论

第一,本研究采用自编的"推销人员心理素质量表"对我国推销人员所应具备的心理素质进行了调研。经因素分析后发现,推销人员所应具备的七种心理素质分别为冷静性、交际性、道德感、内向性、创新性、依赖性和顽强性。这一研究结果与同类研究相比基本一致。比如,Shapiro提出的自信心、自律性、进取心等以及马谋超所提出的灵活、适应性强、诚实坦白等都或多或少地体现在以上提取的七个因素中。研究表明,冷静性、交际性与道德感这三个因素被认为是优秀推销人员所需心理素质的主要方面。前两个因素与先前的研究基本一致。冷静性是指个体在长期社会生活实践中形成的一种心理特征，能根据各种环境主动地调整与控制自己的外在反应，它是推销人员心理素质的核心。其次，推销人员的工作需要较强的社会交际能力作为支持，交际性主要包括口才出众、善解人意、应变能力强、交际广泛等。而道德感则是在当前我国市场经济条件下，对优秀推销人员所提出的最基本亦是最迫切的要求。在当前市场经济的运行过程中，人们往往急功近利，盲目追求利润最大化而忽略了从事任何职业首先所应具备的基本职业道德。

第二，本研究将我国推销人员群体分为三类，分别命名为创新型、交际型与道德型，并判别其心理特征。第一类创新型推销人员具有冷静理智、创新进取、平等现实、情绪稳定、兴趣广泛以及洞察力强等心理特征；第二类交际型推销人员具有口才出众、自信顽强、大胆聪慧、善解人意、交际广泛、应变能力强但不乏依赖性等心理特征；第三类道德型推销人员则在具有职业道德、谦虚坦诚、责任感强等优点的同时，亦具有内向懒惰、缺乏耐性等不足。研究还发现，在被试者中有136人认同第三类道德型推销人员，由此可见人们较注重推销人员的道德素质，这显然与目前我国市场经济的不发达、营销竞争的不规范以及独特的传统消费文化密切相关，也更说明了市场营销活动是推销人员与消费者之间的心理沟通过程。因此，对于推销人员的培训没有固定的模式，而必须与本国的经济水平、文化特色相结合。

三、广告促销

（一）金融广告的概念

在当今社会，广告已经成为实现商品价值的重要媒介，现代人的生活则已完全被形形色色的广告所包围。所谓广告，即广而告之，是“以其事告之于人”的方法。具体而言，广告就是告知社会公众某件事情，传递某种信息。因此，广告是指需支付费用，通过媒体传递信息告知事件的促销活动。广告作为一种信息传播工具，如今已成为各行各业营销活动中不可或缺的促销手段。广告与其他促销形式相比，具有以下特点：（1）有偿性，即广告是一种投资活动；（2）非人员性，即广告是通过媒体进行传播而非人员直接传播；（3）广泛性，广告是通过大众传媒传播信息，在同一时间或空间中接受信息的人员广泛、影响显著；（4）潜在性，尽管广告促销效应相对滞后，但其对潜在客户的吸引作用是巨大的；（5）艺术性，广告是一种说服的艺术，它通过艺术化的语言、图片、声音等展示了企业形象和产品特征。金融广告则指金融企业通过宣传媒体直接向金融客户介绍、展示金融产品和服务，并树立企业良好形象的促销活动。

（二）金融广告的沿革、特点与分类

广告进入金融领域主要经历了三个阶段。第一阶段的广告活动是以金融企业声

誉为宣传重点，着重强调企业自身实力，以使客户获得安全感。第二阶段的广告活动则是在金融新产品不断涌现的情况下，重点突出金融产品的特色，以使客户了解与其他企业同类产品的区别。经过上述两个阶段，金融企业逐渐意识到，广告宣传的目的是要向社会公众推出一个为客户提供全方位、多样化服务的良好企业形象，从而增强客户的信任感，激发客户购买金融产品的欲望。目前，发达国家或地区的金融广告已进入了富有人情味的第三阶段，即使企业形象成为激发客户信任的火花，点燃金融客户的消费欲望。例如，香港汇丰银行推出了以“执子之手，与子偕老”为主题的银行广告，温馨感人的画面赢得了良好的社会反响。而我国的金融广告现已处于第二阶段，这说明尽管起步晚，但随着我国金融体制改革的深化，国内金融企业已开始重视运用广告这一手段开展金融促销活动。广告促销与其他促销形式相比，具有以下特点：

1.信息传播的群体性

通过大众传播媒介，广告把产品与服务信息传播出去，提高了促销效果，而与人员推销相比，广告到达每个潜在客户的人均费用要低得多。

2.促销效应的滞后性

广告传播信息的目的是刺激需求、促进销售，然而，广告的促销效应具有滞后性，广告对消费者态度及购买行为的影响一般会滞后一段时间。

3.人员推销的辅助性

广告对人员推销的补充和促进作用尤为突出，广告会告诉人们目前有哪些金融产品，又开发了哪些新产品，从而帮助人们认识和了解新产品的特性，激发人们的购买欲望，而当推销人员与客户进行面对面交谈时，就能大大缩短介绍时间，强化说服效果。

金融广告具体可以分为两类：一是企业形象广告，即把金融企业作为一个整体进行包装宣传，旨在提高企业声誉，增强客户对企业的了解和信任，以赢得客户的消费选择；二是金融产品广告，即金融企业对其所提供的金融产品进行宣传，通过对金融产品的特点与收益的介绍和告知，让客户了解该产品和服务，激发客户的购买欲望。实施上述两类广告中的哪类主要取决于金融企业的目标选择。如果金融企业是为了达到树立企业声誉这一目标，它就会重视企业形象广告；而如果是为了提高某一金融产品的知名度，则会采用金融产品广告。

（三）金融广告的实施步骤与策略

1.确立主题

广告主题是以金融产品还是以企业形象作为主要宣传内容，主要取决于金融企业目标及产品和服务的特点。金融企业为了达到在消费人群中树立良好声誉的目的，就会选择以企业形象为主题的广告宣传；而为了达到扩大近期销售的目的，则会选择以金融产品为主题的广告宣传。

金融产品广告由于金融产品自身的特点，容易引起人们注意，并成为客户的购买理由，以此作为广告宣传的主题，可以起到促进销售的效果。金融产品广告的关键在于：一是要尽可能地将金融产品和服务的特色充分展现出来；二是要根据不同客户的需求，突出产品质量和服务优势；三是要选择好广告投放的时间和地点，力求达到“先入为主”的宣传效果。例如，美国国民银行在推出“保值定期储蓄”新产品时，它的广告语是“过去不总是将来的预见者”。这种存款18个月的利率为5.26%，高于一般的2年期利率，这则广告颇有规劝你“有备才能无患”的深长意味。又如这样一则广告：“OPEN A CD ONCE AND WE ' LL PAY YOU TWICE”（开一次定期存款，我们付你两次红利）。该种储蓄产品存期9个月的利率为4.7%，外加在开户时先付0.25%的红利，到期后如储户决定续存，再付一次0.25%红利，以示优惠。

企业形象广告则是为了在广大客户心目中树立有利于金融企业长期发展的良好声誉，以期获得金融客户的信任感与安全感。它通过扩大金融企业知名度，提高其信誉度，给客户留下值得信赖的亲切形象，以使客户成为“回头客”。企业形象广告的重要性还在于消除金融企业官僚习气重、缺乏人情味等不良印象。金融企业形象具体包括企业的历史、文化、规模、实力、产品质量、服务态度、建筑风格、营业场所布置、企业标志等。随着金融产品的差异性越来越小，企业形象广告在金融广告促销中的作用已越来越大，这引起了金融界的广泛重视。因为金融客户去银行开户、去证券公司交易或去保险公司投保之前，吸引其去办理金融业务的关键是使其知晓金融企业是关心客户的，是为客户利益着想的，是有能力解决客户困难的，而只有覆盖面广泛的企业形象广告，才能有效地在目标市场上树立起特色鲜明的企业形象。

例如，在美国旧金山街头有一幅摄影广告，题为“YOU ARE IN GOOD HANDS”（你在一双手的呵护中）。那是一家保险公司的广告，画面中央是一双稳健有力的男性之手，小心翼翼地捧着一颗心形钻石，背景是一片幽兰，隽永的意境尽在不言中。又如，美国北方信托银行的广告标题是“TRUST NORTHERN，I DO AND YOU SHOULD TOO”（相信北方银行，我做你所需要的），广告中列举了如何满足客户需要的承诺，以示该企业的真诚。

总之，金融产品广告和企业形象广告应互相补充，当企业形象广告引起客户的注意和兴趣后，金融企业应趁热打铁，运用金融产品广告及时向客户介绍能为其带来收益的各种金融服务，因为企业形象广告必须以金融产品和服务为基本内容，而金融产品广告所推出的产品与服务又必须以良好的企业声誉作为前提和保证。

2.明确对象

为了达到广告效果，金融企业在设计广告创意和内容时，必须了解、分析有兴趣购买产品的个人、家庭或组织的类型，并且要判定谁能做出购买决策。由于对象不同，因此金融企业在选择广告媒体、进行内容设计时应作相应的调整。不区分客户对象或以社会公众为宣传对象或仅在专业刊物上做广告是难以引起目标客户注意的。

3.提出构思

首先，金融广告的构思要具有说服力，通过直接指向宣传对象的切身利益，表明金融产品和服务将使宣传对象获得实际利益。金融企业通过扼要地阐明其所提供的产品和服务，使客户有明确的选择。例如，把本地区办理某一金融业务的营业网点地址刊登在广告内，将极大地便利客户。

其次，金融广告的构思要富有创意，因为广告效果在很大程度上取决于广告创意。以前，金融界不太愿意采用有新意的广告内容，某些金融界人士甚至认为金融企业必须表现出传统稳重的形象，标新立异的广告宣传会有损金融企业形象。然而，随着公众兴趣和认识态度的转变，创意广告已成为塑造金融企业形象的有效手段。现在大多数客户都把创意广告与企业创新精神等同看待。例如，美国圣保罗联合银行在《芝加哥论坛报》上刊出一则广告，标题用语是“WHAT GOES UP MUST GO HIGHER”（高无止境），并且下面还有一个大字：“GUARANTY”（保证）。原来美国有一句谚语：“WHAT GOES UP MUST COME DOWN”，意即“上去的必然下来”。这里却反其意而用之，“上去的必然更上去”，暗指存款利率上去更上去，而且有“保证”，怎么会不吸引人呢！

最后，要设计好广告语，因为广告语是广告的灵魂，应具有较深的内涵，既要含蓄，又要有创意，才能令人耳目一新。寓意深刻的广告语，能给人留下意犹未尽、回味无穷的美好印象。美国金融企业十分重视广告语的设计，各类金融广告都有生动醒目的广告用语，借以打动公众。例如，一则银行广告的标题是“YOUR MONEY HAS NEVER GONE THIS FAR”，这句话有类似“积小钱、办大事”的含义，可谓神来之笔。当画龙点睛般极富个性的广告语深深印在客户脑海中时，这些金融企业的形象也就随之深深刻在客户心中。

可见，富有创意的金融广告构思主要表现在以下三个方面：（1）创设一种现代化的标识、符号和图案；（2）运用生动形象的画面，包括运用动画手段和聘请明星；（3）运用使人可信的广告语，并根据时代特征加以改变。

4.选择媒体

广告媒体是指广告信息传播的载体，主要分为：①印刷媒体，如报纸、杂志、书籍等；②电子媒体，如电视、广播、网络等；③邮寄媒体，如产品说明书、宣传手册、产品目录、服务指南等；④户外媒体，如广告牌、招贴海报等。人们通常把广告媒体划分为四大媒体和其他媒体，四大媒体是指广播、电视、报纸、杂志，其他媒体是指户外、邮寄等。不同的广告媒体在传播空间、时间、效果、广告费用等方面具有不同的特点。

（1）电子媒体。广播媒体的优点是制作周期短、传播时间灵活、宣传范围广、人口覆盖面大、成本费用低，属大众化传媒；缺点在于仅有声音，不如电视媒体引人注意，并且信息瞬间即逝。因此，广播媒体难以为抽象的金融产品和服务提供直观有效的宣传。电视媒体在各种广告媒体中传播效果最好，据统计，电视广告直接产生的效果约占所有媒体的35.4%，积累性效果高达50%。电视媒体的优点在于综合了视觉、听觉传播效果，富有感染力，能引起观众的高度注意，传播范围广，有利于金融企业形象的塑造，通过生动的场景展示可以更好地说明金融产品的功能；其不足之处在于制作成本高、信息瞬间即逝、观众选择性小。随着电视影响的扩大和金融企业更多地运用有创意的广告以及社会公众对金融重要性认识的提高，电视广告在金融广告预算中的比例逐年提高。20世纪70年代初，英国银行的电视广告支出仅占其广告预算的4%，而进入80年代后，这一比例达到了50%。

（2）印刷媒体。报纸由于发行量大、覆盖面广，并涉及各阶层的读者，因而是最具可选择性的广告媒体。每种报纸都有自己的读者群。报纸的优势在于其订阅和发行地区比较明确，区域集中度较高，信息传播快，费用比较低，尤其适合于借助文字传播内容比较复杂的说明性广告。金融企业可以根据其产品情况和促销目的，在报纸上刊登各种类型的金融广告，即使是一种复杂的金融产品，也可以在报纸广告中登载一段详尽的说明文字；在为企业下属分支机构和网点提供促销支持时，也可将每个分销渠道的情况列在上面。

杂志的优点是品种多、可选择性大、印刷质量好、保存时间长、反复传阅率高；不足之处在于发行周期长、信息传播慢、读者范围窄，一般专业杂志的可信度和权威性更符合金融企业的形象要求。

（3）户外媒体，主要包括设置在公共场所的广告牌、海报招贴等，通常主题鲜明、形象突出，给人留下深刻印象，尤其是广告牌长期固定在某一场所，可重复传播，注意率极高。由于广告牌位置固定，因而接受宣传的往往是同一类客户。金融广告牌主要是宣传企业名称和服务内容，广告画面和广告用语必须简明易记，以强化宣传效果。

（4）邮寄媒体，指通过邮局直接寄给客户的宣传品等。邮寄媒体的针对性最强，可根据目标客户的需求特点，决定广告传播的内容和形式。邮寄媒体可详细介绍产品和服务的功能与特点，说明性较强。邮寄媒体的阅读率高，传播效果好，费用低廉；在对目标市场尤其是金融企业特有的业务项目进行宣传时，更是一种高效廉价的促销方法。在新产品投放初期，邮寄方式既可以起到短期保密作用，以防止在大面积推广之前招来模仿者，又可以让老客户尽早了解新产品信息，优先享用新产品。随着越来越多的金融企业建立了客户数据库，邮寄媒体正发挥着越来越大的作用。

总之，金融企业选择广告媒体时，应在充分了解各媒体特点的基础上，根据目标宣传对象的性质、特点、范围、规模以及广告费用等因素进行综合考虑，并在重点选择某一媒体后，辅以其他媒体，通过媒体组合方式强化其促销功能。

5.评估预算

广告促销活动除了要传播信息、吸引客户外，还必须关注广告宣传的成本和收益。由于在产品广告中成本和收益的联系体现得更为显著，因而金融企业大多采用产品广告方式；而在形象广告中，这种联系效应还难以测定。

【营销视界】　美国储蓄机构的定向与非定向促销策略①

美国储蓄机构为了推出房产保证贷款，起初采用了传统的市场促销方式——直接让公众知道其存在。在6个月内，该机构花费几千美元做广告，但仅仅增加了25个贷款账户，每增加一个房产贷款至少开销280美元。后来，它改变了促销战术，聘请了一个专业的营销公司来制定并运作新的营销战略。它们将促销目标调整为具有更多的服务功能，给消费者以选择的机会，或选择无最高限额的、浮动利率的房产保证贷款，或选择固定利率的定期房产保证贷款。营销公司还对每一种金融产品的税收备有详细的资料，并采取了直接邮购或电话营销的方式促销。仅仅3个月，该机构就获得了近400个贷款账户，平均每个账户贷款额达2.6万美元。尽管营销预算增加了许多，但由于贷款账户增加得更多，因此每一个账户平均成本降低了一半。

银行开发出新产品，提供新的业务，要通过各种手段让客户知道。非定向促销主要是借助大众媒介来实现的，而定向促销主要靠通信联络来实现。非定向促销的主要目标是提高银行的整体形象和信誉，主要促销手段有广告、宣传报道、电话促销、上门服务等。这种大众宣传手段支出成本一般较高。定向促销活动的着眼点是银行拥有的现有客户，通过信息建立起银行与客户的定向对话式的双向交流关系，做到随时掌握客户的情况，特别是给银行业务带来较高效益的主体客户，银行应了解他们对本行的产品与服务的使用情况以及他们与其他银行的业务联系，不断地通过定向服务的机制，使用必要的激励或“赠予”手段，激励客户加强与本行的关系，扩大使用本行的服务范围。这种关系的建立可以使银行不断地加深和密切与客户的关系，为建立新型的客户关系开辟道路。

同时，由于定向营销活动的经费是按不同的客户群体定向支出的，因此又可以节约经费。定向促销和非定向促销是组成现代商业银行营销策略的两个方面。没有非定向促销，现代商业银行

---

① 根据百度文库公开的资料整理。

就无法在社会上树立良好的形象，无法让社会了解银行的产品和服务，将影响人们的购买取向及新客户的发展；没有定向促销活动，现代商业银行就不能有效地发展、巩固与现有客户的联系，就会失去已有的客户关系和市场份额。因此，两种促销方式应相互补充和促进。

四、营业推广

（一）营业推广的概念

营业推广是企业为了刺激需求而采取的促销措施，即利用各种刺激性促销手段吸引新客户以及回报老客户。对金融企业而言，新客户可以分为两类，一类是尚未接受金融服务的潜在客户，另一类是已接受过同类产品的客户。

（二）营业推广的特点与作用

营业推广的基本特点为：（1）非规律性。营业推广多用于短期的促销活动，目的在于解决具体的促销问题。（2）方式多样性。营业推广的具体方式包括赠送礼品、有奖销售、免费服务、陈列展示等。（3）效果即时性。营业推广的促销效果可在短期内迅速显现。

营业推广的主要作用表现为：（1）加速新产品进入市场的过程。当消费者对投放市场的新产品尚未充分了解时，必要的促销措施可以在短期内迅速为新产品打开销路。（2）抗衡竞争者的促销活动。（3）刺激消费者的购买欲望，即通过适当的促销措施，使消费者对产品产生好感，促成其购买行为。

（三）营业推广的策略与方法

1. 营业推广的基本策略

（1）确立营业推广目标。由于目标市场和产品生命周期不同，营业推广所要达到的具体目标也不相同。例如，对于传统金融产品，企业应鼓励客户重复购买；对于投放市场的新产品，则应吸引客户尝试购买，尤其鼓励客户反“季节性”购买。

（2）选择营业推广方式。为了实现促销目标，金融企业应根据市场需求和竞争环境，选择适当有效的营业推广方式。例如，营业推广目标是抵制竞争者促销，企业可采取赠送礼品、有奖销售等措施。

（3）制订营业推广方案。金融企业制订方案要本着费用低、效率高的原则，可具体规定营业推广的范围、途径、期限和成本等。

2. 营业推广的主要方法

（1）赠送礼品。赠送礼品是金融企业运用较多的促销方法之一。例如，在吸收存款、办理信用卡以及新设分支机构开业时赠送礼品，或是为了鼓励长期合作而向老客户赠送礼品等。

（2）有奖销售。这主要用于储蓄、信用卡购物等方面。例如，在20世纪80年代后期，国内各家专业银行纷纷推出有奖储蓄，有的一年开一次奖，有的一年开几次奖。

（3）免费服务。当金融市场竞争加剧时，为了推广业务、招揽客户，金融企业往往会采取免费服务的促销方法，如信用卡持有者免付会员费等。

（4）陈列展示。金融企业通过实物展示、展板解说等形式吸引客户购买。

五、公关促销

（一）公关促销的概念

公关促销是指金融企业运用各种传媒与社会公众沟通，以达到树立良好企业形象，赢得社会公众的理解、信任和支持，从而使其乐于接受金融产品和服务的目的。客户是企业赖以生存和发展的基础，为了建立与客户的良好关系，金融企业需要做到：（1）让客户充分了解企业的宗旨、信誉、经营范围和服务方式；（2）提供多样化的产品和热情周到的服务；（3）及时处理客户投诉，并善于协调与竞争者的关系，努力与竞争者建立良好的伙伴关系，尊重竞争对手，学习竞争对手的长处，创造和睦相处、团结合作、共同发展的外部环境。处理好上述关系是金融企业公共关系活动的重要内容，它将大大促进金融产品和服务的销售。

公共关系是一门追求良好企业形象的艺术，企业形象具体是指企业的产品形象、服务形象、员工形象、外观形象的风格与特征。良好的企业形象会给金融企业发展带来巨大的助力，能为企业赢得更多的客户和市场，增强其战胜困难的能力。因此，公关促销是金融产品促销策略的一个重要组成部分。

（二）公关促销的原则

金融企业在开展公关促销活动时必须把握以下原则：

1.沟通协调原则

金融企业的公关促销主要是通过沟通协调，促进金融企业与社会公众的相互了解和合作，建立与保持良好和谐的关系。

2.互惠互利原则

金融企业在与社会公众交往的过程中，要兼顾双方的共同利益，寻求“双赢”。只要是本着“客户至上”的诚意为公众服务，企业就能树立起良好形象和声誉，从而获得社会公众的回报。

3.社会效益原则

在公关促销中，金融企业在追求自身利益的同时，更应注重社会效益。当经济利益和社会效益发生冲突时，企业如能考虑社会整体利益，必将赢得社会公众的赞誉和支持，最终也将促进企业自身经济效益的提高。

（三）公关促销的方法

金融企业开展公关促销的方法主要有以下三种：

1.通过新闻媒体宣传企业形象

金融企业通过与新闻界建立良好关系，将有新闻价值的相关信息通过新闻媒体传播出去，以引起社会公众对金融产品与服务的关注。报纸、杂志、广播、电视等新闻媒体是金融企业与社会公众进行沟通、扩大影响的重要渠道。新闻报道在说服力、影响力、可信度等方面要比商业广告所起的作用大得多，也更容易被社会公众所接受和认同。当然，只有金融企业不失时机地策划出价值高、可予报道的新闻，才能引起新闻媒体的关注，成为传媒追逐的热点。

2.积极参与和支持社会公益活动

社会公益活动是一种深入承担社会责任的活动，企业对公益事业的热情能赢得社会公众的普遍关注和高度赞誉，可以最大限度地增加营销机会。这已成为现今金融企业开展公关促销的主要方法之一。

3.与客户保持联系，相互增进了解

金融企业应主动与客户保持沟通联系，通过诸如个别访谈、讲演、信息发布会、座谈会、通信、邮寄宣传品与贺卡等方法，促进客户对企业的了解，从而使企业形象能长期保留在客户的记忆中。这种公关促销活动对维系老客户、吸引新客户具有显著的作用，尤其是对于稳定老客户，作用更大。

【经典案例评析】　中国农业银行的“行云·现金管理”营销①

当今中国企业更加注重资金的科学管理，着力提升资金管理的现代化、集约化、精细化水平。同时，银行业面临着金融脱媒、利率市场化，以及其他复杂多变的外部金融市场环境。因此，农业银行积极发展现金管理业务，是其推动业务结构、收益结构转型的重要战略措施之一。

2009年以来，农业银行结算与现金管理业务呈现良好的增长态势，各项指标一季度均实现高速增长。目前，农业银行已为47 000多个客户、1 600余家集团客户提供了优质的现金管理服务，其中中国（企业）500强中25%、前100强中45%的企业正在使用农业银行的现金管理服务。此外，农业银行总行还直接参与了对中国电信、中国石油、华润集团、中铁建、中交集团、中铁16局、华电集团、麦当劳（中国）、安邦保险、益海嘉里等高端集团客户的营销工作。

一、“行云·现金管理”产品解析

（一）“行云·现金管理”介绍

中国农业银行现金管理服务帮助客户有效进行资金管理，提供账户管理、收付款服务、流动

---

① 根据中国调研报告网公开的资料整理。

性管理、投融资服务、供应链金融服务、风险管理等系列金融产品和服务的组合方案。

中国农业银行现金管理品牌——“行云·现金管理”寓意“行于通畅，聚水为云”，以行云流水之势，畅通资金渊流，汇聚财富效能。水，象征财富，升腾汇聚而成云，又回归润泽大地以实现价值的传承。农业银行现金管理就如“行云”一样传承转合，帮助客户实现资金调配和财富聚合。“得其道，用其法，道法自然”。“行云·现金管理”更是承袭自然法则的道法原理在现实中的运用，顺达流畅、快速灵便，追求资金管理的最佳境界。

（二）现金管理平台的主要功能

中国农业银行现金管理业务的具体功能主要表现在资金归集、资金调拨、电子支付、账户透支和信息服务等几个方面。

资金归集：根据客户提供的集团内账户间的资金归集关系，实时或日终自动将下级账户的资金转往上级账户或将上级账户的资金转往下级账户。

资金调拨：客户通过电子渠道向农业银行发起指令，随时在集团内部的上下级账户间调拨资金，调剂余缺。

电子支付：客户通过客户端（或财务系统/ERP）发起支付指令，农业银行收到指令后自动处理。业务种类有汇兑、代发工资、申请银行汇票或本票、申购支票、预约提现等。

账户透支：农业银行与集团公司签订对公活期存款账户透支额度合同，纳入统一授信管理；在透支额度内，对公活期存款账户可以透支。

信息服务：包括账务查询、到账通知等，在授权范围内，客户可实时了解公司账户资金余额和进出情况。

（三）企业现金管理服务方案

对于集团性企业来说，除了企业日常的资金结算需求外，更需要银行提供一种现金管理工具，帮助企业充分盘活现金流，降低财务成本，具体需求有五个方面：资金集中管理、集团现金流动性管理、账户管理需求、资金池需求与企业ERP对接。

农业银行在深刻理解企业现金管理需求的基础上，利用先进的电子化平台，为集团性客户设计了以专业版企业网上银行——现金管理平台（以下简称CMP）功能为主的解决方案套餐，主要包含以下五大解决方案：

1.资金集中解决方案

大型集团性企业由于下属机构众多，地域分布广泛，在资金集中管理上的问题非常突出，资金管理失控、监控手段缺乏、资金利用率低的情况是集团性企业管理中迫切需要解决的问题。

农业银行提供的资金集中管理服务包括：

（1）建立账户体系。根据企业的管理模式，农业银行可为企业建立一个N级现金管理账户体系，实现企业资金的集中式管理，如××深圳总部为一级账户，下属分支机构为二级账户。在此基础上，总部账户可实现资金集中管理。

（2）资金集中。①系统自动批量归集；②实时资金归集；③总部发起资金归集。

方案特点：该方案可帮助企业根据实际情况，实施资金集中管理规划。通过合理的统筹模式，释放沉淀资金，降低企业的运营风险，使资金管理做到高效有序、动态平衡。

适用对象：集中统一管理集团内资金的集团性企业。

2.流动性管理解决方案

方案特点：企业流动性管理是企业现金管理的核心内容。流动性管理包括三方面内容：资金流、信息流和物流。农业银行CMP可根据集团企业管理模式为企业提供完整的流动性管理解决方案，主要包括以下服务：资金归集、账户支出限额控制、资金调拨、对外支付、账户透支、到账通知、账户查询、贸易伙伴信息维护、对账业务。

适用对象：希望最大限度提高资金使用效率，对资金流动性管理要求较高的集团性企业。

3.账户管理（财务中心管理模式）解决方案

农业银行CMP引进了二级账簿概念，增加了对企业结算账户的延伸服务功能，为集团财务中心的管理模式提供了全新的银企服务方案。

二级账簿是企业结算账户下的分类明细核算登记簿，其功能是可根据企业要求，按部门、产品类别、核算项目分类设置。通过二级账簿的明细核算和统计、控制功能，企业能够达到对资金进行分类管理、分项核算的目的。

方案特点：

（1）二级账簿不参与银行内部账务核算，对一些难以在银行开户的成员单位的资金也可以进行集中管理。

（2）二级账簿的利息计算功能和结算账户相同，可根据企业需要，分别设置利率进行利息计算。

适用对象：已组建结算中心或财务公司的集团企业；对内部资金管理有需求的企事业单位。

4.资金池解决方案

农业银行CMP提供资金池功能，在集团企业内部设立一家“银行”——资金池，将所有参与集团内资金管理的银行结算账户的资金都放在资金池内，资金池内资金实行使用共享、风险共担。

方案特点：

（1）变外源融资为内源融资，减少利息支出。企业建立现金池后，可对集团资金进行二次分配，账户资金盈余的成员单位的现金自动转移给现金不足的其他成员单位，这样可以减少现金不足成员单位外部融资的需求，对整个集团而言降低了利息费用。

（2）改善流动性管理，增加收益。多余的现金被集中起来，因而可以更有效地进行投资理财。

（3）提高现金透明度，加强控制。

适用对象：对集团内部资金实行高度集中管理的集团性、系统性企业。

5.与企业ERP直联解决方案

农业银行CMP预留了与企业的财务管理系统或ERP进行无缝对接的标准接口，实现了企业与银行之间自动快速的数据交换，支持企业个性化的管理。企业通过操作自己的财务管理系统或ERP就能享受农业银行CMP的所有服务。

银企直联方式实现了真正意义上的无缝对接，即企业在进行对外支付、结算等交易时，交易指令只需在财务管理系统中操作一次。在交易过程结束后，农业银行CMP就会将交易数据直接发送到银行进行处理，无须其他重复操作，从而大大提高了财务人员的工作效率，减轻了工作量。

适用对象：希望提高财务管理效率的企业。

二、“行云·现金管理”创新模式

农业银行推出“行云·现金管理”平台，在产品体系建设、系统架构设计、客户服务渠道、本外币综合服务及管理信息系统构建等六个方面进行了优化。升级优化后，产品能够在保证企业流动性的基础上，更好地帮助客户设计效率最优化的资金配置方案，实现企业现金流动性、安全性和收益性之间的最佳平衡。

现金管理平台项目，构建了账户管理、收付款、流动性管理、投融资管理、风险管理、资讯服务等六大类金融服务，并根据客户需要，设置了虚拟资金池、平等资金池、批归资金池、外汇资金归集、对公定期和通知存款等产品。同时，结合外汇管理政策的变化，实现了外汇资金集中管理，在现金管理平台客户端发布相关外汇业务，为客户提供本外币一站式金融服务，现金管理平台基本能够满足国内外不同行业、不同产业、不同客户业务发展的需求。

此外，从客户个性化需求和操作体验出发，农业银行现金管理平台系统在架构设计和服务渠道方面也进行了优化。根据账户要素、业务控制和账户信息等基本单元的不同作用，各组件分为核算层、中间层和产品层进行层次化管理。产品分层后，能够进行灵活组合包装，具有更好的扩展性。银行柜面系统覆盖、银企通客户平台、企业网银、银企互联平台、银银互联平台等都得到进一步丰富和完善。同时，为了加强内控合规管理，产品设计开发了客户营销管理系统，提供客户信息管理、客户价值分析、业务流程电子化、业务风险监控和预警、业务信息查询和统计等管理功能。

【案例讨论】结合本案例以及查阅相关资料分析，中国农业银行“行云·现金管理”的产品特色都有哪些？可以从中国农业银行的创新模式中总结出什么经验？

【情境案例解析】

大学生理财之友①

一、引子

卸下高考的重担，挥别三年的备考岁月，当拿到那份“沉甸甸”的大学录取通知书时，周荣感受到了全身的释放和轻松劲儿。他知道，未来几年相比过去那些日子，同样有梦想、同样需要拼劲儿，可是多了一样以前没有的东西：自由感。因为踏入大学校园，意味着他可以全方位地感受从来没有的自由：衣食住行将要由他自己决定，吃什么、穿什么他自己做主；他可以选择自己喜欢的知识去涉猎，读自己喜欢的书，听自己喜欢的讲座；他可以自己安排时间，什么时间做什么，都由他自己说了算，当然，也包括自己的钱包：一张银行卡。

二、低成本巧进大学生视野

周荣进入大学一个月后，逐渐适应了大学生活，绚烂多彩的社团活动让周荣简直眼花缭乱，

① 根据易方达公开的资料整理。

这时，“Y基金大学生理财社团”进入了他的视野。通过了解以后，他知道这个社团是由Y公司赞助，并且派出人员进行辅导，让大学生树立理财观念，管理好自己已有的少许零花钱，为未来选择自己的理财模式做好演练。周荣每个月有一两千元零花钱，除去日常花销，计划好了的话每月都可以有些结余。周荣对这个社团很感兴趣，希望自己能够看到财富增值的“魔法”，于是申请加入。社团工作人员告诉他，马上就会有Y公司组织的财富讲座以及一个由Y公司赞助的理财大赛。

三、凸显服务特色，拉近心理距离

回到寝室后，周荣上网搜索了Y公司，发现该公司网站首页非常醒目的位置就有“大学生理财专区”的链接。他点开链接，发现里面除了介绍货币市场基金产品及购买方式外，还设置了“大学生理财Q&A”“更多理财知识”“趣味财商测试”“你问我答”等板块。通过这些板块，周荣对Y基金有了更多了解，对它也更有兴趣了，每隔一段时间便会去观察一下，逐渐养成了关心基金相关新闻的习惯。

通过一段时间的观察，周荣开始尝试购买Y基金。由于他的资金量比较小，而且有时要取出来使用，因此，他选择了货币基金作为投资对象。Y货币基金的购买方式非常简单，只要登录Y基金公司官方网站，开通网上交易，就可申购。网上开户及支付支持多种银行借记卡，方便快捷。相比于第三方渠道，“网上直销”的手续费也比较低，更适合像周荣这样的大学生群体。

四、好处看得见，理财基金走入大学生心里

周荣用每个月的生活费结余购买基金份额，过一段时间后，发现自己的财富确确实实有所增加，自己闲置资金的投资需求得到了满足，同时，也积累了这方面的理财经验。

在Y基金官网上，大学生投资货币基金可选择两种方式：一是一次性申购。如果在开学时有一定数额的资金，可以通过网站开通网上交易账户，一次性全部购买成货币基金。这种方式平时不用操心，只需每月初赎回一定资金作为当月日常生活费即可。二是定期定额投资。如果大学生每月有一定资金结余，可以在基金公司官网开通网上直销专户，并选择定投计划，每月投资一定金额（最低100元）。

五、先入为主，抓住未来的潜在客户

周荣毕业后在一家建筑设计公司工作，每个月有上万元的工资，他的第一个想法就是购买基金。这个时候的他，已经掌握了不少相关理财知识，开始投资更高层次的基金产品。他并不熟悉其他的基金公司，但在大学生涯里，他已经完全搞清楚了Y财富基金，它就好像是他的管家，从他掌握了第一笔自己的自由财产开始就教他如何增值，他对它放心，它同时也会为他的财富护航。

六、尾声

Y基金公司的“大学生理财专区”推出时间并不久，其经济效益尚难以考量。但是，经过上面的一番讨论我们不难发现，进行这样的推广活动，其社会效益、长远效益十分明显，这是一家关注成长、关注未来发展的公司应具备的品质。对此，我们有理由对Y基金公司高瞻远瞩的开拓行为表示赞赏，并对此予以积极关注，期待它在我国金融营销领域实施的富有开创性的行动能带来更深远、更积极的影响。

【案例讨论】

1.目前在校大学生的理财观念有哪些特点?

2.在案例中，Y公司的销售渠道有哪些?与你了解的其他基金的销售渠道有什么区别?

3.你认为Y公司针对大学生做宣传的终极目的是什么?

4.Y公司在对目标市场——大学生的营销中，除了网络营销还采用了哪些方式?

5.你认为Y公司通过向在校大学生提供理财产品的方式打造潜在客户的做法可行吗?

本章小结

1.金融产品是指金融企业通过精心设计的金融工具和与之相配套的金融服务向客户提供的满足其需要的某种金融运作理念。金融产品是特殊的商品，它与其他产品相比具有较大区别。金融产品在总体上具有以下七项特征：无形性、不可分性、累加性、差异性、易模仿性、季节性、增值性。

2.金融产品一般由核心产品、形式产品、延展产品、期望产品与潜在产品五个层次组成。

3.金融产品开发是指金融企业为了适应市场需求而研究设计出与原有产品具有显著差异的金融新产品。金融产品开发可以划分为以下四种类型：产品发明、产品改进、产品组合、产品模仿。

4.金融产品生命周期是指金融产品从投放市场开始一直到退出市场所经历的整个过程，也就是金融产品在市场上存在的时间。可以将金融产品的生命周期划分为四个阶段，即导入期、成长期、成熟期与衰退期。

5.金融产品定价是指金融产品价值的货币表现形式。金融产品定价的主要目标有：利润最大化、提高收益率、扩大市场份额、适应价格竞争、优化金融服务、树立企业形象。

6.金融产品的定价方法可以分为：成本导向定价法、需求导向定价法、竞争导向定价法。

7.金融产品定价的营销策略有：撇脂定价策略、渗透定价策略、细分定价策略、组合定价策略、折扣定价策略。

8.金融产品分销渠道是指金融产品从金融企业转移到金融消费者的过程中所经历的市场通道，也就是金融产品和服务通过各种手段和途径推向金融客户的过程，具有独特性、风险性、监管性等特征。

9.金融产品促销，是指金融企业将自己的金融产品或服务通过适当方式向客户进行报道、宣传和说明，以引起其注意和兴趣、激发其购买欲望、促成其购买行为的营销活动。

10.金融产品促销可以采用人员推销、广告促销、营业推广和公关促销等方式。

关键概念

金融产品　金融产品开发　金融产品生命周期　金融产品定价　金融产品分销渠道　金融产品促销

思考与应用

1.什么是金融产品？有哪些特征和层次？

2.金融产品开发可以划分为哪几种类型？

3.金融产品开发的目标是什么？怎样进行金融产品开发？

4.什么是金融产品的生命周期？其一般可以划分为哪几个阶段？每个阶段的营销策略如何？

5.金融产品定价的影响因素有哪些？其主要目标是什么？

6.如何对一种金融产品进行定价？金融产品定价的营销策略有哪些？

7.什么是金融产品分销渠道？其构成和特征分别是什么？

8.在进行金融产品分销渠道选择时应该注意哪些因素？

9.什么是金融产品促销？金融企业在做出促销决策时，应充分考虑哪些方面因素的影响？

10.金融产品促销可以采用哪些方式？您比较能接受哪种方式？

第八章 金融营销与风险管理

学习目标

1. 熟悉金融产品风险和金融企业风险
2. 掌握金融企业营销风险管理的目标与内容
3. 熟悉金融产品风险的危害、估计及处理

早期风险管理主要源于保险业，且仅仅针对那些能够通过商业保险来消除的风险。随着经济市场化的深入和金融业的高度发展，人们不断地发现大量存在的不可保险或难以保险的市场风险，当今的风险管理更以此为重点。风险管理的普遍理论和实用方法不仅为投资类企业所广泛运用，更为金融企业所高度重视。尤其是金融风险防范，成为各国金融企业经营管理的重点内容，同时因为金融业在国民经济中的重要地位，金融企业的经营风险状况和风险管理水平成为各国政府和金融宏观监管部门的主要监管对象。特别是20世纪80年代以来，金融自由化和经济全球化步伐的加快，使金融业面临的风险急剧增大，国际金融动荡频繁，不少久负盛名的国际大银行出现高额不良资产甚至倒闭，一些大型的投资机构和证券经营机构会因金融动荡顷刻之间变得一无所有。大量的事实和教训，都迫切地要求金融企业在经营中把防范和化解金融风险放在极其重要的地位，加强营销中的风险管理。

第一节 金融产品风险和金融企业风险

对于金融企业来说，金融风险主要有两个层次，一种是金融企业所经营产品的风险，另一种则是金融企业的风险。人们通常所称的金融风险既包括产品风险，也包括企业风险。

一、金融产品风险及其特征

（一）金融产品风险

事物的不确定性就是风险。金融产品风险就是在人们从事金融产品的生产、流通、使用等过程中所面临的不确定性。从经济角度来说，这种风险可能会使金融产品经营者遭受损失，但也可能会使其获得收益，但不管怎样，经营者在事前都不能预料最后的结果。如果经营者可以百分之百地预料最后结果，那么，这种金融产品就没有风险。

（二）金融产品风险的特征

由于金融产品的独特性，金融产品风险也不同于一般所指的风险。其主要特点是：

1. 金融产品风险的最终结果一般直接表现并可量化为货币资金的得失

因为金融这一概念本身就是货币或货币各种变体的筹措和运用，所以金融产品风险的上述特征并不难理解。虽然在大多数情形下，各种风险导致的后果最终都表现和可量化为货币资金，但直接损失的表现则纷杂无形；非金融风险带来的直接损失大多表现为实物财产的减少或其他非货币资产的损耗。例如，持有美元的本国货币投资者（投机者、套期保值者等）在本币兑美元升值时，他的本币收入就会减少，这里的金融产品风险就是汇率变动风险，其直接后果是货币收入的减少。而如果一座工厂毁于大火，其直接损失就是实物资产的减少，虽然其结果最终也将用货币资金来衡量。像一般风险一样，金融产品风险在导致直接损失的同时，也会产生许多间接损失，这种间接损失大多时候也能用货币予以衡量。

2. 金融产品风险损失具有零和游戏的性质，一方遭遇损失，另一方一般会获得收益，且总量相同

在研究金融产品风险时，往往会选定一个风险承受者或经济主体，这时的金融产品风险是客观存在和绝对的，但当我们从更大的范围来看金融产品风险时，金融产品风险所导致的损失就是相对的，从整体角度来看，直接损失可能是不存在的。例如，在上例中，如果在本币升值时，美元持有者并不卖出美元换回本币，那么，他的损失仅是账面上的，并不表现为直接经济损失；即使他此时卖出美元换回本币而遭受汇兑损失，必有其他持有本币而购买美元者（如美国投资者、投机者或套期保值者）从汇兑变动中获利，且获利大小等于（不考虑交易费用等）前者的损失。而如果一座工厂毁于大火，这座工厂就直接消失掉了，几乎没人能从中获利。

3. 金融产品风险具有广泛性，且易导致连锁效应

在现代化经济社会条件下，金融产品的运用愈加广泛，几乎没有任何国家、任

何经济单位或任何个人不与金融产品打交道，因而金融产品风险处处存在、时时存在，又由于信息技术在金融领域的广泛运用和金融创新工具的不断涌现，一种金融产品的风险会很快影响到另一种金融产品的风险，一个单位（地区）的金融产品风险会很快影响到另一单位（地区）的金融产品风险。20世纪90年代初的墨西哥债务危机在短短几周内波及几乎全世界，且影响深远，就是很典型的例证。

4.金融产品风险的后果并非都表现为损失，某些情况下也表现为收益，因而，金融产品风险大多不可保险

例如，美元汇率的变动既可能使美元持有者遭受损失，也可能使他获得收益。与一般风险不同，这种风险大多不能进行保险，因为一般风险的保险是一种绝对的损失，而不仅仅是一种"不确定性"，并且对美元持有者来说，保险意味着他失去获得额外收益的机会。但随着保险业务的发展和金融产品风险的增大，传统保险业也越来越渗入金融领域。

（三）金融产品风险的分类

最常见的金融产品风险的分类是以金融产品的分类为基础的，因而可以把金融产品风险分为：银行类金融产品风险和非银行类金融产品风险；货币金融产品风险和证券金融产品风险；传统金融产品风险和创新金融产品风险等。非银行金融产品风险又可再分为保险金融产品风险、信托金融产品风险、证券金融产品风险等，而证券金融产品风险又可继续细分为债券金融产品风险和股票金融产品风险等。

除此之外，使用不同的标准还可把金融产品风险分为不同的类型，具体包括：

1.按照金融产品风险产生的原因不同，可把它分为国家风险、信用风险、利率风险、汇率风险等。每种风险还可进一步细分，如国家风险可再分为政策（政治）风险、政权风险、汇兑风险等。

2.根据金融产品风险所涉及的经济主体不同，可把它分为国家风险、机构风险、企业风险、家庭风险、个人风险等。

3.根据金融产品风险所涉及的范围不同，可把它分为系统性金融产品风险和非系统性金融产品风险。前者系在特定范围内对各类经济主体均会产生影响的金融产品风险，如一国通货膨胀的影响可能会波及该国所有的经济主体，包括企业、家庭和个人；后者是指其影响仅涉及一定范围内的经济主体的金融产品风险，如证券市场短期动荡仅对已参与证券买卖的经济主体产生影响，而其他经济主体则不受影响或影响甚微。

二、金融企业风险及其主要类型

金融企业风险是指金融企业从事一切金融活动所面临的不确定性。它不仅局限

于所经营产品本身的风险，也包括各种行为后果的不确定性。金融企业风险的主要类型有：

（一）信用风险

信用风险是指参与信用类金融交易的债务人一方不能依照合同按时偿付债权人本息的可能性。这是金融企业特别是银行类金融机构所面对的传统性风险。例如，商业银行的信用风险不仅包括传统贷款业务的信用风险，也包括贴现、透支、信用证、同业拆放、证券包销担保等业务所存在的信用风险。

（二）交易风险

交易风险也称市场风险，是金融企业在市场交易过程中所面临的各种风险，非传统的信用风险所能概括，是现代金融企业经营中的主要风险。其具体包括：

1. 利率风险

该风险是指货币市场、资本市场的利率波动通过存款、贷款、投资、拆借、融资等业务而影响金融企业经营成本和收益的可能性。利率风险一方面来源于中央银行根据经济形势对基础利率所进行的调整；另一方面来源于取消利率管制后所出现的市场利率波动。

2. 汇率风险

该风险是指国际货币体系中各种货币汇价的波动使金融企业在持有不同的货币或运作以不同货币结算的业务中蒙受意外损失或获得额外收益的可能性。汇率风险的结果可能是以货币单位数量表示的实际损益，也可能仅仅是会计处理过程中一种货币资产折算成另一种货币资产时账面价值的增加或减少，前者称为实际风险，后者称为评价风险。按照实际汇率风险产生的交易背景，又可将实际风险分为国际贸易结算风险、国际债权债务清偿风险、外汇买卖风险等。

3. 投资风险

该风险是指金融企业从事自营业务或直接投资或进行动产、不动产买卖时，因市场价值波动而蒙受损失或者获取收益的可能性。投资风险是与商品、货币、资本、不动产、期货、期权等市场的行情密切相关的。市场行情波动越大，投资收益的稳定性就越差。特别是涉及跨国投资时，除了对象国的市场行情外，通货膨胀情况和汇率的变动，也是必须考虑的影响投资收益的重要因素。

（三）流动性风险

流动性风险是一种兑付风险，是金融机构特别是商业银行所掌握的可用于支付的流动资产不足以满足支付需要甚至丧失清偿能力的可能性。流动性风险常常爆发于债权人因为信心等因素的影响而大规模挤提、兑换现金的情况，危险性极大，一旦爆发，可以置金融企业于死地。虽然流动性风险经常是金融企业破产倒闭的直接原因，但根本原因在于这些企业因长期经营不善而使其他各类风险长时间潜藏、积聚，最后以流动性风险的形式一并爆发出来。所以，金融企业除了应留足备付金以保障日常兑付外，还应当审慎经营，防范其他各类风险，防止风险积聚。

（四）国家风险

国家风险即国家信用风险，是国家作为债务人对于到期债务不能按合同要求偿付国际、国内债务本息的可能性。国家风险对于国内的债权人来说，属于政府信誉问题；对于国外债权人来说，则属于国家信誉和形象问题。所以，国家风险是最复杂、最危险的风险要素。国家风险程度主要取决于：（1）政府的财政收支能力；（2）国家经济发展水平和经济政策；（3）国家的出口创汇能力和国际收支状况；（4）国家的外汇政策；（5）内外债的水平和结构；（6）国家在金融市场（国际、国内）的融资能力和资金的运作能力；（7）国家政局的稳定性和政府首脑人物的政策主张等。从经济意义上看，一个国家的政府不仅可以破产，而且可以在破产之后继续存在下去。所以，金融企业在向国家贷款时必须认识到：（1）国家贷款涉及政治问题，异常复杂；（2）如果国家不能按时履约归还本息，金融企业的催收能力是十分有限的。

（五）经营风险

经营风险是金融机构在日常经营过程中可能遭遇的各种自然灾害、意外事故等造成损失的可能性，其表现形式主要有火灾、抢劫、通信线路中断、计算机故障、重要的经营人员遭遇交通事故、工作人员日常差错等。这些风险可以按照一定的概率统计规律而事先预计，并且可以通过保险的形式来减少损失。

（六）竞争风险

竞争风险是金融企业面对激烈的同业竞争导致收益严重下降甚至危及生存安全的可能性。最常见且最具危险性的是金融企业之间激烈的价格竞争，它不仅会导致客户流失、成本增大，而且会使利差缩小，减少金融企业的收益甚至导致亏损，从而增大其总体风险。当这种残酷竞争导致实际利差水平不能反映真实风险的程度时，就会大大降低金融企业抵御风险的能力，并危及生存安全。

（七）中介风险

中介风险是金融企业作为交易中介因从事担保、背书、透支、承兑、包销、代理等业务而遭受损失的可能性。以金融企业为金融市场的融资方提供融资担保为例，当融资者因投资失利而破产倒闭或丧失偿还能力时，按照合同，担保者应承担担保偿还责任，这就会给从事这些业务的金融企业造成很大的损失。所以，中介风险是金融企业的一种特殊风险，金融企业在从事这些有关业务时，务必要审慎，并采取必要的风险防范措施减少损失、确保收益。

（八）财务风险

金融企业财务报表综合反映的风险状况，谓之财务风险。金融企业的整体受险状况和抵御风险的能力可以通过对其日常经营状况和财务报表进行考察而得到评判，所以，财务风险严格来讲并不是一种风险，而是对风险状况、风险与收益关系等的一种分析方式。财务风险既是金融企业自身管理和控制风险的一种重要手段，也是金融监管部门监管考核的主要内容。

第二节　金融企业营销风险管理的目标与内容

一、风险管理的目标与任务

风险管理是金融企业营销管理的重要内容，其目标应与营销管理的目标相一致，也应与金融企业运营的总目标相一致，即要确保金融企业经济、安全、稳健地实现经营目标。也就是说，风险管理的目标就是以尽量低的机会成本保证金融企业的经营处于足够安全的状态。这里有两个问题，一是安全的具体内容有哪些，二是怎样才算安全。

1.安全的具体内容

对于传统的商业银行来说，由于其绝大部分业务可以分为两类，即负债业务和资产业务，所以，商业银行的安全内涵自然包括负债安全和资产安全，前者强调要保持足够的流动性，后者则强调能够顺利及时地收回本息。随着银行业务的扩展，表外业务已在银行的经营中占据越来越大的比重，确保表外业务运作的安全也是银行安全的重要内容。

2.安全的尺度

金融企业实力的不同、经营者经营风格的不同、客户的结构与关系的好坏不同等，使不同的金融企业在安全尺度问题上存在很大的差别，一方面可以选择不同的安全指标来衡量，另一方面则可以有不同的定量标准。

正因为如此，现代银行安全监管有两个基本的思路：一个是流动性观点，强调有足够充足的资本储备，使银行在风险发生时有能力承担风险损失而不危及银行安全；另一个是发展理论，强调应使银行具有足够的获利能力以弥补可能的风险损失。前一种思路是消极防备，后一种思路则属于积极弥补。流动性准则易于测量和取得数据，可为银行安全监管者提供具体的量化标准；而发展思路却因为其明显的动态性，使监管者难以把握和测定，所以未得到广泛的接受和应用。目前银行安全的主要标准都以流动性观点为基础。

为了实现安全盈利的目标，金融企业营销风险管理的主要任务是：合理安排金融产品风险，控制金融企业经营风险。

1. 合理安排金融产品风险，即在产品设计和开发过程中就认真估计产品在市场运作过程中所面临的风险类型和程度，明确安排客户和企业自身各自需要承担的风险类型和程度，并依此决定产品的收益和价格，使金融产品有一个合理的收益风险关系。同时，在营销过程中应向客户指出其所承受的风险类型和程度。

2. 控制金融企业经营风险。一方面，应采取适当、经济的措施控制企业的自留风险，把损失降到最低限度；另一方面，则应加强对所经营产品以外的风险的管理与控制。

二、金融营销风险管理决策的主要内容

金融企业营销风险管理的主要内容包括：风险识别、风险分析与评估、风险安排、风险控制。这些内容也是风险管理决策的四个不同阶段。

（一）风险识别

风险识别是风险管理决策的第一步，也是至关重要的一环。金融企业的营销者必须善于发现、预见、捕捉自身所面临的各种可能的风险，包括产品风险、业务风险和环境风险等。这是一项非常困难的工作，在诸多的风险因素中，有些是容易发现、一目了然的，有些却难以预料，直到造成损失才被决策者所认识，所以，风险识别需要经营者对金融企业的经营环境、经营业务有充分的了解，需要丰富的经济知识和实践经验、完备快捷的信息处理能力和深刻敏锐的洞察力和预见力。风险识别可以从产品分析、客户分析、市场环境分析、相关行业分析、竞争者分析、财务报表分析、国际经济因素分析等方面着手，以自身所从事的业务和营销的产品为中心，全面发现、捕捉各种可能的风险。

（二）风险分析与评估

风险识别的任务是发现、预见可能存在的风险，风险分析则是在风险识别的基础上，详细地分析造成风险的各种原因，并定量估计这种风险发生的可能性以及可能造成的损失或收益的大小，为决策者进行风险决策提供依据。风险分析要求全面、具体、翔实，应区别不同风险，把导致风险的各种直接因素和间接因素都考虑在内，为搞好风险评估提供可靠的依据；风险评估应力求量化、细致、客观，以科学地反映金融企业的受险程度。

（三）风险安排

风险安排也称风险分配，是风险决策的重要内容。其主要任务是把各种风险在参与交易的各方之间进行合理安排，使收益与风险保持一个科学合理的关系。风险安排的原则是：收益与风险成正比，收益高，相应的风险也高；收益低，所

承受的风险也低。在直接金融市场上，绝大多数产品的风险都由客户直接承担，而在间接金融市场上，金融企业必须承担一定的风险，所以，风险安排对间接金融市场的经营者显得特别重要。为了做好风险安排工作，金融企业应在风险识别、分析、评估的基础上，做好风险自留，根据风险承受能力、管理水平、财务状况、自留风险的损失大小、不自留风险的费用大小等因素，综合确定自身承担的风险比例和数量。

（四）风险控制

风险控制就是在风险发生前后采取一定的方法和手段以减少风险损失、增加风险收益所进行的各项活动，可以在事前、事中和事后分别进行控制。其主要内容包括：

1. 风险回避，属于事前控制，指决策者发现风险的存在和不确定性难以把握时，主动放弃或拒绝承担该风险。这种方法比较保守，也往往以放弃一定的收益获利机会为代价。这主要是在经营者缺乏经验或者缺乏有效的风险控制措施时才采取的措施。

2. 风险控制，属于事中控制方法。经营者在决定承担某项风险之后，在运作的过程中，风险尚未暴露以前，采取积极主动的措施以抑制风险的发生或尽量减少风险发生后的损失和破坏程度。

3. 风险分散，指经营者通过承担各种性质不同的风险，利用它们之间的相关程度取得最优的风险组合，以使这些风险加总得出的风险总体水平最低。风险分散分为随机分散和有效分散。前者指单纯依靠资产组合中每种资产数量的增加来分散风险，资产的选取是随机的；后者指运用资产组合理论和有关模型对各种资产选择进行分析，根据资产风险—收益的相关性来分散风险。

4. 风险转移，属于事前控制，指在风险发生之前，通过各种交易活动或方式，把可能发生的风险转移给其他市场或其他人承担，如通过期货、期权市场进行套期保值等。对金融企业来说，一种常见而且非常重要的风险转移方式就是风险的保险，即通过向保险公司投保，把风险转移给保险公司承担，但可保险的对象主要是适于保险的自然风险。

5. 风险补偿，属于事后控制，指金融企业在风险发生后，通过启动风险基金或准备金，以弥补或消化所造成的损失。为了确保金融企业的经营安全，各国的金融监管条例对金融企业要有足够的资本金或不断提取专门的风险损失冲销准备金等方面都有明确的规定。

【营销视界】　巴林银行倒闭的惨痛教训[①]

1995年2月26日，具有230多年历史的英国巴林银行宣布倒闭，在国际金融界引起了强烈震动。巴林银行是一家商业银行，成立于1763年，历史上有过辉煌的业绩，英国王室曾向巴林银行颁发过五项荣誉奖章，使其获得了“贵族银行”的美称。在英国现代商业银行体系中，巴林银行具有很高的声望，它不仅经营批发性和投资性银行业务，还通过设立全资附属公司的形式经营证券和金融期货业务。在倒闭前的1994年，巴林银行的核心资本为4.32亿美元，拥有资产87.96亿美元，在英国银行中列第15位，税前利润高达1.5亿美元。

1995年2月26日，新加坡巴林公司期货经理里森投资日经225股指期货失利，导致巴林银行遭受巨额损失，合计损失达14亿美元，最终因无力继续经营而宣布破产。巴林银行集团曾经是英国伦敦城内历史最久、名声显赫的商业银行集团，素以发展稳健、信誉良好而驰名，其客户也多为显贵阶层，英国女王伊丽莎白二世就曾经是它的顾客之一。巴林银行集团的业务专长是企业融资和投资管理，业务网点主要在亚洲及拉美新兴国家和地区。尽管如此，这个有着230多年经营史和良好业绩的老牌商业银行仍然在伦敦城乃至全球金融界消失了，目前该行已由荷兰国际集团接管。

巴林银行破产的直接原因，就是里森的违规交易。事发时里森刚满28岁。1992年，里森由摩根士丹利的衍生工具部转投巴林银行，被派往新加坡分行，由于工作勤奋、机敏过人而被重用，升任交易员，负责巴林新加坡分行的衍生产品交易。期货交易的成功使里森深受上司的赏识，地位节节上升，以至被允许加入由18人组成的巴林银行集团的全球衍生交易管理委员会。

里森的工作是在日本的大阪及新加坡进行日经指数期货套利活动。然而，里森并没有严格地按规则去做，当他认为日经指数期货将要上涨时，不惜伪造文件筹集资金，通过私设账户大量买进日经股票指数期货头寸，从事自营投机活动。然而，日本关西大地震打破了里森的美梦，日经指数不涨反跌，里森持有的头寸损失巨大。若此时他能当机立断斩仓，损失还能得到控制，但过于自负的里森在1995年1月26日以后又大幅增仓，导致损失进一步加大。

1995年2月23日，里森突然失踪，其所在的巴林新加坡分行持有的日经225股票指数期货合约超过6万张，占市场总仓量的30%以上，预计损失逾10亿美元之巨。这项损失，已完全超过巴林银行约5.41亿美元的全部净资产值，英格兰银行于2月26日宣告巴林银行破产。3月6日，英国高等法院裁决，巴林集团由荷兰商业银行收购。

事情表面看起来很简单，里森的判断失误是整个事件的导火索。然而，正是这次事件引起了全世界的密切关注，金融衍生工具的高风险被广泛认识。从里森个人的判断失误到整个巴林银行的倒闭，伴随着金融衍生工具成倍放大的投资回报率的是同样成倍放大的投资风险，这是金融衍生工具本身的“杠杆”特性决定的。

巴林银行破产的祸根就是：滥用金融衍生产品。金融衍生产品包括一系列的金融工具和手段，买卖期权、期货交易等都可以归为此类。具体操作起来，又可分为远期合约、远期固定合

---

① 根据中国知网公开的资料整理。

约、远期合约选择权等。这类衍生产品可对有形产品进行交易，如石油、金属、原料等，也可对金融产品进行交易，如货币、利率以及股票指数等。从理论上讲，金融衍生产品并不会增加市场风险，若能恰当地运用，比如利用它套期保值，可为投资者提供一个有效的降低风险的对冲方法。但其在具有积极作用的同时，也有致命的危险，即在特定的交易过程中，投资者纯粹以买卖获利为目的，通过垫付少量的保证金炒买炒卖大额合约来获得丰厚的利润，而往往无视交易潜在的风险，如果控制不当，那么这种投机行为就会招致不可估量的损失。正是里森对衍生金融产品操作的无度才毁灭了巴林集团。里森在整个交易过程中一味盼望赚钱，在已遭受重大亏损时仍孤注一掷，增加购买量，对于交易中潜在的风险熟视无睹，结果使巴林银行成为衍生金融产品的牺牲品。

这一案例留给我们的启示是：必须加强金融机构的内部管理。在金融发展史上，银行倒闭屡见不鲜。一般说来，一家银行的倒闭是长期以来银行内部机制不健全，从经营到管理诸方面弊病积累的结果。历史悠久并在英国金融史上曾经发挥了重要作用的巴林银行集团，照理说应有一套完善的内部管理制度和有序的监管措施，但事实上它的内部管理存在严重的弊病。巴林银行允许里森身兼双职，既担任前台首席交易员职务，又负责管理后台清算，说明该行的管理制度极不健全。巴林银行事件为银行业敲响了警钟，表明了加强银行内部管理、合理运用衍生工具、建立风险防范措施的重要性和必要性。

随着国际金融业的迅速发展，金融衍生产品日益成为银行、金融机构及证券公司投资组合中的重要组成部分。因此，凡从事金融衍生产品业务的银行都应对其交易活动制定一套完善的内部管理措施，包括交易头寸（指银行和金融机构可动用的款项）的限额、止损的限制、内部监督与稽核，严防过度投机，提倡扩大银行资本，进行多方位经营。然而，随着国际金融市场规模的日益扩大和复杂化，资本活动的不确定性问题也愈发突出。作为一个现代化的银行集团，巴林银行应努力扩大自己的资本基础，进行多方位经营，做出合理的投资组合，不断拓展自己的业务领域，这样才能加大银行自身的安全系数并不断盈利。像里森那样，将“鸡蛋放在一个篮子里”，孤注一掷，不出事则已，一出事就难以挽回。

同时，这一案例也反映出新加坡国际金融交易所存在监管漏洞。巴林银行新加坡分行所持的未平仓期货合约占整个市场未平仓合约总数的1/3。单一的经纪行为占有如此大的市场比重，新加坡交易所竟没有采取措施制止，明显存在监管漏洞。这一点也值得我们深思。

第三节　金融产品风险的危害、测量及处理

一、金融产品风险的危害

金融产品风险表现为金融产品收益的不确定性，从而给经济主体的生活、生产等活动带来了非预期和非计划的后果。对个人或家庭来说，这可能影响其生计和金融投资；对企业来说，它可能因此不得不停止正常的经营活动，甚至宣告破产。对一个国家来说，金融活动贯穿于经济活动全过程并为整个社会经济活动服务，因此，社会性的金融产品风险（系统风险）直接导致的后果就是金融市场的紊乱和经

济增长率的下降，从而减少了整个社会的财富。例如，非计划或非预期的恶性通货膨胀对领取固定薪金和社会保障金的人士和家庭来说是致命性的打击，但对另外一些人或家庭来说未必如此；若恶性通货膨胀来源于成本推动，事前没有储备充足原材料的生产企业也将遭受重大损失。温和的通货膨胀在一定时期内可能促进经济增长，但非计划或非预期的恶性通货膨胀则会给一国经济造成严重危害，正如20世纪70年代的拉美国家一样。

对于一个国家或经济共同体来说，金融产品风险往往还来自国外，即外来冲击的影响，这与该国或经济共同体的对外开放度成正比关系：经济开放度越深，与世界经济的联系越紧密，外来金融产品风险对本国或经济共同体的影响就越大。例如，20世纪90年代初的墨西哥金融危机曾影响了整个国际金融市场；1985年的美国股灾也在短期内波及世界上几乎所有证券市场；1997年东南亚货币金融危机引起全世界关注；2008年次贷危机的蔓延引起国际性的金融危机，导致大批顶尖的金融机构破产或者濒临破产。

二、金融产品风险的测量

同其他风险一样，金融产品风险的危害除了直接危害外，还有许多间接危害，因此，在测量方面有很大的难度。但为了有效地预防或控制金融产品风险，或在金融产品风险的危害产生后，采取措施降低危害的程度，就必须对金融产品风险可能造成的危害做出测量。这种测量有两种形式，一种是定性描述，另一种是定量计算。两种形式各有优点，也可相互配合使用。对风险进行量化，是现代风险管理的大趋势。

在量化金融产品风险时，应按顺序确定标的、期限、可能事件、发生概率、预测等。假定金融产品T，现测量其在未来t期的收益变动情况，如表8-1所示。

表8-1　**某金融产品未来t期收益**

事件 a	概率 P（a）X	期望值 X	方差 r^2	标准差 r	变异系数 r/X
①损失Y_1	P（a_1）	$Y_1 \cdot$ P（a_1）			
②损失Y_2	P（a_2）	$Y_2 \cdot$ P（a_2）			
③损失Y_3	P（a_3）	$Y_3 \cdot$ P（a_3）			
④损失Y_4	P（a_4）	$Y_4 \cdot$ P（a_4）			
⑤损失Y_5	P（a_5）	$Y_5 \cdot$ P（a_5）			
⋮	⋮	⋮			
总体	1.0	X	r^2	r	r/X

其中：

期望值 $X=Y_1\cdot P(a_1)+Y_2\cdot P(a_2)+Y_3\cdot P(a_3)+Y_4\cdot P(a_4)+Y_5\cdot P(a_5)+\cdots$

$$=\sum_{i=1}^{n}(Y_i\cdot P(a_i))\qquad (i=1,\ 2,\ 3,\ \cdots,\ n)$$

方差 $r^2=\sum\{Sq[X-Y_i\cdot P(a_i)]\}\qquad (i=1,\ 2,\ 3,\ \cdots,\ n)$

标准差 $r=Dsp(r^2)=Dsp\{\sum\{Sq[X-Y_i\cdot P(a_i)]\}\}\qquad (i=1,\ 2,\ 3,\ \cdots,\ n)$

变异系数 $=r/X$

公式中的n表示可能的事件个数（未列识的事件为不可能事件），Y_i表示第i次事件所遭受的损失量（也可表示其他任何风险后果，如获得的收益小于期望值等），$P(a_i)$为第i次事件发生的概率；$\sum$表示加总，Sq表示平方，Dsp表示开方；X表示所有可能事件发生的期望值。

变异系数又称风险度，它等于标准方差r与期望值X之比。风险度越大，风险就越大，金融产品可能带来的损失就越大。期望值和标准差都是一个绝对量，不能直接进行比较。若有两种金融产品，在相同期限内，风险度大者，其遭受损失的风险也就越大。根据不同金融产品风险度的大小，经济主体将采取不同的策略加以预防、控制或事后处理。

三、金融产品风险的预防、控制和财务处理工具

金融产品风险管理不外乎两种方式：一种是预防，即在金融产品风险发生前采取措施避免风险的发生，把可能的、潜在的风险控制在最低限度；另一种是在金融产品风险发生后采取措施，尽量减少风险所造成的损失，即各种财务处理工具。第一种是积极性的风险处理方式，通过识别、分析和消除可能导致金融产品风险发生的各种直接因素和间接因素，避免风险的发生；风险管理的宗旨就是要采取积极、主动的措施预防和控制风险。第二种是消极性的风险处理方式，但并非不重要。当某些风险无法事前预防或没有更好的预防控制手段时，风险财务工具就显得相当重要了。预防措施主要包括放弃有风险的金融活动、各种风险转移手段等；财务处理工具是通过财务手段把已经发生的风险降低到最小限度，它包括自留风险、保险转移和非保险转移等。究竟采用哪种方法，或某种方法中的某个类别，需要进行收益和成本分析。如果采取的风险防范和处理措施成本高于风险发生所可能造成的损失，这种风险防范和处理就是不合理的。

不管是预防措施，还是事后财务处理，都要求对风险发生的时间、发生的原因、发生的概率、发生后可能造成的危害等进行识别、测量，然后才能有针对性地采取预防或财务处理。

【营销视界】　金融巨头雷曼兄弟破产的启示①

2008年9月15日，美国第三大投行——证券巨头雷曼兄弟（公司）（Lehman Brothers）宣布，由于有关救济方案的谈判破裂，将依据以重建为前提的《美国联邦破产法》第11章申请破产保护。雷曼兄弟成立于1850年，主营当时利润丰厚的棉花等商品的贸易。1899年，雷曼兄弟承揽了第一笔IPO生意，并在其后的1906年全面放弃了原有的农产品贸易业务，转型为一家纯粹的金融公司。20世纪30年代的大萧条中，雷曼兄弟在刚接掌大位的第二代领导人罗伯特·雷曼的精心打理下，奇迹般地度过了危机，巩固了自己在金融业中的地位。在此后近一个世纪的时间里，雷曼兄弟都是美国投行的巨头，而此次受次贷危机的影响最终宣布破产，自然在整个金融界引起了震动，其破产的原因以及启示值得我们总结和研究。

一、雷曼兄弟破产的过程

雷曼兄弟在房地产繁荣时期持有很多房贷资产化证券，其中有为数不少的低评级或无评级证券。雷曼兄弟当时认为，自己拥有丰富的处理固定收益证券的经验，又有很强的调整资产负债表的能力，并无太大风险。而2008年第一季度的业绩显示，雷曼兄弟在冲减资产后盈利下滑，但并没有出现亏损，每股收益是0.81美元，这使得投资者甚至强化了对CEO富尔德能力的信心。于是，雷曼兄弟又趁机发行了19亿美元的优先股以改善资产负债结构。但次贷危机的发展还是出乎所有人预料。当雷曼兄弟第二财政季度曝出28亿美元的亏损时，整个市场做空焦点再度集中在雷曼兄弟身上。雷曼兄弟的财务杠杆率长期高达20多倍，这意味着次贷证券损失比率的微小变化，都可能使得净资产出现巨大变化。投资者在担忧未来进一步大幅冲减资产的情况下，对雷曼兄弟的资产负债表不再信任，于是雷曼兄弟的股价跌破了净资产价值。

按照投资业务的实际操作，如果某个公司的多头资产没有别的机构接手的话，多头头寸将留在自己手中，而如果资产的价格持续下跌，多头头寸将持续亏损。雷曼兄弟在破产前遭遇了强大的做空压力，而其自身也曾试图采取转移做空焦点的方式自救，但最终雷曼兄弟的反击没有取得预期的效果。美国第一大投行高盛是次级债的空头，包括雷曼兄弟在内的其他投行都是多头。次贷危机爆发以前，高盛就做空了次贷证券，没有直接受到次贷危机的冲击。也就是说，高盛如果不翻多，其他投行就没有翻空的可能，高盛因此在次贷危机中处于主动地位。高盛选择做空雷曼兄弟主要是看中两点，一是雷曼兄弟规模相对较小，二是雷曼兄弟杠杆率较大。雷曼兄弟为了走出困境，曾试图在2008年六七月做空“房利美（Fannie Mae）”和“房地美（Freddie Mac）”（房利美和房地美是美国最大的两家非银行住房抵押贷款公司，属于由私人投资者控股但受美国政府支持的特殊金融机构，两家公司的主要业务是从抵押贷款公司、银行和其他放贷机构购买住房抵押贷款，并将部分住房抵押贷款证券化后打包出售给其他投资者）。雷曼兄弟分析师Bruce Harting于2008年7月7日出具一份研究报告，该报告认为，由于新会计准则的原因，“两房”需要补充750亿美元的资本金。这使得“两房”股价暴跌，一周内就跌去了50%。在“两房”危机期间，雷曼兄弟曾获得缓冲的时间，但却由于CEO富尔德要价过高而没有及时出售相关资产，同时雷曼兄弟做空“两房”又使得美联储处于困境，美联储改变了先前拯救投行的思路，于是随

① 朱旭强，林琦. 雷曼兄弟：金融业破产启示录［J］. 中国林业产业，2008（11）.

着金融风暴的进一步影响，雷曼兄弟最终破产。

二、雷曼兄弟破产对我国金融业的启示

我国金融业是分业经营，还没有美国那种意义上的投资银行，但我国的商业银行、证券公司等部分地履行了投资银行的功能。而在我国金融业，尤其是证券业的发展中，曾一度把美国当成榜样和参照对象。这次美国的次贷危机，包括雷曼兄弟的破产等事件给我国的金融业提供了新的视角和反思的机会。雷曼兄弟破产这个个案，对我们有几点启示：

（一）金融机构自身经营时要审慎防范风险

雷曼兄弟破产的一个重要原因就是过高的杠杆比例和过分集中的经营业务，这使得该公司的系统风险和非系统风险都很高。这一点对我国金融机构而言，应引以为戒。我国的金融机构应该加强内部管理，要记住市场总是存在不确定性的，对于机构投资者而言，分散投资是必要的。

（二）商业银行要重视房地产的信贷风险

雷曼兄弟破产的根本原因是次贷危机，而次贷危机来源于房地产泡沫。在我国，近年来房地产贷款占银行贷款总额的比例已经很大，而如果房地产跌价，贷款者发现房子的价格还不如贷款高，则会选择违约，这将导致银行收不回贷款而只能收回抵押的房地产，房地产的供给就会增加，这又会导致价格的进一步下跌，陷入恶性循环。美国次贷危机提醒我们，越是在宏观经济繁荣的时候，我们越应当加强风险控制和监管。

（三）审慎推进金融衍生工具和产品

雷曼兄弟破产是因为次贷危机，而次贷危机又是因为对住房按揭进行资产证券化，资产证券化属于金融衍生产品。金融衍生工具和衍生产品是把双刃剑，它所具有的风险呈杠杆倍数，而且在一定的市场条件下会把局部风险扩展为全局性风险，把个别市场风险演变为系统性风险。住房按揭证券化虽然能分散银行信贷风险和借贷者信用风险，但也会把按揭风险向证券市场、股票市场等领域扩散。

（四）进行必要的外部监管

美国的很多投行都认为自己是完全有能力控制风险的，美国相关监管机构也是这样认为的，因此对于公司的经营很少干涉，这在市场经济条件下是无可厚非的，然而问题是，那些投资机构真的能在经济繁荣时克服高收益的诱惑考虑到潜在风险吗？雷曼兄弟给出了一个否定的答复。因此，为了稳定经济的发展，金融监管机构应该进行适当的监管，比如规定财务杠杆比率、投资比例等等。当然，对金融机构的监管不应影响个体金融机构正常的经营业务和追求利润最大化的目标，而应该以稳定整个宏观金融为考量。

【经典案例评析】 中国建设银行的“乾元”中小企业信托贷款集合型理财产品营销①

一、产品介绍

（一）基本介绍

“乾元”中小企业信托贷款集合型理财产品是中国建设银行为帮助具有发展潜力的中小企业拓展新的融资渠道，借助民间财力，促进区域经济发展而设立的。本理财产品为非保本浮动收益

---

① 根据中国调研报告网公开的资料整理。

类理财产品，存在本金损失的可能，理财产品的任何预期收益、预期最高收益、预计收益、测算收益均为预期。本理财产品不保障本金及理财收益，所获得的收益在扣除本理财产品承担的全部费用后，按照以下顺序进行分配：优先收益类产品本金→优先收益类产品收益→次级收益类产品本金→次级收益类产品收益。

（二）基本特点

“乾元”中小企业信托贷款集合型理财产品具有收益较高、投资方向明确、有政府背景保障等特点。

其中，产品收益较高主要表现为：该期产品持有至到期的预期最高年化收益率为4.2%，到期一次性兑付收益远高于同期定期存款利率。

投资方向明确主要表现为：该期产品所募资金被委托给建信信托有限责任公司设立单一资金信托，用于向合肥市蜀山区内具有发展潜质的21家中小企业的信托贷款。这些企业前期经过严格的筛选，具有较强的发展潜力。

政府背景保障主要表现为：该产品引入两家第三方保证人——合肥市金鼎担保有限责任公司和合肥市蜀山区城市建设投资有限责任公司。两家公司全部为国有独资企业，具有较强的实力。同时，合肥市蜀山区城市建设投资有限责任公司承诺作为次级收益类产品投资人购买该期产品发行数量的10%（即1 000万元理财产品），同时承诺信托项下信托贷款的本金和利息在扣除相关费用后应优先满足优先收益类产品的本金和预期最高收益，只有当优先收益类产品的本金及预期最高收益都得到满足后，剩余部分才向次级收益类产品的投资者进行分配。

二、投资管理

（一）基础资产构成

中国建设银行安徽省分行将理财产品所有认购资金与建信信托有限责任公司设立“乾元皖2009年第1期中小企业贷款资金信托”，取得“乾元皖2009年第1期中小企业贷款资金信托”的信托受益权。投资者按其认购金额占该理财产品项下所有认购资金的比例，承担相应比例的收益和风险。

（二）基础资产运作方式

中国建设银行安徽省分行将理财产品所有认购资金与建信信托有限责任公司设立“乾元皖2009年第1期中小企业贷款资金信托”，由建信信托有限责任公司以其名义向“乾元皖2009年第1期中小企业贷款资金信托”项下各信托贷款借款人发放信托贷款，由合肥市金鼎担保有限责任公司、合肥市蜀山区城市建设投资有限责任公司对上述信托贷款的本金承担连带保证责任。中国建设银行安徽省分行发行本理财产品不代表对信托贷款的借款人按时足额偿还贷款的可能性做出任何承诺，也不代表对第三方保证的实现可能性及保证人保证能力做出任何判断。

（三）参与主体

（1）资金信托委托人：中国建设银行股份有限公司安徽省分行。

（2）资金信托受托人及信托贷款贷款人：建信信托有限责任公司。

（3）信托财产专户开户行：中国建设银行股份有限公司钟楼支行。

（4）信托贷款借款人及信托贷款服务行：见表8-2。

表8-2　信托贷款借款人及信托贷款服务行

信托贷款借款人	信托贷款服务行
合肥恒春玻璃有限责任公司	中国建设银行股份有限公司钟楼支行
安徽瑶海钢结构有限公司	中国建设银行股份有限公司钟楼支行
安徽美佳家具有限公司	中国建设银行股份有限公司钟楼支行
安徽燕之坊食品有限公司	中国建设银行股份有限公司钟楼支行
合肥菱湖家具有限公司	中国建设银行股份有限公司钟楼支行
安徽银瑞林国际大酒店有限责任公司	中国建设银行股份有限公司钟楼支行
安徽星辰电线电缆股份有限公司	中国建设银行股份有限公司钟楼支行
安徽新望江酒店管理有限公司	中国建设银行股份有限公司钟楼支行
安徽华隆塑料有限责任公司	中国建设银行股份有限公司钟楼支行
合肥洋洋服装有限责任公司	中国建设银行股份有限公司钟楼支行
合肥虹达电线电缆有限公司	中国建设银行股份有限公司钟楼支行
安徽新世纪印务有限责任公司	中国建设银行股份有限公司钟楼支行

三、产品风险（见表8-3）

表8-3　投资“乾元”理财产品的风险点

风险类型	具体风险介绍
信用风险	本期理财产品的信托贷款借款人全部（或部分）可能出现未及时足额支付信托贷款本金及利息的情况。本理财产品信托贷款项下的保证人——合肥市金鼎担保有限责任公司、合肥市蜀山区城市建设投资有限责任公司可能出现未及时、足额履行保证责任的情况。本理财产品的收益率可能低于预期最高收益率，收益可能为0，甚至发生本金损失
结构化风险	本理财产品采用“优先—次级”结构，优先收益类产品的本金和收益由次级收益类产品提供保障，但优先收益类产品仍存在本金损失的可能，次级收益类产品本金损失的可能性远大于优先收益类，并且，在本理财产品项下的次级收益类产品的预期最高收益率低于优先收益类产品的预期最高收益率。因此，次级收益类产品的投资者应特别关注持有次级收益类产品的风险
市场风险	如果在理财期限内市场利率发生变化，本理财产品的预期收益率及实际收益率均不随市场利率上升而提高

续表

风险类型	具体风险介绍
流动性风险	投资者无提前终止权，可能导致投资者需要资金时不能随时变现，并可能使投资者丧失其他投资机会，或因物价指数的抬升导致收益率低于通货膨胀率，实际收益率为负的风险
政策风险	本理财产品是针对当前的相关法规和政策设计的。国家宏观政策以及市场相关法规政策如果发生变化，可能影响理财产品的受理、投资、偿还等的正常进行，甚至导致本理财产品收益降低以及本金损失
管理风险	信托公司受经验、技能等因素的限制，可能会影响本理财产品的管理，导致本产品项下的受托资金遭受损失
提前终止风险	在投资期内，如信托贷款借款人全部（或部分）提前全部还款，或发生其他中国建设银行安徽省分行认为需要提前终止本理财产品的情况，中国建设银行安徽省分行有权提前终止本理财产品。投资者可能面临不能按预期期限取得预期收益的风险
延期风险	如因理财产品项下对应的信托财产变现等原因（如信托贷款逾期）造成理财产品不能按时还本付息，理财期限将相应延长
信息传递风险	中国建设银行安徽省分行将按照本说明书有关“信息披露”的约定，进行本理财产品的信息披露。投资者应根据“信息披露”的约定及时进行查询。如果投资者未及时查询，或由于通信故障、系统故障以及其他不可抗力等因素的影响使得投资者无法及时了解产品信息，并由此影响投资者的投资决策，因此而产生的责任和风险由投资者自行承担。另外，投资者预留在中国建设银行安徽省分行的有效联系方式变更的，应及时通知中国建设银行安徽省分行。如投资者未及时告知中国建设银行安徽省分行联系方式变更的，中国建设银行安徽省分行可能在需要联系投资者时无法及时联系，并可能会由此影响投资者的投资决策，由此而产生的责任和风险由投资者自行承担
理财产品不成立风险	如本理财产品募集期届满，募集总金额未达到规模下限（如有约定）或市场发生剧烈波动，经中国建设银行安徽省分行合理判断难以按照本产品说明书规定向投资者提供本理财产品，中国建设银行安徽省分行有权宣布本理财产品不成立
其他风险	如自然灾害、金融市场危机、战争等不可抗力因素造成的相关投资风险；因技术因素而产生的风险，如电脑系统故障等可能会造成本金及收益兑付延迟

【案例讨论】结合本案例及相关资料分析中国建设银行“乾元”中小企业信托贷款集合型理财产品面临的风险都有哪些？银行应该采取哪些措施来管理这些风险？

【情境案例解析】 "商贷通"巧解小微企业融资难题[①]

"秋风起，蟹脚痒"。每每到了6月份左右，大闸蟹就会登上各家各户的餐桌。对于苏州阳澄湖大闸蟹专业养殖企业老板李剑川而言，今年的螃蟹又大又多，收成按照他的预想着实不错，然而，一缕愁绪却在他的心里始终徘徊不散。

实际上，李剑川的养蟹公司成立的时候，买蟹苗、买饲料、租赁场地的费用大部分都是向家里的亲戚朋友借的，这下赚了钱虽然能还上，可第二波的蟹苗和饲料的投入，单靠今年的利润简直是天方夜谭。若想继续养殖大闸蟹，那还得去借钱，却又不能再麻烦亲戚朋友了，这么一大笔钱上哪儿去筹集呢？李剑川正是为此而发愁。他开始琢磨各种借款方案。养蟹的同行告诉他，借款无非是民间借款和银行借款，而银行一般都不会借款给像李剑川这样的小微养殖企业，最直接的原因是：大闸蟹养殖业丰歉无常，而且养殖户又没有银行认可的、可以抵押的担保品。这让李剑川几乎绝望了。

恰在此时，一根"救命稻草"——M银行的"商贷通"简介小册子送到了他的公司，让他又看到了希望之光。

李剑川仔细地翻看着小册子，了解到"商贷通"这个产品的服务对象侧重于衣食住行领域，包括服装、建材装饰以及家具、电子产品、农产品及餐饮等。而他所经营的蟹类养殖，也符合"商贷通"的行业标准。

李剑川心中一喜，立刻驱车前往M银行咨询相关事项。M银行企业贷款部门的工作人员告诉他，他应该去零售银行部办理相关事项，而大多数银行通常将小微企业贷款业务放在企业贷款部门办理。一时之间，李剑川摸不着头脑，怕是搞错了，咨询了零售银行部才知道，原来M银行"商贷通"实质上是个体经营性贷款，其最大特色是将银行业通常在企业贷款部门办理的小微企业贷款业务，归类为"商户融资"范畴，并转移到了零售银行部办理。

李剑川告诉零售银行部的"商贷通"工作人员自己的担心：首先是担心自己在银行没有朋友，银行会不会一拖再拖，最后不贷给自己必需的足额款项；其次是怕手续麻烦，银行对申贷资料要求高，自己是一个养蟹小企业，没法提供很多的资料；最后他担心等待时间太长，如果贷款拨下来的时候错过了投放蟹苗入塘的时间，那将来大闸蟹的品质和存活率都必然大打折扣。

工作人员听后让李剑川放心，讲明M银行"商贷通"产品不同于其他传统贷款，并且强调："我们从人出发，不从抵押物出发。首先，相信客户是好人；其次，相信客户是有本事的人；最后，相信客户都是充满善意的人，是借钱后愿意还钱的人。"

……

事后，李剑川才知道，他并不是获得"商贷通"贷款的第一人，之前就有养蟹的同行获得过贷款。在M银行"商贷通"产品团队看来，阳澄湖大闸蟹具有不可替代性以及产地限定，其与法国拉菲葡萄酒有着异曲同工之妙，即拉菲葡萄酒在产酒装瓶之前，就基本已经被全部订购出去了。同理，如果把阳澄湖养蟹业从传统的养殖业信贷中解放出来，推出养殖、运输和经销三方联保的方式，必定能够大大降低风险，由此设立商户贷款的新标准、新方法。

---

① 根据以商会友·商友圈公开的资料整理。

事实上，银行提供小微企业贷款等金融服务，一方面风险较大，另一方面成本较高。小微企业贷款，如果是一户一户地去做，任何一家银行都扛不住这个成本，必须从单户营销、个案审批的传统信贷营销模式中走出来。据此，M银行“商贷通”团队开发了“批量营销”方法，将目标市场加以归类，找准行业内的共性，建立了标准化的作业流程，提高了审批和放款效率。

实施“批量营销”，就是注重区分商圈经济特点和商户融资需求，细分产品种类，明确各类产品的适用对象、准入标准和授信条件，对商户进行系统性开发。通过对商户的稳定性、历史信用状况、企业经营状况以及资产负债情况进行量化考核分析，从而确定商户风险程度，确定融资额度、贷款期限、利率水平以及提供强弱担保品的比例。将商户融资业务产品与配套金融服务通过嵌入的方式，渗透到目标业态的日常经营过程中，形成批量化的营销开发策略。

总之，M银行从具有巨大市场潜力的小微企业市场入手，实施“蓝海战略”，根据产品定位选择批量营销模式，并设立了良好的风险控制制度，使银行“商贷通”为解决小微企业融资问题做出了巨大贡献，同时也成为行业的先行者，为自己带来了巨大的经济效益。

【案例讨论】

1.M银行“商贷通”是怎样解决小微企业融资“三怕”问题的？

2.“商贷通”的营销有哪些不足之处？

3.M银行是怎样进行风险控制的？

本章小结

1.金融产品风险就是在人们从事金融产品的生产、流通、使用等过程中所面临的不确定性。

2.最常见的金融产品风险的分类是以金融产品的分类为基础的，因而可以把金融产品风险分为：银行类金融产品风险和非银行类金融产品风险，货币金融产品风险和证券金融产品风险，传统金融产品风险和创新金融产品风险等。

3.金融企业风险是指金融企业从事一切金融活动所面临的不确定性。它不仅局限于所经营产品本身的风险，也包括各种行为后果的不确定性。

4.金融企业营销风险管理的主要内容包括风险识别、风险分析与评估、风险安排、风险控制。

关键概念

金融产品风险　金融企业风险

思考与应用

1.什么是金融产品风险？有哪些特征？

2.金融产品风险如何分类？

3.什么是金融企业风险？其主要类型有哪些？

4.风险管理决策的四个不同阶段分别是什么？

5.金融产品风险有哪些测量方式？

第九章 互联网金融与营销创新

学习目标

1. 掌握互联网金融的基本含义与特征
2. 掌握互联网金融营销的六大模式
3. 掌握互联网金融的营销创新
4. 了解我国互联网营销的现状

迅猛发展的网络经济以其特有的规律促使金融理论和金融市场发生了深刻变化，互联网金融随之诞生，从而改变了金融行业竞争的规则、秩序和结构，使得广大机构和个人客户在寻求金融服务时有了空前巨大的选择空间。另外，以网上银行和第三方支付平台为代表的新金融组织又通过新的营销技术、营销模式不断地推动着金融营销的创新。而且，自从我国加入WTO之后，国家逐渐放开了对外国金融机构的金融管制，大批跨国金融机构纷纷抢占中国市场，尽管新冠肺炎疫情的全球性暴发可能抑制这一趋势，但对于我国的金融机构来说，总是机遇和挑战并存的。因此，借助网络技术，制定互联网金融新时代营销战略和战术，对金融企业的发展，尤其对中小型金融企业的发展来说，意义极其重大。

第一节 互联网金融的基本含义

一、互联网金融的基本概念

对于互联网金融，还没有一个严格准确的定义，中国投资有限责任公司前副总经理谢平被认为是国内最早的“互联网金融”概念的提出者之一，他把互联网金融定义为“支付便捷，市场信息不对称程度非常低；资金供需双方直接交易，银行、券商和交易所等金融中介都不起作用，可以达到与现在直接和间接融资一样的组员配置效率，并在促进经济增长的同时，大幅减少交易成本”的一种“金融模式”。当然，这个定义似乎过于理想化，与现实并不相符。

除此之外，银行从业者也对互联网金融下过定义，认为，互联网金融是指银行等金融机构利用信息技术为客户服务的一种新的经营模式。但就目前的发展情况来看，这样的定义已经远远不能全面概括互联网金融这一新兴业态了。

本书采用的是罗明雄等人对于互联网金融的定义，该定义为：

“（互联网金融是）利用互联网技术和移动通信技术等一系列现代信息科学技术实现资金融通的一种新兴金融服务模式。互联网‘开放、平等、协作、分享’的精神渗透到传统金融业态，对原有的金融模式产生根本影响从而衍生出来的创新金融服务，具备互联网理念和精神的金融业态及金融服务模式统称为互联网金融。其依托于移动支付、云计算、社交网络和搜索引擎等高速发展的信息技术及高度普及的互联网的金融活动，不同于传统的以物理形态存在的金融活动，而是存在于电子空间中，形态虚拟化，运行方式网络化。”①

从狭义的金融角度来说，互联网金融存在于跟货币的信用流通相关的层面，即资金融通依托互联网来实现的业务模式即可以称之为互联网金融。

广义上来说，任何涉及了广义金融的互联网应用，都应该是互联网金融，包括但是不限于为第三方支付、在线理财产品的销售、众筹、金融中介、金融电子商务等模式。互联网金融的发展已经历了网上银行、第三方支付、个人贷款、企业融资等多个阶段，并且越来越在融通资金、资金供需双方的匹配等方面深入传统金融业务的核心。

二、互联网金融的主要特征

（一）金融服务基于大数据的广泛应用

数据一直是信息时代的象征。2011年5月，麦肯锡全球研究院在发布了报告——《大数据：创新、竞争和生产力的下一个新领域》后，大数据的概念备受关注。金融业是大数据的重要产生者，交易、报价、业绩报告、消费者研究报告、官方统计数据公报、调查、新闻报道无一不是数据来源，同时金融业也高度依赖信息技术，是典型的数据驱动行业。互联网金融环境中，数据作为金融核心资产，将撼动传统客户关系以及抵（质）押品在金融业务中的地位。

大数据已经促进了高频交易、社交情绪分析和信贷风险分析三大金融创新，这三方面都体现了互联网对于大数据的广泛运用。

① 罗明雄，等. 互联网金融［M］. 北京：中国财政经济出版社，2014.

高频交易是指交易者为获得利润，利用硬件设备和交易程序的优势，快速获取、分析、生成和发送交易指令，在短时间内多次买入卖出，且一般不持有大量未对冲的头寸过夜。例如，如果一只共同基金通常在收盘前一分钟的第一秒执行大额订单，能够识别出这一模式的算法将预判出该基金在其余交易时段的动向，并执行相同的交易。该基金继续执行交易时将付出更高的价格，使用该算法的交易商可趁机获利。

早在2015年，Twitter日发消息就已超过5亿条，Facebook的日均用户则超过10亿，而其他社交平台如Instagram、WhatsApp、Messenge等也拥有海量用户，社交媒体数据应用已经成为互联网商业模式的重要组成部分。金融市场的投资者将研究与应用结合起来，开始从Twitter、Facebook、聊天室和博客等社交媒体中提取市场情绪信息，开发交易算法。2008年，精神病学专家理查德·彼得森筹集了100万美元在美国加州圣莫尼卡建立了名为MarketPsy Capital的对冲基金，通过追踪聊天室、博客、网站和微博等，以确定市场对不同企业的情绪，再据此确定基金的交易策略。到2010年，该基金回报率已达40%。

金融机构希望能够收集和分析大量中小微企业用户日常交易行为的数据，判断其业务范畴、经营状况、信用状况、用户定位、资金需求和行业发展趋势，解决由于小微企业财务制度的不健全，无法真正了解其真实的经营状况的难题，从而降低信贷风险。

阿里金融正是这样一个互联网与大数据结合的典型案例。

作为一家拥有大数据的互联网金融企业，阿里金融首先通过分析客户在淘宝、天猫的消费情况，或者通过搜索记录等多维度数据，判断出客户的年龄层次、生活阶段，甚至是潜在的消费需求，同时引入海关、税务、电力等外部数据加以匹配，建立数据库模型。通过对多个维度的数据分析，对客户的信用有了可靠的了解。

其次，阿里金融通过交叉检验技术辅以第三方验证确认客户信息的真实性，将客户在电子商务网络平台上的行为数据映射为企业和个人的信用评价，通过沙盘推演技术对地区客户进行评级分层，研发出微贷通用规则决策引擎、风险定量化分析等技术。

最后，阿里金融开发了网络人际爬虫系统，突破地理距离的限制，捕捉和整合相关人际关系信息，并通过逐条规则的设立及其关联性分析得到风险评估结论，结合该结论与贷前评级系统进行交叉验证，构成风险控制的双保险。

（二）服务趋于长尾化

一直以来，“二八定律”被视作是银行经营管理的“金科玉律”——20%的客户可以带来80%的利润，因此资源有限的高端客户成为激烈竞争的对象，“长尾”

客户资金需求无法得到满足。而互联网金融争取的更多的是80%的“长尾”小微客户。这些小微客户的金融需求既小额又个性化，互联网金融在服务小微客户方面有着先天优势，从而代替传统金融体系解决用户的个性化需求。这些80%的“长尾”客户从而形成了“长尾市场”，也称为“利基市场”。菲利普·科特勒在《营销管理》中给“利基”下的定义为：利基是更窄地确定某些群体，这是一个小市场并且它的需要没有被服务好，或者说“有获取利益的基础”。这种利基产品一旦集合起来就可以形成一个规模庞大的市场，即一个极大极大的数乘以一个相对较小的数仍然可以得到一个极大极大的数。

数据显示，截止到2014年2月，阿里的小微金融服务集团自营小微信贷业务近4年，已经累计为超过70万家电商平台上的小微企业、个人创业者提供融资服务，累计投放贷款超过1 700亿元[①]；2014年第三季度余额宝累计用户数达到1.49亿，规模达到5 349亿元[②]，成为中国用户数最多的货币基金，与传统基金理财户均七八万元的投资额相比，余额宝用户的人均投资额仅为3 589.93元，满足了“小白”用户的小额理财需求。截至2014年底，国内就已有128家众筹平台，覆盖17个省。其中，股权众筹平台32家，商品众筹平台78家，纯公益众筹平台4家，另有14家股权与商品性质的混合型平台。该年度，15家主要商品众筹平台成功完成筹资的项目总数为3 014个，成功筹款金额约为2.7亿元，活跃支持人数70万以上。

（三）金融服务低成本、高效率

互联网金融的低成本化特点体现在两个方面：

一方面体现在交易成本上。传统金融中，由于小微企业、部分个人客户等大众客户群体信用记录很少，缺乏有效的抵押品，加上交易金额小，难以实现规模经济，运营成本较高，传统金融机构无法有效满足这部分客户的金融需求，从而导致金融排斥。而互联网金融最大的优势在于其开放性和共享性，资金供求双方可以通过网络平台完成信息甄别、匹配、定价及交易等流程，减少传统中介的介入，降低了交易过程中的成本。以阿里金融为例，其单笔贷款的审批成本与传统银行相比大幅降低，因为利用了大数据和信息流，依托电子商务公开、透明、数据完整等优势，与阿里巴巴、淘宝、支付宝数据贯通和信息共享，实现了金融信贷审批、运作与管理的电子化，与金融机构传统的“三查”相比较，成本低、速度快。

另外一方面体现在服务成本上。互联网金融降低了小微企业的融资成本，因为可以避免开设营业网点的资金投入和运营成本，让客户以更低成本搜索、比较更多优质的金融服务产品。以2014年第三季度为例，阿里金融累计借贷的小微企业数

---

① 朱永康．阿里小微信贷业务增长迅速［N］．中华工商时报，2014-02-28.
② 涂艳．余额宝用户数突破1.49亿，四季度收益率或维持低位［N］．上海证券报，2014-10-27.

超过70万户，这些企业全年平均占用资金时长为123天，实际付出的年化利率成本为6%~7%。

互联网金融带来了全新的渠道，为客户提供方便、便捷、高效的金融服务，极大地提高了现有金融体系的效率。因为互联网金融业务主要由计算机处理，操作流程完全标准化，客户不需要排队等候，业务处理速度更快，用户体验更好。例如，阿里小贷依托电商积累的信用数据库，经过数据挖掘和分析，引入风险分析与资信调查模型，从商户申请贷款到贷款发放只需要几秒钟，日均可以完成贷款1万笔。与银行相比，阿里小贷的优势是申请贷款流程简单，从客户申请贷款到贷前调查、审核、发放和还款，采用全流程网络化、无纸化操作，只需要在电脑前简单操作即可获取贷款。

【营销前沿】 **“力量”与“速度”如何能够兼得**

——运用互联网思维推进银行业再造①

运用互联网思维推进银行业再造，让“力量”与“速度”兼得，这一过程能否取得成功的关键在于，银行从业人员能否摆脱体制性思维的惯性束缚，实现向互联网思维模式的转型。

一、“大鱼吃小鱼”与“快鱼吃慢鱼”

早在十多年前，银行业就已实现了技术联网，而每一个刷卡消费的商户就是一个数据接收点。因此，对于银行而言，跟踪用户购物行为并做大数据分析其实并不难，所以人们自然认为互联网金融从银行业中孕育而生是顺理成章的事情。然而，现实却大大出乎人们的预料：互联网金融首先从互联网技术企业诞生，并且银行业正前所未有地遭受着互联网金融的猛烈侵袭而备受煎熬。对此，人们不禁要问：为何传统金融土壤中无法孕育互联网金融之花？笔者认为，造成上述结果的根源在于银行业对于交易效率、运营成本以及互联网核心本质的理解偏差。

金融本质上就是数据信息，所有金融产品都是数据信息的不同组合，而这些数据信息并不是来自传统银行，因为数据信息流过的地方，任何金融产品都可以想象，而这也就促成了互联网金融的诞生。同时，由于互联网技术的出现和应用极大地提升了数据信息在人际间的传播速率，使得传播速率由原先的生物级跃升为光电级，这一方面极大地拓宽了人类共享的信息空间，另一方面极大地延展了信息传播的人群边界，进而开启了信息化金融的新时代。

事实上，在信息化金融时代，由于传统银行的运营效率严重滞后于市场需求，因而它的存在对于资金融通时常不仅起不到高效对接的正效应，反而发挥着阻滞资金融通的副作用。以往，传统银行的竞争优势在于营销渠道的便利，然而，新兴的互联网金融企业通过借助互联网的技术平台，摆脱了对营业网点的依赖，在竞争中轻松获取了非对称性的竞争优势，进而完全颠覆了传统的商业盈利模式。

可见，在以往的工业化金融时代，市场竞争法则是“大鱼吃小鱼”，即银行同业之间竞争所

---

① 陆剑清.“力量”与“速度”如何能够兼得——运用互联网思维推进银行业再造［N］. 文汇报，2014-04-03.

依托的是显性的资本规模与网点渠道，其核心优势是“力量”；现如今进入了信息化金融时代，竞争法则已转变为“快鱼吃慢鱼”，即银行同业之间竞争所倚仗的是隐性的技术平台与信息渠道，其核心优势是“速度”，而那些业态进化迟缓的传统银行们似乎正迅速沦为难以适应互联网生存新环境的“恐龙一族”。

二、两种思维模式的较量

从更深层次看，互联网作为一种数据信息的渠道载体，既是一种技术手段的体现，也是一种思维模式的表达。互联网金融与传统银行业之争的本质是两种思维模式之间的较量，是互联网思维模式与体制性思维模式之争。

如果深入分析一下互联网金融公司的行为特质，我们便不难发现，互联网思维模式具有以下三个心智基因：开放精神、市场化思维习惯、扁平化运营理念。而体制性思维则与之相对亦显示出三个心智基因：封闭心态、体制化思维习惯、科层化管理理念。

银行业之所以具有强烈的体制性思维特质，其根源在于：银行业的第一经营要旨是“确保资产安全”，其次才是“资产保值增值”。以往由于受到社会经济、文化环境以及技术条件的制约，传统金融业态只能采取“静态封闭”的业务管理模式，以达成“资产安全”的管理诉求，进而强化了银行业的体制性思维模式。结果，银行业自然也就缺乏内生性的自我变革的意愿与动力，因为传统银行所缺乏的正是“寻求变革与创新”的互联网思维基因，因而亟需外力的介入、影响乃至倒逼。现今，互联网的出现正是代表了这股外力，互联网金融的兴起顺应了市场经济的发展需求——互联网的出现对于传统银行人的心智思维模式的影响宛如一股清风吹皱了一池春水，而互联网金融的兴起对于传统银行业固有利益格局的触动冲击则更如一石激起千层浪。

三、急功冒进与因噎废食都不可取

当然，由于传统银行业是在毫无准备的情况下被动地开始了其业态再造之路，于是未知的经营风险亦随之而生。因此，对银行经营者而言，如何才能稳中求进（即如何在稳定与变革之间不断地找寻到新的动态平衡点）便成为业态运营的第一要务。这绝不可能一蹴而就，而是需要一个循序渐进、先易后难、逐级递升、不断摸索、逐步适应的长期过程，在这一过程中，一方面要切忌心浮气躁、急功冒进，为求得立竿见影的效果而贸然采取“休克疗法”，致使乱象丛生、局面失控；另一方面，也不可因噎废食、畏难而退，错失机遇，而应从顶层制度设计入手，制定银行业态进化的路线图与时间表，有计划、有步骤地稳步推进银行业态的再造。

事实上，互联网金融的兴起以及利率市场化的放开等对于银行运营提出了更高的要求，监管模式也必须随之转型，即由传统的财务监管模式向现代的信息监管模式升级，其具体特征表现为：第一，由线下监管向线上监管转型；第二，由静态安全监管向动态安全监管转型；第三，由传统人力监管向网络软件监管转型；第四，由过时的财务数据监管向实时的金融信息监管转型，即由原先的单一线下监管的传统模式向线下复合监管的现代模式演进。

总之，正如开篇所言，能否运用互联网思维实现银行业的再造，让“力量”与“速度”兼得，关键在于银行的从业人员能否摆脱体制性思维的惯性束缚，实现向互联网思维模式的转型。

第二节　互联网金融的六大模式

一、第三方支付

（一）第三方支付定义

“支付是指为了清偿债权债务关系而将资金从债务人账户转移到债权人账户的过程”[①]，是资金流转的一个过程。电子商务网站提供了多种支付方式，包括传统支付与电子支付。电子支付利用信息技术手段实现资金流电子化，包括依靠互联网的网络银行支付、第三方支付、虚拟货币支付和依靠GSM网络的移动支付等。[②]

第三方支付一词首先是由“阿里巴巴”当时的CEO马云于2005年1月在瑞士达沃斯世界经济论坛上提出的，狭义上是指具备一定实力和信誉保障的非银行机构，借助通信、计算机和信息安全技术，采用与各大银行签约的方式，在用户与银行支付结算系统间建立连接的电子支付模式。[③]

（二）第三方支付流程

第三方支付是电子商务的重要部分，网上购物、线下交易对于消费者而言已经是生活中不可缺少的内容。对于现有的第三方支付服务流程，我国网上支付第三方支付平台主要可分为“支付网关模式”和“账户支付模式”两种。

1. 支付网关模式

支付网关模式是指网上支付的电子信息通过支付网关进行处理以后进入银行内部金融专用网络的支付结算系统，从而完成支付。付款人只要是某家银行网银用户即可，无须成为第三方支付平台的用户。这种模式下，第三方支付服务商并没有内部交易功能，仅仅作为银行网关的代理将付款人发出的支付指令传递给银行，完成转账后，银行再将信息传递给第三方支付服务商，后者将此信息通知收款人并进行账户结算。第三方支付服务商在支付通道服务模式下仅仅扮演着“传声筒”的角色，其模式的代表是首信易支付。

具体支付操作流程如图9-1[④]所示。

（1）网上消费者浏览商户检索网页并选择相应商品，下订单达成交易。

（2）随后，在弹出的支付页面上，网上消费者选择具体的某一个第三方支付平台，直接链接到其安全支付服务器上，在第三方支付的页面上选择合适的支付方式，点击后进入银行支付页面进行支付。

---

① 杨坚争，等. 电子商务法教程［M］. 北京：高等教育出版社，2001.
② 矫云起. 电子商务［M］. 北京：中国铁道出版社，1999.
③ 曹红辉，李汉. 中国第三方支付行业发展蓝皮书［M］. 北京：中国金融出版社，2011.
④ 罗明雄，等. 互联网金融［M］. 北京：中国财政经济出版社，2013.

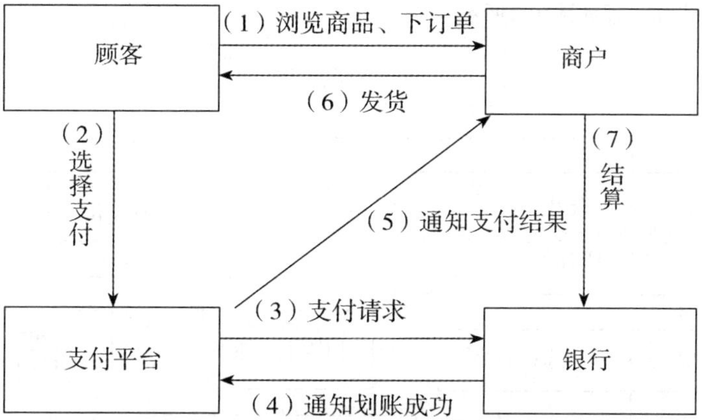

图9-1　支付网关模式操作流程

（3）第三方支付平台将网上消费者的支付信息，按照各银行支付网关技术要求，传递到相关银行。

（4）由相关银行（银联）检查网上消费者的支付能力，实行冻结、扣账或者划账，并将结果信息回传给第三方支付平台和网上消费者。

（5）第三方支付平台将支付结果通知商户。

（6）接到支付成功的通知后，商户向网上消费者发货或者提供服务。

（7）各个银行通过第三方支付平台与商户进行结算。

2.账户支付模式

虚拟账户服务模式是指交易双方都在第三方支付平台开立虚拟账户，其过程是持有人通过银行实际支付层的操作将资金从付款人账户划拨到第三方支付服务商的账户中，虚拟账户中便显示相同资金数额的电子数据。付款时，第三方支付公司根据付款方指令将款项从其平台账户划付给收款方的平台账户，这一转移是以虚拟资金为介质完成的，此时资金并不发生实际转移，仍然保存在第三方支付服务商的账户中，此后，第三方支付服务商通过其在银行的账户向商户的银行账户划拨实际资金，这种模式的实质是以支付公司作为信用中介，代替买卖双方暂时保管货款。

【营销视界】　微信支付方式①

微信支付方式主要包括微信公众号支付和扫二维码支付，两种支付方式的支付流程基本一致。进入支付环节后，用户只需添加银行卡卡号，填写银行卡类型、银行卡有效期、持卡人姓名和身份证号码、手机号，验证手机号、输入支付密码，即可完成交易。就银行卡类型而言，目前微信支付既支持贷记卡又支持借记卡，接入的银行早已超过百家。

① 根据公开的网络资料整理。

微信支付方式和流程如图9-2所示。

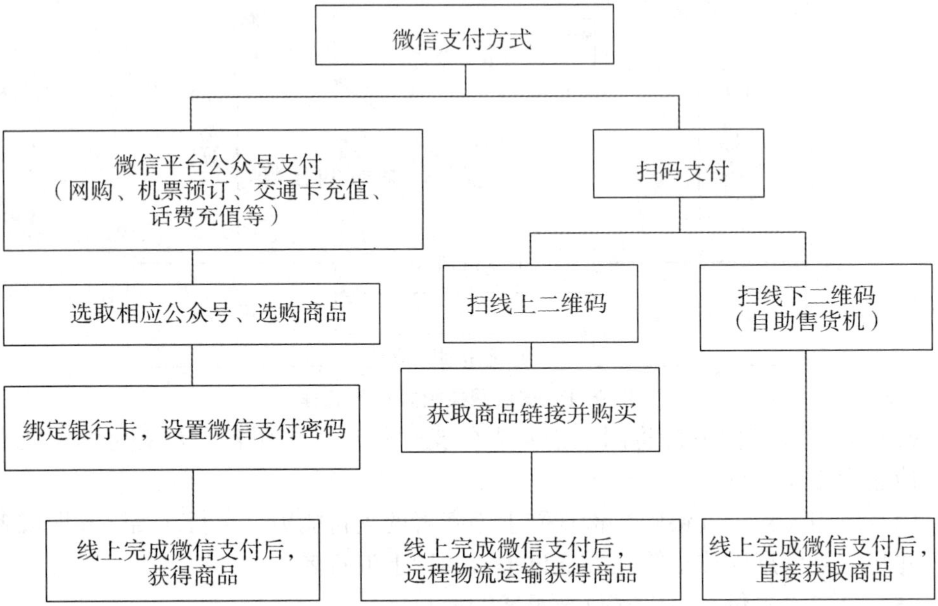

图9-2 微信支付方式和流程示意图

1.产品优势

1.1 “支付+社交”模式

微信是腾讯的一次自我革命，自2011年推出以来，迅速成为市场上最热门的社交聊天软件在海内外拥有规模巨大的用户群体。庞大的用户基数是微信支付强有力的依托，而腾讯也期望能够创造出“支付+社交”模式，创造消费习惯，构建腾讯的社交电商王国。

2013—2014年度微信月活跃用户数如图9-3所示。

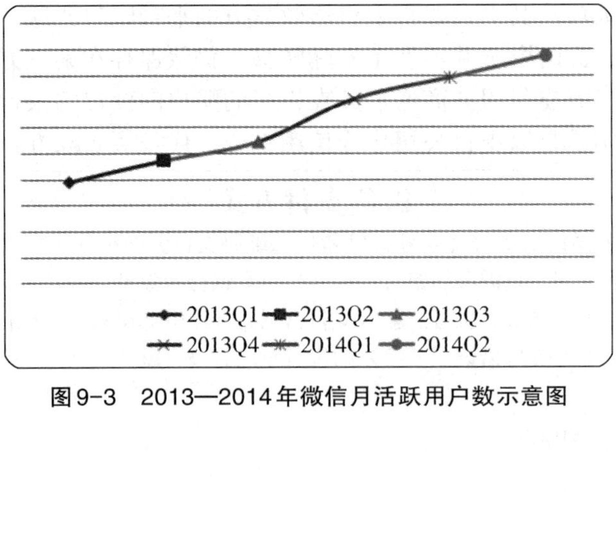

图9-3 2013—2014年微信月活跃用户数示意图

1.2　个性化的交易平台

随着智能手机的普及，电商竞争的战火正向移动互联网不断蔓延，移动端具有天然优势，易于形成消费习惯。微信支付提供了简洁的交易渠道和支付场景，增强了用户黏性，其个性化的交易平台对于年轻人而言具有强大的吸引力。

1.3　价值巨大的广告平台

“微信，不仅仅是聊天工具”。微信，是一种生活方式。朋友圈、公众号，每天都在推送数以万计的信息；微信公众号已然成为中小商家最廉价且有效的广告通道。对于商家而言，微信的价值不仅在于短期内订单销量的增长，而是借助公众账号、朋友圈、微信支付等渠道，更有效地和用户建立联系，进行管理和信息沟通。

2. 营销方式

2.1　价格渗透定价

图9–4中，边际成本的较快上升让传统供给曲线较为陡峭，从而与需求曲线交于“近尾”处。而图9–5显示，互联网技术大幅降低边际成本，形成的互联网供给曲线与需求曲线交于“远尾”处。互联网改变了这一切。它极大降低了信息传递成本，因而在很大程度上降低了厂商的边际成本。对一些服务提供来说，互联网甚至可以把边际成本压低到零，让客户群体极大扩张之后，因庞大客户基数的特性而赚取高额利润。

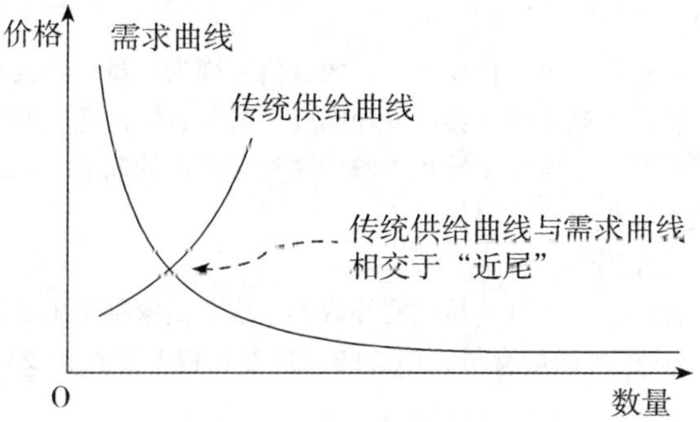

图9–4　传统供需曲线

线下商家通过“本地消费平台+微信支付”的方式，完美地将线上与线下融合在了一起。以大众点评网为例，接入微信支付后，一度曾在推广活动期间其微信支付交易占比提升了7倍，优化了团购用户的支付体验，方便了用户购买商品，获得近100%的正面反馈。又如“微信红包”，将金融支付手段与社交紧密联系，“提现必须绑定银行卡”的规则使绑定微信支付的用户数量大增，让腾讯在极短的时间内以几乎零成本的推广获得了大量沉淀资金和客户支付终端的自愿绑定。

2.2　精准市场定位

企业通过微信支付技术来记录消费者的消费数据，收集分析后能得到本企业和竞争者的销售状况；通过大数据管理来构建数据库以进行定量和定性分析，提高了调研的精确性与全面性；通过对顾客心理和行为的精准定位，明确目标客户群与目标需求，从而实现了目标市场的准确定位。

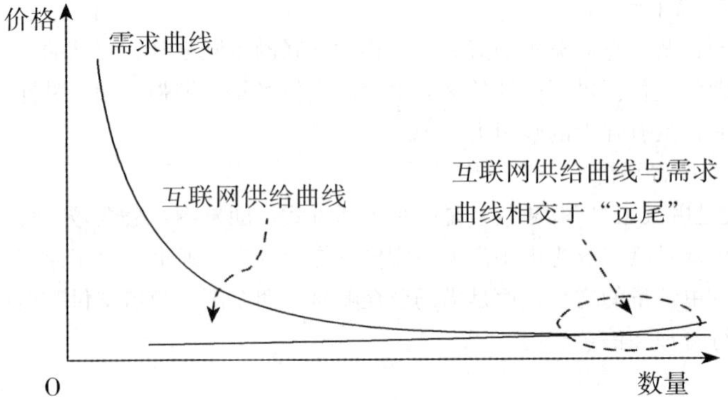

图9-5　互联网供需曲线

2.3　转变营销模式

企业从仅以产品为中心的营销模式中走了出来，开始重视消费者数据的收集与数据库的构建，分析消费者的购买行为，追踪消费者的需求变化，从而对消费者加以归类，量身定做促销工具，制定差别化的营销策略，精准投放广告，避免了传统大众投放方式的低效率，降低了成本，使促销方式更加灵活。

2.4　强化客户管理

企业通过用户的支付记录，可以自动把用户的微信号列为会员，不仅可以增加会员，还可以降低会员推广的成本，在此基础上建立会员管理制度，及时有效沟通，并把主要时间和精力放在可以带来最大回报的客户身上，实施差异化营销。这种与客户的联系一旦建立起来就成为企业的无形资产，对企业价值的增加有着重要作用。

2.5　与商家开展广泛合作

银泰百货、大众点评网、当当网、易迅网等线上、线下商家都推出了自己的微信支付促销活动。2014年，王府井百货接入微信支付，广泛的商户参与提升了微信支付的使用频率，构建了双赢的局面。

2.6　广泛参与舆论推广

当新的消费方式来临，最快的普及方式是用户的海量参与，最好的推广方式是舆论的口口相传。腾讯显然深谙其道，广泛的舆论推广不仅谋得了广大消费者的青睐，也为腾讯旗下的微信打开了市场。

3.微信支付的风险

在网络诈骗层出不穷的今天，用户对网络安全有担忧。微信支付在移动支付领域具有很大特殊性，它是在社交网络的基础上推出，在大部分用户的心中，社交网络充满着欺骗性，当它涉及金钱的时候这种感觉会更加强烈，这都是源于网络的虚拟性，用户无法肯定对方是真实存在还是虚构而来，这些都成为所有网络支付方式中不可回避的、真实存在的问题，解决这些问题不是一朝一夕的事，不但需要老百姓转变观念，也需要经营者凭借长期的诚信积累赢得用户的信任。

微信支付作为第三方支付平台，尚缺少信用评价体系，而这并不仅仅是微信支付存在的问题。我国信用机制原本起步就较晚，国民的信用意识不强烈，对诚信问题也缺乏重视，发生风险事件后的措施缺位与应对不力，很容易导致消费者失去信心。这在虚拟网络的电子支付中表现得更加明显：在交易的过程中即使存在第三方担保交易，用户也不能完全放心。而目前的现实是，在国内信用体制构建完成之前，这一现状将不会有太大的变化。

二、P2P网络贷款

（一）P2P网络贷款定义

P2P网络贷款（简称“P2P网贷”）英文名称为Peer-to-Peer Lending，即点对点信贷。网络贷款起源于英国，随后发展到美国、德国和其他国家，国内称之为“人人贷”。P2P网络贷款是指个人或法人通过独立的第三方网络平台相互借贷，由P2P网贷平台作为中介平台，借款人在平台发放借款标，投资者进行竞标向借款人放贷的行为。

P2P网贷中债务债权关系的形成不通过传统的金融机构（如银行），而是通过网贷公司的业务平台，资金直接借贷给非相关人。

（二）P2P网贷模式

根据我国P2P网贷公司相关借贷流程的不同，P2P网贷可以分为纯平台模式和债权转让模式两种。

1.纯平台模式

其典型的模式为：网络信贷公司提供平台，由借贷双方自由竞价，撮合成交。资金借出人获取利息收益，并承担风险；资金借入人到期偿还本息；网络信贷公司收取中介服务费。

在我国，纯平台模式的典型代表为拍拍贷，其操作流程为：首先出借人和借款人在平台上填写相关信息进行注册，出借人将其出借资金充值到平台虚拟账户中，平台对出借人进行信用审核并给予评级；然后，经过审核的借款人填写借款信息，平台将其信息列入借款列表并列示在网站页面，出借人浏览借款列表并进行投标，最后由平台进行信息匹配并确定最后有交易资格的出借人，至此交易达成。整个过程中，拍拍贷仅仅作为一个平台进行信息匹配，不保证投资人的本金也不承担坏账风险。

2.债权转让模式

与纯平台模式的借贷双方直接签订债权债务合同不同，债权转让模式通过第三方个人先行放款给资金需求者，再由第三方个人将债权转让给投资者，而P2P网贷平台则通过对第三方个人债权进行金额拆分和期限错配，打包成类似理财产品的债权包，提供给出借人选择。债权转让模式不再是纯平台的“一对一”、“一对多”或

"多对一"，而变成了"多对多"，在这种模式下，P2P网贷平台承担借款人的信用审核以及贷后管理等相关职责，宜信便是此种模式的代表。首先宜信的创始人唐宁（或其他宜信公司高管）作为第一出借人，将其自有资金借给需要借款的用户，并签署"借款协议"，然后，宜信再把第一出借人获得的债权进行拆分，打包成类固定收益的组合产品，并销售给投资者。在这一过程进行了金额拆分和期限拆分两个层面的拆分，因此一笔大额债权就划分为多笔小额、短期的债权。

因为不同主体各种投融资需求的存在，我国P2P业务一度非常火爆，不免出现了鱼龙混杂的局面，加之监管上出现漏洞，近两年频发风险事件，令人对此谈虎色变。针对这一情况，国家金融监管部门一方面加紧出台相关法律法规，一方面加大了对违法违规行为的整治力度，以便使P2P网贷能够充分发挥其积极作用。

三、大数据金融

（一）大数据的定义

大数据（Big Data），或称巨量资料，指的是所涉及的资料数量规模巨大，无法通过目前的主流软件工具，在合理时间内达到撷取、管理、处理，并整理成为能够帮助企业进行经营决策的更具积极意义的资讯。也可以说，大数据是在新处理模式下，具有更强的决策力、洞察发现力和流程优化能力的海量、高增长率和多样化的信息资产。

（二）大数据金融的定义

大数据金融是指依托于海量、非结构化的数据，通过互联网、云计算等信息化方式，对数据进行专业化挖掘和分析，并与传统金融服务相结合，创新性开展相关资金融通工作的统称。

（三）大数据金融的两种模式

目前，大数据服务平台的运营模式可以分为以阿里小额信贷为代表的平台模式和以京东、苏宁为代表的供应链金融模式。

阿里小贷以"封闭流程+大数据"的方式开展金融服务，凭借电子化系统对贷款人的信用情况进行核定，发放无抵押的信用贷款及应收账款抵押贷款，单笔金额在5万元以内，与银行信贷形成了非常好的互补。阿里金融目前只统计、使用自己的数据，并且会对数据进行真伪性识别、虚假信息判断。阿里金融通过其庞大的云计算能力及多种模型，为阿里集团的商户计算其信用额度及其应收账款数量，依托电商平台、支付宝和阿里云，实现客户、资金和信息的封闭运行，一方面有效降低了风险因素，另一方面保证了发放贷款的及时性。

京东、苏宁的供应链金融模式是以电商作为核心企业，以信息提供方或以担保方的身份，通过与银行等机构合作，为产业链中的上下游企业提供融资服务。在这一模式中，京东等龙头企业并没有实质上向用户提供资金，主要是为融资双方提供流量、数据和信息。

四、众筹大数据金融

（一）众筹的定义

众筹来自英文Crowd Funding一词，即大众筹资或群众筹资，是指项目发起人通过利用互联网和SNS传播的特性，让小企业、艺术家或个人对公众展示他们的创意，争取大家的关注和支持，进而获得其所需要的资金。众筹具有低门槛、多样性、依靠大众力量、注重创意的特征，一般而言就是通过网络平台联结起赞助者与创意（业）者。

现代众筹指通过互联网方式发布筹款项目并募集资金。相对于传统的融资方式，众筹更为开放，能否获得资金也不再是项目评价的唯一标准。只要是客户喜欢的项目，都可以通过众筹方式获得项目启动的第一笔资金，为更多小本经营或创作人提供了业务开展和发展的空间。

（二）众筹的运作流程

众筹模式包括项目发起人（筹资人）、公众（出资人）和中介机构（众筹平台）三方主体。其流程如图9-6所示。

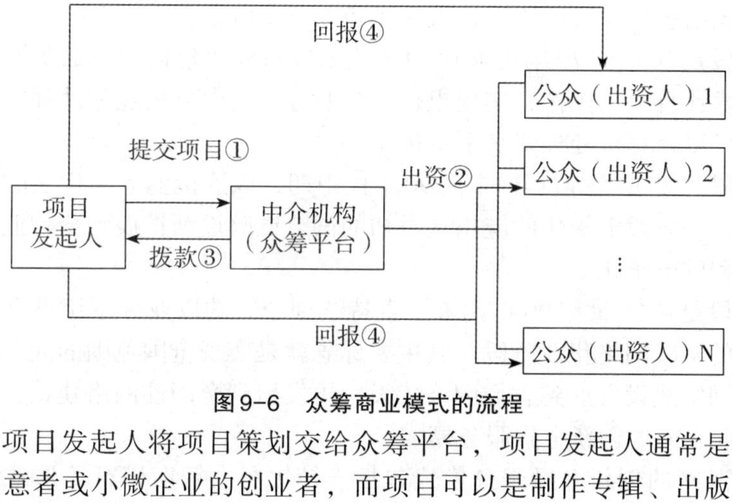

图9-6　众筹商业模式的流程

首先，项目发起人将项目策划交给众筹平台，项目发起人通常是需要解决资金问题的创意者或小微企业的创业者，而项目可以是制作专辑、出版图书，也可以是生产某种电子产品等。在经过相关审核后，项目发起人便可以在平台上建立属于自己的页面，将其创意和融资需求信息发布在虚拟空间里，然后，公众利用在线支付方式对自己感兴趣的创意项目进行小额投资。公众所投资的项目成功实现后，对于出资人的回报可以是一个产品样品，也可以是一场演唱会的门票或是一张唱片。

五、信息化金融机构

（一）信息化金融机构的定义

信息化金融机构，是指在互联网金融时代，通过广泛运用以互联网为代表的信息技术，对传统运营流程、服务产品进行改造或重构，实现经营、管理全面信息化的银行、证券和保险等金融机构。

（二）信息化金融机构的模式

信息化金融机构的运营模式在互联网背景下发生了巨大的变化，信息化金融机构的主要运营模式大致可分为三类：传统金融业电子化模式、基于互联网的创新金融服务模式、金融电商模式。

1. 传统金融业电子化模式

传统金融业电子化是指金融企业采用现代通信技术、计算机技术、网络技术等现代化技术手段，提高传统金融服务业的工作效率，降低经营成本，实现金融业务处理的自动化、业务管理的信息化和金融决策的科学化，从而为客户提供更为快捷方便的服务，达到提升市场竞争力的目的。

纵观我国信息化发展的历程，大体经历了三个阶段：

第一阶段是20世纪70年代末到80年代末以自动化建设为主的阶段，银行开始采用信息技术代替手工操作，实现银行后台业务和前台兑换业务处理的自动化；金融机构的业务以计算机处理代替手工操作。

第二阶段是20世纪80年代末到90年代中期，以连接业务为代表的全面电子化建设阶段，这一阶段电子化的应用从最初的试点试验逐渐扩展到全行业，实现了处理过程全过程的电子化。

第三阶段是从20世纪90年代末一直持续到今天的以业务系统整合、数据集中为主要特征的金融网络化新阶段，其主要标志就是实现全国范围的同行业内电脑互联，由城市网络建设发展到省域网络建设，再发展到全国性网络建设。

2. 基于互联网的创新金融服务模式

基于互联网的创新金融服务模式包括直销银行、智能银行等形式及银行、券商、保险等创新型金融服务产品。北京银行便是基于互联网的创新金融服务模式的代表，其最早与其境外战略合作伙伴“荷兰ING集团”开通直销银行服务模式，注重线上线下服务的融合和互通，线上渠道有互联网综合营销平台、网上银行、手机银行等多种电子化服务形式，线下建设便民直销门店，在技术上获得了荷兰ING集团的支持，有明显优势。余额宝也正是这种模式下的完美体现，从2013年6月13日上线到2013年7月1日，短短18天，余额宝用户就突破了250万人，而与其相关的天弘基金仅仅一个月就使得其资产规模从136.47亿元增加到200亿元，获得了巨大的成功。

3.金融电商模式

在互联网时代的大背景下，传统金融机构必然与互联网金融相融合，这在金融机构电商化过程中得到了充分体现。金融电商模式主要表现为两种方式：一是自建电商平台；二是与其他拥有海量客户信息和渠道的互联网企业合作建设电商平台。就银行业来说，中国建设银行便是自建平台模式的代表，建行的“善融商务”面向广大企业和个人提供专业化的电子商务服务和金融支持服务。平台合作模式主要以招商银行为代表，早在2013年，招商银行就利用腾讯建立的微信平台推出了全新概念的“微信银行”，为用户提供转账汇款等一系列金融服务。

六、互联网金融门户

互联网金融门户是指利用互联网提供金融产品、金融服务信息，汇聚、搜索、比较金融产品，并为金融产品销售提供第三方服务的网络平台。

互联网金融门户大致可以分成第三方资讯平台、垂直搜索平台以及在线金融超市三大类。第三方资讯平台是指为客户提供金融行业数据以及行业资讯的门户网站。和讯网、网贷之家就是第三方资讯平台的代表。垂直搜索平台是利用垂直搜索，对金融产品的信息进行提取、整合以及处理后反馈给客户，通过信息的双向选择，有效降低信息不对称程度。垂直搜索平台的典型代表有融360、好贷网。在线金融超市提供大量的金融产品，并给予在线导购及购买匹配，还提供与之相关的第三方专业中介服务，在一定程度上充当着金融中介的角色。其典型代表有91金融超市、人童网。

第三节　互联网金融的营销创新

一、互联网金融营销的定义

互联网金融营销，是指通过非直接物理接触的电子方式，营造网上经营环境，创造并交换客户所需要的金融产品，构建、维护以及发展各方面关系，从而获取利益的一种营销管理过程。

二、互联网金融营销的类型

(一) 基于大数据的创新营销方式

1.采取精准人群的营销策略

在数字营销市场上，精准营销有两个流派：一个是精准媒体，另一个是精准人群。以人群为目标的精准营销，不按照男人、女人和年龄去定义人群，而是通过行为去辨别什么样的人群对所营销的产品有兴趣。而根据行为可以反推人群属性（如性别、年龄和收入等），并且不断用其他的方式来验证，对准确性的量化指标进行确认。

传统数据公司也会对用户注册和使用情况等数据的产生与运算提供帮助，而互联网金融利用大数据技术可以将数据库的人群属性、维度丰富起来，与传统数据进行比对，其更为精准、可靠。例如，将目标客户群的单纯数据资料以画像的形式展示出来。

2.采取浏览行为定向和实时投放相结合的方式

互联网金融企业用非Cookie网民数据库，可以获取多家竞争理财网站的人群资料，以及登录过理财网站、搜索过指定关键词的人群资料。基于目标人群定位，通过动态定向技术，可以调取短期特定时间段内访问过竞品网站或是理财类网站以及有相关搜索行为的人群资料，通过搜索词和浏览数据建立用户模型，并实时优化投放。投放的特色之一就是“即搜即投”，即当用户在任何搜索引擎搜索过选定的关键词后，再访问相关广告位时，就可以展现此广告，而这个时间差已经被缩短到了24小时以内。

把搜索词和展示结合起来，已经被证明是有效的投放方式。但是目前大多数公司尚不具备这个能力，除非是在搜索引擎上进行广告投放，否则在展示广告上并没有这样的机会。以浏览行为定向和投放为基础方法，再辅以时间、地域、人群属性等其他的定向方式，也就自然达成了良好的营销效果。

3.进行实时动态优化，不断提升营销效果

之前广告公司进行优化都是通过传统调研方式，一旦要调整策略，往往也要等到上一波广告执行完成之后才能进行，调整方式都是人为的，耗时长、效率低，营销效果大打折扣。而互联网金融企业利用大数据可以迅速得知什么样的关键词捆绑和浏览定向在广告投放中带来的流量最多、人群质量最高，然后，通过画像还原这部分人群，调整投放重点，甚至调整广告创意，从而使营销效果大幅度提升。

4.控制成本，同时提升效果和质量

在成本方面，与在主流搜索引擎上进行广告投放的方式相比，利用大数据带来用户的单位用户注册成本低得多。除此之外，利用大数据筛选得到的用户质量，整体比之前传统电商的数字营销公司带来的要高，且得到的客户都是真实的用户，从而使得营销效果大幅提升。

（二）营销工具的创新应用

互联网的普及，使得金融企业愈发重视互联网平台对于金融业务发展的巨大作用。例如，基金公司的基金产品开始在有影响力的支付平台（如支付宝）进行销售。互联网金融企业的营销工具不断推陈出新，从原来将独立网站作为营销平台，利用各种形式的网络广告进行宣传，发展到现在利用各大社交软件（如微博、微信等）来进行金融产品的营销，营销工具也越来越吸引人眼球。

首先，金融市场同质化竞争日趋严重，而网站成为企业提高顾客忠诚度和满意度的有力武器，是互联网与金融服务的完美结合，更是企业重要的营销平台。网站作为有效的品牌传播窗口，在金融组织推广自身业务与金融产品的过程中蕴含着巨大价值，能激发更多潜在客户的消费和投资欲望。

其次，国内金融业的传播已经从传统媒介营销的竞争如平面媒体、广播、电视等领域转移到了互联网，开始在网络上进行广告投放。网络广告形式包括展示类广告、搜索排名广告、视频广告和文字链接广告等，大多数金融机构投放网络广告集中在门户网站和财经网站。例如，中国银行曾选择了在阿里巴巴网站的首页投放其赞助奥运会的品牌广告，使其赞助商品牌形象的美誉度得到最大限度的提升。

再次，微博、微信等的兴起，使得各家金融组织纷纷在各门户网站开通自己的官方微博、微信公众号，各种网络流行语信手拈来，微博和微信等网络工具开始成为新的营销方式。中国光大银行领先业内各家首开微博，之后各企业的官微等网络名片如雨后春笋般地涌现，经过多年的发展，粉丝数最低都以数十万计，微博、公众号上的产品营销、活动介绍、财经信息等应有尽有。

最后，交互式营销成为竞争的常用工具。为了以人们乐于接受的方式推广传统的金融业务，各大银行网站都不断推陈出新，充分利用互联网资源，与更多的企业跨行业协作，试图开创全新的网络合作营销模式。如中国民生银行与小熊在线携手，通过大型线上益智游戏“创智大富翁”，推广该行的网上银行业务，展示出一个互利共赢的新型网络营销的良好范例。

【营销视界】　“创智大富翁”——民生银行的互联网金融营销①

中国民生银行于1996年1月12日在北京正式成立，是一家全国性股份制商业银行。2000年12月19日，中国民生银行A股股票（600016）在上海证券交易所挂牌上市。到2005年10月26

① 根据公开的网络资料整理。

日，民生银行成功完成股权分置改革，成为国内首家完成股权分置改革的商业银行，为中国资本市场股权分置改革提供了成功范例。2020年3月30日，民生银行发布2019年年报，2019年民生银行集团（包括民生银行及其附属公司）实现归属于母公司股东的净利润达538.19亿元，同比增加34.92亿元，增幅为6.94%。

一、互联网发展状况

早在2014年7月21日，中国互联网络信息中心（CNNIC）在京发布的第34次《中国互联网络发展状况统计报告》显示，截至2014年6月，中国网民规模达6.32亿，较2013年底增加1 442万人，互联网普及率为46.9%。互联网发展重心从“广泛”向“深入”转换，各项网络应用深刻改变了网民生活。移动金融、移动医疗等新兴领域的移动应用多方位满足了用户的上网需求，推动网民生活迈向全面“网络化”。参见图9-7。

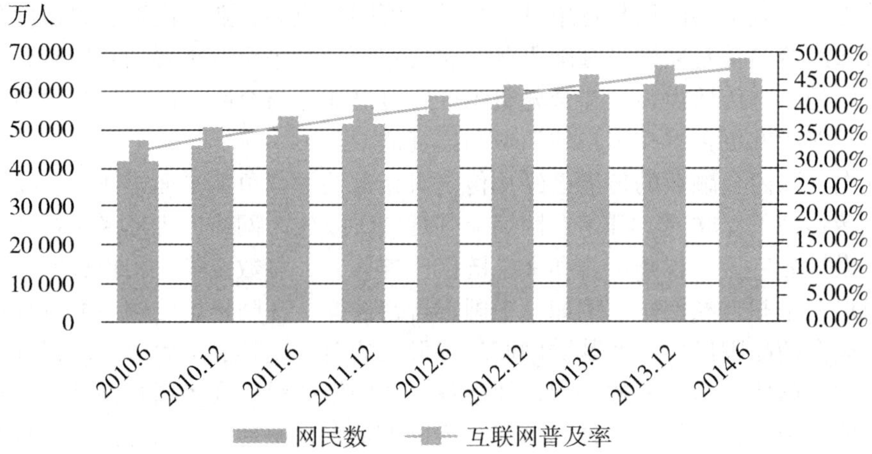

图9-7 2011—2014年我国网民人数及互联网普及率

在金融行业竞争日益激烈的环境下，中国民生银行推出了其互联网背景下营销的新方式——“创智大富翁”游戏营销。

二、“创智大富翁”游戏营销的目标

1.提高民生银行品牌知名度。

2.使老用户加深对民生银行产品的了解，推广其网上银行。互动不仅吸引了新的用户，而且也使老用户加深了对中国民生银行品牌和产品的了解。一个深度玩家连续近5个月时间参与这个游戏，那么必然对游戏中的设置、股票名称等了如指掌，这也正是中国民生银行所追求的目标。

3.节约营销成本。在线游戏的主要成本是服务器购置成本和极少的维护成本，是传统营销无法比拟的。

4.推广其网上银行。获取游戏使用权的前提是开通中国民生银行的网上银行。

“创智大富翁”游戏的用户一般以18岁以上的年轻人居多，且大多数都喜欢上网冲浪，是科技产品、IT、快速消费品、金融等产品的相对主力购买者，引领着时尚消费潮流。

“创智大富翁”本质上是一个基于在线游戏的网络营销活动，同时结合了现场营销——中国民生银行通过丰厚的奖励刺激其用户进入游戏，并在玩家玩游戏之前、之中和之后对其进行营销，推广民生银行的品牌和相关产品。在参与游戏之前，即玩家在玩“创智大富翁”之前需要一定的虚拟财产积累，而玩家要想获得原始的虚拟财产，必须与民生银行互动：注册民生银行网上银行账户、参加“民生财富课堂”问答、参加民生银行业务调查问答等。民生银行通过和玩家互动向其推广民生银行的品牌和产品。在游戏之中，“创智大富翁”增加了很多民生银行的元素，玩家在玩游戏的过程中潜移默化地理解了民生银行的品牌和业务。在游戏之后，“终极10强PK赛”将在线下举办，10强选手需要通过知识问答及创智游戏等环节角逐一、二、三等奖。通过线下活动的形式，也可推广民生银行的品牌和产品。

在线游戏和线下活动类似的地方在于：都具备可复制性，因此基于在线游戏的网络营销活动也可定期举办，在线游戏经过简单的修改后还可以推广其他产品和服务。而在线游戏的效果相比线下活动的优势在于：

1. 覆盖面广。线下活动受制于场地大小、活动场所人流量等因素，单次活动覆盖的人群有限。而网络游戏则不同，单台服务器可容纳的同时在线人数即可达到4 000人左右。假如活动持续的时间为30天，每天服务器开放的时间为15个小时，平均每人在游戏中停留的时间为30小时，那么，单台服务器在活动期间可以容纳的参与人数能达到6万人。

2. 成本低。线下活动场地租金、设备、人员成本较高，相应地影响到每个参与者的成本也很高。而网络游戏的单台服务器每月运营成本不过万余元。

3. 互动性好，传播效果更佳。线下活动受制于参与时间的限制，可传播的品牌、产品或服务的种类以及深度都非常有限，而网络游戏则不一样，玩家长时间在游戏中，广告主可以向玩家传递大量的产品或服务信息，而且提供的交互界面多样，互动性更好，从而传播效果更佳。

以网络整合营销4I原则来分析民生银行的游戏营销：

从趣味原则来看，大富翁堪为华语最经典的游戏之一，娇气可爱的孙小美、妩媚冷艳的钱夫人、憨态可掬的阿土伯，都广受欢迎。这就使民生银行携手小熊在线、大富翁游戏运营商寰宇之星推出的“创智大富翁”更易于吸引玩家。

从利益原则上看，“创智大富翁”游戏一方面给玩家带来了游戏上的乐趣，使其体验了股市激情；另一方面，参与线下活动的玩家还有机会获得数万元的奖金，玩游戏中不知不觉提高了理财能力。

就互动原则来说，“创智大富翁”游戏的互动性使得这一过程转变为用户主动参与的过程。在游戏过程中，玩家通过与其他玩家的互动，以及与民生银行的互动，将品牌或产品所要传达的信息传播开来，从而加深了玩家对品牌和产品内涵的理解，使品牌或产品的营销效果最大限度地得到延伸。正是在这种“游戏互动”的营销启示下，整个营销活动得以环环相扣、有序进行，确保了营销效果的最大化。

最后，从个性原则方面来看，随着金融业的发展，竞争越来越白热化，而抓住目标客户群的喜好则是竞争制胜的一条重要途径，随着网民人数急剧增加、网络游戏的不断普及，民生银行的“创智大富翁”为银行推广自己的品牌提供了一个良好的平台。

（三）基于互联网思维的营销创新

互联网思维最早是由百度公司创始人李彦宏提出的，是指在互联网、大数据、云计算等科技不断发展的背景下，对市场、用户、产品、企业价值链乃至对整个商业生态进行重新审视的思考方式。从营销角度讲，互联网思维就是：以用户为中心，创造极致体验，深入到内心满足消费者。

1.以客户为中心的营销理念

很长一段时间里，金融资源都是稀缺资源。券商、基金、保险、银行等金融机构在投资者面前都处于强势地位，金融机构将各自的产品陈列在网点之后便不再打理，至于产品是否符合投资者的风险收益特征、收益能否让投资者满意、是否做到了细分化从而满足特定投资者的需求，金融机构都是不大考虑的，客户体验也无从谈起。互联网金融恰恰相反。互联网金融之所以得以迅速发展，追根溯源还是得益于用户满意度提高的诉求。新金融模式凭借互联网平台的优势，针对客户快速变化的需求，有针对性地进行创新，把客户体验置于第一位。以支付宝为例，公司非常注重用户体验，在组织架构中专门设立了用户体验部，积极尝试将重力加速感应、虹膜识别等新技术应用到移动支付中，除此之外，为了满足客户不同的投资需求，支付宝平台也推出了各式各样的基金等理财产品。此外，为了消除用户对资金安全的顾虑，支付宝还推出了相应的保险品种，如果出现网络安全问题，账户余额被盗，用户将获得赔偿，而在账户安全保障方面，支付宝更采取了有效措施力保用户账户安全。

2.开放包容的营销态度

传统金融模式由于历史原因，内部制度较为封闭，并且有一套严格的风险控制制度，这是由传统金融体系自身的特点所决定的。而互联网金融是开放的、包容的，在一个开放的平台上大家可以共同讨论，参与到研发中。

开放包容的营销态度的一种表现就是按需定制，即厂商提供满足用户个性化需求的产品，如海尔的定制化冰箱。另一种表现则是通过用户的参与来优化产品，如淘品牌“七格格”，每次新品上市，都会把设计的款式放到其管理的粉丝群组里，让粉丝投票，这些粉丝决定了最终的潮流趋势，自然也会为这些产品买单。让用户参与品牌传播，便是粉丝经济。

3.营销对象的巧妙定位

在传统的商业银行，“二八定律”被视作银行经营管理的“金科玉律”，而“长尾”客户往往被忽视。相反，互联网金融争取的更多是80%的“长尾”小微客户，这些小微客户的金融需求既小额又个性化，之前往往不被重视，而互联网金融在服务小微客户方面有着先天优势，代替传统金融体系解决用户的个性化需求。这种巧妙地将营销对象定位于未被重视而人数众多的“长尾”客户的做法不仅满足了这些占总体80%的客户的个性化需求，也给企业自身打开了巨大的市场。从余额宝、百度理财到理财通，从微信支付到P2P，它立竿见影地改变着传统金融业和相关各业，从一定程度上解决了小微企业及个体工商户的融资需求与投资理财需求。这种营销对象的巧妙定位以用户为中心，满足消费者需求，从而使营销效果最大化地体现了出来。

【经典案例评析】

“余额宝”成长记①

天弘基金管理有限公司成立于2004年11月8日，注册地天津，注册资本1.8亿元，是我国成立的第43家基金公司，也是唯一一家注册地不在北京的北方基金公司。

余额宝的雏形实际上来源于阿里巴巴与天弘基金的双方需求互补。天弘基金需要的是客户流量，而这一点在支付宝上显然有无限的潜力。支付宝目前拥有大约3亿的注册用户，日均交易超过200亿元，假如每位注册用户投资500元购买余额宝，则余额宝规模可以达到1 500亿元。对阿里巴巴而言，支付宝平台推出理财产品也是逻辑使然：从需求导向上来看，B2B平台以及B2C平台的金融服务解决的是商户在电商平台上销售产品而引发的生产周转资金不足问题，是融资需求的问题。而消费者在支付宝账户中的支付余额是类存款，存储在支付宝账户中为了方便日后的消费使用。因此，一款余额宝的理财产品能够很好地促进支付宝平台的持续发展，更好地满足消费者的需求。

余额宝产品营销设计做到了两点：一是去基金化。也就是说，在余额宝的整个营销过程中，尽量不要让客户感觉到自己其实是在购买基金产品，而是在购买一款互联网理财产品，通过强调收益率的方法来吸引客户的眼球。二是去天弘化。由于天弘是一家中小基金公司，对于不懂基金的普通投资者“小白们”而言，陌生往往会带来不信任感，而不被信任的产品很难吸引大量的支付宝用户将资金投入其中。

当然，仅仅以上两条，远远不是余额宝所具有的特质。在做余额宝产品的时候，天弘基金由于已经有了之前一年的互联网经验，团队明白客户的重要性，因此在产品设计开发时把客户体验和需求放在了第一位。天弘基金副总经理周晓明认为：过去的基金行业以业务流程为核心，并不重视用户的体验，只在乎流程的完整性。而互联网则是眼球的体验，在能吸引眼球的同时，一定要给我们的客户最简单、最极致的体验过程。

具体而言，传统用户在购买基金产品时，线下交易要经历填表签字等步骤，而即便在线上交易，仍旧需要经历开户、T+1、T+2确认等烦琐的环节，且在确认期间，用户看不到自己的申购状态，整个过程每一步都是割裂的，给用户一种不友好的体验。而余额宝在申赎过程中，老用户只需要点击四下鼠标、新用户更是只需要点击三下鼠标即可完成全部操作。尽管用户仍需确认申赎，但用户可以实时看到余额宝账户的申购额度，并且用户可以使用余额宝账户中的资金网上购物、缴费、转账等，整个体验过程非常友好。阿里对余额宝的技术后台做了许多大胆的变革，比

① 根据公开的网络资料整理，其中数据信息的时间截点是不晚于2015年。

如传统基金的直销系统和清算TA系统一直都是分离的，为了缩短数据交换的时间，这两个系统被整合到一起。数据在后台系统中的流动越少，就越能做到快速反应，让前端的客户感受到几乎实时的交互体验。

正是有了这些技术上的支撑，才造就了余额宝完美的用户体验，同时系统的稳定流畅运行也得到了保障。

在客户的定位上，阿里有着明确的市场。在传统金融机构的服务无法覆盖大部分潜在客户，同时难以满足客户需求的客观环境下，阿里巴巴对市场进行了细分，将目标锁定在数量庞大却被忽视的年轻且低收入一代群体身上。根据官方统计，余额宝用户的年龄以20~40岁为主，尤其以90后居多。这部分人首先是淘宝的忠实用户，其次他们为马云的成功经历和个人魅力所折服，对阿里巴巴非常信任，而且非常喜欢尝试新鲜事物。余额宝的1元起购和投资、支付、消费一体的模式简直像是为这个群体量身打造的，因此得到了这个群体的高度认同，赢得了良好的口碑效应，形成了牢固的顾客忠诚度。这些忠诚的顾客会主动向他们的亲朋好友传播，然后亲朋好友再进行更大范围的传播，等于给余额宝做了免费的广告宣传，达到了营销目的。

除此之外，阿里采取即时奖励来“击中”客户的内心。在金融理财产品同质化严重的大环境下，余额宝对收益的宣传采取即时性奖励模式，用户只需安装支付宝钱包，便可以随时随地看到收益情况。以2014年12月26日天弘基金为例，每万份收益为1.2643元，即10 000元的每日收益为1.26元。尽管数字不是很惊人，但重要的是，余额宝在提醒客户，自己每天都在赚钱，每天都能看到财富的增长。很多人养成了每天早上一睁眼就打开手机，查看支付宝钱包里余额宝的收益情况的习惯，这种眼看财富不断增长的感受契合了人们的一种“不劳而获”的心理，给人带来一种强烈的满足感，极大地提高了用户的热情。因此，尽管余额宝的收益率出现了下滑，它依旧能获得“民心”，因为用户的习惯已经被培养起来了。

余额宝一上市就受到了广泛关注，并且其基金规模呈几何级数地上升。从2013年6月13日天弘基金联合支付宝合作推出依托增利宝货币基金的余额宝产品开始，天弘基金就在不断刷新它给金融业带来的震撼。仅仅第二天，即6月14日，支付宝就为余额宝带来了5 000万元的申购额；6月30日，余额宝规模达57亿元；9月30日，余额宝规模达556.53亿元；11月14日，余额宝规模突破了1 000亿元。

【案例讨论】

1.余额宝有哪些优点？在哪些方面做得非常成功？

2.面对大量的同类产品出现，如何通过差异化竞争和产品升级以及其他战略来胜过其他公司？

3.根据市场分析，绘出SWOT箱型分析图，指出余额宝未来应该如何调整以加强产品竞争力。

【情境案例解析】 “蚂蚁借贷”服务卖家[①]

一、“蚂蚁借贷”何以走更远

在浦东软件园一期8号楼一楼内，有一个巨大的“蚁窝”，在那里，上百万的“蚂蚁”，进行着金融交易，金额不大，但生意兴隆、人气旺盛。这就是拍拍贷的新家。

① 杨珍莹. 拍拍贷——“蚂蚁借贷”可以走更远［J］. 浦东开发，2013（8）.

2012年，拍拍贷从张江孵化器搬入了软件园的独立小楼，在获得首轮融资后，更是对服务器中心进行了大扩容。在拍拍贷CEO张俊提供的一组数据中，可以看出拍拍贷的快速成长：截至2013年8月，拍拍贷注册用户已达160万，其中6万用户成功获得了贷款，累计成交金额接近4亿元。同年6月最后的10天，中国金融业出现了前所未见的景象，大大小小的银行同时缺钱，隔夜拆借利率飞涨。为了渡过钱荒"银行展开抢钱大战"的新闻频现媒体，一向财大气粗的银行竟然也开始缺起钱来。

钱荒潮不仅让银行业寝食难安，更打乱了很多中小企业的常规融资计划。很多银行的贷款额度已经见底，据称深圳的部分银行早早就停止发放贷款了。本来就贷款困难的企业想成功贷款更是难如登天。这时，不少"小老板"们便将眼光瞄向了发展得如日中天的P2P机构们。

用户Huay（化名）稳定经营企业十多年，他需要借款20万元，但向银行借款无果，46岁的他开始尝试网贷，6个月的借款期，在短短几天内，就已经完成了77%的额度，总投标数达到836名。而办理贷款的速度更让人惊喜，发布的借款表被网友投满之后一般三天之内就可审批完毕，相比之下银行则有可能需要一到两个月；只要能接上互联网就可以随时发起贷款申请，即使你在天涯海角，只要轻点鼠标就可以办理。据拍拍贷透露，2013年仅6月份这一个月，成交金额就达到了8 000万元。

二、和淘宝实现"跨界"合作

最近，24岁的小杨总算舒了一口气，他刚刚接到拍拍贷的客服电话，说在拍拍贷上借的10万元资金已经审核通过，可以取现了。

小杨是淘宝所宣称的600万卖家中的典型代表，2008年就在淘宝网上开了一家销售土特产的小店。随着淘宝店生意越做越大，产品种类也就越来越多，随之而来的资金压力也产生了。小杨开始想到银行去借款，但是尝试了几次之后就打退堂鼓了。一是银行借贷的门槛太高，一般达到50万元左右银行才愿意批，而自己又不需要这么多钱。二是银行的还款时间比较长，而自己资金周转很快，需要小额度高频次的周转，银行借款不太符合需求。就在一筹莫展之际，小杨想起了拍拍贷。于是小杨注册了拍拍贷，经过规定流程的各种信用认证，凭借自己淘宝店不错的信用和流水，第一笔为期6个月的10万元借款很快就批了下来，这让小杨大喜过望，进货的钱总算解决了。对小杨来说，这是他第一次接触P2P。对拍拍贷来说，小杨只是众多在拍拍贷上借款的淘宝卖家之一。事实上，拍拍贷已经服务过无数个淘宝卖家。2013年年中，拍拍贷正式携手淘宝展开合作，拍拍贷成为淘宝系列活动中的首席合作伙伴，这是P2P行业和电商行业有史以来的第一次合作，在业界看来是互联网金融和电商结合的必然。据拍拍贷透露，目前的拍拍贷用户中，淘宝商家占到了总数的15%左右。

在应对网购买家的资金需求方面，拍拍贷在2013年还推出了满足网购人群需求的网购达人标，通过支付宝实名关联认证之后即可申请，额度提升更快。互联网金融和电商的"跨界"合作，不仅说明互联网金融已经深入主流人群的心中，得到了大众的认可，也标志着互联网金融进入了崭新的发展阶段。谁能融入这一新的潮流，谁就能抢得新一轮竞争的先机，从这一角度来讲拍拍贷依然继续领先。

【案例讨论】

1.相较于传统金融企业，作为一家互联网金融企业的拍拍贷，它的创新营销体现在何处？

2.拍拍贷坚持纯线上模式，其盈利模式为平台本身不参与借款，只提供信息匹配、工具支持和服务等功能，这种模式的优势与劣势有哪些？

本章小结

1.互联网金融是指利用互联网技术和移动通信技术等一系列现代信息科学技术实现资金融通的一种新兴金融服务模式。

2.互联网金融具有金融服务基于大数据的广泛应用、服务趋于长尾化、金融服务低成本和高效率的三大特征。

3.互联网金融六大模式包括第三方支付、P2P网贷、大数据金融、众筹、信息化金融机构和互联网金融门户。

4.互联网金融营销通过非直接物理接触的电子方式，营造网上经营环境，创造并交换客户所需要的金融产品，构建、维护以及发展各方面关系，从而获取利益。

5.互联网金融营销创新包括基于大数据的创新营销方式、营销工具的创新应用和基于互联网思维的创新营销。

关键概念

互联网金融　互联网金融营销　大数据

思考与应用

1.什么是互联网金融？

2.互联网金融的特征有哪些？

3.互联网金融主要包括哪些方面？

4.什么是互联网金融营销？

5.互联网金融营销的创新包括哪些？

6.互联网金融营销工具包括哪些？

第十章 移动金融与营销新趋势

学习目标

1. 移动金融的含义与特点
2. 移动金融的先导样态
3. 移动金融营销的4I模式

近年来，移动支付金融业务规模化地进入了人们的生活，在很大程度上改变了人们传统的消费方式和消费理念。移动金融时代的来临是社会经济发展的必然趋势，移动互联网技术与金融服务的迅速融合正对互联网金融领域产生着深刻的影响，并带来巨大的变革。互联网金融的持续发展，必伴随着通信技术的成熟，随时、随地、随身的金融服务的新阶段渐行渐近。各个金融机构、银行卡转接清算机构、第三方支付机构以及运营商，都是移动金融的重要组成部分，它们发挥着自身的优势，彼此之间相互联结合作，促进着我国金融市场的稳定健康发展，并给人们带来更趋多元化的金融选择和更为便捷的金融服务，进而促使金融营销呈现出向"移动金融"发展的新趋势。

第一节 移动金融与营销新理念

移动互联网的迅速发展使得许多传统行业企业越来越重视移动端的作用，并开始在移动端上为客户提供服务。最初的移动金融主要是金融机构借助移动通信技术为客户提供相关金融服务，它将金融服务与移动通信技术相结合，使人们在享受金融服务时不再受到时间、空间的约束。具体业务类型包括移动银行、移动证券、移动保险、移动商务、移动增值业务等。简而言之，初期的移动金融即是传统金融服务的移动化。

一、移动金融的定义

所谓移动金融是指使用移动智能终端及无线互联技术处理金融企业内部管理及对外产品服务的解决方案。其中，移动终端泛指以智能手机为代表的各类移动设备，其中智能手机、平板电脑和无线POS机的应用范围较广。

随着移动智能终端的普及，特别是苹果公司的iPad、iPhone等产品的普及以及安卓开放系统的崛起，颠覆了传统的移动终端市场格局。移动通信技术的进步则带来了更智能化的操作和更出色的用户体验，极大地降低了移动渠道产品价值的传递成本，从而激发出大量的市场需求。金融信息化作为国内外广大金融企业建设的重中之重，提升内部效率、降低沟通成本、提供渠道便利以服务于金融客户是其出发点与终极归宿，因此，移动金融既是移动互联网时代金融信息化的主导方向，也是金融营销的发展趋势。

二、移动金融的特点与形态

移动金融具有以下主要特点：第一，要使用移动智能终端来操作。这里的移动智能终端包括智能手机、平板电脑等各类移动设备。第二，要有金融解决方案。例如，用余额宝购买理财产品就是一种金融解决方案，将余额宝里面的钱转出来购物也是一种金融解决方案。总之，移动金融就是使用移动智能终端来处理金融业务的解决方案。

目前，移动银行是移动金融的代表性业态，即银行提供对外服务的移动产品。移动银行的核心价值在于增加银行的服务渠道，在提供更便利服务的同时，不但极大地降低了传统渠道的成本，还可带来新的收益。另外，移动银行通过外部渠道还可以整合其他行业的资源，并通过移动智能终端极大地提升银行业务对于用户的随身性和便捷性。移动银行具体可以分为下面两种形态：

1.网络移动银行

网络移动银行即以手机App等移动终端作为银行业务平台完成某些业务。简单地说，就是以智能手机、平板电脑等移动终端作为银行业务平台中的客户端来完成某些银行业务。

移动银行是典型的移动商务应用，其优势主要体现在以下四个方面：（1）功能便利；（2）使用区域广泛；（3）安全性好；（4）收费低廉。现阶段移动银行的业务包括移动银行账户业务、移动经纪业务、移动支付业务等。

2.移动银行网点

移动银行网点即以移动银行车构建一个银行的平台来完成银行业务。移动银行网点作为可独立、流动地完成所有银行金融业务的流动服务网点，能弥补电话银行、智能手机银行、网上银行不能实现客户与银行之间面对面交流的不足，还能满足特殊客户对于金融服务的即时需要（如即时入账等）。它代表了银行业业务创新、服务创新的发展方向。

移动银行车具有以下优势：（1）只需用较少投资，便可以方便迅速地实现营业网点和银行业务的延伸和扩展。（2）可以根据特殊用户的要求，实现“24小时随叫随到”，为客户提供全方位的金融服务。（3）具有明显的广告效益，增加银行的信誉度和知名度，树立更好的企业形象，增加市场竞争力。（4）可在银行的某个网点遭遇突发性通信网络中断时，作为储蓄所、分理处的应急备份手段，保证该地区业务的可持续性。（5）可灵活配置银行服务项目，进而降低运营成本，减少人员配置，提高服务效率，增加经济效益等。

三、移动金融的先导样态

近年来，移动支付作为移动金融的代表性先导样态，获得了迅猛发展。所谓移动支付是指用户使用其移动终端（通常是手机）对所消费的商品或服务进行账务支付的一种服务方式。它是单位或个人通过移动设备、互联网或者近距离传感直接或间接地向银行等金融机构发送支付指令产生货币支付与资金转移行为，从而实现移动支付功能。移动支付将终端设备、互联网、应用提供商以及金融机构相融合，为用户提供货币支付、缴费等金融业务。

关于移动支付，国内外相关组织都给出了自己的定义，行业内较认可的是移动支付论坛（Mobile Payment Forum）给出的定义：移动支付（Mobile Payment），也称手机支付，是指交易双方为了某种货物或者服务，使用移动终端设备，通过移动通信网络实现的商业交易。移动支付所使用的移动终端可以是智能手机、平板电脑、移动PC等。

移动支付主要分为近场支付和远程支付两种。所谓近场支付是指通过具有近距离无线通信技术的移动终端实现信息交互，进行货币资金转移的支付方式。比如以手机刷卡的方式坐车、买东西等。远程支付是指通过移动网络，利用短信等空中接口，与后台支付系统建立连接，实现各种转账、消费等支付功能的支付方式。即通过发送支付指令（如网银、电话银行、手机支付等）或借助支付工具（如邮寄、汇款等）进行支付的方式。

移动支付业务是由移动运营商、移动应用服务提供商和金融机构共同推出的、构建在移动运营支撑系统上的一个移动数据增值业务应用。移动支付系统为每个移动用户建立一个与其手机号码关联的支付账户，其功能相当于电子钱包，同时为移动用户提供了一个通过手机进行交易支付和身份认证的途径。用户通过拨打电话、发送短信等功能接入移动支付系统，并通过移动支付系统通知用户，在用户确认后，付费方式可通过多种途径实现，如直接转入银行、用户电话账单或者实时在专用预付账户上借记，这些都由移动支付系统来完成。数据研究公司IDC的报告显示，2017年全球移动支付的金额突破了1万亿美元。这一数据表明，今后全球移动支付业务将呈现持续走强趋势。

【营销前沿】 移动支付烽烟再起 银联抢夺线下支付

2016年12月12日，中国银联宣布推出“二维码支付标准”，这只是银联联合成员机构推广二维码支付的第一步。虽然时机已远落后于支付宝和微信的扫码支付，略显尴尬，但后发优势是否能抢占部分先机，关键则在于参与各方对此投入的资源和力度的大小。

银联发布统一的二维码支付意味着扫码支付市场迎来了巨头新玩家，市场也将由当时的两家第三方支付机构的双寡头竞争的格局进入由银行、银联、多家第三方支付机构共同参与的多头竞争新阶段。

相关数据显示，目前已经存在30多类专门危害移动支付软件的木马和病毒，移动支付成为了恶意程序攻击的新目标。近年来，在手机钱包越来越火、移动支付的市场蛋糕越做越大的同时，“支付宝被盗刷”“二维码中毒”“QQ群关系数据库泄露”等问题也随之显现，这不仅将移动支付的安全问题推向了风口浪尖，还不免让人们心生疑问：移动支付到底能否“便捷”与“安全”两全？

1.移动支付安全问题频发

中国青年报社会调查中心通过民意中国网和搜狐新闻客户端对7 248人进行的一项调查显示，在传统互联网交易支付模式中占主导地位的第三方支付，也是受访者在移动设备上最常使用的支付方式，74.1%受访者认为移动支付将成未来主要的支付方式。

随着智能手机的普及，如今人们出门消费时已不需要带钱包，智能手机不仅具有通信功能，更发挥着钱包的作用。近两年支付宝格外忙碌，人们在津津乐道于余额宝较高的收益率的同时，也对其安全性越来越关注，媒体就常爆出关于“余额宝频遭盗刷安全存在隐患”的新闻，令支付宝不得不出面应对。

“手机丢失？你的支付宝就完了！”这样一条帖子曾在微信朋友圈热转：“如果手机丢了，任何人仅凭手机接收到的校验码就能找回支付宝密码，解除你的数字证书，盗空你的支付宝账户！”对此，支付宝官方微博在第一时间辟谣，称帖子内容纯属谣言。

2.用户过度依赖手机埋下安全隐患

下面我们看看移动支付被盗刷是怎样的“流程”。

以支付宝为例：第一个步骤就是购买信息，即不法分子通过网络购买大量的支付宝账号和密码，这在圈子内被称为找“料”。然而，这些信息中绝大多数账号和密码并不是对应的，为了筛选出其中正确的信息，他们会通过专门的软件进行扫描。真是应了那句老话，不怕贼偷，就怕贼惦记。有了这些信息，不法分子就可以登录相关的支付宝账户，并用其中的余额在网络游戏中购买一些虚拟物品，再通过对外出售进行套现。这就是不法分子最初“洗宝”的模式，最多一天能收入四五百元，但先买后卖的方式毕竟有局限，因此现在他们使用了一种更直接的套现方法。

在掌握了一些正确的支付宝账号和密码后，不法分子就会先登录到对方账户看看其支付宝里面是否有较多的余额。记录下几个存有大笔余额的账号后，不法分子会通过圈子里朋友的介绍找到“熟人”，这些人可以根据账号查到该用户的真实姓名、身份证号以及绑定的手机号。在得到这些信息后，不法分子又会找到另一些人，根据姓名以及身份证号查询到一些更详细的资料，这些资料是办理假身份证所必需的信息。等不法分子办理了假身份证，就能堂而皇之地去银行和手机营业厅办理与支付宝账户同一人名下的银行卡和SIM卡了。

如此一来，用户的手机卡就自动作废了，即使不法分子转出支付宝内余额时有短信提醒，用户也无法收到。而不法分子便可肆无忌惮地分次将支付宝中的余额转到自己的银行卡上，再从容套现。

3.移动支付标准亟待统一

养成良好的个人支付习惯固然必要，但破解安全瓶颈的关键还是改变国内移动支付的“乱局”。就个人而言，万一手机丢失，如果手机号码已经绑定了支付工具，要尽快向支付服务提供方（支付宝、微信等）挂失，同时联系通信运营商挂失SIM卡，并向银行挂失并冻结已经绑定的银行卡。如果身份证、银行卡连同手机一并丢失，则还需要尽快向公安机关报案。

为了安全起见，应随时关闭移动支付手机号登录功能。只要关闭了这个看着很好用、实际很危险的功能，不法分子得到手机也无法直接修改支付登录密码，同时也无法进一步修改支付密码。确保密码与平常注册网站会员的密码不同，这样会避免由于一个网站被盗，所有的相关网站注册信息都被盗的情况，也可增加不法分子更改用户密码的难度。

此外，用户一旦发现手机中木马，应第一时间修改账户密码，同时及时致电第三方支付平台客服，以保护账户资金安全。同时，在对手机进行备份之后，可通过恢复出厂设置的方式清除手机木马。用户更换或注销已绑定过移动金融服务业务的手机号码时，原有绑定并不会因更换或注销而消除，应及时申请解除绑定服务，防止被不法分子利用造成财产损失。总之，在任何时候都不可以掉以轻心。

如果持卡人有长期不用的大额资金存在银行卡里，可以选择定期存款等方式加以固化。绝大多数银行都规定定期存款提前取现需持本人身份证原件（如代办则需要开户人及代办人双方身份证原件）到柜台办理。如此一来，即使不法分子复制了银行卡，也无法盗刷。

当然，各家银行、运营商和第三方支付平台的支付流程、安全技术手段都不尽相同，正是这种移动支付方式上的“乱局”在一定程度上增加了用户的安全隐患，因而移动支付标准亟待统一。

第二节　移动金融与营销新环境

一、移动金融发展背景分析

进入21世纪，人类已进入互联网时代和移动互联网时代。尤其在当下，智能手机的大众化使得它已大量取代了电脑，或者说智能手机就是电脑，融合了电脑上网、网上游戏、网上购物、网络理财等众多功能。移动互联网时代，所有行业都将移动互联网化，金融业也不会例外。因此，移动金融已成为互联网企业和传统金融机构等多方市场主体为了在移动互联时代生存和发展而必须抢夺的“制高点”。这是一场没有硝烟的“战争”，但其激烈和残酷的程度一点都不亚于有硝烟的战争。

（一）移动金融发展环境持续改善

社会外部环境不仅改变了机构与客户之间相互联系的方式，也改变了服务方的商业模式、产品营销方式和交易处理方式等，在以客户服务为核心的金融行业更不例外。在我国，移动金融发展的环境是持续改善的，从近几年来看，主要表现在以下几个方面：

1.政治环境（Political Factors）

2015年，央行印发了《关于推动移动金融技术创新健康发展的指导意见》，力促发挥移动金融普惠民生的作用。2016年，国务院发布了《推进普惠金融发展规划（2016—2020年）》，旨在进一步推进普惠金融的发展，提高金融服务的覆盖率、可得性和满意度。

2.经济环境（Economic Factors）

2015年，中国移动互联网市场规模已达到3万亿元，比上年增长129.2%；2018年则达到76 547亿元。据统计，中国家庭户均资产总额2016年达103.4万元，全国家庭可投资资产总规模达147.5万亿元。

3.社会文化环境（Social and Cultural Factors）

互联网、移动互联网的“原住民”逐渐成为新一代消费主力，用户结构发生了明显变化；移动互联网基础设施不断成熟，用户信息获取、消费诉求呈现出的碎片化、即时性特征更加明显。

4.技术环境（Technological Factors）

5G网络技术蓬勃发展并扩大了应用范围。2016年中国金融移动支付的支付标记化技术规范落地，保障了用户的敏感数据安全。

（二）手机用户在移动金融领域的渗透率不断提升

央行公布的《2018年支付体系运行总体情况》和《2018年第四季度支付体系

运行总体情况》中的资料显示，2018年全年，我国全国银行业金融机构共办理非现金支付业务2 203.12亿笔，金额3 768.67万亿元，同比分别增长36.94%和0.23%。

截至2018年末，国内手机网民达到8.17亿，手机端的用户群体绝对规模继续走高。另外，从最新各移动互联网领域的活跃程度看，渗透率最高的领域为社交，其次为应用商店，在移动金融中移动支付是用户活跃的第一大类别。《2018年支付体系运行总体情况》中的数据显示，2018年全年，全国银行业金融机构办理移动支付业务605.31亿笔，金额277.39万亿元，同比分别增长61.19%和36.69%，相较于5年前增长超27倍。

此外，经过10余年的建设，我国整体金融基础设施发展相对完善。移动互联网的普及化、移动支付技术的完善以及移动社交与消费的常态化，都必然促使金融消费衍生出新的诉求。

二、移动金融进入全面加速成长期

近年来，我国移动支付市场发展迅猛，而移动终端和移动电子商务的发展则是移动支付迅速发展的重要前提。前瞻网《2013—2017年中国物联网行业发展前景与移动支付领域应用需求分析报告》的调查数据显示，2011年中国移动电子商务市场交易规模已达156.7亿元，同比增长609%；2012年中国移动电子商务市场规模达到251.5亿元，2015年达到1 046.7亿元。随着移动终端的普及和移动电子商务的发展，业界一致看好移动支付市场的发展前景。

与此同时，随着移动支付行业竞争的不断加剧，大型移动支付企业并购整合与资本运作日趋频繁，国内优秀的移动支付品牌迅速崛起，正逐渐成为移动支付行业的翘楚。

三、移动金融迈向标准竞争新阶段

中国现拥有超过10亿部手机，银联则拥有超过20亿张卡片，以及1 000万家签约商家。由于移动支付的发展潜力巨大，所以，移动支付产业链上群雄并起，电信运营商、互联网企业、支付厂商、银行等纷纷进军手机支付领域，推动产业发展壮大。移动互联网时代是以应用为王，在手机App应用日益丰富的情况下，移动支付的功能亦不断推陈出新。例如，第三方支付、银行等争相推出手机支付客户端，实现二维码支付、无线支付、语音支付、指纹支付等应用；此外，购物、理财、生活服务等交易类应用也在不断出现，大大丰富了移动支付的市场应用环境。

目前，移动支付涉及了电信运营商、金融机构、第三方支付企业、应用开发商、设备制造商等多方利益群体，尽管我国移动智能终端数量增势迅猛，致使移动付费的需求也快速增长，但移动支付领域的相关产业还将面临如下五大难题：

（1）远程支付仍将继续，在未来相当一段时间内如何过渡、如何进行政策和标准引导？

（2）可信服务平台该如何建以及由谁来建？可信服务平台的标准和规则在哪里？

（3）商业受理环境建设问题，目前6 000多万商户只有300万户有POS机，如何催生市场？

（4）产业生态环境建设问题，硬件、芯片、制卡及设备制造等整个产业链急需打通盘活。

（5）产业服务模式设计问题，包括整个的商业模式、技术模式、安全模式以及监管模式等。

显然，上述五大难题的核心在于移动支付行业标准的缺失。因此，未来移动金融生态环境的建设，不可能仅靠一两家企业、一两个行业来完成，必须由政府牵头制定标准，通过跨行业合作的方式，才能把整个产业做起来，最终形成互利共赢的局面。

第三节　移动金融与营销新模式

随着移动互联网的广泛普及，线上金融需求呈现快速增长趋势，这意味着移动金融不仅代表未来，更代表直接的生产力。如何在增势强劲、竞争激烈的金融领域做大市场规模？怎样通过移动金融这一新平台创造利润增长点？这些都需要金融机构转变思维，采用新的交易方式和营销模式。

一、移动金融营销的发展概述

移动互联网的快速发展和竞争的日趋深化，促使金融机构加快移动金融生态建设，以使银行业从产品、渠道、服务模式都发生改变。在现阶段，商业银行的移动金融已进入全面加速成长期，未来它将成为银行主流金融服务业态，是移动金融产业体系中极具竞争力的一方。

商业银行的移动金融服务体系包含五大类：

一是移动银行。手机银行、直销银行等成为银行类移动金融的核心产品。

二是移动支付。它发挥着串联各种金融、非金融应用场景的纽带作用。

三是移动生活。它围绕用户的日常生活提供缴费、优惠等业务服务。

四是移动商务。它根据用户的消费行为提供相关服务，如银行移动电商平台。

五是移动社交。它是与用户沟通交流、进行业务宣传推广的重要方式。

商业银行的移动金融服务模式主要依托于移动通信网，以智能手机为终端，发展以手机银行为主的移动金融服务。目前，商业银行的移动金融按照服务的用户群可分为：服务于内部员工的企业应用以及服务于外部客户的产品应用。

常见的移动办公就属于典型的企业应用，该类应用的核心价值在于提高企业内部的工作效率、降低企业运营成本，提供更便利的业务流程，从而为企业员工带来更高的效益。目前，服务于银行内部员工的企业应用主要包括：移动办公、移动数据报表（管理驾驶舱）、移动信贷等。

服务于外部客户的产品应用则为移动金融营销，目前主要包括：移动银行、移动CRM（移动客户关系管理）、移动掌上生活、移动理财投资、移动支付等。

（一）移动金融营销的定义

所谓移动金融营销（Mobile Finance Marketing），指面向移动终端用户，在移动终端上直接向目标受众定向和精确地传递个性化的即时金融信息，通过与金融消费者的信息互动达到营销目标的行为。移动金融营销是在强大的云端服务支持下，利用移动终端获取云端营销内容，实现把个性化的即时金融信息精确有效地传递给目标消费者个人，以达到“一对一”的互动营销目的。移动金融营销是互联网金融营销的一部分，它基于网络经济中的网络营销（Online Marketing）和数据库营销（Database Marketing）理念，是金融营销理论及方法中极具潜力的发展前沿，但其理论体系的构建才刚刚起步。

事实上，对广大的金融企业而言，不管是什么样的金融企业，或大或小，也无论是在哪个时代，是以前的纸媒时代，还是现今的互联网时代，都离不开营销。随着智能移动端的不断普及以及无线网络的不断成熟，金融企业正迅速进入全新的移动互联网时代，移动金融营销亦进入企业的视线，成为金融企业的营销新宠。

（二）移动金融营销的基础

当前，移动金融营销的迅速发展源于金融服务营销三大核心能力的提升。随着“消费互联化+产业联网化+政务互联化”时代的来临，行业化、垂直化、场景化的金融服务营销模式越来越清晰，这促使金融服务营销的三大核心能力，即金融产品的创新能力、金融科技的运用能力、金融生态的构建能力的重要性日益凸显。具体表现如下：

1.金融产品的创新能力

金融产品创新包含“付、存、贷、汇、投”五个方面，以全方位满足客户线上金融服务需要。未来适用于交易金融服务的，首先是网络支付。以支付连接用户，结合运用金融科技会带来巨量的蓝海市场。具体而言：

（1）支付能力是基础，以连接客户。即以结算账户和电子账户为基础，面向开放的全网用户，提供多种账户和介质，支持多样化的支付方式，建立开放、便捷、安全、高效的互联网支付业务体系。

（2）理财能力是手段，以获取客户。即提供丰富、便捷的线上理财和投资交易服务，特别是基于账户的交易服务，兼顾收益性和流动性，创新资产保值增值服务手段。

（3）消费金融是根本，以争夺客户。即建立多维度、广覆盖的自动化客户评价和风险监测体系，以互联网大数据为决策基础，提供网络化融资服务，实现获客、调查、审批和贷后管理的批量化和自动化。

（4）产业金融是抓手，以融入客户。即为产业链集群客户提供集多种形式的支付结算、网络融资、投资理财为一体的圈链式、综合化金融服务。

（5）"轻资产"是模式，以撮合客户。即构建"银行-客户-第三方服务商"三位一体的金融业务生态圈，形成互联网投融资撮合业务链。

2.金融科技的运用能力

金融科技在所有平台互联过程中，需要大量使用新技术。比如，互联网、人工智能、虚拟现实、生物识别等能很好地应用于用户服务和应用界面；业务运营上需要云计算、物联网等技术支撑；大数据分析、人工智能等技术有助于构建良好的风控体系；区块链可运用于IT基础设施的建设。在上述平台的支撑下，金融机构可以开展普惠金融，并助推金融监管科技的发展。

3.金融生态的构建能力

交易的生态圈依托于特定的场景或行业，即有效切入交易、与开放的商业和技术达成联盟、提供行业解决方案等。与之相对应的交易金融的生态圈应该是，商业银行作为金融产品和服务的提供者，与深耕于各行业的专业系统的客户拓展商，与提供专业技术和运维服务的技术服务商，与服务于各行业的金融科技公司，携手合作，完成交易金融的生态链构建。

事实上，在实现交易金融的生态链构建过程中，银行业已突破了传统意义上的金融供给者或金融服务者的身份定位，完成了职能上的转变，既可以充当投资者，也可以成为借贷者。而银行业的最终目的，是要打造平台化、交易化、轻资产的全产业链新型财资管理和经营管理模式。

总之，上述金融服务营销的三大核心能力——金融产品的创新能力、金融科技的运用能力、金融生态的构建能力，已成为移动金融营销的发展基础，其快速提升亦成为移动金融营销发展的强大助力。

（三）移动金融营销的特征

移动互联网时代的重要特征就是金融企业信息能被轻易查询，金融客户的查询行为也可被追踪，从而可使金融企业针对消费需求进行有效干预，并最终促成消费，这也是移动金融营销给我们描述的未来。移动金融营销的兴起，源于移动电话向移动数字终端的转变。

事实上，一旦移动金融信息变成一种新的媒体形态，手机媒体特性即成为移动金融营销的基础性特征。手机媒体有两大特性，即随时随地的双向信息沟通，以及作为便携设备的信息量约束。这两点也是移动金融营销活动的基础。第一条决定了移动金融营销的价值，第二条限定了移动金融营销的应用范围。

其中，随时随地的双向信息沟通的重点在于“双向”，即“企业信息能被轻易查询，客户的查询行为也可被追踪”，这就意味着广告界那个著名的论断——“我知道我的广告费有一半是浪费的，但我不知道是哪一半！”在移动金融营销领域并不成立。因此，移动金融营销是基于定量的市场调研和对目标消费者的深入研究，以及全面地制定营销战略，运用和整合多种营销手段，由此实现营销目标。

随着智能手机的普及，移动互联网技术发展正促使互联网冲破PC枷锁，开始将网络营销从桌面固定位置转向不断移动的个人本身。移动金融营销的目的非常简单——增大金融品牌知名度，收集客户资料建立数据库，提升金融客户信任度以及增加金融企业收入。

（四）移动金融营销的平台

金融机构进行移动金融营销活动的核心是移动平台，而好的移动金融营销平台要具备三大价值要素：整合性、向导性和自助性。首先，需要有一个一站式金融服务平台，将各种移动技术融合打通并彼此交互推广，形成关联式营销，进而让技术为营销所用。其次，降低使用门槛，所谓“360度情景式营销”让金融企业看到的不只是冰冷的移动技术平台，而是预置并支持用户自定义的一个个鲜活的营销情景，以使金融企业快速地掌握移动金融营销方式，以低成本赢得新客户、维系老客户。

同时，这一平台应该是具有完善的自助性，围绕营销流程提供技术、创意的模块，金融企业可结合营销的实际需求随意组合搭配，让金融企业的营销诉求有个性化的发挥空间，就像玩转魔方一样，进而支撑移动金融营销百花齐放式的二次创意和创新。例如，移动营销云平台将所有能够在移动终端上实现营销的工具集中到一个云平台上，金融机构基于这个云平台可以无地点和时间限制地进行多种营销工具的管理、数据的云存储、推广集中优化等一站式维护。简而言之，金融机构将各种移动营销工具的管理、维护集中到一个“云”里运行，即只需一个账号，便可在云端自由维护、管理多个营销工具。

二、移动金融营销的4I模式

所谓移动金融营销4I模式分别是指：Individual Identification，分众识别；Instant Message，即时信息；Interactive Communication，互动沟通；I，我的个性化。具体如下：

1.Individual Identification（分众识别），是指移动营销基于手机进行一对一的沟通。由于每一部手机及其使用者的身份都具有唯一对应的关系，并且可以利用技术手段进行识别，所以能与金融消费者建立确切的互动关系，能够确认金融消费者是谁、在哪里等问题。

2.Instant Message（即时信息），是指移动营销传递信息的即时性，为金融企业获得动态反馈和互动跟踪提供了可能。当金融企业对金融消费者的消费习惯有所觉察时，可以在金融消费者最有可能产生购买行为的时间发布金融产品信息。

3.Interactive Communication（互动沟通），是指移动金融营销“一对一”的互动特性，可以使金融企业与金融消费者形成一种互动、互求、互需的关系。这种互动特性可以甄别关系营销的深度和层次，针对不同需求识别出不同的受众，使金融企业的营销资源有的放矢。

4.I（我的个性化），是指智能手机的属性是个性化、私人化、功能复合化和时尚化的，人们对于个性化的需求比以往任何时候都更加强烈。利用手机进行移动金融营销也具有强烈的个性化色彩，所传递的金融信息也具有鲜明的个性化特点。

三、移动金融营销的趋势

移动金融营销作为一个新生事物，其着眼于营销渠道的创新，并在可预见的未来会很快地成为金融企业连接客户的首要途径。这是因为，人们已经逐渐对以智能手机为代表的移动通信方式日益熟悉并深度依赖。数据显示，2018年全球手机用户已达45亿，普及率为65.7%，远远超过固定电话用户，手机已经成为主要的通信工具；中国手机用户数量已超10亿……而每个月3 500亿条环球性信息中，有15%与市场营销息息相关，使得App、微信、微博、论坛、贴吧等网络信息平台成为移动营销的主角。

随着新媒体技术的发展，智能手机、平板电脑等移动设备成为人们生活中重要的信息传递工具，成了人类的影子媒体，其传递信息的快捷性、便利性、准确性超越了以往的任何媒体，并实现了精确的分众化传播——直达每个受众点，同时，每个受众亦可以成为信息的传递者。当前，移动金融营销正进入移动应用快速且多样化发展的增长期。相关数据显示，中国已成为应用下载量增长最快的国家，这既说明了App在移动互联网发展过程中举足轻重的地位，也从另一个层面显示出App在移动金融营销中的重要价值。App是移动互联网的活跃因子，既是移动互联网产业的新鲜血液，更是移动整合营销服务中的核心要素，因为整合了各种移动互联网先进技术和推广手段的移动营销方案，首先离不开的即是App的牵线搭桥。

事实上，金融业作为服务性行业，业内竞争本质上就是服务的竞争，谁的服务质量好、谁的服务项目多，谁就能争取到更多的市场份额、更多的客户资源。面对越来越激烈的竞争形势，各个金融企业使出浑身解数，推出诸如透支、手续费返还等各种交易方式和手段来吸引客户。然而，这些都属于被动的服务方式，比如，对于业余炒股的大多数中小户、散户来说，不可能每天花大量时间去及时了解股市的各种实时信息，这时，被动式服务就无法满足客户需求了，而如果证券公司主动为客户提供信息服务，必会有益于树立企业形象，达到加强客户关系管理的目的，帮助企业在竞争中获胜 。

以往，金融行业在传递信息时多采用设立呼叫中心系统或联系客户经理等方式，这些服务方式在交易活动中往往不能及时、迅速地把信息传递给客户，甚至无法为客户提供准确的信息，进而造成了服务质量低下，影响金融企业的形象。然而，在移动金融营销活动中，微信的使用可以极大地满足金融业务活动的需要。例如，证券公司既可以通过微信方式实现券商与客户之间的营销互动（不仅成本低，而且方便及时），也可以利用微信面向不同行业发布信息，向客户发布产品广告、市场点评等。此外，还可以通过微信将股票价格、大盘走势等信息及时快速地发送到用户的手机上，并利用公司优势资源，为客户提供股票推荐、信息提醒等增值服务，不断提高服务质量，满足客户的个体需求，促使客户的满意度以及企业形象不断提升。

总之，在金融消费者参与的自媒体时代，消费者手机媒体化已成为金融企业自媒体的终极形式，因为金融企业所营销的就是企业本身；人们不再将金融营销与金融产品割裂开来，因为金融企业所营销的就是产品信息；人们不再将金融营销与线下或线上体验相割裂，因为金融企业所营销的就是客户体验。因此，金融企业应转型成为营销媒介，努力设计、建立、运行和更新消费者互动参与方式，将金融消费者卷入整个营销的过程之中，即金融消费者应作为金融营销的一部分而整合于其中。这样，移动金融营销的4I模式才能够得到全面贯彻。

【经典案例评析】　京东金融——以数字科技创造美好信用生活

作为率先提出“金融科技”概念的京东金融，在其App的产品和体验中全面贯彻“科技”理念。“去货架化”的内容个性推荐带来“千人千面”的用户体验；基于强大的用户洞察能力，做到了差异化定价，不同信用的人以不同的利率获得不同类型的贷款，为用户提供智能化的金融解决方案。同时，京东金融还不断丰富其服务内容和场景，打造了财富、信贷、生活及互动平台等几大核心服务，同时还为用户提供“生活+金融”的多元化场景服务，帮助用户打造“会赚钱，懂生活”的生活方式。

京东金融集团于2013年10月开始独立运营，是京东数字科技集团旗下的数字金融板块。京东金融为银行、保险、资管等各类金融机构提供数字化服务，助力金融机构更好地为企业和个人用户提供信贷、财富管理、保险保障、支付等科技服务，并支持实体经济发展，以数字科技创造美好的信用生活。

京东金融以大数据、人工智能、物联网、区块链等前沿技术为核心，已完成在数字金融、数字化企业服务、数字城市等三大领域的全面布局，在客户群体上实现了个人端、企业端、政府端的三端合一。具体如下：

1.在数字金融领域，京东金融先后推出白条、京东支付、京东小金库、产品众筹、小白卡、金条等创新产品或服务，全面涵盖消费金融、支付、财富管理、众筹、保险、证券等方面业务，为个人创造了可信赖的、普惠的数字金融体验。

2.在数字化企业服务领域，京东金融相继推出了京保贝、ABS云平台、银行+、北斗七星零售信贷产品、信用卡数字化运营、智能巡检机器人等产品和服务，全面助力各类企业实现场景数字化、用户数字化、产品数字化、运营和管理数字化，进而提升企业效率、降低成本、增加收入。

3.在数字城市领域，京东金融利用大数据和人工智能技术，将城市中无处不在的感知系统与先进的时空数据管理方法、分析模型相结合，洞察城市的过去，掌控城市的现状，并预测和优化城市的未来，最终为城市信用、规划、交通、环境、能源、商业和安全等领域所面临的问题和挑战提供智能解决方案。

智能时代的到来，让我们可以轻松地在“手掌”上操控自己的生活，获取信息、沟通交流、业务洽谈、消费购物、娱乐生活等，掌上世界带给我们多姿多彩的生活，同时，掌上理财也变成了人们生活中必不可少的一部分。京东金融作为致力于为用户提供更便捷金融服务的平台，也带着科技的力量让理财服务走进了我们的生活，满足了不同人的理财需求。

京东金融旗下的理财产品，针对不同类型的用户，均有特色产品推出。其中，理财知识匮乏的“小白”用户，可选择“京东小白理财”、“京东小金库”、保险理财等入门产品；稳健型的用户，可配置股票型、债券型、混合型、指数型等公募基金或者黄金类产品，在市场中博取超额收益；风险偏好型的用户，则应以私募基金为主。同时，京东金融此前还上线了货币型基金、保险理财等互联网金融理财产品，前者针对短期理财，后者主打中长期理财。

此外，京东金融还意识到，随着生活水平的提升和视野的不断开阔，人们开发自己财商的欲望也愈发强烈。因此，京东金融积极向用户宣扬正确的理财观念，帮助他们培养财商意识，相互促进，共同进步。

有别于一般理财产品销售平台，京东金融的价值体现在安全、专业、科技服务的输出上。依托电商场景和与外部的核心技术平台合作，京东金融建立起一套大数据风控体系，其载体是数据、征信体系和互联网，以实现账户、风控与京东体系内外场景的连接，为用户资金保驾护航。

面对未来，京东金融表示，依托金融科技能力，将计划通过深化、优化综合服务，搭建专业化平台，让基金公司与用户之间的沟通更加顺畅，最终帮助用户获得财富增长。

【情境案例解析】　招商银行“App时代”的进化史

招商银行是最早切入移动端的商业银行，早在2010年，招商银行就开始了手机银行客户端的开发，上架了iPhone手机银行客户端，又于2011年上架了Android版手机银行终端，并在此后每年保持更新。目前，招行的手机银行已经推出7.0版本，并相继推出掌上生活等其他App，丰富了其“移动优先”策略。

2013年4月，招商银行率先推出信用卡微信公众账号，以“小招”的亲民形象问世，获得好评；同年7月，招商银行再度宣布升级微信公众平台，推出了全新概念的首家“微信银行”；同年，招行还推出了互联网金融网贷平台“小企业E家”，被业内认为是银行参与P2P的典型案例。2015年，“小企业E家”推出互联网金融开放账户，在金融服务中嵌入高频交易场景。

2013年，银行业面临“经济增速下行”“利率市场化”“融资脱媒”“互联网金融兴起”四大冲击，对商业银行形成了巨大的压力。为此，招商银行进行了战略转型。招商银行战略转型的目标定位是打造“轻型银行”，进一步将业务定位明确为“一体两翼”——以零售金融为“一体”，以公司金融、同业金融为“两翼”，加强零售“一体”对公司、同业的带动作用，加大公司、同业“两翼”对零售的支持力度，推进“一体两翼”协同共进，打造差异化竞争优势。

在2016年年报中，招商银行首次提到了金融科技（Fintech）一词，并设为专栏，指出，要加快推进金融科技战略，推动公司向“网络化、数据化、智能化”的未来银行转变，并明确了零售金融领域的“手机优先”策略、批发金融领域的“线上化”策略以及风险管理预警模型的研发策略。2017年，招商银行高度重视金融科技的发展与应用，正式明确提出“金融科技银行”的定位目标，将金融科技银行作为该行“轻型银行”战略目标的进一步发展与深化方向。2018年，招商银行在“轻型银行”的转型战略上基本解决了“轻资产”和“轻资本”问题。

目前，平台型经济已深入到生活、生产和商业过程，大量“独角兽”平台产生，表明平台型经济已经崛起，并逐渐发展成为社会经济的重要组成部分。而自身具备商流、物流、资金流的经济平台已成为银行不容忽视的客户群。相关研究数据显示，全球最大的100家企业，60%拥有自己的平台商业模式；全球100家独角兽企业，有70%是利用平台模式助力企业商业模式快速转型和发展的。可见，平台型经济的应用，已成为一种新兴的经济发展模式。同时，经济平台的出现，也对银行传统的获客方式和营销模式提出了全新的挑战。

传统银行的金融产品，无论是销售渠道还是产品供给，都比较单一，而且就产品卖产品。对银行业来说，如果能产生对应的平台型经济，提供创新型产品服务，一定能衍生出更多的金融服务方案。一旦金融供给模式从单一化、产品化转变为多元化、场景化，实现由传统银行向“贸易融资+网络融资+现金管理”相结合的交易型银行转变，那么，与交易型银行相对应的“账户支付+场景金融+金融科技”这一“交易金融的轻资产运营模式”便诞生了。

银行业应以“交易+数据+场景”为核心、以“账户+支付+融资”为基础，打造闭环交易链，构建产融结合的产业链金融服务体系，进而形成“交易金融的轻资产运营模式”。其发展历程以支付为例，银行卡支付、P2C和P2B等商务支付被称为“生意+支付1.0”，属于“点”的范畴；围绕核心企业的熟人圈开展支付，被称为“生意+支付2.0”，属于“线”的范畴；电商平台通过自己的会员体系，构建全产业链支付收款的交易模式，被称为“生意+支付3.0”，属于“面”的范畴；通过产业中供应链平台的聚合，形成产业集群，则被称为“生意+支付4.0”，属于“圈”的范畴。

可见，上述支付方式逐步突破了传统银行的范畴。而在打造平台型交易账户体系的过程中，交易型银行应充分利用账户优势，建立平台自由会员体系、银行多级交易账户体系、其他银行账户体系三大交易账户之间的有效协同机制，进而以“资金+资产+撮合”为演进方向，打造贯穿全产业链的新金融生态体系。

此外，在零售业务领域，招商银行的成功秘诀是对金融科技的领先运用。招商银行在其零售端一直坚持“网络化、数据化、智能化”的发展战略，尤其是注重移动客户端的发展，坚持“移动优先”的战略。招商银行在零售端的核心金融科技产品是两款App，这两款App每年都会在运用最新金融科技的基础上进行优化升级，推出全新版本，升级用户体验。2018年招行推出了7.0版本App，在收支账本、城市服务、基金频道、社区升级、智能服务等方面均有重大更新，并有多达149项功能的优化，同时也顺利上线了以“打造品质生活”为核心目标的掌上生活App 7.0版本。

2018年，招行提出以月活跃用户数（MAU）作为零售业务发展的核心指标，进而牵引整个招行零售业务的理念向数字化转型，践行“移动优先”的发展战略，重点聚焦大批量、低成本的获客能力以及数字化经营能力的建设，充分挖掘客户和金融科技的潜在价值，打造未来增长的新动力。

招商银行在零售端运用金融科技主要集中在提升获客能力、精准客户体验、发展“无卡化”战略等方面。

1.金融科技、移动App的使用提升了招行在零售端的获客能力。

截至2018年底，招行零售客户数12 541.44万户，同比增长17.61%，管理零售客户总资产68 021.05亿元，亦有10.35%的增速，这充分得益于两大App提升了用户体验，增加了获客的边际收益。2018年，招商银行App的交易笔数13.82亿，同比增长了33.91%，交易金额30.76万亿元，同比增长了72.13%。其中，掌上生活App日活跃用户数峰值为794.41万户，年轻客群占比超过70%。

目前，招商银行以金融科技全力打造智能微客服，引入全新交互形态和AI内核，通过声纹识别、语音大数据分析、智能服务机器人等方式提升线上服务体验。

2.金融科技的发展使客户体验精准化、客户方案专业化。

在财富管理、私人银行业务方面，精准满足不同客户多样化的需求是招商银行核心竞争力所在。在财富管理业务领域，招行于2016年启用了基于人工智能的智能投顾类产品——“摩羯智投”，并在之后定期对其进行升级，现已积极引入人工智能、大数据、云计算技术，成为了国内规模领先的银行智能化产品，2018年，该产品累计销售规模已达到122.33亿元。在私人银行业务方面，招商银行借助金融科技精准识别客户需求，提供专业的金融方案。截至2018年底，私人银行客户72 938户，同比增长8.19%，管理总资产20 392.90亿元，同比增长7.03%。这表明，目前招商银行正借助更专业的金融科学技术，通过提供更佳的客户体验，吸引更多人选择招商银行的零售业务。

3. 金融科技带动招行信用卡业务快速发展，并推行“无卡化”战略。

招商银行是金融行业内信用卡业务的领跑者。2014年后，面对金融科技对传统业务带来的冲击，招商银行借力打力，开启互联网转型道路，全方位布局信用卡流量入口，搭建覆盖信用卡生命周期的线上平台，实现信用卡从功能型向智能型的转变。

2018年，招商银行又提出了“无卡化”战略，其App已有15个月活跃用户数（MAU）超千万的自场景，初步搭建了包括地铁、公交、停车场等便民出行类场景的用户生态体系，通过金融科技构建金融生态体系，以逐步消除实体银行卡，促使招行早日成为无卡运营银行，同时亦在零售业务上成功实现轻运营。

【案例讨论】

1. 招商银行作为最早切入移动端的商业银行，为何将战略转型目标定位为“轻型银行”？

2. 招商银行面对“经济增速下行”、“利率市场化”、“融资脱媒”以及“互联网金融兴起”这四大冲击所形成的巨大压力，如何打造了差异化竞争优势？

本章小结

（1）移动金融是指使用移动智能终端及无线互联技术处理金融企业内部管理及对外产品服务的解决方案。

（2）移动金融具有两个主要特点：一是要使用移动智能终端来操作；二是要有金融解决方案。

（3）移动银行具体可分为以下两种形态：网络移动银行和移动银行网点。

（4）移动金融营销指面向移动终端用户，在移动终端上直接向分众营销的受众定向和精确地传递个性化的即时金融信息，通过与金融消费者的信息互动达到市场营销目标的行为。

（5）移动金融营销的4I模式分别为：分众识别、即时信息、互动沟通和个性化。

关键概念

移动金融　移动金融营销　4I模式

思考与应用

1. 什么是移动金融？

2. 试述移动金融的主要特点。

3. 移动银行具体可分为哪两种形态？

4. 什么是移动金融营销？

5. 试述移动金融营销的4I模式。

参考文献

［1］陆剑清．金融营销管理［M］．上海：立信会计出版社，2002.

［2］陆剑清．市场营销学［M］．北京：北京大学出版社，2010.

［3］陆剑清．现代营销心理学［M］．北京：首都经济贸易大学出版社，2010.

［4］陆剑清．行为营销学［M］．上海：立信会计出版社，2009.

［5］陆剑清．市场营销理论与实务［M］．上海：立信会计出版社，2001.

［6］石文典，陆剑清，等．市场营销心理学［M］．大连：东北财经大学出版社，2000.

［7］俞文钊，陆剑清，李成彦．市场营销心理学［M］．2版．大连：东北财经大学出版社，2006.

［8］陆剑清，等．关于我国推销人员心理素质的实证研究［J］．心理科学，2001（4）.

［9］陆剑清．中国入世环境下营销战略初探［J］．上海商业，2002（7）.

［10］陆剑清．“免费午餐”的营销透析［J］．上海商业，2002（11）.

［11］陆剑清．营销：创新与变革［J］．上海商业，2003（5）.

［12］陆剑清．两种理念的碰撞：数字化时代营销思维变革［J］．上海商业，2004（5）.

［13］陆剑清．谁在主导市场［J］．上海商业，2004（11）.

［14］陆剑清．人员推销——营销新模式［J］．上海商业，2005（11）.

［15］陆剑清．后营销时代的金融产品营销思想与营销艺术［J］．当代金融家，2006（4）.

［16］陆剑清．金融营销需破壁求解［J］．成功营销，2006（7）.

［17］陆剑清．聚焦银行业终止“免费午餐”的背后——中国金融营销的事件评析［J］．上海商业，2006（7）.

［18］陆剑清. 银行品牌与聚众效应——基于消费者态度视角的行为经济学研究［J］. 华东师范大学学报，2007（2）.

［19］陆剑清. 通存通兑遭市场冷遇的背后［N］. 文汇报，2007-11-29.

［20］陆剑清. 金融消费者的品牌效应及其心理影响机制研究［J］. 心理科学，2007（6）.

［21］陆剑清. 信用卡消费者透支行为的心理特征及其人群分类研究［J］. 心理科学，2008（2）.

［22］陆剑清. 金融营销由传统向现代的跨越［J］. 上海商业，2008（7）.

［23］陆剑清. 顾客满意——现代企业的生存之道［J］. 上海商业，2008（11）.

［24］陆剑清，汪竞. 金融服务绩效的消费者认知评估研究［J］. 心理科学，2009（1）.

［25］陆剑清. 关于理性人假设的质疑——市场营销理论发展的新思考［J］. 上海商业，2009（4）.

［26］陆剑清. “力量”与“速度”如何能够兼得——运用互联网思维推进银行业再造［N］. 文汇报，2014-04-03.

［27］陆剑清. 品牌定位与营销创新［J］. 上海商业，2014（4）.

［28］陆剑清. 传统银行业遭遇互联网金融冲击的背后［J］. 上海商业，2014（6）.

［29］科特勒. 营销管理：分析、计划、执行和控制［M］. 梅汝和，等译. 上海：上海人民出版社，1997.

［30］黑斯，等. 市场营销原理与决策［M］. 韩佩璋，等译. 北京：机械工业出版社，1983.

［31］梅丹. 金融服务营销学［M］. 王松奇，译. 北京：中国金融出版社，2000.

［32］唐汉良，等. 现代金融企业营销管理［M］. 北京：企业管理出版社，1998.

［33］李健旋，赵林度. 基于数据融合的商业银行业务模式创新研究［J］. 现代经济探讨，2019（9）.

［34］朱旭强，林琦. 雷曼兄弟：金融业破产启示录［J］. 中国林业产业，2008（11）.

［35］王宁. 商业银行风险管理研究——由次贷危机引发的思考［J］. 特区经济，2010（1）.

［36］伍贻康，等. 世纪洪流：千年回合与经济全球化走向［M］. 上海：上海

社会科学出版社，2001.
［37］荆炜. 全球化背景下的本土企业国际营销力创新［J］. 商业时代，2008（26）.
［38］蔡美珠. 浅析金融危机下我国企业的国际营销策略［J］. 金融观察，2009（4）.
［39］张云起. 营销风险管理［M］. 北京：高等教育出版社，2004.
［40］贝政新，王志明. 金融营销学［M］. 北京：中国财政经济出版社，2004.
［41］王方华，彭娟. 金融营销［M］. 上海：上海交通大学出版社，2005.
［42］罗明雄，唐颖，刘勇. 互联网金融［M］. 北京：中国财政经济出版社，2013.
［43］杜征征. 互联网金融营销的兴起与发展［J］. 银行家，2012（11）.
［44］赵大伟. 互联网思维“独孤九剑”［M］. 北京：机械工业出版社，2014.
［45］李耀东，李钧. 互联网金融：框架与实践［M］. 北京：电子工业出版社，2014.
［46］姚文平. 互联网金融［M］. 北京：中信出版社，2014.
［47］陆剑清.“转型”与“升级”如何抉择？——银行业应以“内涵式”发展思维应对互联网金融潮［J］. 上海商业，2015（5）.
［48］陆剑清. 关于我国金融创新的若干思考［J］. 上海商业，2015（11）.
［49］陆剑清. 互联网助推金融“新营销”：关于金融营销模式转型升级的若干思考［J］. 上海商业，2018（3）.
［50］陆剑清. 成功营销是种持续创新的思维模式：“人本主义”营销观的特征辨析［J］. 上海商业，2019（1）.
［51］陆剑清. 消费共鸣与磁吸效应——品牌营销背后的逻辑解析［J］，吉首大学学报：社会科学版，2019，40（1）.
［52］彭静. 金融网络营销策略研究探析［J］. 商业经济，2019（09）.
［53］李青. 互联网金融时代商业银行移动金融发展对策略研究［J］. 市场研究，2017（2）.
［54］韩志娟. 银行移动金融业务的发展与营销［J］. 现代营销，2016（6）.
［55］薛高. 我国移动金融发展现状及技术风险研究［J］. 金融科技时代，2016（1）.
［56］蔺霆钧. 移动金融服务深层次体验式营销初探［J］. 中国城市金融，2014（2）.
［57］龙军. 我国商业银行移动金融发展策略研究［J］. 农村金融研究，

2013（10）.

［58］张茜. 我国移动金融发展趋势及需要关注的问题［J］. 时代金融，2013（12）.

［59］陈帅. 互联网金融、移动金融对货币资金管理的影响研究［J］. 经营与管理，2016（9）.

［60］崔建章. 金融营销的现状和发展策略研究［J］. 现代营销，2012（4）.

［61］孙爱双. 我国商业银行金融营销发展策略研究［J］. 中外企业家，2015（27）.

［62］吴晓求. 互联网金融的逻辑［J］. 中国金融，2014（3）.

［63］郑联盛. 中国互联网金融：模式、影响、本质与风险［J］. 国际经济评论，2014（5）.

［64］孙国茂. 互联网金融：本质、现状与趋势［J］. 理论学刊，2015（3）.

［65］翟大伟. 我国移动金融现状与发展策略研究［J］. 新金融，2011（9）.

［66］严圣阳. 互联网金融产业链问题及整合对策［J］. 金融经济，2014（10）.

［67］封思贤，臧肖杉. 我国移动金融创新中的突出问题及应对策略［J］. 经济纵横，2017（7）.

［68］韩志雄. 移动金融的产生、发展及前景探析［J］. 南方金融，2015（2）.

［69］许长智. 创新移动金融营销［J］. 金融电子化，2014（4）.

［70］徐云松，冯毅. 我国西部地区移动金融的发展思考与策略探索［J］. 金融发展研究，2015（10）.

［71］常兆春. 移动金融发展趋势及其思考［J］. 前沿，2015（12）.

［72］王蓉晖. 移动金融业务发展中的问题与对策研究［J］. 知识经济，2018（1）.

［73］陈尚元. 关于发展移动金融服务的几点思考［J］. 农村金融研究，2015（01）.

［74］刘斌. 欠发达地区移动金融发展之路还长［J］. 银行家，2016（1）.

［75］钱峰. 商业银行移动金融创新研究［J］. 现代管理科学，2012（4）.

［76］袁绪. 移动金融试点探析与未来发展研究［J］. 中国金融电脑，2018（2）.

［77］李麟，钱峰. 移动金融——创建移动互联网时代新金融模式［M］. 北京：清华大学出版社，2013.

[78] MARTIN D. Branding: Finding That One Thing [J]. Journal of Consumer Marketing, 1998 (2) .

[79] FOURNIER S. Consumers and Their Brand: Developing Relationship Theory in Consumer Research [J]. Journal of Consumer Research , 1998 (3) .

[80] RAVALD A, GRONROOS C. The Value Concept and Relationship Marketing [J]. European Journal of Marketing, 1996 (2) .

[81] GRONROOS C. A Service quality model and its marketing implications [J], European journal of marketing, 1984 (4) .

[82] WOODRUFF R. Customer value: the next source for competitive advantage [J]. Journal of the Academy of Marketing Science, 1997 (3) .

[83] ZEITHAML V A. Consumer Perceptions of Price, Quality, and Value: A Means-End Model and Synthesis of Evidence [J]. Journal of Marketing, 1988, 52 (3) .

[84] PLUMMER J T. Life Style Patterns and Commercial Bank Credit Card Usage [J]. Journal of Marketing, 1971, 35 (4) .

[85] WILLEY J B, RICHARD L M. Application of Discriminant Analysis In Formulating Promotional Strategy for Bank Credit Cards [J]. Advances in Consumer Research.1975.

[86] ADCOCK W O, HIRSCHMAN E C, GOLDSTUCKER J L. Bank Card Users: an Updated Profile [D]. Advances in Consumer Research, 1977.

[87] CHARLES W, LAMB J. Essantials of Marketing [M]. London: International Thomson Publishing, 1998.

[88] American Marketing Association. Emerging Perspectives on Services Marketing [M]. Chicago: AMA Publishing , 1983.

[89] JACKSON B B. Build Customer Relationships That Last [J]. Harvard Business Review, 1985, 63 (6) .